Christine Kirsch, Martina Kober, Elke Lange-Scholz, Thurid Neumann, Tanja Roden, Volker Thrän, Annegret Wieck, Petra Wronewitz

Herausgeberin: Martina Kober

Übungsfälle

Zwischen- und Abschlussprüfung für Rechtsanwalts- und Notarfachangestellte

1. Auflage

Bestellnummer 50524

Bildungsverlag EINS
westermann

Die in diesem Produkt gemachten Angaben zu Unternehmen (Namen, Internet- und E-Mail-Adressen, Handelsregistereintragungen, Bankverbindungen, Steuer-, Telefon- und Faxnummern und alle weiteren Angaben) sind i. d. R. fiktiv, d. h., sie stehen in keinem Zusammenhang mit einem real existierenden Unternehmen in der dargestellten oder einer ähnlichen Form. Dies gilt auch für alle Kunden, Lieferanten und sonstigen Geschäftspartner der Unternehmen wie z. B. Kreditinstitute, Versicherungsunternehmen und andere Dienstleistungsunternehmen. Ausschließlich zum Zwecke der Authentizität werden die Namen real existierender Unternehmen und z. B. im Fall von Kreditinstituten auch deren IBANs und BICs verwendet.

Die in diesem Werk aufgeführten Internetadressen sind auf dem Stand zum Zeitpunkt der Drucklegung. Die ständige Aktualität der Adressen kann vonseiten des Verlages nicht gewährleistet werden. Darüber hinaus übernimmt der Verlag keine Verantwortung für die Inhalte dieser Seiten.

service@bv-1.de
www.bildungsverlag1.de

Bildungsverlag EINS GmbH
Ettore-Bugatti-Straße 6-14, 51149 Köln

ISBN 978-3-427-**50524**-2

westermann GRUPPE

Vorwort

Liebe Auszubildenden,
liebe Leserinnen und Leser,

das vorliegende Buch ist für die Vorbereitung auf die Zwischen- und Abschlussprüfung gedacht.

Im Rahmen der **Zwischenprüfung**, die zu Beginn des zweiten Ausbildungsjahrs stattfinden soll, werden zwei Prüfungsbereiche geprüft:

- Kommunikation und Büroorganisation
- Rechtsanwendung

In den beiden Bereichen sollen nach der ReNoPat-Ausbildungsverordnung fallbezogene Aufgaben schriftlich bearbeitet werden. Die Prüfungszeit beträgt jeweils 60 Minuten.

Im Rahmen der **Abschlussprüfung**, die am Ende der in der Regel dreijährigen Ausbildung steht, werden folgende Prüfungsbereiche geprüft:

Rechtsanwaltsfachangestellte/r		
1. Geschäfts- und Leistungsprozesse	fallbezogene Aufgaben, schriftliche Prüfung	60 Minuten
2. Mandantenbetreuung	fallbezogenes Fachgespräch, **mündliche** Prüfung	15 Minuten
3. Rechtsanwendung im Rechtsanwaltsbereich	fallbezogene Aufgaben, schriftliche Prüfung	150 Minuten
4. Vergütung und Kosten	fallbezogene Aufgaben, schriftliche Prüfung	90 Minuten
5. Wirtschafts- und Sozialkunde	fallbezogene Aufgaben, schriftliche Prüfung	60 Minuten

Rechtsanwalts- und Notarfachangestellte/r		
1. Geschäfts- und Leistungsprozesse	fallbezogene Aufgaben, schriftliche Prüfung	60 Minuten
2. Mandanten- und Beteiligtenbetreuung	fallbezogenes Fachgespräch, **mündliche** Prüfung	15 Minuten
3. Rechtsanwendung im Rechtsanwalts- und Notarbereich	fallbezogene Aufgaben, schriftliche Prüfung	150 Minuten
4. Vergütung und Kosten	fallbezogene Aufgaben, schriftliche Prüfung	90 Minuten
5. Wirtschafts- und Sozialkunde	fallbezogene Aufgaben, schriftliche Prüfung	60 Minuten

Dieses Buch enthält in Teil I neben übersichtlichen Schemata zu den einzelnen Prüfungsbereichen vielfältige fallbezogene Aufgaben.

Die Schemata fassen einzelne Themenbereiche konzentriert zusammen. Sie dienen als Erinnerungsstütze, um die Prüfungsvorbereitung zu erleichtern. Anhand der fallbezogenen Aufgaben können Sie Ihren Wissensstand überprüfen und sich so umfassend auf die Zwischen- und Abschlussprüfung vorbereiten.

Die Lösungen zu den fallbezogenen Aufgaben in Teil II dieses Buchs sind teilweise als Lösungsvorschläge zu verstehen, die auch Raum für alternative Antworten lassen.

Neben der Prüfungsvorbereitung soll Ihnen das Buch auch im Kanzleialltag helfen. Sie lernen beispielsweise Situationen angemessen einzuschätzen und Gesetze richtig zu deuten und anzuwenden.

Zur besseren Lesbarkeit wird in diesem Buch auf die gleichzeitige Verwendung der männlichen und weiblichen Sprachform verzichtet. Sämtliche Personenbezeichnungen gelten gleichermaßen für beiderlei Geschlecht.

Die Autoren

Inhaltsverzeichnis

Zwischenprüfung

Teil I: Schemata und zu bearbeitende Fälle

Teil II: Lösungen zu den Fällen aus Teil I

Abschlussprüfung

Teil I: Schemata und zu bearbeitende Fälle

Teil II: Lösungen zu den Fällen aus Teil I

Zwischenprüfung

Teil I: Schemata und zu bearbeitende Fälle

Prüfungsbereich 1: Kommunikation und Büroorganisation (Re, ReNo)

a) Arbeitsaufgaben planen, durchführen und kontrollieren

Schemata

Arbeitsaufgaben planen

- • klare Strukturierung von Unternehmen erforderlich
  • Aufgrund der Vielzahl der notwendigen Aufgaben (z. B. Personalwesen, Beschaffung) ist eine betriebliche Organisation unerlässlich.
  • Die betriebliche Organisation erfolgt durch drei Regelsysteme.
  - Organisation = dauerhafte Regelung für sich ständig wiederholende gleichartige Vorgänge
  - Disposition = Regelung, die von Fall zu Fall bei ähnlichen Situationen festgestellt wird; bei regelmäßiger Wiederkehr muss sie durch generelle Regelungen ersetzt werden (= Substitutionsprinzip).
  - Improvisation = fallweise Regelung für vorläufige, ungeplante und neuartige Situationen; bei regelmäßiger Wiederkehr muss sie durch generelle Regelungen ersetzt werden (= Substitutionsprinzip).
- • Ablauforganisation = sinnvolle Gestaltung betrieblicher Abläufe (= standardisierte Arbeitsabläufe)
  • drei Arten der Ablauforganisation
  - funktionsorientierte Ablauforganisation = Arbeitsablauf wird in einzelne Arbeitsschritte unterteilt, damit diese optimal ausgeführt werden können.
  - zeitorientierte Ablauforganisation = Beginn/Ende/Dauer eines Arbeitsschritts werden erläutert, Ablauf wird zeitlich optimiert abgestimmt auf personelle, maschinelle und technische Gegebenheiten.
  - raumorientierte Ablauforganisation = Grundlage der Arbeitsplatzgestaltung, Stellen, die häufig zusammenarbeiten, sollten möglichst nahe beieinander liegen.

- **Arbeitsaufgaben durchführen**
  - standardisierte Arbeitsabläufe anwenden für sich ständig wiederholende gleichartige Vorgänge
    - funktionsorientierte Ablauforganisation
    - zeitorientierte Ablauforganisation
    - raumorientierte Ablauforganisation
  - Zeitmanagement-Methoden für individuell anfallende Arbeiten anwenden, z. B.:
    - To-do-Liste: Alle zu erledigenden Aufgaben werden untereinander notiert und nach Erledigung durchgestrichen.
    - ABC-Methode: Alle zu erledigenden Aufgaben werden in drei Kategorien eingeteilt und die Akten danach sortiert.

- **Arbeitsaufgaben kontrollieren**
  - Qualitätsmanagement = aufeinander abgestimmte Tätigkeiten zum Leiten und Lenken einer Organisation bezüglich Qualität
    - Durch die Standardisierung von Arbeitsabläufen (= Prozessablaufpläne = Ablauforganisation) soll eine gleichbleibende Qualität sichergestellt bzw. eine höhere Qualität erreicht werden
    - Kosteneinsparung durch Minimierung des Zeitaufwands
    - Arbeitsanweisungen zu den jeweiligen Prozessablaufplänen
    - DIN EN ISO 9001
    - Vorteile einer Zertifizierung
    - richtig werben mit Zertifizierung
  - standardisierte Arbeitsabläufe anpassen
    - kontinuierlicher Verbesserungsprozess (PDCA):
      - plan (planen)
      - do (umsetzen/durchführen)
      - check (prüfen/kontrollieren)
      - act (anpassen/standardisieren)

Ausführlichere Informationen zu dem in den Schemata zusammengefassten Themenbereich „Arbeitsaufgaben planen, durchführen und kontrollieren“ finden Sie im Lehrbuch:

- Lernfeld 2 (Re, ReNo), Kapitel 1.1 und 1.3 (Arbeitsaufgaben planen)
- Lernfeld 2 (Re, ReNo), Kapitel 1.3 und 2.7.2 (Arbeitsaufgaben durchführen)
- Lernfeld 2 (Re, ReNo), Kapitel 2.8 (Arbeitsaufgaben kontrollieren)

Fälle

1. In der Rechtsanwaltskanzlei Dr. Muchatzki, Wolf & Kollegen GbR ist die Rechtsfachwirtin Maike Schuster für die betriebliche Organisation zuständig.

a) Die Auszubildende Katharina Kofler kann sich unter dem Begriff „betriebliche Organisation“ nichts vorstellen und erkundigt sich bei Maike Schuster, was alles unter diesen Begriff fällt. Wie wird Maike Schuster der Auszubildenden dies erklären?

b) Maike Schuster erklärt Katharina Kofler weiter, dass in der Rechtsanwaltskanzlei Dr. Muchatzki, Wolf & Kollegen GbR verschiedene Regelsysteme nebeneinander existieren, nämlich die Organisation, die Disposition und die Improvisation. Maike Schuster nennt für die verschiedenen Regelsysteme folgende Beispiele:

- Ausfall der Telefonanlage
- Einkauf von Kopierpapier
- jährliche Urlaubsplanung

Katharina Kofler soll diese Beispiele den drei Regelsystemen zuordnen. Welchen Regelsystemen wird Katharina Kofler jeweils die genannten Beispiele zuordnen?

2. Die Rechtsanwaltskanzlei Thilo Ledermann & Paula Lehrieder, Partnerschaft, hat seit einer Woche ein Anwaltsprogramm. Die Rechtsfachwirtin Caroline Neuerts-Bauer war bei einem Einführungsseminar. Sie weist nun in einer betrieblichen Fortbildung die beiden Kanzleiinhaber und die Mitarbeiter

- Carina Hubertus, angestellte Rechtsanwältin,
- Nico Schättler, Rechtsanwalts- und Notarfachangestellter,
- Alexandra Ponte, Rechtsanwaltsfachangestellte,
- Julika Reinerts, Rechtsanwaltsfachangestellte in Teilzeit,
- Emilia Ingbrandtsen, Auszubildende zur Rechtsanwaltsfachangestellten,
- Benedikt Niedermeyer, Auszubildender zum Rechtsanwaltsfachangestellten

in das neue Programm ein. Die Rechtsfachwirtin plant insgesamt vier Arbeitstage in der Woche vom 05.11.2017 bis 08.11.2017 ein. Jeden Tag sollen zwei Rechtsanwälte bzw. Mitarbeiter eingewiesen werden.

a) Der Auszubildende Benedikt Niedermeyer erhält den Auftrag, über die betriebliche Fortbildung eine Ablauforganisation zu erstellen. Welche Art der Ablauforganisation sollte Benedikt Niedermeyer auswählen?

b) Wie könnte die Ablauforganisation aussehen, die Benedikt Niedermeyer erstellt? Bei der Erstellung soll Benedikt Niedermeyer berücksichtigen, dass der normale Kanzleiablauf möglichst wenig beeinträchtigt wird.

c) Benedikt Niedermeyer erkundigt sich bei Caroline Neuerts-Bauer, wann die anderen beiden Arten der Ablauforganisation eingesetzt werden. Wie wird Caroline Neuerts-Bauer die beiden Ablauforganisationsarten vorstellen?

3. Die Rechtsanwaltskanzlei Burano & Brandt, Partnerschaft, beschäftigte bislang mit Carmen Zweigelt und Jessica Greer zwei Rechtsanwaltsfachangestellte. Nun werden diese durch die Teilzeitkraft Silke Prauße entlastet. Da Silke Prauße jedoch keine gelernte Rechtsanwaltsfachangestellte ist, müssen Carmen Zweigelt und Jessica Greer vieles erklären.

a) Um es Silke Prauße einfacher zu machen, erstellt Carmen Zweigelt hinsichtlich des Ablegens von Akten den Prozessablaufplan „Akten ablegen und archivieren“. Wie könnte dieser Ablaufplan aussehen?

b) Einige Wochen später übergibt Jessica Greer einige Akten an Silke Prauße, die diese ablegen soll. Hierbei handelt es sich um folgende Akten:
- Prust ./. Schiffer wegen Herausgabe diverser geliehener Gegenstände
- Prust ./. Schiffer wegen Darlehensrückzahlung (u. a. enthalten die vollstreckbare Ausfertigung des Endurteils und des Kostenfestsetzungsbeschlusses des Landgerichts München I)
- Engelbrecht wegen mietrechtlicher Beratung (u. a. enthalten der Mietvertrag vom 10.12.2013 im Original)
- Rychtecky ./. Aschweiler wegen Pflichtteilsanspruch (u. a. enthalten eine Ausfertigung des notariellen Übergabevertrags vom 16.01.2008)
- Wagenhäuser ./. Perisic wegen Beleidigung

Wie geht Silke Prauße beim Ablegen dieser Akten vor, wenn die Rechtsanwaltskanzlei Burano & Brandt ein Anwaltsprogramm verwendet?

4. Die Rechtsfachwirtin Susanne Dornreiter-Hagen ist in der Rechtsanwaltskanzlei Fiebig & Kollegen GbR u. a. für die Bearbeitung der Wiedervorlagen (z. B. Mahnschreiben erstellen, Telefonate erledigen), die Bearbeitung der eingehenden Post (z. B. Schreiben an Gerichte und Beteiligte erstellen) sowie die Abrechnung der Handakten zuständig.

a) Handelt es sich bei den genannten Arbeiten von Susanne Dornreiter-Hagen um standardisierte oder nicht standardisierte Tätigkeitsbereiche?

b) Wie kann Susanne Dornreiter-Hagen den Überblick behalten, welche Arbeiten sie noch erledigen muss?

5. In der Rechtsanwaltskanzlei John Mellows & Linda Reichhart GbR sind die Rechtsanwaltsfachangestellten Rica Hambacher und Franziska Schäffler sowie die Auszubildende Eva Grozinsky beschäftigt. Um den Überblick über anfallende Arbeiten zu behalten, wenden die beiden Rechtsanwaltsfachangestellten eine Zeitmanagement-Methode an. Rica Hambacher bevorzugt die To-do-Liste, Franziska Schäffler dagegen wendet die ABC-Methode an.

a) Rica Hambacher und Franziska Schäffler stellen Eva Grozinsky gegenüber die beiden Zeitmanagement-Methoden vor. Wie erklären die beiden Rechtsanwaltsfachangestellten die Anwendung sowie Vor- und Nachteile der To-do-Liste und der ABC-Methode?

b) Da Eva Grozinsky die beiden vorgestellten Zeitmanagement-Methoden nicht zusagen, recherchiert sie im Internet nach weiteren Methoden. Dabei stößt sie auf die Eisenhower-Methode. Eva Grozinsky erkundigt sich bei Rica Hambacher, ob sich diese Methode ebenfalls für den Einsatz in der Rechtsanwaltskanzlei eignet. Ist dies der Fall?

c) Wie müsste Eva Grozinsky bei der Anwendung der Eisenhower-Methode die zu erledigenden Arbeiten einteilen?

d) Was müssen die beiden Rechtsanwaltsfachangestellten und die Auszubildende bei der Anwendung ihrer Zeitmanagement-Methode in jedem Fall beachten?

6. Der Rechtsanwaltsfachangestellte Jean-Michel Fichtner arbeitet seit 15 Jahren für die Rechtsanwältin Nora Kingsley. Am 15.11.2017 hat er von der Rechtsanwältin Nora Kingsley einen großen Stapel an Akten erhalten. In diesem Stapel befinden sich vier Fristsachen, wovon zwei noch am gleichen Tag erledigt werden müssen und zwei am darauffolgenden Tag. Jean-Michel Fichtner nimmt sich sofort die zwei Fristsachen vor, die noch am gleichen

Tag erledigt werden müssen. Er kann aber aufgrund seiner Berufserfahrung schon einschätzen, dass er es nicht rechtzeitig schaffen wird, die anderen beiden Fristsachen auch noch rechtzeitig zu erledigen. Wie sollte Jean-Michel Fichtner vorgehen?

7. In der Rechtsanwaltskanzlei Dr. Rudkowski, Lindt und Rikeit GbR gibt es einen Prozessablaufplan „Mandanten empfangen". Die Rechtsfachwirtin Rosalie Hastings stellt fest, dass der Mandantenempfang künftig anders strukturiert werden muss, da die Mandanten zukünftig bereits vor dem Gespräch beim zuständigen Rechtsanwalt den Mandatsaufnahmebogen, sofern es sich um einen neuen Fall handelt, ausfüllen sollen, um so den Zeitaufwand des Rechtsanwalts zu minimieren. Zudem soll den Mandanten künftig aus den Jacken geholfen werden, sofern diese welche tragen. Die Jacken, etwaige Schirme o. Ä. sollen anschließend aufgehängt bzw. abgelegt werden.

a) Wie muss Rosalie Hastings in diesem Fall vorgehen?

b) Was wird durch die Anpassung des Prozessablaufplans „Mandanten empfangen" für die Rechtsanwaltskanzlei Dr. Rudkowski, Lindt und Rikeit GbR erreicht?

c) Wie könnte der Prozessablaufplan, also die Ablauforganisation, aussehen, nachdem ihn Rosalie Hastings angepasst hat?

d) Welche Schritte muss Rosalie Hastings nach der Anpassung des Prozessablaufplans noch unternehmen?

e) Die Rechtsanwaltskanzlei Dr. Rudkowski, Lindt und Rikeit GbR stellt eine neue Mitarbeiterin ein. Lisa Fritzsch wird von Rosalie Hastings eingearbeitet. Im Rahmen der Einarbeitung weist Rosalie Hastings auf das Kanzleihandbuch hin, in dem neben den Prozessablaufplänen für standardisierte Tätigkeiten auch die jeweils dazugehörenden Arbeitsanweisungen abgeheftet sind. Lisa Fritzsch erkundigt sich, was denn der Unterschied zwischen Prozessablaufplänen und Arbeitsanweisungen sei. Worin liegt dieser?

f) Wie könnte die Arbeitsanweisung zum Prozessablaufplan „Mandanten empfangen" aussehen, die Rosalie Hastings erstellt hat?

8. Die Rechtsanwaltssozietät Heitmann, Schultz & Kollegen AG hat sich nach DIN EN ISO 9001 zertifizieren lassen. Mit dem Qualitätssiegel soll auf der Webseite der Kanzlei geworben werden.

a) Worauf muss die Rechtsanwaltsfachangestellte Anne Scheller achten, wenn sie das Qualitätssiegel in die Webseite der Kanzlei einpflegt?

b) Die Auszubildende Julika Kestler erkundigt sich bei Anne Scheller, worin denn eigentlich die Vorteile der Zertifizierung nach DIN EN ISO 9001 lägen. Welche Vorteile hat diese?

b) Post bearbeiten und Akten verwalten

Schemata

Posteingang →

- Die Regelung erfolgt innerbetrieblich.
- Es kommt auf die Größe der Rechtsanwaltskanzlei bzw. des Notariats an.
- Der Ablauf erfolgt jedoch in der Regel in sieben Arbeitsschritten.

→ Ablauf des Posteingangs:
- sortieren
- öffnen
- kontrollieren
- stempeln
- digitalisieren
- Bearbeitungs- bzw. Erledigungsvermerke anbringen
- verteilen

Postausgang →

- Die Regelung erfolgt innerbetrieblich.
- Es kommt auf die Größe der Rechtsanwaltskanzlei bzw. des Notariats an.
- Entscheidung, ob über die Deutsche Post AG oder mit privaten Zustellern versandt wird.
- Der Ablauf erfolgt in der Regel in neun Arbeitsschritten.

→ Ablauf des Postausgangs:
- zusammenstellen
- unterschreiben
- Umschläge adressieren
- sortieren
- kontrollieren
- Eintrag ins Postausgangsbuch
- falten/falzen
- kuvertieren und Porto bestimmen
- frankieren

verschiedene Sendungsarten der Deutschen Post AG, z. B.:
- Briefe und Postkarten
- Päckchen und Pakete
- Dialogpost
- Warensendung
- Büchersendung
- Werbeantwort

besondere Versendungsformen der Deutschen Post AG
- Einschreiben
- Eigenhändig
- Rückschein
- Nachnahme
- Express-Brief/-Paket
- Luftpost

Vorausverfügungen der Deutschen Post AG, z. B.:
- Nicht nachsenden!
- Bei Umzug mit neuer Anschrift zurück!

Aktenverwaltung

- Ordnungssysteme dienen der Aufbewahrung und Archivierung von Schriftgut (= Dokumente, Unterlagen, Schreiben aller Art).
- Es wird unterschieden zwischen Ablage- und Ordnungsmitteln.
  - Ablagemittel:
    - Loseblatt-Ablage
    - geheftete Ablage
    - gebundene Ablage
  - Aufbewahrung über
    - liegende Registratur
    - stehende (bibliothekarische) Registratur
    - lateral-stehende Registratur
    - vertikal-hängende Registratur
    - lateral-hängende Registratur
  - Ordnungsmittel, z. B.:
    - Trennstreifen
    - Reiter aus Metall
    - Formulare
    - Dateien

- Akten sollen mithilfe von verschiedenen Ordnungsmöglichkeiten immer einfach und schnell wieder herausgesucht werden können.
- Aufbau der Registratur nach systematischen Gesichtspunkten
  - Ordnungsmöglichkeiten:
    - alphabetische Ordnung, DIN 5007
    - numerische Ordnung
    - alphanumerische Ordnung
    - chronologische Ordnung
    - sachliche Ordnung

- Die Anlage, Führung, Ablage und Archivierung von Akten sind innerbetrieblich geregelt.
- Gegebenenfalls wird die Arbeit mit den Akten durch Anwalts-/Notariatsprogramme unterstützt.
- Akten müssen so geführt werden, dass auf den ersten Blick die Mandatsdaten sowie der Sachstand ersichtlich sind.
- Vor dem Anlegen der Akten muss eine Kollisionsprüfung vorgenommen werden.
  - Akten anlegen:
    - Mandatsstammdaten
    - Aktenzeichen
    - Prozessregister
    - Handaktenbogen
    - Unterlagen sortieren und einordnen
    - Aktenbeschriftung
  - Akten führen:
    - Schriftwechsel
    - Telefonnotizen
    - Aktenvermerke
    - Unterlagen einheften
    - Anpassung der Mandatsdaten
  - Akten ablegen und archivieren:
    - nach Beendigung und Ausgleich der Kosten
    - Originalunterlagen und Urteile o. Ä. zurücksenden
    - Akte aus Aktendeckel o. Ä. entnehmen und zusammenheften
    - Ablagenummer und -datum
    - Archivierung mittels Schachteln o. Ä.
    - Aufbewahrungsfristen (Tages-, Prüf-, Dauer- und Gesetzeswert)

Ausführlichere Informationen zu dem in den Schemata zusammengefassten Themenbereich „Post bearbeiten und Akten verwalten“ finden Sie im Lehrbuch:

- Lernfeld 2 (Re, ReNo), Kapitel 2.1 (Posteingang)
- Lernfeld 2 (Re, ReNo), Kapitel 2.2 (Postausgang)
- Lernfeld 2 (Re, ReNo), Kapitel 2.4 und 2.5 (Aktenverwaltung)

Fälle

1. Die Auszubildende Melissa Szermak bearbeitet die eingehende Post in der Rechtsanwaltskanzlei Dr. Veist & Kollegen GbR. Darunter befindet sich ein Schreiben von Dieter Kurtze, der mitteilt, dass er ab dem Ersten des kommenden Monats eine neue Anschrift sowie eine neue Telefonnummer hat. Welche Arbeitsschritte muss Melissa Szermak unternehmen?

2. Die Rechtsanwältin Dr. Gudrun Illgner berät Christian Bauer in einer mietrechtlichen Angelegenheit. Dieser zahlt die anwaltlichen Gebühren in Höhe von 226,10 € in bar bereits im Anschluss an die Beratung.

a) Nach dem Beratungsgespräch übergibt die Rechtsanwältin Dr. Gudrun Illgner den Mandatsaufnahmebogen, den Besprechungsvermerk, den von Christian Bauer vorgelegten Mietvertrag in Kopie, den Betrag in Höhe von 226,10 € sowie die von ihr ausgestellte Quittung an den Auszubildenden Thorsten Schmidgall mit der Bitte, eine Handakte anzulegen. Wie geht Thorsten Schmidgall nun vor?

b) Nachdem Thorsten Schmidgall die Handakte angelegt hat, erstellt er die Kostenrechnung für Christian Bauer mit einem entsprechenden Anschreiben. Das Schreiben nebst Kostenrechnung legt er zunächst in die Unterschriftenmappe. Am späten Nachmittag beginnt er dann mit der Bearbeitung des Postausgangs. Wie sieht der Arbeitsablauf von Thorsten Schmidgall aus?

c) Der Mandant Christian Bauer hat sich nach der Beratung nicht mehr in der Rechtsanwaltskanzlei Dr. Gudrun Illgner gemeldet, sodass Thorsten Schmidgall die Handakte nach einem Monat ablegt. Wie geht er hierbei vor?

3. Die Rechtsanwaltskanzlei Dr. Giesert, Kalinowski & Tricherts GbR mit Sitz in Berlin versendet jeden Tag zwischen 30 und 90 Briefe. Bei der Erstellung der Schreiben und Anfertigung von Kopien/Abschriften verwendet die Kanzlei grundsätzlich DIN-A4-Papier à 80 g/m². Für den Postausgang ist die Auszubildende Tina Meusert zuständig. Beurteilen Sie bei den nachfolgenden Fällen, welche Sendungsart bzw. besondere Versendungsform Tina Meusert wählen sollte.

a) Die Mandantin Xenia Rupperti erhält vom Rechtsanwalt Dr. Reinhold Giesert eine Vorschusskostenrechnung in Sachen Xenia Rupperti ./. Paul Rupperti wegen Unterhalt mit einem Anschreiben, dass die Kostenrechnung binnen einer Frist von zwei Wochen auszugleichen ist.

b) In dem Rechtsstreit Michael Schuster ./. Olaf Eckartz wegen Darlehensforderung erstellt die Rechtsanwältin Kathrin Tricherts einen 15-seitigen Schriftsatz an das zuständige Landgericht.

c) Der Nachbarschaftsstreit zwischen Rosa Mrazek und Gunther Bartosch konnte gütlich beigelegt werden. Nachdem Rosa Mrazek die anwaltlichen Gebühren ausgeglichen hat, bittet die Rechtsanwältin Kathrin Tricherts die Auszubildende Tina Meusert, den Unterlagenordner (31 cm lang, 28 cm breit, 5 cm hoch, 1 kg schwer) an die Mandantin zurückzusenden, da diese ihn nicht persönlich abholen kann.

d) Jedes Jahr wird eine Vortragsreihe zu unterschiedlichen Themen in der Rechtsanwaltskanzlei veranstaltet. Tina Meusert soll 100 ausgewählte Mandanten hierzu einladen.

Zusammen mit einem Einladungsschreiben soll ein Flyer übersandt werden, aus dem sich die weiteren Informationen ergeben.

e) Der Rechtsanwalt Dr. Reinhold Giesert vertritt Ludmilla König in einer Forderungssache gegen David Bartsch. Dieser fordert die Gegenseite zunächst außergerichtlich auf, die Forderung in Höhe von 5 000,00 € nebst den entstandenen anwaltlichen Gebühren binnen einer Frist von zwei Wochen zu begleichen. Zur ggf. späteren Vorlage bei Gericht wird ein Nachweis benötigt, dass David Bartsch das Aufforderungsschreiben auch erhalten hat.

f) Elijah Bradow, wohnhaft in London, beauftragt die Rechtsanwältin Kathrin Tricherts mit der Abwicklung des Erbfalls seiner Tante, die in Deutschland wohnte. Prinzipiell findet die Kommunikation per E-Mail statt. Nun müssen jedoch Unterlagen per Post übersandt werden. Ein Nachweis bzw. eine Versicherung der Sendung ist jedoch nicht nötig.

4. Die Auszubildende Barbara Aschöner bearbeitet den Posteingang in der Rechtsanwaltskanzlei Treptow & Kollegen GbR. Unter den geschäftlichen Briefen befindet sich auch eine Briefsendung an die Rechtsanwältin Anita Treptow mit dem Vermerk „Persönlich". Wie muss Barbara Aschöner in diesem Fall vorgehen?

5. Die Rechtsanwaltskanzlei Lippert, Heuberger & Partner GbR sammelt und ordnet das anfallende Schriftgut, also Dokumente, Unterlagen und Schreiben aller Art, mithilfe von verschiedenen Ablagemitteln. Die derzeit in der Rechtsanwaltskanzlei mitarbeitende Referendarin Verena Diedert bittet die Auszubildende Sabrina Lönnertz, ihr zu erläutern, welche Ablagetechniken in welchem Fall eingesetzt werden und welche jeweils die Vorteile dieser Technik sind. Welche Ablagetechniken stellt Sabrina Lönnertz der Referendarin vor?

6. Der Rechtsanwalt Dr. Christian Jörgensen bringt dem Auszubildenden Jan Niederau einen Stapel Handakten:

- Richter, Kurt
- Bundesagentur für Arbeit
- Verein der Fußballexperten
- Richter, A.
- Jülka, Theodor
- 123 Telefonie GmbH
- Juelka, Fridolin
- Treznewski-Schott, Eva

Diese Akten sollen in den Aktenschrank eingeordnet werden. Im Aktenschrank befinden sich bereits folgende Handakten:

- Auer, Jan-Frieder
- Bundesministerium der Finanzen
- GdL
- Meyer, Jens
- Polizeiinspektion München

Wie muss Jan Niederau die Handakten, die ihm der Rechtsanwalt Dr. Christian Jörgensen übergeben hat, sortieren, damit diese korrekt nach der alphabetischen Ordnung gem. DIN 5007 im Aktenschrank eingeordnet werden?

7. Der Mandant Ben Schnarkowski übergibt der Auszubildenden Sina Bernert diverse Unterlagen, die die Rechtsanwältin Melanie Werrlein für die Bearbeitung des Mandats noch benötigt. Hierbei handelt es sich um folgende Unterlagen:
- Mietvertrag über die gemietete Wohnung Nr. 5 vom 23.06.2000
- Nachtrag zum Mietvertrag über die gemietete Wohnung Nr. 5 vom 25.08.2010
- Mietvertrag über die gemietete Garage Nr. 2 vom 25.12.2008
- Anschreiben des Mandanten Ben Schnarkowski vom 29.07.2017
- Nebenkostenabrechnung für das Jahr 2016 vom 01.07.2017
- Nebenkostenabrechnung für das Jahr 2015 vom 13.06.2016
- Nebenkostenabrechnung für das Jahr 2014 vom 25.07.2015

Bevor Sina Bernert die Unterlagen an die Rechtsanwältin Melanie Werrlein übergibt, sucht sie die entsprechende Handakte heraus und heftet die Unterlagen chronologisch ein. Bislang wurden in der Handakte lediglich der Mandatsaufnahmebogen und der Besprechungsvermerk vom 14.07.2017 abgeheftet.

a) Wie muss Sina Bernert die Unterlagen in die Handakte einsortieren, wenn in der Rechtsanwaltskanzlei Melanie Werrlein die Behördenheftung angewandt wird?

b) Wie sortiert Sina Bernert die Unterlagen in die Handakte ein, wenn die kaufmännische Heftung angewandt wird?

8. Der Rechtsanwalt Dr. Anton Busch vertritt Marina Martinelli in dem Rechtsstreit Marina Martinelli ./. Jennifer Albrecht wegen einer Kaufpreisforderung. Das Gericht hat ein Urteil zugunsten von Marina Martinelli erlassen. Die vollstreckbare Ausfertigung des Urteils wurde dem Rechtsanwalt Dr. Anton Busch zugestellt, ebenso wie die vollstreckbare Ausfertigung des Kostenfestsetzungsbeschlusses. Da Jennifer Albrecht derzeit kein Vermögen und kein Einkommen besitzt und sie bereits die Vermögensauskunft in einer anderen Sache abgegeben hat, verzichtet Marina Martinelli derzeit auf Zwangsvollstreckungsmaßnahmen. Der Rechtsanwalt Dr. Anton Busch rechnet deshalb ab. Nach Begleichung der Kosten übergibt er die Akte an die Auszubildende Linda Stromberg mit dem Hinweis, dass die Akte abgelegt werden könne. Wie muss Linda Stromberg in diesem Fall vorgehen?

9. Die Rechtsanwaltskanzlei Petkovic, Ringelmann, Leinweber & Kollegen AG bewältigt jeden Tag vielfältiges Schriftgut. Hierfür sind unterschiedliche Aufbewahrungsfristen zu beachten. Beurteilen Sie die nachfolgenden Fälle.

a) Die Auszubildende Nina Capelli bearbeitet gerade die Eingangspost. Hierin befindet sich ein Prospekt über einen Kaffeeautomat. Diesen Prospekt zeigt sie der Rechtsfachwirtin Carina Wittmann, die ihr sagt, dass derzeit keine Neuanschaffung notwendig sei.

b) Der Mandant Uwe Schmitt hat über die Rechtsanwaltskanzlei ein Patent angemeldet. Die Rechtsanwaltskanzlei erhält vom Deutschen Patent- und Markenamt die Patenturkunde. Die Rechtsanwältin Veronika Leinweber bittet die Auszubildende Lea Markewitsch, dem Mandanten diese Urkunde zu übersenden. Dabei soll sie den Mandanten auf die Aufbewahrungsfrist hinweisen.

c) Die Rechtsanwaltsfachangestellte Sarah Bauer beabsichtigt, das Regal, in dem sich die Buchungs- und Steuerunterlagen befinden, neu zu ordnen und dabei die Buchungs- und Steuerunterlagen, deren Aufbewahrungsfrist bereits abgelaufen ist, zu vernichten.

d) Die Rechtsanwältin Inga Ringelmann übergibt der Rechtsfachwirtin Carina Wittmann das Rundschreiben der Rechtsanwaltskammer. Dieses beinhaltet die Neuzulassungen von Rechtsanwälten im Kammerbezirk, Informationen zur Abschlussprüfung der Rechtsanwaltsfachangestellten u. a. Nachdem diese es zur Kenntnis genommen hat, gibt sie es noch an die Rechtsanwaltsfachangestellte Sarah Bauer zur Kenntnisnahme weiter.

e) Der Rechtsanwaltsfachangestellte Timo Kohrmann nimmt eine bestellte Paketsendung entgegen. Laut Lieferschein werden einige der bestellten Büromaterialien nachgeliefert, da sie nicht vorrätig waren.

f) Die Auszubildende Nina Capelli legt Handakten ab. Dabei stößt sie in einer Akte auf eine vollstreckbare Ausfertigung des Urteils sowie Vollstreckungsunterlagen. Damit die Rechtsanwaltskanzlei die Akte nicht „ewig“ archivieren muss, sendet sie diese Unterlagen an den Mandanten zurück.

10. Die Rechtsanwaltsfachangestellte Kirsten Hansen überprüft einmal im Jahr das Aktenarchiv der Rechtsanwaltskanzlei Andersen, Christ & Partner GbR.

a) Erläutern Sie, warum sich Kirsten Hansen einmal im Jahr das Aktenarchiv „vornimmt“.

b) Auf welche Aufbewahrungsfrist(en) muss Kirsten Hansen achten, wenn sie Akten zur Vernichtung aus dem Archiv heraussucht?

c) Welche Möglichkeiten der Aktenvernichtung stehen Kirsten Hansen und damit der Rechtsanwaltskanzlei Andersen, Christ & Partner GbR zur Verfügung?

d) Angenommen, die Rechtsanwaltskanzlei Andersen, Christ & Partner GbR würde die Akten nicht in Papierform archivieren, sondern elektronisch. Welche Aufbewahrungsfrist(en) müsste Kirsten Hansen beim „Durchforsten“ des Archivs dann beachten?

e) Welche Besonderheiten muss Kirsten Hansen und damit die Rechtsanwaltskanzlei Andersen, Christ & Partner GbR im Falle einer elektronischen Ablage beachten?

11. Die Rechtsanwälte Dr. Miriam Kondert & Ulrike Reimers, Partnerschaft, beschäftigen die Rechtsanwaltsfachangestellte Inken Rost und die Auszubildende Daniela Kuhn, die sich bereits im zweiten Ausbildungsjahr befindet. Zum 01.09.2017 wird mit Vanessa Lindholm eine weitere Auszubildende eingestellt. Vanessa Lindholm erkundigt sich bei Daniela Kuhn, warum es so viele verschiedene Registratursysteme gibt, und möchte wissen, wann welches Registratursystem verwendet wird. Welche Antwort wird Daniela Kuhn der neuen Auszubildenden geben?

c) Vorschriften des Datenschutzes beachten

Schemata

Grundsätze des Datenschutzes →

- Datenvermeidung und Datensparsamkeit
- Zulässigkeit (Verbot mit Erlaubnisvorbehalt)
- Datensicherheit
- Zweckbindung
- Transparenz

Rechte des Betroffenen →

- Benachrichtigung
- Auskunft
- Berichtigung
- Löschung
- Sperrung
- Widerspruch
- Schadenersatz

Ausführlichere Informationen zu dem in den Schemata zusammengefassten Themenbereich „Vorschriften des Datenschutzes beachten“ finden Sie im Lehrbuch: Lernfeld 2 (Re, ReNo), Kapitel 2.6.

Fälle

1. Das Anwaltsnotariat Krasnorutskyi & Partner, Partnerschaftsgesellschaft, hat 13 Mitarbeiter. Von jedem Mitarbeiter werden zum Zweck der Lohnbuchhaltung Name, Anschrift, Geburtsdatum, Steuerklasse, Steuernummer, Eintrittsdatum, Höhe des Gehalts und Kontoinformationen mithilfe einer entsprechenden Software gespeichert. Die Angaben werden zu Arbeitsbeginn durch einen Fragebogen aufgenommen, den die Mitarbeiter ausfüllen. Die Lohnbuchhaltung wird ausschließlich von Dorit Dieckmann durchgeführt.
   a) Um welche Art von Daten handelt es sich dabei? Ist die Speicherung zulässig?
   b) Die Daten ausgeschiedener Mitarbeiter werden nach drei Monaten gelöscht. Welcher Grundsatz des Datenschutzes wird damit erfüllt?
   c) Ist die Bestellung eines Datenschutzbeauftragten im Hinblick auf diese Datenverarbeitung erforderlich?
   d) Die Kanzlei möchte für die Mitarbeiter eine Beratung zum Thema Altersvorsorge anbieten und dazu einen Mitarbeiter der Hausbank, Dr. Dirk Lattmann, einladen. Ist es zulässig, Dr. Dirk Lattmann die gespeicherten Informationen der Mitarbeiter zur Verfügung zu stellen, damit er sich auf das Gespräch vorbereiten kann?

2. Das Notariat Schlossplatz erhebt von allen Mandanten mithilfe eines Fragebogens die für die Durchführung des Mandats notwendigen Angaben wie Name, Anschrift, Kontaktdaten und Geburtsdatum. Für eine interne Statistik und zur besseren Betreuung der Mandanten werden in einer nur für den internen Gebrauch bestimmten Datenbank diese Angaben ergänzt durch die Höhe des Geschäftswerts, bevorzugte Zeiten für Termine und persönliche Vorlieben des Mandanten in Bezug auf Getränke. Welcher Grundsatz des Datenschutzes wird davon berührt und was besagt dieser?

3. Die Rechtsanwaltskanzlei Buerle & Brüggebusch GbR bietet auf ihrer Webseite die Anmeldung zu einem Newsletter an. Zu diesem Zweck werden online angegebene Daten der Interessenten in einer internen Datenbank gespeichert. Der Newsletter enthält die aktuelle Rechtsprechung, berichtet über neue Entwicklungen in der Kanzlei und weist auf von der Kanzlei angebotene Seminare und Vorträge hin.
   a) Die Rechtsanwaltsfachangestellte Anita Tescher soll alle Mandanten über den bevorstehenden Umzug der Kanzlei in neue Büroräume informieren. Darf sie dazu die Daten aus der Newsletter-Datenbank verwenden?
   b) Der Rechtsanwalt Oliver Manning ist aktives Mitglied eines Gospelchors, der in Kürze ein Benefizkonzert für Flüchtlinge plant. Er sendet den Termin über den Newsletter-Verteiler, um darauf aufmerksam zu machen. Ist dies zulässig? Wie könnten Betroffene ggf. dagegen vorgehen?

4. Die Rechtsanwalts- und Notarfachangestellte Silke Eckhoff sammelt Fehldrucke von Schreiben an Mandanten, Gerichten und Gegnern in einem Karton neben ihrem Schreibtisch und verwendet diese als Schmierpapier. Anschließend wirft sie die Papiere in den Papierkorb. Beurteilen Sie die Situation.

d) Konferenzen und Besprechungen managen

Schemata

Konferenzen und Besprechungen managen

Planung und Koordination

- verschiedene Möglichkeiten der Konferenz: Telefonkonferenz, Videokonferenz, persönliche Konferenz
- Eine Telefon- und Videokonferenz ist z. B. vorteilhaft, wenn lange Anreisewege erforderlich wären.
- Eine persönliche Konferenz ist z. B. vorteilhaft, wenn sich die Teilnehmer persönlich kennenlernen sollen oder wenn heikle Dinge zu besprechen sind.
- Vorgehensweise:
  - Terminplanung rechtzeitig im Voraus, z. B. über Microsoft Outlook oder Doodle
  - Termin festhalten und notieren
  - sobald die Teilnehmeranzahl bekannt ist, einen geeigneten Ort finden, der für alle gut erreichbar ist und der genügend Raum bietet
  - ggf. Übernachtungsmöglichkeiten anbieten
  - Bei Telefon-/Videokonferenzen ist die einzusetzende Technik zu klären.
  - Agenda (= Tagesordnung) erstellen, also Ablaufplan mit Zeit- und Themenangaben sowie Zeit und Ort der Konferenz
  - ggf. Pausen einplanen, mit eventuellem Snack o. Ä.
  - Agenda etwa zwei Wochen vor der Konferenz an die Teilnehmer versenden, damit diese informiert sind und sich Notizen machen können

Vorbereitung

- Vorgehensweise:
  - Die Themen sollen einen Zusammenhang bilden.
  - sich fragen, welche Ziele erreicht werden sollen
  - entscheiden, welche Unterlagen oder Sichthilfen eingesetzt werden sollen
  - Handout vorbereiten o. Ä.
  - Ablauf zeitlich klar strukturieren und Pausen einplanen
  - Überlegung, wie eventuelle Nichtteilnehmer über das Ergebnis informiert werden
  - Notizen machen, damit alle Punkte angesprochen werden
- Konferenzarten: Informations-, Problemlösungs-, Entscheidungs- und Konfliktkonferenz
- Der Einsatz von Hilfsmitteln (z. B. Handout in Papierform, Beamer, Flipchart) ist unerlässlich, sollte jedoch nicht überhandnehmen.

Konferenzen und Besprechungen managen

Durchführung

- Ablauf:
  - Begrüßung
  - Überblick über abzuhandelnde Punkte
  - Ansprechen jedes einzelnen Punkts
  - Ergebnis zusammenfassen
  - Verabschiedung
- mögliche Probleme:
  - Unpünktlichkeit
  - technische Ausfälle
  - Teilnehmer sprechen durcheinander
  - Geräuschpegel bei Telefon-/Videokonferenzen
- mögliche Methoden:
  - Brainstorming
  - Mindmapping
  - Pro-und-Kontra-Aufstellung
- Gegebenenfalls können Unterlagen an die Teilnehmer übergeben werden, z. B. Videodateien auf einer CD-ROM oder einem USB-Stick (dient gleichzeitig als Werbemaßnahme).

Ergebnisse aufzeichnen

- Möglichkeiten:
  - Der Konferenzleiter macht sich während der Konferenz handschriftliche Notizen.
  - digitale Aufzeichnung (z. B. durch ein Handdiktiergerät)
- Erfassung des Protokolls nach der Konferenz am Computer
- verschiedene Protokollarten:
  - Wortprotokoll
  - Verlaufsprotokoll/Gesprächsprotokoll
  - Kurzprotokoll
  - Ergebnisprotokoll
  - Gedächtnisprotokoll
- Verteilung des Protokolls an die Teilnehmer, z. B. per E-Mail
- Gegebenenfalls können weitere Dateien der E-Mail beigefügt werden, z. B. Videos, Teilnehmerlisten o. Ä.

Nachbereitung

- erforderlich, damit eventuelle Probleme in einer weiteren Konferenz vermieden werden können
- zurückdenken und sich fragen, ob
  - die Vorbereitung ausreichend war,
  - der Ort der Anzahl der Teilnehmer angepasst war,
  - der Zeitpunkt gut gewählt war,
  - die angesetzte Zeit für die Tagesordnungspunkte ausreichend war,
  - es genügend Erholungspausen gab,
  - das Umfeld gestimmt hat u. a.
- gegebenenfalls Feedback von Teilnehmern reflektieren

Ausführlichere Informationen zu dem in den Schemata zusammengefassten Themenbereich „Konferenzen und Besprechungen managen" finden Sie im Lehrbuch:

- Lernfeld 2 (Re, ReNo), Kapitel 3 (Konferenz- und Besprechungsmanagement)
- Lernfeld 2 (Re, ReNo), Kapitel 4 (Kommunikations- und Informationssysteme)

Fälle

1. Die Rechtsanwaltskanzlei Eriksson, Bergner, Lammert & Kollegen GbR mit Sitz in 08056 Zwickau, Planitzer Straße 105, veranstaltet jedes Jahr im Frühjahr eine kanzleiinterne Weiterbildung zu wechselnden Themen. Da seit Beginn dieses Jahrs umfassende Änderungen im Bereich der Prozesskostenhilfe/Verfahrenskostenhilfe gelten, bezieht sich das Thema der kanzleiinternen Weiterbildung auf dieses Themengebiet. An der Weiterbildung sollen alle Rechtsanwälte und Mitarbeiter teilnehmen.

a) Die Rechtsanwaltsfachangestellte Ella Ramirez hat den Auftrag von der Rechtsanwältin Ulrike Lammert erhalten, die kanzleiinterne Weiterbildung zu organisieren. Als Termin hat die Rechtsanwältin Ulrike Lammert Samstag, den 05.02.2018 (Beginn: 10:00 Uhr) vorgegeben. An diesem Tag können laut einer Terminumfrage alle Rechtsanwälte und Mitarbeiter. Was sollte Ella Ramirez unternehmen, damit alle Rechtsanwälte und Mitarbeiter über den Termin der kanzleiinternen Weiterbildung informiert werden?

b) Die kanzleiinterne Weiterbildung soll Holger Fronseck halten, ein erfahrener Rechtsfachwirt, der schon mehrmals die kanzleiinterne Weiterbildung durchgeführt hat. Die Rechtsanwaltsfachangestellte Ella Ramirez kontaktiert den Rechtsfachwirt Holger Fronseck und erfährt, dass er am 05.02.2018 Zeit hat. Ella Ramirez erhält einige Tage nach der Kontaktaufnahme folgende E-Mail:

> Sehr geehrte Frau Ramirez,
>
> für die kanzleiinterne Weiterbildung am Samstag, den 05.02.2018 plane ich folgenden Ablauf:
>
> - Beginn um 10:00 Uhr
> - Voraussetzungen der PKH/VKH (Dauer: 1 Stunde)
> - Antrag (Dauer: 1 Stunde)
> - Mittagspause von 12:00 Uhr–13:00 Uhr
> - Bewilligung (Dauer: 1 Stunde)
> - Beiordnung (Dauer: ½ Stunde)
> - kurze Pause (Dauer: ¼ Stunde)
> - Abrechnung (Dauer: 2 Stunden)
> - Ende um 16:45 Uhr
>
> Ich werde zur Weiterbildung meinen eigenen Laptop nebst Beamer mitbringen. Weitere Hilfsmittel benötige ich nicht.
>
> Freundliche Grüße
>
> Holger Fronseck

Welche Arbeitsschritte muss Ella Ramirez nun ausführen?

c) Holger Fronseck benötigt ein Hotelzimmer, da er bereits einen Tag früher anreist. Die Kosten des Zimmers übernimmt vereinbarungsgemäß die Rechtsanwaltskanzlei Eriksson, Bergner, Lammert & Kollegen GbR. Wie geht Ella Ramirez in diesem Fall vor?

d) Da die Mittagspause eine Stunde dauert und die Weiterbildung sich bis in den späten Nachmittag hinziehen wird, hält die Rechtsanwaltsfachangestellte Ella Ramirez Rücksprache mit der Rechtsanwältin Ulrike Lammert bezüglich eines Snacks (belegte Brötchen, kalte Platten). Diese findet die Idee gut und bittet Ella Ramirez, das Erforderliche in die Wege zu leiten. Wie geht Ella Ramirez nun vor?

2. Mareike Löffler befindet sich im dritten Ausbildungsjahr zur Rechtsanwaltsfachangestellten. Sie erhält vom Rechtsanwalt Marius Bachert den Auftrag, den Termin für eine Konferenz festzulegen. Welche Fragen muss die Auszubildende hierfür klären?

3. Die Rechtsanwaltsfachangestellte Gina Schneider arbeitet in der Rechtsanwaltskanzlei Dr. Schneibel, Dr. Wittler & Weiermann GbR mit Sitz in München. Die Rechtsanwältin Dr. Renate Schneibel hat sich für eine Fortbildung im Verkehrsunfallrecht in Heilbronn angemeldet. Die Fortbildung findet am 02.12.2017 im Tagungszentrum „Heilbronner Arkaden" statt. Sie beginnt früh um 08:00 Uhr und endet abends um 18:00 Uhr.

a) Die Rechtsanwältin Dr. Renate Schneibel bittet Gina Schneider, ihr ein Hotelzimmer zu besorgen, da sie aufgrund der Anfahrtszeit von ca. drei Stunden bereits einen Tag früher, also am 01.12.2017, mit ihrem Pkw fahren will. Welche Kriterien sollte die Rechtsanwaltsfachangestellte von der Rechtsanwältin Dr. Renate Schneibel erfragen, damit sie nach einem Hotelzimmer suchen und ein solches reservieren kann?

b) Wie sollte die Rechtsanwaltsfachangestellte vorgehen, um ein Hotelzimmer mit den erfragten Kriterien zu finden?

c) Die Recherchen ergeben, dass es zwei Hotels in der Nähe des Tagungszentrums gibt (ca. 5–10 Minuten Fußweg Entfernung), die zum gewünschten Zeitraum noch ein Einzelzimmer mit den geforderten Kriterien zur Verfügung stellen können. Da erhält Gina Schneider von der Rechtsanwältin Dr. Renate Schneibel eine kanzleiinterne E-Mail:

> Hallo Frau Schneider,
>
> ich habe soeben mit einer Kollegin telefoniert, die ebenfalls an der Fortbildung in Heilbronn teilnimmt. Da wir uns schon lange nicht mehr gesehen haben, wollen wir uns nach der Fortbildung noch gemütlich in ein Restaurant setzen, um zu Abend zu essen.
>
> Ich benötige daher das Hotelzimmer für zwei Nächte, da ich nach dem Abendessen nicht mehr zurück nach München fahren will. Bitte kümmern Sie sich darum.
>
> Viele Grüße
>
> Dr. Renate Schneibel

Wie geht Gina Schneider nun vor?

d) Ein Hotel, das „Star Inn", bestätigt, dass das Hotelzimmer auch für zwei Nächte zur Verfügung stünde, sodass die Rechtsanwaltsfachangestellte das Zimmer reserviert. Das Hotel schickt ihr daraufhin eine Reservierungsbestätigung per E-Mail. Was sollte Gina Schneider nun weiter unternehmen?

4. Der Rechtsfachwirt Uwe Meißner erhält vom Rechtsanwalt Dr. Caspar von Eckert den Auftrag, die fünf neuen Auszubildenden zur Rechtsanwaltsfachangestellten in einem Vortrag über den Aufbau der Kanzlei und den täglichen Kanzleiablauf zu informieren sowie die Aufgabengebiete der Auszubildenden zu erläutern. Wie sollte Uwe Meißner den Vortrag vorbereiten?

5. In der Rechtsanwaltssozietät Dr. Rickert, Marschhäuser & Kollegen AG finden täglich Konferenzen statt, an denen in der Regel zwischen vier und 15 Personen teilnehmen. Aufgrund dessen wurde der Rechtsanwaltsfachangestellten Kristin Weißenstein die Aufgabe zugeteilt, die in der Rechtsanwaltskanzlei stattfindenden Konferenzen zu managen. Wenn mehrere Konferenzen an einem Tag stattfinden, bittet die Rechtsanwaltsfachangestellte die Auszubildende Verena Maronn um ihre Mithilfe bei der Vorbereitung. Dabei erklärt Kristin Weißenstein der Auszubildenden, um welche Konferenzart es sich jeweils handelt. Beurteilen Sie die nachfolgenden Fälle dahingehend, welche Konferenzart vorliegt und erklären Sie diese.

a) Der Rechtsanwalt Dr. Leon Rickert wurde von Anna und Sven Steigerle im Nachbarschaftsstreit gegen Dorothea Hafner-Lutz mit der anwaltlichen Tätigkeit beauftragt. Die Parteien liegen bereits seit mehreren Jahren wegen der unterschiedlichsten Punkte im dauernden Streit. Um sich einen Überblick über die verfahrene nachbarschaftliche Situation zu verschaffen, lädt der Rechtsanwalt Dr. Leon Rickert die Parteien zu einer Konferenz ein.

b) Die Rechtsanwältin Kathrin Marschhäuser lädt alle Mitarbeiter zu einem Meeting ein. Thema ist die Gestaltung des neuen Pausenraums. Die Rechtsanwältin Kathrin Marschhäuser möchte von den Mitarbeitern wissen, welche Vorstellungen sie bezüglich des neuen Pausenraums haben.

c) In der letzten Zeit wurde der Postausgang häufiger nicht dahingehend überprüft, ob tatsächlich die erforderlichen Anlagen den Schreiben beilagen und ob die Schreiben unterzeichnet waren. Deshalb häuften sich die Beschwerden von Mandanten und Behörden. Die Rechtsanwältin Kathrin Marschhäuser möchte deshalb eine Konferenz durchführen, an der alle am Postausgang beteiligten Mitarbeiter teilnehmen. Nach der Erörterung möglicher Lösungswege, wie dieses Problem in Zukunft behoben bzw. umgangen werden kann, werden die verschiedenen Lösungswege im gemeinsamen Gespräch geprüft und bewertet und es wird festgelegt, wie der Postausgang zukünftig zu handhaben ist.

6. Die Rechtsanwaltsfachangestellte Liliane Mattusch organisiert für den Rechtsanwalt Dr. Dietrich Gemperlein eine Konferenz. Insgesamt nehmen neben dem Rechtsanwalt Dr. Dietrich Gemperlein fünf Personen an der Konferenz teil.

a) Der Rechtsanwalt Dr. Dietrich Gemperlein führt die Teilnehmer durch die Konferenz. Wie sollte die Konferenz im Idealfall aufgebaut sein?

b) Welche Methode steht dem Rechtsanwalt Dr. Dietrich Gemperlein beim Durcharbeiten der einzelnen Punkte zur Verfügung, um Daten festzuhalten, Informationen zu sammeln o. Ä.?

c) Welche Probleme könnten während der Konferenz auftreten, auf die der Rechtsanwalt Dr. Dietrich Gemperlein reagieren muss?

d) Welche Probleme könnten beim Ablauf der Konferenz auftreten, wenn es sich im vorliegenden Fall nicht um eine persönliche Konferenz, sondern um eine Telefonkonferenz handeln würde? Wie sollte der Rechtsanwalt Dr. Dietrich Gemperlein darauf reagieren?

7. In der Rechtsanwaltskanzlei Thorsten Riegel & Josef Treutlein, Partnerschaft, findet am 21.01.2018 in der Zeit von 17:00 Uhr bis 18:30 Uhr ein Meeting statt, an dem beide Rechtsanwälte und alle drei Mitarbeiterinnen, nämlich die Rechtsfachwirtin Sabrina Pausewang und die beiden Rechtsanwaltsfachangestellten Christine Markewitsch und Barbara Noubakhsch teilnehmen. Durch das Meeting führt der Rechtsanwalt Thorsten Riegel. Auf der Agenda stehen drei zu besprechende Punkte:

- Anschaffung eines neuen Multifunktionsgeräts
- Neusortierung der Altablage im Lagerraum
- Koordination von auswärtigen Terminen der Rechtsanwälte

a) Während des Meetings macht sich die Rechtsfachwirtin Sabrina Pausewang Notizen, die später in einem Protokoll festgehalten werden sollen. Dabei reicht es aus, wenn Ergebnisse und ggf. die Aufträge festgehalten werden. Welches Protokoll wird Sabrina Pausewang anfertigen?

b) Im Meeting wird zu den drei zu besprechenden Punkten Folgendes beschlossen:

- Anschaffung eines neuen Multifunktionsgeräts: Da das alte Multifunktionsgerät immer öfter nicht funktionstüchtig ist und repariert werden muss, soll ein neues Gerät angeschafft werden. Dieses soll einen automatischen Einzug haben und auch farbige Kopien/Ausdrucke ermöglichen. Christine Markewitsch soll binnen drei Wochen Angebote einholen, eine Übersicht über mögliche Geräte erstellen und diese den Rechtsanwälten und allen Mitarbeiterinnen übermitteln.
- Neusortierung der Altablage im Lagerraum: Da seit Jahren keine Akten mehr aus der Altablage der Vernichtung zugeführt wurden und der Lagerraum keinen Platz mehr für neue abgelegte Akten, alte Steuerunterlagen u. a. bietet, soll die Altablage dahingehend neu sortiert werden, dass die Akten, deren Aufbewahrungsfrist abgelaufen ist, der Vernichtung zugeführt werden, ebenso wie alte Steuerunterlagen u. a. Sabrina Pausewang soll binnen zwei Wochen Angebote über speziell geeignete Firmen einholen, die die Aktenvernichtung professionell betreiben, und diese Angebote den beiden Rechtsanwälten zukommen lassen. Weiterhin soll sie binnen acht Wochen die Altablage neu sortieren.
- Koordination von auswärtigen Terminen der Rechtsanwälte: Damit es zu keinen Überschneidungen bei der Koordination von auswärtigen Terminen der beiden Rechtsanwälte mehr kommt, ist ab sofort Barbara Noubakhsch allein mit der Koordination befasst.

Diese handschriftlichen Notizen setzt Sabrina Pausewang nach dem Meeting in das Protokoll ein. Wie könnte dieses Protokoll aussehen?

c) Welche Arbeitsschritte sollte die Rechtsfachwirtin nach der Erstellung des Protokolls unternehmen?

8. Die Rechtsanwältin Dr. Nora Thiessen vertritt Sarah Debes in einer Nachlasssache. Die Erbengemeinschaft mit Ingelore Bach soll auseinandergesetzt werden. Um die Angelegenheit voranzubringen, hat die Rechtsanwältin Dr. Nora Thiessen neben Sarah Debes die Gegenpartei Ingelore Bach mit ihrem Rechtsanwalt Dr. Georg Vollmuth zu einer Konferenz geladen.

a) Was in der Konferenz besprochen wurde, soll äußerst genau festgehalten werden, damit es später nicht wieder zu verschiedenen Auslegungen der Äußerungen der Teilnehmer kommt. Welche Protokollart sollte die Rechtsanwältin Dr. Nora Thiessen als Konferenzleiterin deshalb auswählen?

b) Damit die genauen Äußerungen der Teilnehmer festgehalten werden können, wählt die Rechtsanwältin Dr. Nora Thiessen die digitale Aufzeichnung der Konferenz durch das Mitlaufen eines Handdiktiergeräts. Worauf muss die Rechtsanwältin Dr. Nora Thiessen achten, bevor sie das Handdiktiergerät einsetzen kann?

9. Der Rechtsanwalts- und Notarfachangestellte Jens Stiebel hat zum ersten Mal eine Konferenz in den Räumen der Rechtsanwaltskanzlei Magnusson, Gelder & Richter GbR organisiert. An der Konferenz nahmen insgesamt zehn Mitglieder der Wohnungseigentümergemeinschaft Neuer Wall 5 in Düsseldorf teil sowie der Rechtsanwalt Martin Magnusson. Da für die Konferenz eine Dauer von fünf Stunden geplant gewesen war, organisierte er in der Pause Getränke und Gebäck. Zudem stellte er den Flipchart bereit, da der Rechtsanwalt Martin Magnusson ihn darum gebeten hatte, und erstellte Kopien der zehn Handwerkerrechnungen für die WEG-Mitglieder. Während der Konferenz traten folgende Probleme auf:

- Das Gebäck reichte nicht aus.
- Es war nicht mehr genügend Papier für den Flipchart vorhanden.
- Das Kopiergerät, das einen automatischen Einzug hat, kopierte eine Handwerkerrechnung nicht, wohl deshalb, weil zwei Seiten auf einmal eingezogen wurden.

Wie könnte Jens Stiebel die aufgetretenen Probleme zukünftig vermeiden?

e) Fristen und Termine überwachen

Schemata

Fristen überwachen

Fristen berechnen

- Ereignisfrist: Für den Beginn der Frist ist ein Ereignis entscheidend; der Tag der Fälligkeit wird bei der Berechnung der Frist nicht mitgerechnet (§ 187 Abs. 1 BGB).
- Verlaufsfrist: Der Beginn eines Tags ist entscheidend; der Tag wird mitgerechnet (§ 187 Abs. 2 S. 1 BGB).
- Die Fristenberechnung hängt davon ab, für welchen Zeitraum sie festgelegt wurde:
  - Tagesfrist: endet am letzten Tag der Frist (§ 188 Abs. 1 BGB)
  - Wochenfrist: endet am gleichen Wochentag (§ 188 Abs. 2 BGB)
  - Monatsfrist: endet am Tag mit derselben Zahl (§ 188 Abs. 2 BGB); nicht gleichzusetzen mit vier Wochen; falls es den berechneten Tag in dem Monat nicht gibt, endet die Frist mit dem Ablauf des letzten Tags dieses Monats (§ 188 Abs. 3 BGB).
  - Jahresfrist: endet am letzten Tag des entsprechenden Jahrs
- Fällt das Ende der Frist auf einen Samstag, Sonntag oder Feiertag, endet die Frist am darauffolgenden Werktag (§ 193 BGB).
- besondere Sorgfalt erforderlich
- gegebenenfalls Rücksprache mit dem zuständigen Rechtsanwalt, wenn nicht erkennbar ist, um welche Frist es sich handelt

Fristen notieren

- Führung eines Fristenkalenders durch einen explizit beauftragten Sachbearbeiter
- Ein EDV-gestützter Fristenkalender ist grundsätzlich möglich, jedoch müssen eventuelle EDV-Störungen eingeplant werden, sodass es sich empfiehlt, parallel zu fahren oder einen Papierkalender zu verwenden.
- Nach dem Notieren der Frist ist dies auf dem entsprechenden Schriftstück o. Ä. sowie auf dem Handaktenbogen durch den Sachbearbeiter mit dem entsprechenden Handzeichen zu vermerken.
- Fristen müssen sich von Wiedervorlagen erkennbar abheben, z. B. durch farbliche Hervorhebung.
- Es empfiehlt sich, eine Vorfrist (z. B. eine Woche) zu notieren, damit noch genügend Zeit zur Bearbeitung der Akte verbleibt.
- besondere Sorgfalt erforderlich

Fristen überwachen

Fristen verlängern lassen (Antrag auf Fristverlängerung)

- Sollte eine Frist nicht eingehalten werden können (z. B. weil Unterlagen von Mandanten fehlen, aufgrund Krankheit des Rechtsanwalts), muss so rechtzeitig wie möglich ein Antrag auf Fristverlängerung gestellt werden.
- Im Antrag sind der Grund zu nennen sowie ein Datum, binnen dessen das Schriftstück eingereicht werden wird.
- überprüfen, ob die Frist antragsgemäß verlängert wurde (ggf. telefonisch nachfragen), erst dann die verlängerte Frist im Fristenkalender notieren

Fristen überwachen

- rechtzeitige Vorlage (z. B. am Tag der Vorfrist) an den zuständigen Rechtsanwalt, sodass noch ausreichend Zeit für die Bearbeitung bleibt
- dem Rechtsanwalt jeden Morgen eine Übersicht über die Fristen und Vorfristen des Tags und/oder der Woche aushändigen
- früh und abends im Fristenkalender nachsehen, ob tatsächlich alle Fristen erledigt wurden
- ggf. Rücksprache mit dem Rechtsanwalt nehmen, wie mit noch nicht erledigtem Fristablauf umzugehen ist

Fristen streichen

- Nach Erledigung der Frist ist diese zu streichen.
- „Erledigt“ bedeutet, dass das Schriftstück z. B. an das zuständige Gericht versandt wurde (z. B. „vorab per Telefax“); hierzu ist es erforderlich, dass nochmals die Anschrift und die zugehörige Telefaxnummer überprüft werden.
- Trotz Streichung der Frist sollte diese noch lesbar sein.
- Der Sachbearbeiter, der die Frist streicht, sollte sein Handzeichen hinzusetzen.
- besondere Sorgfalt erforderlich

Termine überwachen

- **Termine vereinbaren**
  - genügend Zeit einplanen (ggf. eventuelle Fahrtzeiten berücksichtigen)
  - Sofern nicht abzuschätzen ist, wie lange der Termin voraussichtlich dauert, sollte zusätzlich ein „Puffer" eingeplant werden.
  - nach Möglichkeit den Termin so einplanen, dass der Rechtsanwalt noch genügend Zeit hat, die tägliche Arbeit zu bewältigen, also am besten gleich früh oder ab dem (späten) Nachmittag
- **Termine notieren/streichen**
  - im Kalender des Sachbearbeiters notieren
  - zusätzlich im Kalender beim Empfang notieren
  - ggf. den Termin zusätzlich auf Planungstafeln oder in Microsoft Outlook o. Ä. notieren
  - Sollte sich ein notierter Termin verschieben oder durch Absage erledigen, ist dieser zu streichen, am besten mit einem Hinweis warum und dem Handzeichen des Sachbearbeiters
  - Auch Wiedervorlagen müssen sorgfältig im Kalender und/oder im Anwaltsprogramm eingetragen werden, damit die Akten fristgerecht bearbeitet werden können.
- **Termine verlegen (Terminverlegungsantrag)**
  - Sollte ein Termin verlegt werden müssen (z. B. bei Termindopplung, krankheitsbedingtem Ausfall), ist dies unverzüglich vorzunehmen, damit die betroffenen Personen planen können.
  - Gerichtstermine haben immer Vorrang, d. h., in diesem Fall muss der Termin mit dem Mandanten verlegt werden.
  - Sollte es eine Dopplung von Gerichtsterminen geben, hat in der Regel der Termin Bestand, der schon seit längerer Zeit feststeht.
  - Sollte ein Gerichtstermin verlegt werden müssen, ist ein schriftlicher Antrag auf Terminverlegung zu stellen.
- **Termine überwachen**
  - den Sachbearbeiter früh über die anstehenden Termine informieren
  - Falls ein Mandant nicht kommt, sollte dieser kontaktiert werden, ob sich der Termin erledigt hat oder ob ein neuer Termin vereinbart werden soll.

Ausführlichere Informationen zu dem in den Schemata zusammengefassten Themenbereich „Fristen und Termine überwachen" finden Sie im Lehrbuch:

- Lernfeld 4 (Re, ReNo), Kapitel 2.2.2 (Fristen überwachen)
- Lernfeld 2 (Re, ReNo), Kapitel 2.7.2 (Termine überwachen)

Fälle

1. In der Rechtsanwaltskanzlei Michael Bublak & Claudine Piqué GbR ist die Rechtsfachwirtin Marie Dietzsch die Fristensachbearbeiterin. Beurteilen Sie die nachfolgenden Fälle dahingehend, um welche Frist es sich handelt und wann diese abläuft.

a) Die Rechtsfachwirtin Marie Dietzsch öffnet am Montag, den 07.12.2017 die Post. Darin befindet sich ein Schreiben der Familienkasse in der Angelegenheit Silke Schorf wegen Gewährung von Kindergeld. Die Familienkasse benötigt zur Bearbeitung der Angelegenheit noch den Ausbildungsvertrag des Kinds Carina Schorf. Es wird um Erledigung binnen zehn Tagen gebeten.

b) Die Rechtsanwaltskanzlei Michael Bublak & Claudine Piqué GbR stellt mit Sabine Schneider zum 01.08.2017 eine neue Auszubildende zur Rechtsanwaltsfachangestellten ein. Es wird eine Probezeit von lediglich zwei Monaten vereinbart, da Sabine Schneider bereits ein längeres Praktikum in der Rechtsanwaltskanzlei geleistet hat.

c) In der Sache Bernd Sauerland ./. Bertha Reichhart wegen rückständiger Miete legt der Mandant Bernd Sauerland den Mietvertrag vor. Die Rechtsfachwirtin Marie Dietzsch sieht bei der Durchsicht des Vertrags, dass es sich um ein auf fünf Jahre befristetes Mietverhältnis handelt, das am 15.01.2013 begann.

d) In der Angelegenheit Johanna Martinsson ./. 123 Mobilfunk GmbH wegen Forderung übergibt die Mandantin Johanna Martinsson am Dienstag, den 12.01.2018 der Rechtsfachwirtin Marie Dietzsch ein Schreiben der 123 Mobilfunk GmbH vom 30.12.2017. Johanna Martinsson hat dieses Schreiben am Montag, den 04.01.2018 erhalten. In dem Schreiben fordert die 123 Mobilfunk GmbH den Ausgleich einer angeblich rückständigen Forderung in Höhe von 316,15 €. Die 123 Mobilfunk GmbH setzt eine Drei-Wochen-Frist zur Begleichung bzw. kann innerhalb dieser Frist durch Vorlage von Kontoauszügen auch nachgewiesen werden, ob/dass die Forderung bereits beglichen wurde.

e) Am Dienstag, den 19.01.2018 geht in der Rechtsanwaltskanzlei Michael Bublak & Claudine Piqué GbR ein Telefaxschreiben ein. Der gegnerische Rechtsanwalt fordert auf, binnen eines Monats die notwendigen Unterlagen (u. a. Rechnungen, Kontoauszüge der letzten drei Jahre) zu übermitteln.

2. Die Rechtsanwaltsfachangestellte Lisa Dornhagen ist für die Führung des Termin- und Fristenkalenders in der Rechtsanwaltskanzlei Marianne Lindt zuständig. Im Posteingang befindet sich ein Schreiben des gegnerischen Rechtsanwalts, der eine Frist von zwölf Tagen zur Stellungnahme setzt. Diese Frist würde sodann an einem Samstag ablaufen. Was muss die Rechtsanwaltsfachangestellte Lisa Dornhagen beim Eintragen der Frist in den Fristenkalender und auf dem Handaktenbogen beachten?

3. In der Angelegenheit Katharina Fischer ./. Stadt Frankfurt am Main wegen Festsetzung der Zweitwohnungssteuer läuft die Frist am Donnerstag, den 26.11.2017 ab. Da noch Unterlagen von der Mandantin Katharina Fischer fehlen, die diese erst nach der Rückkehr aus ihrem Urlaub am 30.11.2017 in die Kanzlei bringen kann, muss die Frist zur Stellungnahme auf das Schreiben der Stadt Frankfurt am Main vom 14.11.2017 um zwei Wochen verlängert werden.

a) Bevor die Rechtsanwaltsfachangestellte Paula Rieksch den Antrag auf Fristverlängerung vorbereitet, errechnet sie die neue Frist. Wann würde die neue Frist ablaufen?

b) Paula Rieksch soll den Antrag auf Fristverlängerung vorbereiten. Wie könnte dieser Antrag formuliert werden?
c) Welche Arbeitsschritte muss die Rechtsanwaltsfachangestellte nach der Versendung des Antrags auf Fristverlängerung unternehmen?
d) Ist Paula Rieksch verpflichtet, eine Vorfrist im Fristenkalender und auf dem Handaktenbogen einzutragen?

4. In der Rechtsanwaltskanzlei Schottky, Lingner & Kollegen GbR ist der Rechtsanwaltsfachangestellte Robin Stroh-Meusert mit der Führung des Fristenkalenders betraut. Dieser soll in der Angelegenheit Helene Remelé ./. Bundesagentur für Arbeit wegen Rückzahlung von Arbeitslosengeld eine Drei-Wochen-Frist notieren. Eine Woche vor Ablauf der Frist soll eine Vorfrist eingetragen werden. Das Schreiben der Bundesagentur für Arbeit, zu dem Stellung genommen werden soll, ist am Dienstag, den 18.11.2017 in der Rechtsanwaltskanzlei eingegangen.
a) Um die Drei-Wochen-Frist richtig berechnen zu können, muss der Rechtsanwaltsfachangestellte Robin Stroh-Meusert zunächst beurteilen, um welche Art von Frist es sich handelt. Beurteilen Sie die Sachlage.
b) Welche Frist und Vorfrist errechnet Robin Stroh-Meusert im vorliegenden Fall?
c) Worauf muss der Rechtsanwaltsfachangestellte beim Notieren der (Vor-)Frist im Kalender achten?
d) Robin Stroh-Meusert erstellt für seine Vertreterin, die Rechtsanwaltsfachangestellte Inken Markgraf, einen Prozessablaufplan „(Vor-)Fristen ermitteln und notieren". Wie könnte er diesen Ablaufplan grafisch darstellen?

5. Am 12.12.2017, einem Freitag, überprüft der Rechtsfachwirt Jonas Berger gleich früh am Morgen den Fristenkalender. Hierin sind folgende (Vor-)Fristen notiert:
- Rieke Mattusch ./. Maik Pettersen wegen Darlehensforderung (Vorfrist)
- Inge Kistner ./. Strom & Gas Meisels GmbH wegen Forderung (Frist)
- Sanitär Klöpfel e. K. ./. Sandra Rothenbucher wegen Forderung (Vorfrist)

Für alle drei Angelegenheiten ist der Rechtsanwalt Dr. Emil Kleinschrod der zuständige Sachbearbeiter.
a) Welche Arbeitsschritte sollte der Rechtsfachwirt Jonas Berger vornehmen?
b) Der Rechtsanwalt Dr. Emil Kleinschrod diktiert zunächst das Schreiben in der Angelegenheit Inge Kistner ./. Strom & Gas Meisels GmbH wegen Forderung an den gegnerischen Rechtsanwalt und übergibt die Akte anschließend der Rechtsanwaltsfachangestellten Caroline Rimbacher mit dem Hinweis, dass das Schreiben eilt und nach dem Erstellen vorab per Telefax übersandt werden muss. Die Anweisungen des Rechtsanwalts Dr. Emil Kleinschrod werden umgehend umgesetzt. Kann der Fristensachbearbeiter Jonas Berger die Frist anschließend streichen?

6. Die Rechtsanwaltsfachangestellte Nina Hohenstedt ist in der Rechtsanwaltskanzlei Dr. Scharkowski & Fritzsch GbR die Fristenbeauftragte.
a) Was sollte Nina Hohenstedt jeden Abend überprüfen?
b) Am Donnerstag, den 30.11.2017 stellt die Rechtsanwaltsfachangestellte fest, dass in der Angelegenheit Christel Parusell ./. Deutsche Rentenversicherung die Frist noch nicht gestrichen wurde. Die zuständige Sachbearbeiterin ist die Rechtsanwältin Carola Fritzsch. Wie sollte Nina Hohenstedt in diesem Fall vorgehen?
c) Die Rechtsanwältin Carola Fritzsch teilt der Rechtsanwaltsfachangestellten mit, dass sie selbst das Schreiben noch erstellen und per Telefax versenden wird. Welche Arbeitsschritte sollte Nina Hohenstedt in diesem Fall unternehmen?

7. In der Rechtsanwaltskanzlei Ringelmeyer, Poch & Lengaard GbR mit Sitz in Bamberg ist die Rechtsanwaltsfachangestellte Mia Hartmann, die am Empfang der Rechtsanwaltskanzlei arbeitet, mit der Führung des Terminkalenders betraut. Beurteilen Sie, wie Mia Hartmann in den folgenden Fällen vorgehen sollte. Zu berücksichtigen sind folgende Bürozeiten, die auch die Rechtsanwälte einhalten: Montag–Freitag 08:00–12:00 Uhr und 13:00 Uhr–18:00 Uhr.

a) Dr. Marion Utrecht-Dösch ruft an und möchte am 16.01.2018 einen Termin beim Rechtsanwalt Paul Ringelmeyer. Die Rechtsanwaltsfachangestellte Mia Hartmann stellt nach einem Blick in den Terminkalender fest, dass der Rechtsanwalt Paul Ringelmeyer an diesem Tag bereits um 09:00 Uhr und 13:30 Uhr Mandantentermine wahrnehmen muss. Diese Termine werden voraussichtlich jeweils 60 Minuten dauern. Wie geht Mia Hartmann bei der Terminvereinbarung vor?

b) Korbinian Bauer bringt Unterlagen in die Kanzlei. Gleichzeitig bittet er um einen Termin beim Rechtsanwalt Anton Poch am 08.01.2018, möglichst gleich frühmorgens. Die Rechtsanwaltsfachangestellte sieht in den Kalender. An diesem Tag ist bislang noch kein Termin eingetragen. Welchen Termin wird Mia Hartmann dem Mandanten vorschlagen?

c) Der Rechtsanwalt Hugo Lengaard bittet die Rechtsanwaltsfachangestellte, einen Termin mit dem Mandanten Robert McHurt am 10.01.2018 zu vereinbaren, um das weitere Vorgehen in dieser Angelegenheit zu besprechen. Er denkt, dass die Besprechung mindestens eine Stunde dauern wird. Nach einem Blick in den Kalender stellt Mia Hartmann fest, dass der Rechtsanwalt Hugo Lengaard am 10.01.2018 um 09:00 Uhr bereits einen Gerichtstermin in Bamberg wahrnehmen muss, der voraussichtlich zwei Stunden dauern wird. Wie geht Mia Hartmann bei der Terminvereinbarung vor?

d) In dem Rechtsstreit Dany Kubitschek ./. Liliane Weid hat das Landgericht Bamberg einen Termin zur mündlichen Verhandlung bestimmt auf den 20.01.2018 um 14:00 Uhr im Raum 123. Sachbearbeiter der Akte ist Paul Ringelmeyer. Das Landgericht Bamberg teilt nun mit Schreiben vom 02.01.2018 mit, dass der Termin aufgehoben wurde und ein neuer Termin von Amts wegen zu einem späteren Zeitpunkt anberaumt wird. Was unternimmt Mia Hartmann bezüglich der Terminaufhebung?

8. Der Rechtsanwalts- und Notarfachangestellte Roman Tepez stellt bei der Eintragung eines Gerichtstermins am 21.01.2018 um 09:00 Uhr fest, dass um 09:30 Uhr bereits ein Mandantentermin mit Susanne Wittkowski im Kalender steht. Der Gerichtstermin wird voraussichtlich 45 Minuten dauern. Was sollte Roman Tepez in diesem Fall unternehmen?

9. Jan Kosiczek ruft in der Rechtsanwaltskanzlei Frenzel & Weeth, Partnerschaft, an. Er hat bereits vor einer Woche beim Rechtsanwalt Martin Frenzel einen Termin für den 03.02.2018 vereinbart. Da sich die Angelegenheit, in der er anwaltlichen Rat einholen wollte, zwischenzeitlich geklärt hat, sagt er den vereinbarten Termin ab. Wie geht die Rechtsanwaltsfachangestellte Vera Breitenbach nun vor?

10. Bei der Bearbeitung des Posteingangs stellt die Rechtsanwaltsfachangestellte Sarah Heuberger fest, dass ein Gerichtstermin einzutragen ist. Hierbei handelt es sich um folgenden Termin: Amtsgericht Bamberg, 08.01.2018, 15:00 Uhr, Raum 336. Sie holt sich den Kalender und will den Termin gleich eintragen, stellt aber fest, dass an diesem Tag um 13:30 Uhr bereits ein Gerichtstermin in Bayreuth stattfindet. Allein die Fahrtzeit dauert eine Stunde.

a) Was muss die Rechtsanwaltsfachangestellte in diesem Fall unternehmen?

b) Wie könnte Sarah Heuberger den Arbeitsablauf bezüglich eines zu verlegenden Gerichtstermins aufgrund einer Terminkollision grafisch mithilfe eines Prozessablaufplans darstellen?

11. Der Rechtsanwaltsfachangestellte Nino Calvit blickt früh nach Arbeitsbeginn zuerst in den Kalender und stellt fest, dass die Rechtsanwältin Dr. Melissa Seubert heute insgesamt vier Termine hat, wie folgt:

- 10:00 Uhr: Mandantentermin mit Udo Meier
- 11:00 Uhr: Mandantentermin mit Linda Hespelein
- 13:30 Uhr: Gerichtstermin in Sachen Linda Hespelein ./. Regine Wallner
- 16:30 Uhr: Mandantentermin mit Bertha Landwehr

a) Welche Arbeitsschritte sollte Nino Calvit unternehmen, sobald die Rechtsanwältin Dr. Melissa Seubert in die Kanzlei kommt?

b) Die Mandantin Bertha Landwehr erscheint nicht zum Termin um 16:30 Uhr. Wie sollte der Rechtsanwaltsfachangestellte in diesem Fall vorgehen?

f) Mandanten oder Beteiligte serviceorientiert empfangen und betreuen

Schema

Mandanten/Beteiligte empfangen und betreuen

→ Mandanten/Beteiligte empfangen

- Empfang an die räumlichen Gegebenheiten anpassen
- zur Begrüßung um den Schreibtisch o. Ä. herumgehen
- Blickkontakt aufnehmen
- freundliches und „lächelndes" Gesicht bei der Begrüßung, am besten mit dem Namen begrüßen
- auf Körperhaltung und gepflegtes Äußeres achten
- Betritt ein Ehepaar die Kanzleiräume, sollte die Dame vor dem Herrn begrüßt werden.
- Betreten zwei Herren oder zwei Damen die Kanzleiräume, so ist zunächst der/die Ältere bzw. derjenige/diejenige, der/die das Mandat erteilt hat, zu begrüßen.
- niemals demTelefon Vorrang geben, wenn der Mandant/Beteiligte schon wartet
- auf eine klare und deutliche Aussprache sowie auf die Lautstärke der Stimme achten
- Small Talk führen
- Jacken, Regenschirme o. Ä. abnehmen und aufhängen bzw. ablegen
- einen Platz anbieten, falls es noch etwas dauert, und den Grund der Wartezeit nennen
- gegebenenfalls Getränke anbieten und auf ausliegende Flyer, Zeitschriften o. Ä. hinweisen
- gegebenenfalls Mandantenfragebogen übergeben und bitten, diesen auszufüllen
- den zuständigen Rechtsanwalt informieren bzw. einen Aktenvermerk anfertigen, falls Mandanten/Beteiligte Unterlagen vorbeibringen o. Ä.
- gegebenenfalls auftretende Konflikte (Beschwerden von Mandanten/Beteiligten) lösen

→ Mandanten/Beteiligte betreuen

- Telefonate führen:
  - auf eine klare und deutliche Aussprache sowie auf die Lautstärke der Stimme achten
  - auf eine freundliche und „lächelnde" Stimme achten
  - nach einem Gesprächsplan vorgehen, d. h., verschiedene Daten erfragen, z. B. Vor-/Nachname, Telefonnummer, Sachverhalt
  - auf fachspezifische Abkürzungen verzichten
  - nach Möglichkeit um die Anliegen/Wünsche selbst kümmern, andernfalls das Gespräch mit dem zuständigen Rechtsanwalt verbinden
  - parallele Arbeiten neben dem Telefonat vermeiden
  - störende Hintergrundgeräusche vermeiden
  - während eines Telefonats Störungen vermeiden
  - gegebenenfalls Telefonnotiz anfertigen und dem zuständigen Rechtsanwalt vorlegen
  - gegebenenfalls auftretende Konflikte (Beschwerden von Mandanten/Beteiligten) lösen
- Schreiben erstellen:
  - Mandanten/Beteiligte über den aktuellen Sachstand informieren, dabei auf das Wesentliche konzentrieren
  - auf fachspezifische Abkürzungen verzichten
  - Rechtschreib- und Grammatikregeln sowie die Regeln der DIN 5008 beachten

Ausführlichere Informationen zu dem in dem Schema zusammengefassten Themenbereich „Mandanten oder Beteiligte serviceorientiert empfangen und betreuen“ finden Sie im Lehrbuch:

- Lernfeld 1 (Re, ReNo), Kapitel 9.4 (Mandantenorientierte Kommunikation)
- Lernfeld 3 (Re, ReNo), Kapitel 6 (Regeln der DIN 5008)

Fälle

1. In der Rechtsanwaltskanzlei Dr. Liebig, Wenthaus & Kollegen GbR ist die Auszubildende Mia Brencke für den Empfang der Mandanten/Beteiligten zuständig. Beurteilen Sie die folgenden Fälle.

a) Die Rechtsanwältin Dr. Christiane Liebig hat am 13.12.2017 um 15:00 Uhr einen Besprechungstermin mit dem Mandanten Ulrich Wegscheid. Dieser ist bereits um 14:30 Uhr in der Kanzlei. Die Rechtsanwältin Dr. Christiane Liebig wird jedoch erst um ca. 14:50 Uhr von einem auswärtigen Termin zurück sein, wie sie telefonisch angekündigt hat. Wie sollte sich die Auszubildende in diesem Fall verhalten, nachdem sie dem Mandanten die Tür geöffnet und ihn begrüßt hat?

b) Das Ehepaar Daniel und Simone Diethard wird vom Rechtsanwalt Moritz Wenthaus anwaltlich betreut. Durch die Türsprechanlage erfragt Mia Brencke den Namen des Ehepaars Diethard und öffnet die Tür. Das Ehepaar Diethard kommt ohne Termin in die Kanzlei, um Unterlagen für den Rechtsanwalt Moritz Wenthaus zu übergeben, die dieser vom Ehepaar Diethard angefordert hat. Bei den zu übergebenden Unterlagen handelt es sich um Kopien. Wie sollte sich die Auszubildende in diesem Fall verhalten?

2. Die Rechtsanwaltsfachangestellte Kübra Kaya sitzt am Empfang in der Rechtsanwaltskanzlei Richert, Yilmaz & Sagert GbR. Die Rechtsanwaltskanzlei hat ihre Räume im Erdgeschoss, sodass die Mandanten direkt die Kanzleiräume betreten können und vor einem Empfangstresen stehen, hinter dem Kübra Kaya sitzt. Am 23.01.2018 betritt Gunther Felbinger die Rechtsanwaltskanzlei Richert, Yilmaz & Sagert GbR. Die Rechtsanwaltsfachangestellte telefoniert gerade. Als sie das Gespräch beendet und den Telefonhörer auflegt, klingelt es wieder. Beurteilen Sie die Situation.

3. Die Rechtsanwältin Marion Trixner vertritt seit vielen Jahren David Reißer in diversen Angelegenheiten. In der derzeit aktuellen Angelegenheit vertritt sie neben David Reißer auch dessen Schwester Lena Brucks. Es geht um die Geltendmachung von Ansprüchen aus einem Verkehrsunfall. Da bei der Bearbeitung der Angelegenheit noch mehrere Fragen zu beantworten sind, hat die Rechtsanwältin Marion Trixner die Geschwister zu einem Termin am 01.02.2018 in die Kanzleiräume gebeten. Der Rechtsanwaltsfachangestellte Sven Groppinger empfängt die Geschwister an der Tür. Worauf muss er bei der Begrüßung achten?

4. Die Rechtsanwalts- und Notarfachangestellte Sybille Lengfurt ist seit zwei Tagen in der Rechtsanwaltskanzlei Caroline Burkert & Nadine Ketteler, Partnerschaft, beschäftigt. An ihrem dritten Arbeitstag wird sie von der Rechtsfachwirtin Heike Rettner-Koch in den Empfang von Mandanten/Beteiligten eingewiesen.

a) Bei der Einweisung erklärt Heike Rettner-Koch, dass es in der Rechtsanwaltskanzlei Caroline Burkert & Nadine Ketteler, Partnerschaft, üblich ist, Small Talk mit den Mandanten/Beteiligten zu führen. Beurteilen Sie, warum die Kanzleiinhaberinnen wohl darauf Wert legen, dass das Empfangspersonal Small Talk mit den Mandanten/Beteiligten führt.

b) Wie könnte das Empfangspersonal der Rechtsanwaltskanzlei Caroline Burkert & Nadine Ketteler, Partnerschaft, Small Talk mit Mandanten/Beteiligten führen? Nennen Sie zwei Beispiele.

c) Welche Themen sollte die Rechtsanwalts- und Notarfachangestellte Sybille Lengfurt beim Small Talk vermeiden?

5. Im Terminkalender der Rechtsanwältin Anita Hainlein ist am 12.12.2017 um 10:00 Uhr ein Besprechungstermin mit einem neuen Mandanten eingetragen. Markus Raschberger möchte sich von der Rechtsanwältin Anita Hainlein in einer erbrechtlichen Angelegenheit anwaltlich beraten lassen.

a) Als es um 09:45 Uhr an der Tür klingelt, geht der Rechtsanwaltsfachangestellte Benedikt Schuhmann zur Tür und öffnet diese. Was sollte Benedikt Schuhmann bei der Begrüßung des Mandanten beachten?

b) Da es sich bei Markus Raschberger um einen neuen Mandanten handelt, soll dieser den Mandantenfragebogen ausfüllen. In der Rechtsanwaltskanzlei Anita Hainlein ist es üblich, dass dieser Fragebogen bereits im Wartebereich von den Mandanten ausgefüllt wird. Wie sollte Benedikt Schuhmann vorgehen, nachdem er Markus Raschberger begrüßt hat?

6. Die Rechtsanwaltsfachangestellte Leonie Rückert ist in der Rechtsanwaltskanzlei Moser, Hartl & Kollegen GbR beschäftigt. Zu ihrem Aufgabengebiet gehört die Betreuung von Mandanten/Beteiligten und damit auch das Führen und Entgegennehmen von Telefonaten sowie die Terminvereinbarung für die Rechtsanwälte der Kanzlei. Beurteilen Sie die nachfolgenden Fälle.

a) Am 10.01.2018 ruft Nina Gartner in der Rechtsanwaltskanzlei Moser, Hartl & Kollegen GbR an. Sie möchte mit dem Rechtsanwalt Andreas Moser sprechen, der derzeit jedoch einen Gerichtstermin wahrnimmt. Auf Nachfrage von Leonie Rückert, worum es denn gehe, antwortet Nina Gartner, dass sie einen Termin brauche. Sie ärgert sich seit Wochen mit der Bundesagentur für Arbeit herum. Es geht um die Festsetzung von Kindergeld für ihren Sohn, der sich in einer Berufsausbildung befindet. Wie sollte die Rechtsanwaltsfachangestellte in diesem Fall vorgehen?

b) Die Rechtsanwältin Kathrin Hartl informiert Leonie Rückert darüber, dass sie, sofern die Mandantin Betty Lohmeier anrufe, umgehend mit dieser verbunden werden wolle, da sie dringende Fragen an diese habe. Betty Lohmeier meldet sich am Nachmittag während einer Besprechung der Rechtsanwältin Kathrin Hartl. Wie sollte die Rechtsanwaltsfachangestellte in diesem Fall vorgehen?

c) Leonie Rückert telefoniert mit dem Mandanten Ingbert Schwabert. Dieser ist bekannt dafür, dass er immer sehr ausschweifend erzählt. Daher nutzt die Rechtsanwaltsfachangestellte die Zeit, um neu eingegangene E-Mails zu lesen und – soweit möglich – nebenher zu erledigen. Beurteilen Sie dieses Verhalten von Leonie Rückert.

7. In der Rechtsanwaltskanzlei Eriksson, Meinders & Kollegen GbR kommt es immer wieder vor, dass neue Mitarbeiter oder Auszubildende telefonisch nicht alle relevanten Daten bei Mandanten/Beteiligten erfragen. Der Rechtsfachwirt Ben Koplan erstellt deshalb auf Bitte des Rechtsanwalts Dieter Meinders einen Gesprächsplan für Telefonate. Wie könnte dieser Gesprächsplan aussehen?

8. Die Rechtsanwaltskanzlei Simone Leitner & Dr. Kurt Trichowski GbR vertritt Fabian Kartmeyer in mehreren Angelegenheiten. Die zuständige Sachbearbeiterin ist die Rechtsanwältin Simone Leitner.

a) Der Mandant ruft am 13.12.2017 an und bittet darum, mit der Rechtsanwältin Simone Leitner verbunden zu werden. Wie sollte die Rechtsanwaltsfachangestellte Emma Lorenzen in diesem Fall vorgehen?

b) Fabian Kartmeyer erklärt Emma Lorenzen, dass er in der Angelegenheit Fabian Kartmeyer ./. Severin Holderbach wegen einer Darlehensrückzahlung anrufe und wissen wolle, warum das Amtsgericht Bremen ihm geschrieben habe, dass der anberaumte Termin aufgehoben worden sei. Wie sollte die Rechtsanwaltsfachangestellte, die seit über 20 Jahren in der Rechtsanwaltskanzlei Simone Leitner & Dr. Kurt Trichowski GbR arbeitet, nun vorgehen?

c) Aus der Handakte ergibt sich, dass das Gericht den Termin deshalb aufgehoben hat, weil die Gegenseite den geltend gemachten Anspruch in voller Höhe schriftlich anerkannt hat. Das gerichtliche Schreiben ging am 12.12.2017 in der Rechtsanwaltskanzlei Simone Leitner & Dr. Kurt Trichowski GbR ein. Welche weiteren Schritte sollte die Rechtsanwaltsfachangestellte nun unternehmen?

d) Nachdem das Telefongespräch beendet ist, nimmt sich Emma Lorenzen gleich die Handakte vor und fertigt das angekündigte Schreiben an den Mandanten an. Welche grundsätzlichen Regeln muss sie bei der Erstellung dieses Mandantenschreibens beachten?

9. Die Auszubildende Jennifer Vollandt ist in der Rechtsanwaltskanzlei Jutta Hamberger für die Entgegennahme von Telefongesprächen zuständig.

a) Jennifer Vollandt sollte beim Führen der Telefonate in Bezug auf ihre Stimme wichtige Regeln einhalten. Um welche Regeln handelt es sich hierbei?

b) Um die Telefongespräche professionell zu führen, sollte die Auszubildende drei wichtige Regeln einhalten, um Störungen o. Ä. zu vermeiden. Um welche drei Regeln handelt es sich hierbei? Nennen Sie jeweils ein Beispiel.

c) Was muss Jennifer Vollandt beachten, wenn sie die Mandanten/Beteiligten nicht mit der Rechtsanwältin Jutta Hamberger verbindet, sondern diesen selbst weiterhilft?

d) Welche Punkte sollte die Auszubildende in die Telefonnotiz aufnehmen?

10. Die Rechtsanwältin Daniela Kuhn befindet sich in einer Besprechung. Während dieser Besprechung ruft sie die Rechtsanwaltsfachangestellte Paula Thurin, die am Empfang sitzt, an und bittet sie, kurz in das Besprechungszimmer zu kommen, um mehrere Unterlagen zu holen und diese zu kopieren. Was sollte Paula Thurin in diesem Fall unternehmen?

Prüfungsbereich 2: Rechtsanwendung (Re, ReNo)

a) Stellung und Hauptpflichten des Rechtsanwalts, des Notars und des Patentanwalts im Rechtssystem beachten

Schemata

Gewaltenteilung

	Legislative (Gesetzgebung)	**Exekutive (Regierung)**	**Judikative (Rechtsprechung)**
Aufgaben	Erlass von Gesetzen	Ausführung der Gesetze	Überwachung der Einhaltung und Durchsetzung von Gesetzen
Vertreter	• Bundestag • Bundesrat • Landes-parlamente	• Bundesregierung • Landesregierungen • Behörden • Gemeindeverwaltungen • Polizei • Staatsanwaltschaft • Strafvollzug	Gerichte

Rechtspflege

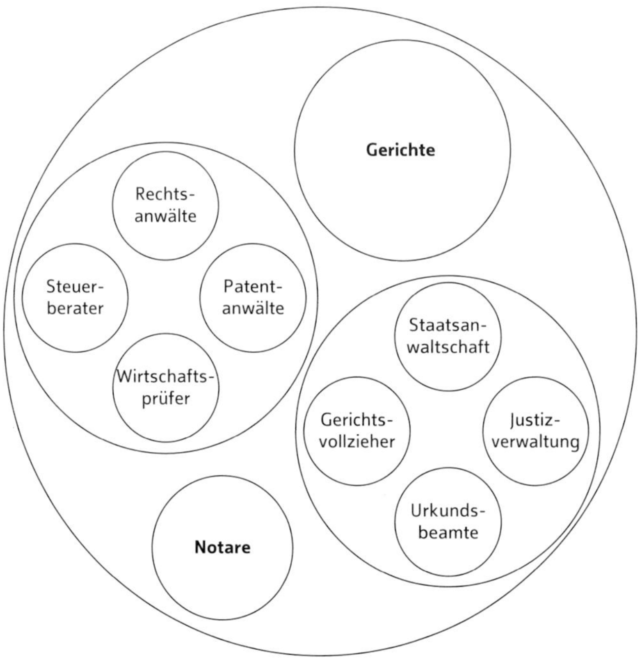

Gerichtsbarkeiten

ordentliche Gerichtsbarkeit	**besondere Gerichtsbarkeit**					**Verfassungsgerichtsbarkeit**
Zivil- und Strafgerichtsbarkeit	**Patentgerichtsbarkeit**	**Arbeitsgerichtsbarkeit**	**allgemeine Verwaltungsgerichtsbarkeit**	**Sozialgerichtsbarkeit**	**Finanzgerichtsbarkeit**	
Bundesgerichtshof (BGH) *Sitz: Karlsruhe*	Bundesgerichtshof (BGH) *Sitz: Karlsruhe*	Bundesarbeitsgericht (BAG) *Sitz: Erfurt*	Bundesverwaltungsgericht (BVerwG) *Sitz: Leipzig*	Bundessozialgericht (BSG) *Sitz: Kassel*	Bundesfinanzhof *Sitz: München*	Bundesverfassungsgericht (BVerfG) *Sitz: Karlsruhe* Verfassungsgerichte der Länder
Oberlandesgericht (OLG) (in Berlin: Kammergericht, KG)	Bundespatentgericht (BPatG) *Sitz: München*		Oberverwaltungsgericht (OVG)		Finanzgericht (FinG)	
Landgericht (LG)	Landgericht (LG)	Landesarbeitsgericht (LAG)		Landessozialgericht (LSG)		
Amtsgericht (AG) mit: • Mahngericht • Vollstreckungsgericht • freiwillige Gerichtsbarkeit		Arbeitsgericht (ArbG)	Verwaltungsgericht (VG)	Sozialgericht (SG)		

Ausführlichere Informationen zu dem in den Schemata zusammengefassten Themenbereich „Stellung und Hauptpflichten des Rechtsanwalts, Notars und Patentanwalts im Rechtssystem beachten“ finden Sie im Lehrbuch: Lernfeld 2 (Re, ReNo), Kapitel 2, 4 und 5.

Fälle

1. Die Notarfachangestellte Frauke Martinez-Mauer liest in der Zeitung, dass ein Gesetz vom Bundesverfassungsgericht „gekippt“ wurde.
   a) Was ist damit gemeint? Erklären Sie, inwieweit die Kontrolle von Gesetzen durch die Gerichte für einen funktionierenden Rechtsstaat entscheidend ist. Welches Prinzip wird dadurch umgesetzt?
   b) Was bedeutet „Gewaltenteilung“? Was soll dadurch erreicht werden?
   c) Welche sind die drei Gewalten? Nennen Sie jeweils ein Beispiel für einen Vertreter der entsprechenden Gewalt.

2. Die Rechtsanwaltsfachangestellte Roberta Tutsch soll in einer Kaufpreisstreitigkeit mit einem Streitwert in Höhe von 1 880,00 € das zuständige Gericht ermitteln.
   a) Welches Gericht ist sachlich zuständig und wo ist dies geregelt?
   b) Welche zwei Arten von Zuständigkeiten gibt es noch neben der örtlichen Zuständigkeit und was ist damit jeweils gemeint?

3. Achim Wollers e. K. und Jana Vercelli e. K. streiten über eine Kaufpreisforderung in Höhe von 7 895,69 €. Welches Gericht (und ggf. welche Kammer) ist zuständig und wo ist dies geregelt?

4. Die Rechtsanwaltsfachangestellte Vanessa Vittorio soll einen Schriftsatz an das zuständige Gericht in einer baurechtlichen Angelegenheit aufsetzen. Sie recherchiert dazu das zuständige Gericht.
   a) Welches Gericht ist in erster Instanz für Streitigkeiten aus dem Baurecht zuständig?
   b) Welches Gericht ist in zweiter Instanz grundsätzlich zuständig?
   c) Welches ist das oberste Gericht in einer solchen Angelegenheit? In welcher Stadt hat es seinen Sitz?

5. Der Rechtsanwaltsfachangestellte Carlos Pereira wird zum ersten Mal mit einer Vormundschaftssache betraut. Er fragt sich, welches Gericht in der Sache zuständig ist.
   a) Zu welcher Art der Gerichtsbarkeit gehören Vormundschaftssachen?
   b) Welche Art von Gerichten ist in Vormundschaftssachen zuständig? Wo sind diese Gerichte angegliedert?
   c) Nennen Sie alle Instanzen mit den zugehörigen Abkürzungen für diese Art der Gerichtsbarkeit.
   d) Nennen Sie drei Beispiele für Gerichtsbarkeiten, die zur besonderen Gerichtsbarkeit gehören.

6. Die Rechtsanwalts- und Notarfachangestellte Maya Singh soll einen Schriftsatz in einer Familiensache vorbereiten. Welches ist das sachlich zuständige Gericht in der ersten und zweiten Instanz und wo ist dies geregelt?

7. Dem Auszubildenden zum Patentanwaltsfachangestellten Aziz Erlami fällt beim Lesen der Patentanwaltsordnung (PAO) auf, dass in § 1 PAO steht: „Der Patentanwalt ist in dem ihm durch dieses Gesetz zugewiesenen Aufgabenbereich ein unabhängiges Organ der Rechtspflege.“ Welche anderen Institutionen gehören ebenfalls zur Rechtspflege? Nennen Sie fünf Beispiele.

8. Ingrid Sigalas hat sich als Rechtsanwältin bei der Rechtsanwaltskammer Hamburg zugelassen und eine Tätigkeit bei dem Anwaltsnotariat Herdegen begonnen. Im Rahmen ihres ersten Mandats vertritt sie Rudolph Carstens in einem Scheidungsverfahren, das auch in den Medien auf großes Interesse stößt.

a) Welche Stellung hat sie gem. § 1 BRAO? Was bedeutet dies?

b) Darf sie sich ohne Zustimmung des Mandanten gegenüber der Presse zum Fall äußern?

c) Darf sie nach Absprache mit dem Mandanten gegenüber der Presse Andeutungen machen, die die Gegenpartei wahrheitswidrig diffamieren, aber dem Mandanten im Verfahren nutzen könnten?

d) Zwei Jahre nach dem Verfahren möchte Vanessa Carstens, die geschiedene Ehefrau, Ingrid Sigalas beauftragen, nun für sie in einem weiteren Verfahren über den Unterhalt tätig zu werden, da sie von Ingrid Sigalas' Arbeit im ersten Verfahren sehr angetan war. Ingrid Sigalas überlegt, ob dies problematisch sein könnte und ob sie die Sache vielleicht an ihren Sozius Nils Thomczek abgeben sollte. Beurteilen Sie die Lage.

e) Dürfte Ingrid Sigalas den Mandanten vertreten, wenn ein Notar der Sozietät zuvor den Ehevertrag betreut hat?

9. Die Rechtsanwaltskanzlei Kolberg, Couson, Küllmer GbR mit Sitz in Kleve hat drei neue Mitarbeiter eingestellt. Guntram Boars hat einen Master of Laws sowie einen Doktortitel in Wirtschaftsrecht, Sita Wehlhauer das Erste und Zweite Juristische Staatsexamen und Soo-yeon Kwon einen Master of Science in Physik und eine Ausbildung zur Patentanwältin.

a) Kann Guntram Boars als Rechtsanwalt arbeiten? Was muss er ggf. dafür tun? Welche Alternativen bestehen?

b) Kann Sita Wehlhauer als Rechtsanwältin arbeiten? Was muss sie ggf. dafür tun?

c) Kann Soon-yeon Kwon als Rechtsanwältin arbeiten? Welche Alternativen bestehen?

d) Welche grundsätzlichen Unterschiede gibt es zwischen Rechts- und Patentanwälten im Hinblick auf Ausbildungsweg und Einsatzbereiche?

e) Welche Berufsgruppen müssen über die Befähigung zum Richteramt verfügen?

f) In welchen Gesetzen ist das Berufsrecht der Rechtsanwälte geregelt? Nennen Sie drei Beispiele.

10. Der Rechtsanwalt Robert Couson ist Fachanwalt für Handels- und Gesellschaftsrecht, Bank- und Kapitalmarktrecht und Steuerrecht. Er möchte nun auch den Fachanwaltstitel für Internationales Wirtschaftsrecht erwerben. Ist dies möglich?

b) Gesetze und Verordnungen handhaben

Schemata

Einteilung des Rechts

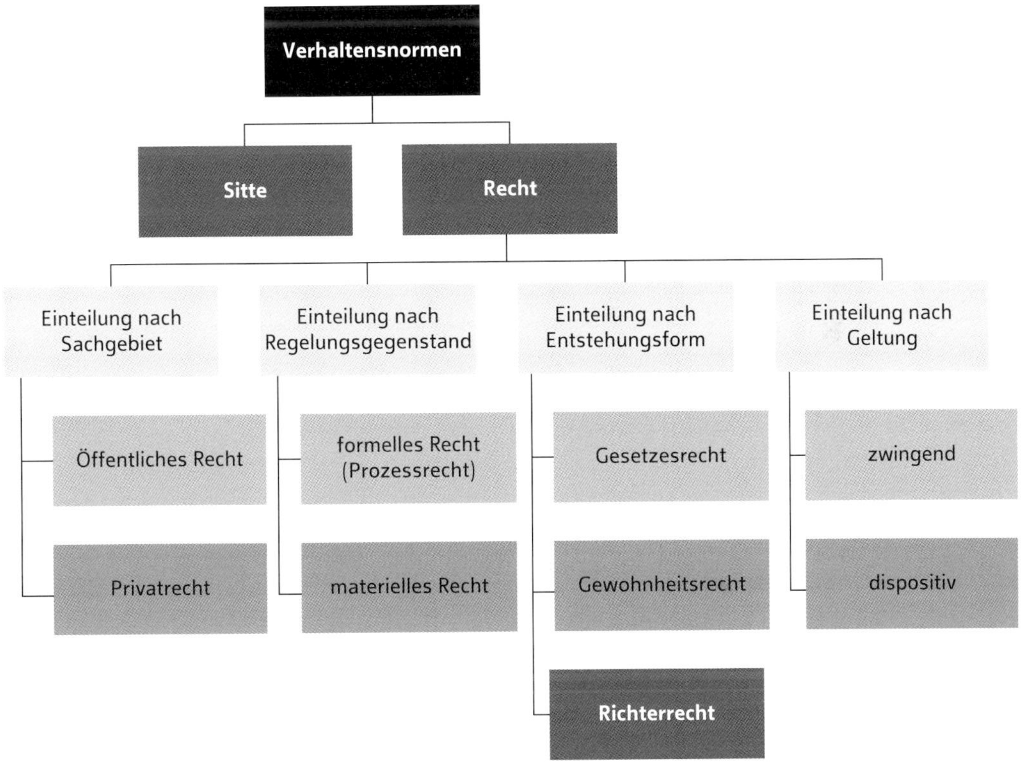

Privates und Öffentliches Recht

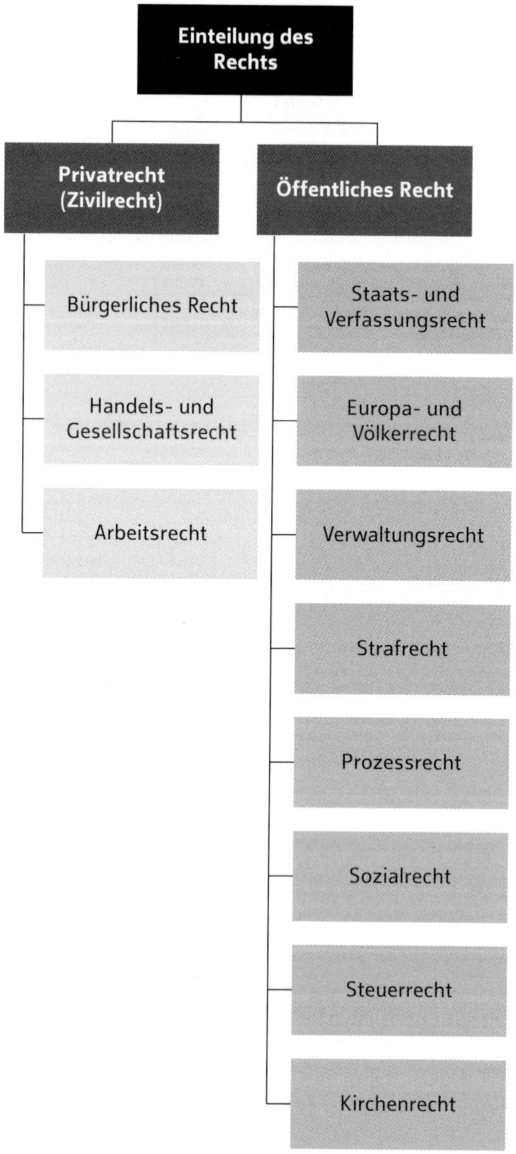

Normenhierarchie

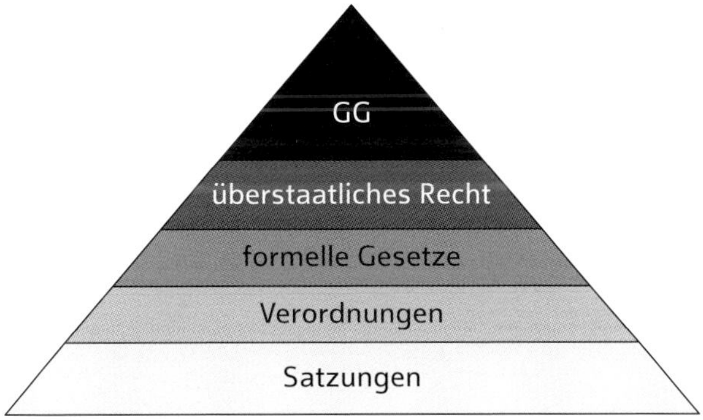

Ausführlichere Informationen zu dem in den Schemata zusammengefassten Themenbereich „Gesetze und Verordnungen handhaben" finden Sie im Lehrbuch: Lernfeld 1 (Re, ReNo), Kapitel 1 und 3.

Fälle

1. Der Auszubildende zum Rechtsanwalts- und Notarfachangestellten Hagen de Cassan soll in der kanzleieigenen Bibliothek Gesetze und Bücher ordnen und mit einer Signatur versehen. Werke, die zum materiellen Recht gehören, sollen das Kürzel „M" erhalten und Werke, die zum formellen Recht gehören, das Kürzel „F".

a) Was ist der Unterschied zwischen materiellem und formellem Recht?

b) Welche Kürzel erhalten die folgenden Werke?

- BauGB
- MuSchG
- Zöller: Zivilprozessordnung, 31. Aufl., Köln, Dr. Otto Schmidt, 2016
- FGG
- Palandt: Bürgerliches Gesetzbuch, 75. Aufl., München, C. H. Beck, 2016
- Germelmann/Matthes/Prütting: Arbeitsgerichtsgesetz, 8. Aufl., München, C. H. Beck, 2013
- HGB

2. Die Auszubildende zur Rechtsanwaltsfachangestellten Rabea Bothe erhält den Auftrag, neue Akten anzulegen. In ihrer Ausbildungskanzlei werden Zivilverfahren mit grünen Aktendeckeln versehen und Verfahren aus dem Öffentlichen Recht mit blauen.

a) Was ist der Unterscheid zwischen Privatrecht und Öffentlichem Recht?

b) In welcher Hinsicht ist diese Unterscheidung von Bedeutung? Gehen Sie dabei auch auf die Begriffe „formelles" und „materielles" Recht ein.

c) Welche Aktendeckel muss Rabea Bothe in den folgenden Angelegenheiten jeweils wählen? Zu welchen Rechtsgebieten gehören die Angelegenheiten im Einzelnen?

- Hagen ./. Hagen wegen Scheidungsverfahren
- Kinayici wegen Baugenehmigung
- Küllmer ./. Highvolt AG wegen Arbeitszeugnis
- Wilkens ./. Reinglas OHG wegen Auflösung der Gesellschaft
- Bürgerinitiative ProBad ./. Gemeinde Allershausen wegen Schließung des örtlichen Freibads
- El-Awaad wegen Erteilung eines Erbscheins
- Richert wegen Fahrens ohne Fahrerlaubnis

- Vision GmbH ./. Vision New GbR wegen Urheberrechtsverletzung
- Schulz ./. Agentur für Arbeit wegen Arbeitslosengeld II
- Axel Gellert wegen unerlaubter Verwertung urheberrechtlich geschützter Werke

3. Die Rechtsanwaltsfachangestellte Gitta Heinze soll recherchieren, welche Stellen Beglaubigungen vornehmen können. Sie findet dazu eine Regelung in den §§ 33 f. VwVfG (Verwaltungsverfahrensgesetz) sowie Art. 33 BayVwVfG (Bayerisches Verwaltungsverfahrensgesetz) und eine Verordnung über die zu Beglaubigungen befugten Behörden (Beglaubigungsverordnung – BeglV).

a) Was ist der Unterschied zwischen einem Gesetz und einer Verordnung? Warum kann es wie hier zu einem Themengebiet beide Arten von Normen geben?

b) Was wäre die Konsequenz, wenn die Regelung im BayVwVfG der im VwVfG widersprechen würde?

c) Was wäre die Konsequenz, wenn die Regelung im VwVfG gegen das Grundgesetz verstoßen würde?

4. Die Notarin Dr. Gertrud Raupeter hat einen Fachaufsatz verfasst. Sie bittet den Notarfachangestellten Marco Teschner, die Gesetzesangaben sowie die Fußnoten und das Literaturverzeichnis zu vereinheitlichen.

a) Wie werden Gesetze richtig zitiert? Nennen Sie ein Beispiel mit Angabe von Paragraf, Absatz und Satz (z. B. aus dem Beurkundungsgesetz) sowie ein Beispiel einer Paragrafenkette mit Angabe mehrerer Paragrafen, jeweils aus dem gleichen Gesetz (z. B. aus dem Bürgerlichen Gesetzbuch) und aus unterschiedlichen Gesetzen. Es können dabei auch fiktive Beispiele gewählt werden.

b) Welche Angaben sind erforderlich, wenn ein Fachaufsatz als Quelle im Literaturverzeichnis genannt wird?

c) Wie werden die folgenden Fachzeitschriften üblicherweise abgekürzt?
- Neue Juristische Wochenschrift
- Betriebs-Berater
- Juristische Rundschau
- Monatsschrift für Deutsches Recht

d) Sind die nachfolgenden Quellenangaben korrekt? Bitte korrigieren Sie ggf. die Angaben.
- Kiesel, Robert: Das Firmenrecht in der IHK-Praxis: klassische Probleme bei der Suche nach dem Unternehmensnamen, DNotZ, 740–756
- Böttcher, Leif/Faßbender/Waldhoff, Christian: Erneuerbare Energien in der Notar- und Gestaltungspraxis, 1. Auflage, München, 2014
- Dr. Christoph Reymann: Wärme-Contracting beim Wohnungskauf vom Bauträger, DNotZ 2015, 883

e) Wie wird die folgende Gerichtsentscheidung richtig zitiert? Die Entscheidung wurde auch in der Deutschen Notar-Zeitschrift im Heft 1/2016 auf den Seiten 32 ff. und in der Neuen Juristischen Wochenschrift im Heft 44 aus dem Jahr 2015 auf den Seiten 3228 ff. abgedruckt.

BUNDESGERICHTSHOF

IM NAMEN DES VOLKES

URTEIL

VIII ZR 243/13

Verkündet am:
25. März 2015
Vorusso,
Justizhauptsekretärin
als Urkundsbeamtin
der Geschäftsstelle

c) Entstehung und Wirksamkeit von Rechtsgeschäften prüfen

Schemata

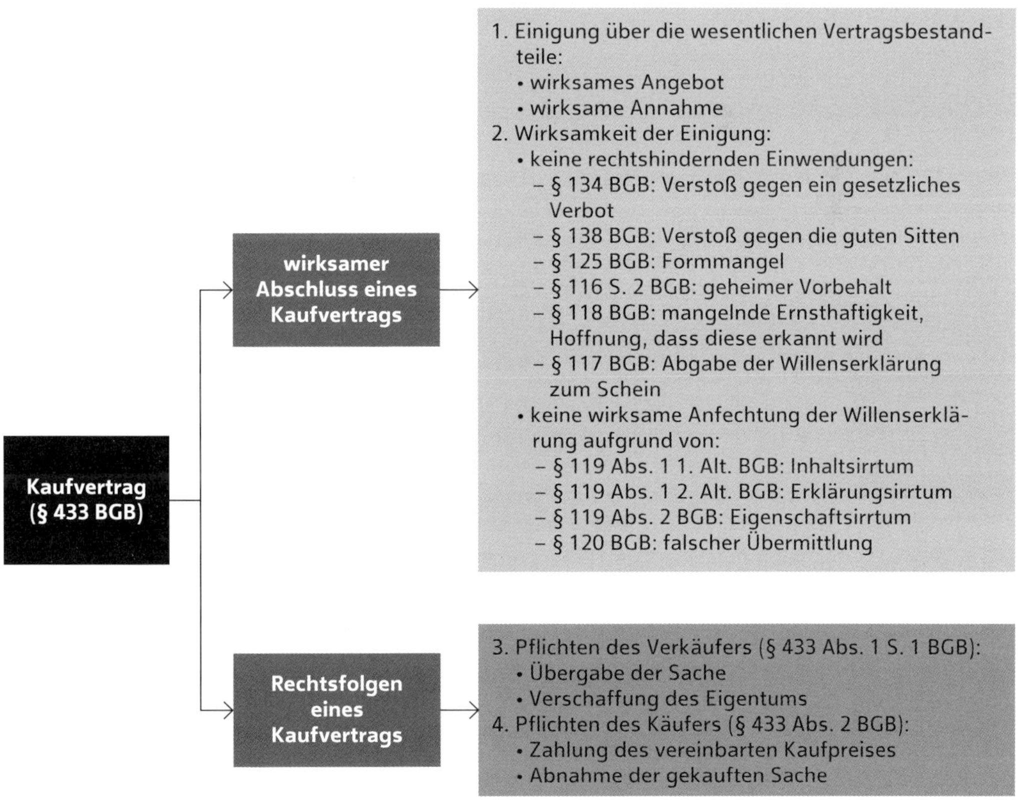

Geschäftsfähigkeit

Geschäftsunfähigkeit

- § 104 Nr. 1 BGB: Personen, die das 7. Lebensjahr noch nicht vollendet haben
- § 104 Nr. 2 BGB: Personen, die unter dauernder krankhafter Störung der Geistestätigkeit leiden
- Rechtsfolge gem. § 105 Abs. 1 BGB: Willenserklärung ist nichtig.

beschränkte Geschäftsfähigkeit

- § 1903 BGB: Personen, die unter Betreuung mit Einwilligungsvorbehalt gestellt sind
- § 106 BGB: Minderjährige zwischen dem 7. und dem 18. Lebensjahr:
  - Teil-Geschäftsfähigkeit (§§ 112, 113 BGB)
  - lediglich rechtlich vorteilhaftes Geschäft (§ 107 BGB)
  - Einwilligung des gesetzlichen Vertreters, wenn das Geschäft nicht lediglich rechtlich vorteilhaft ist (§ 107 BGB i. V. m. §§ 182, 183, 1626 BGB)
  - Taschengeldparagraf (§ 110 BGB)
- Zwischenergebnis
- Genehmigung durch gesetzlichen Vertreter (§ 108 BGB i. V. m. §§ 182, 184, 1626 BGB)
- Rechtsfolge: Nur rechtlich vorteilhafte Rechtsgeschäfte können ohne Zustimmung des gesetzlichen Vertreters vorgenommen werden.
- Mangelnde Zustimmung: Rechtsgeschäft ist schwebend unwirksam bis zur Genehmigung oder der Verweigerung der Genehmigung.

Anfechtung einer Willenserklärung

1. Auslegung der Willenserklärung: Was wurde erklärt?
2. Anfechtungsgrund:
   - unbewusstes Auseinanderfallen von Erklärtem und Gewolltem (§§ 119, 120 BGB)
   - arglistige Täuschung, widerrechtliche Drohung (§ 123 BGB)
3. Kausalität des Irrtums für die Abgabe der Willenserklärung
4. wirksame Anfechtungserklärung (§ 143 Abs. 1 BGB)
5. wirksamer Zugang der Anfechtungserklärung beim Anfechtungsgegner (§ 130 Abs. 1 BGB)
6. Anfechtungsfrist gem. § 121 BGB bzw. § 124 BGB
7. kein Ausschluss der Anfechtung (§ 121 Abs. 2 BGB oder § 140 BGB)
8. Rechtsfolgen der Anfechtung:
   - Willenserklärung ist von Anfang an nichtig.
   - Schadenersatzanspruch des Anfechtungsgegners (§ 122 BGB)

Stellvertretung →

1. Zulässigkeit
2. Stellvertreter gibt eigene Willenserklärung ab.
3. Stellvertreter handelt in fremdem Namen. Dazu muss die erforderliche Vertretungsmacht vorliegen:
   - gesetzliche Vertretungsmacht
   - rechtsgeschäftliche Vertretungsmacht
   - Vertretungsmacht kraft Rechtsscheins
4. Vertreter muss innerhalb der Vertretungsmacht gehandelt haben.
5. Es darf kein verbotenes Insichgeschäft vorliegen.

Ausführlichere Informationen zu dem in den Schemata zusammengefassten Themenbereich „Entstehung und Wirksamkeit von Rechtsgeschäften prüfen" finden Sie im Lehrbuch:

- Lernfeld 3 (Re, ReNo), Kapitel 3.2 (Wirksamkeit eines Kaufvertrags)
- Lernfeld 3 (Re, ReNo), Kapitel 3.3 (Stellvertretung)

Fälle

1. Der Jurastudent Konrad Merger geht zum Kiosk, um einen Kasten Bier zu kaufen. Er sagt: „Ich hätte gerne einen Kasten Bier." Der Verkäufer geht ins Hinterzimmer, um einen Kasten zu holen. Als der Kasten dann endlich auf der Theke steht, sagt der Student, der sich eigentlich vorgenommen hat, weniger Alkohol zu trinken, dass er es sich gerade anders überlegt habe, und will den Kiosk ohne Bier, und natürlich auch ohne den Preis von 28,00 € zu bezahlen, verlassen. Der Verkäufer sieht das nicht ein und besteht auf der Bezahlung. Zu Recht?

2. Die beiden Rechtsanwaltsfachangestellten Sybille Maurer und Karen Altemaier sitzen in der Mittagspause in einer Trattoria und bestellen anhand der auf dem Tisch liegenden Speisekarte je einen Salat zum Mittagessen. Als die Rechnung kommt, stellt sich heraus, dass die Speisekarte veraltet ist und die Preise in der Zwischenzeit angehoben wurden. Sie müssten nach der nun geltenden Karte 18,00 € für die beiden Salate zahlen – laut der Karte, die auf dem Tisch lag, jedoch nur 14,00 €. Welchen Preis kann der Wirt verlangen?

3. Ohne sein Zutun erhält Lars Kerner von einem Meinungsforschungsinstitut einen Zehneuroschein zugesendet, verbunden mit der Verpflichtung, an einer Meinungsumfrage teilzunehmen, wenn er den Geldschein behalten möchte. Lars Kerner freut sich und behält den Zehneuroschein. An der Umfrage nimmt er nicht teil. Ist das rechtens?

4. Die Rechtsreferendarin Lisa Wohlgemuth bummelt durch die Einkaufspassage und sieht einen Ständer mit günstigen Schirmen. An dem Ständer steht ein Schild mit der Aufschrift „Jeder Schirm für 3,00 €". Sie zeigt einen Schirm einem Verkäufer, der leider erkennen muss, dass er einen Fehler gemacht hat. Aus Versehen ist ein sehr viel teurerer Schirm auf den Billigständer gelangt. Kann die Rechtsreferendarin darauf bestehen, dass ihr der Schirm für 3,00 € verkauft wird?

5. Der noch eher unerfahrene Stefan Gremmler nimmt an einer Versteigerung von Fundsachen der Bundesbahn in Wuppertal teil. Während der Auktionator Gebote für eine Palette mit hochwertigen Kosmetikartikeln entgegennimmt, entdeckt Stefan Gremmler zu seiner

Überraschung einen alten Schulfreund und winkt ihm aufregt mit seiner Bieterkarte zu. Daraufhin erteilt ihm der Auktionator den Zuschlag für die Kosmetikartikel in Höhe von 660,00 €. Das Winken mit der Bieterkarte gilt auf derartigen Versteigerungen als Abgabe des nächsthöheren Gebots, was Stefan Gremmler aber nicht wusste.

a) Kann der Auktionator die Zahlung von 660,00 € von Stefan Gremmler verlangen?

b) Wie ist die Rechtslage zu beurteilen, wenn der Auktionator erkannt hat, dass Stefan Gremmler nur einem Freund zuwinken wollte?

6. Die Eigenheimbesitzerin Franziska Hillenbrand möchte sich eine Küche maßanfertigen lassen. Beim Küchenbauer sucht sie sich die günstige Holzqualität „Augenschmaus" in Hochglanzoptik aus. Ihr Küchenraum wird vom Küchenbauer ausgemessen, der danach ein schriftliches Angebot erstellt. Das Angebot lautet aber auf das Holz „Handschmeichler", welches wesentlich teurer ist als das Holz „Augenschmaus", das zunächst ausgesucht wurde. Der Küchenbauer hatte sich bei der Erstellung des Angebots vertan, was die Kundin aber nicht erkannte. Franziska Hillenbrand nimmt das Angebot an. Später verlangt sie die Küche in der teureren Holzqualität „Handschmeichler". Ist das rechtlich möglich?

7. Die Rechtsanwältin Julia Greim möchte den Rechtsanwaltsfachangestellten Stefan Kieling entlassen. Sie bringt ihm persönlich das Kündigungsschreiben nach Hause. Stefan Kieling, der ahnt, dass es sich um eine Kündigung handelt, schlägt ihr aber die Tür vor der Nase zu, sodass Julia Greim das Kündigungsschreiben nicht übergeben kann.

a) Liegt hier dennoch ein wirksamer Zugang vor?

b) Wie ist die Rechtslage zu beurteilen, wenn die Rechtsanwältin den Brief an einem Sonntag in den Briefkasten von Stefan Kieling wirft?

c) Da Stefan Kieling mit einer Kündigung rechnet, verreist er lieber, damit ihm die Kündigung nicht zugestellt werden kann und so die Kündigungsfrist versäumt wird. Wird er damit sein Ziel erreichen?

8. Natalie, die Tochter der Rechtsanwältin Susanne Reinig, ist sechs Jahre alt und sehr stolz darauf, dass sie sich am Kiosk allein Süßigkeiten kauft. Kommt denn ein wirksamer Kaufvertrag zustande?

9. Die 16 Jahre alte Rechtsanwaltsfachangestellte Nora Yilmaz kauft sich einen iPod. Als sie nach Hause kommt, schimpfen ihre Eltern, dass sie – ohne vorher um Erlaubnis zu fragen – so viel Geld ausgegeben hat. Sie billigen den Kauf aber, denn sie erkennen, dass ihre Tochter, wirtschaftlich gesehen, ein gutes Geschäft gemacht hat und einen schönen iPod zu einem guten Preis eingekauft hat. Ist ein wirksamer Kaufvertrag zwischen Nora Yilmaz und dem Händler über den iPod zustande gekommen? Wenn ja, zu welchem Zeitpunkt?

10. Die 17-jährige Schülerin Magdalena Rander bekommt ein monatliches Taschengeld von 60,00 €. Eine digitale Spiegelreflexkamera ist ihr lang gehegter Wunsch. Bei einem Händler sieht sie ein günstiges Angebot für eine gebrauchte Kamera in Höhe von 500,00 €. Beide werden schnell handelseinig, obwohl die Schülerin nicht genug Geld dabei hat, um die Kamera sofort zu bezahlen. Der Händler ist einverstanden, dass sie die Kamera mitnimmt, wenn sie 100,00 € anzahlt. Das macht Magdalena Rander und verspricht, das restliche Geld am nächsten Tag vorbeizubringen. Am nächsten Tag kommt sie jedoch nicht in das Geschäft und der Händler ruft bei der Schülerin zu Hause an. Die Eltern der Schülerin sind nicht begeistert, dass der Händler ihrer Tochter die Kamera verkauft hat, weil sie minderjährig ist. Sie möchten den Kaufpreis nicht bezahlen und möchten auch nicht, dass ihre Tochter den Preis bezahlt. Der Händler besteht aber auf der Bezahlung. Hilfsweise verlangt er die Kamera zurück. Was wird er bekommen?

11. Der 13-jährige Thorsten Himmelberg erhält monatlich 15,00 € Taschengeld zur freien Verfügung von seinen Eltern. Er bestellt im Internet ein Abo mit zwei Jahren Laufzeit für die neusten Handyklingeltöne zu 2,50 € im Monat. Seine Eltern finden das gar nicht gut. Muss Thorsten Himmelberg bezahlen?

12. Die 14-jährige Lisa Wohlgemuth wünscht sich neue Reitstiefel aus Leder. Ihre Eltern unterstützen diesen Wunsch und versprechen ihr, die Stiefel zu kaufen, sobald sie ein günstiges Angebot sehen. Die ältere Schwester einer Schulkameradin möchte ihr ihre Reitstiefel gerne zum Preis von 60,00 € verkaufen, weil sie ihr nicht mehr passen. Lisa freut sich über das Angebot und sagt, dass ihre Eltern damit einverstanden seien, was aber so nicht stimmt, denn die Eltern wissen noch gar nichts von diesem Geschäft. Die Schwester und Lisa vereinbaren, dass Lisa am nächsten Tag die 60,00 € bringt und dafür die Stiefel erhält. Als Lisa ihren Eltern später von dem Kauf erzählt, erklären sie sich ihrer Tochter gegenüber mit dem Geschäft einverstanden. Die Schwester der Schulkameradin bekommt jedoch Zweifel, ob das Geschäft wirklich wirksam ist, und ruft am nächsten Tag Lisa Wohlgemuths Eltern an. Diese haben aber zufällig in Kleinanzeigen im Internet am Abend zuvor ein noch günstigeres Angebot gesehen und verweigern angesichts des größeren Schnäppchens die Zustimmung zu dem Rechtsgeschäft gegenüber der Schwester. Hat die Schwester gegen Lisa Wohlgemuth oder gegen ihre Eltern einen Anspruch auf Zahlung von 60,00 €?

13. Der Pflanzenversender Jörg Monsdorf möchte einem Sammler ein seltene Orchidee zum Preis von 189,00 € anbieten. Leider verschreibt er sich und bietet die kostbare Pflanze zum Preis von 89,00 € an.

a) Kann er seine Erklärung anfechten?

b) Wie wäre der Fall zu beurteilen, wenn Jörg Monsdorf seinen Irrtum zwar recht schnell erkennt, aber zwei Wochen ins Land gehen lässt, bis er sich bei dem Kunden meldet? Dieser hat die Orchidee schon in seinem Gewächshaus an ihren endgültigen Platz gesetzt.

14. Der aus Hannover stammende Student Daniel Holzrichter hat erst kürzlich an die Universität Köln gewechselt. In der Studentenkneipe bestellt er sich einen „halven Hahn“, was für jeden Kölner ein belegtes Brötchen mit Käse ist. Der Student hat aber ein halbes Brathähnchen erwartet. Kann er seine Willenserklärung anfechten?

15. Die weit über ihre Verhältnisse lebende Verkäuferin Christina Knoche leiht sich aus der Nobelboutique, in der sie arbeitet, einen teuren Mantel, schminkt sich sorgfältig und geht zu einem Autohändler. Dort interessiert sie sich für ein PS-starkes, gut ausgestattetes und auch dementsprechend teures Fahrzeug. Der Autoverkäufer hat den Eindruck, dass Christina Knoche auf jeden Fall solvent ist, und verkauft ihr das Auto mit einem Ratenzahlungsvertrag. Einen Tag später erfährt er zufällig, dass Christina Knoche bis über beide Ohren verschuldet ist. Den Autokauf möchte er gerne anfechten, weil er fürchtet, dass Christina Knoche die Raten nicht bedienen kann. Ist das möglich?

16. Dimitri Kosics freut sich auf die bevorstehende Heirat mit seiner Verlobten. Im Hinblick auf die Eheschließung kauft er einen teuren Anzug, den er als Bräutigam tragen möchte. Wenig später erfährt er jedoch, dass seine Braut von einem anderen Mann ein Kind erwartet. Die Hochzeit findet nicht statt und er möchte den Kaufvertrag für den Anzug anfechten, denn er braucht den Anzug nicht mehr. Kann er wirksam anfechten?

17. Ludmilla Wahrig ist eine von zwei Gesellschaftern einer GmbH, die sich auf die Erteilung von Nachhilfeunterricht spezialisiert hat. Leider laufen die Geschäfte nicht gut und die GmbH macht immer mehr Verlust. Deshalb beschließt Ludmilla Wahrig, ihren Anteil zu verkaufen. Im Rahmen der Verkaufsverhandlungen mit dem Interessenten Kurt Haferkorn legt sie nur unwesentliche Verbindlichkeiten offen und verschweigt, dass die GmbH seit einem halben Jahr keine Miete mehr für die Räumlichkeiten zahlt. Da sich die Lage so für Kurt Haferkorn besser darstellt, als sie ist, entschließt er sich zum Kauf des Anteils. Später erfährt er von seinem Mitgesellschafter, dass die GmbH nicht nur unter Mietschulden leidet, sondern auch noch andere hohe Verbindlichkeiten dazukommen. Die Insolvenz erscheint unvermeidlich. Ludmilla Wahrig verlangt die Zahlung des vereinbarten Kaufpreises von Kurt Haferkorn. Er weigert sich jedoch zu bezahlen, sondern besteht auf dem Standpunkt, dass er von Ludmilla Wahrig betrogen worden sei. Verweigert er die Kaufpreiszahlung zu Recht?

18. Die zeitlich sehr eingespannte Unternehmerin Sonja Kliemke bittet ihren persönlichen Assistenten, für sie ein Testament beim Notar zu machen. Den Inhalt hat sie vorher eingehend mit ihm besprochen. Da er auf dem Weg in der Nähe ihres Lieblingsrestaurants vorbeikommt, bittet sie ihn noch, für sie Mittagessen mitzubringen. Ist eine wirksame Stellvertretung bei beiden Rechtsgeschäften möglich?

19. Corinna Sturm bittet ihre kleine Schwester Silke, zum Buchladen zu gehen und ihr das Buch „Nacht aus Eis“ von Heike Rommel zu kaufen. Damit sie auch wirklich das gewünschte Buch bekommt, schreibt sie ihrer Schwester noch die ISBN-Nummer auf. Die Schwester macht im Geschäft klar, dass sie das Buch für ihre Schwester besorgen soll. Mit wem ist der Kaufvertrag über das Buch zustande gekommen?

20. Der Unternehmer Alfons Tegtmeyer bestellt bei der Sekretärin Sabrina Geider, die in einem Betrieb arbeitet, bei dem er häufig Bestellungen aufgibt, 500 Pappkartons in einer bestimmten Größe. Sabrina Geider missversteht ihn aber und richtet ihrem Chef aus, dass Alfons Tegtmeyer 5000 Kartons haben möchte.

a) Über welche Anzahl Kartons kommt die Bestellung zustande?

b) Wie ist der Fall zu beurteilen, wenn Alfons Tegtmeyer statt der Sekretärin dem sechsjährigen Sohn des anderen Unternehmers die Bestellung ausrichtet? Der Sohn macht den gleichen Fehler wie die Sekretärin und übermittelt den Wunsch nach angeblich 5000 Pappkartons.

21. Astrid Milzner soll für ihren Arbeitskollegen ein Wörterbuch Englisch-Deutsch besorgen. Sie nimmt aus Versehen aber das falsche Wörterbuch Deutsch-Englisch und kauft es im Namen ihres Arbeitskollegen. Der Arbeitskollege benötigt dieses Buch nicht, wendet sich an den Buchhändler und sagt, dass sich Astrid Milzner leider vergriffen habe. Besteht der Kaufvertrag noch?

22. Hermann Gessler möchte seine Wohnung renovieren. Um dafür Farbe zu besorgen, geht er in den Handwerkermarkt „Selbermacher-GmbH“ und lässt sich von einem Verkäufer eingehend beraten. Letzten Endes entscheidet er sich für 50 Liter in einer bestimmten Qualität. Er vereinbart mit dem Verkäufer schriftlich, dass ihm die Farbe nach Hause geliefert wird und er danach die Rechnung überweist. Als dann die Farbe geliefert wird, wundert sich

Hermann Gessler über die Rechnung, denn diese wurde von der Selbermacher-GmbH ausgestellt. Er meint, die Selbermacher-GmbH könne gar keinen Anspruch auf Zahlung haben, denn er habe ausschließlich mit dem Verkäufer einen Vertrag geschlossen. Wieso könnte die GmbH die Zahlung verlangen?

23. Die Bürovorsteherin Jasmin Tirpitz arbeitet bei einem Immobilienmakler. Sie hat Prokura. Aber ihr Chef, Dominique Breuer, hat diese Prokura im Innenverhältnis auf 50000,00 € beschränkt. Bei Rechtsgeschäften, die darüber hinausgehen, möchte er noch einmal Rücksprache mit Jasmin Tirpitz halten. Daran hält sich Jasmin Tirpitz aber nicht, sondern kauft für ihren Arbeitgeber eine Wohnung zu 60000,00 €, was sie für ein günstiges Angebot hält. Muss Dominique Breuer das Geld bezahlen?

d) Leistungsstörungen beim Kaufvertrag feststellen

Schemata

Unmöglichkeit der Leistung

→ **anfängliche Unmöglichkeit (§ 311 a Abs. 2 BGB)** →

1. Bestehen eines wirksamen Schuldverhältnisses (§ 311 a Abs. 1 BGB)
2. Unmöglichkeit der Leistung gem. § 275 Abs. 1 BGB oder berechtigte Erfüllungsverweigerung gem. § 275 Abs. 2 und 3 BGB
3. Leistungshindernis (Unmöglichkeit der Leistungserbringung) lag bereits bei Vertragsschluss vor.
4. Kenntnis des Schuldners oder zu vertretende Unkenntnis gem. § 311 a Abs. 2 S. 2 BGB
5. Kausalität der Unmöglichkeit für den Schaden
6. Rechtsfolge:
   - Schadenersatz statt der Leistung
   - Unmöglichkeit eines Teils der Leistung: Schadenersatz für die ganze Leistung kann der Gläubiger nur verlangen, wenn er an der Teilleistung kein Interesse hat (§§ 311 a Abs. 2 S. 3, 281 Abs. 1 S. 2, 3 BGB) und der nicht erbrachte Teil erheblich ist.
   - Statt Schadenersatz kann Aufwendungsersatz verlangt werden (§§ 311 a Abs. 2, 275, 284 BGB).
   - Der Gläubiger kann vom Schuldner Herausgabe des Ersatzes verlangen, der an die Stelle der unmöglich gewordenen Leistung getreten ist, z. B. die Versicherungssumme (§ 285 BGB).

→ **nachträgliche Unmöglichkeit (§§ 280 Abs. 1, 3, 283 BGB)** →

1. Bestehen eines wirksamen Schuldverhältnisses (§ 280 Abs. 1 S. 1 BGB)
2. Unmöglichkeit der Leistung gem. § 275 Abs. 1 BGB oder berechtigte Erfüllungsverweigerung gem. § 275 Abs. 2, 3 BGB
3. Der Schuldner hat das Leistungshindernis zu vertreten (§§ 280 Abs. 1 S. 2, 276–278 BGB).
4. Eintritt des Leistungshindernisses nach Vertragsschluss
5. Schaden des Gläubigers
6. Kausalität der Unmöglichkeit für den Schaden
7. Rechtsfolge:
   - Schadenersatz statt der Leistung
   - Unmöglichkeit eines Teils der Leistung: Schadenersatz für die ganze Leistung kann der Gläubiger nur verlangen, wenn er an der Teilleistung kein Interesse hat (§§ 283 S. 2, 281 Abs. 1 S. 2, 3 BGB) und der nicht erbrachte Leistungsteil erheblich ist.
   - Statt Schadenersatz kann Aufwendungsersatz verlangt werden (§ 284 BGB).
   - Der Gläubiger kann vom Schuldner die Herausgabe des Ersatzes verlangen, der an die Stelle der unmöglich gewordenen Leistung getreten ist, z. B. die Versicherungssumme (§ 285 BGB).

Verzug des Schuldners

1. Bestehen eines vertraglichen Schuldverhältnisses
2. Pflichtverletzung in Form einer Leistungsverzögerung (§ 280 Abs. 1 BGB)
3. zusätzliche Voraussetzungen des Verzugs gem. § 286 BGB:
   - Mahnung des Gläubigers (§ 286 Abs. 1BGB) oder
   - ein Umstand, der die Mahnung entbehrlich macht (§ 286 Abs. 2 BGB), oder
   - der Ablauf von 30 Tagen nach Fälligkeit und Rechnungsstellung
4. Der Schuldner muss die Nichtleistung zu vertreten haben (§ 286 Abs. 4 BGB).
5. Rechtsfolge: Ersatz des Verzögerungsschadens (§§ 280 Abs. 2, 286 BGB); dieser Anspruch besteht neben dem Anspruch auf die Leistung.

Mangel der Kaufsache

Sachmangel (§ 434 BGB)

1. vertragliches Schuldverhältnis
2. Vorliegen eines Mangels:
   - vereinbarte Beschaffenheit (§ 434 Abs. 1 S. 1 BGB)
   - Geeignetheit für die im Vertrag vorausgesetzte Verwendung (§ 434 Abs. 1 S. 2 Nr. 1 BGB)
   - gewöhnliche Verwendung, übliche Beschaffenheit (§ 434 Abs. 1 S. 2 Nr. 2 BGB)
3. kein Ausschluss der Mängelrechte
4. Rechtsfolge:
   - Nacherfüllung (§ 439 BGB):
     - Beseitigung des Mangels
     - Lieferung einer mangelfreien Sache
   - Rücktritt (§§ 440, 323, 326 Abs. 5 BGB)
   - Minderung (§ 441 BGB)
   - Ersatz vergeblicher Aufwendungen (§ 280 BGB)

Rechtsmangel (§ 435 BGB)

1. vertragliches Schuldverhältnis
2. Vorliegen eines Rechtsmangels, d. h., ein Dritter kann aufgrund eines Rechts in Bezug auf die Sache keine oder nur die im Kaufvertrag übernommenen Rechte gegen den Käufer geltend machen (§ 435 BGB).
3. kein Ausschluss der Mängelrechte
4. Rechtsfolge:
   - Nacherfüllung (§ 439 BGB):
     - Beseitigung des Mangels
     - Lieferung einer mangelfreien Sache
   - Rücktritt (§§ 440, 323 und 326 Abs. 5 BGB)
   - Minderung (§ 441 BGB)
   - Ersatz vergeblicher Aufwendungen (§ 280 BGB)

Ausführlichere Informationen zu dem in den Schemata zusammengefassten Themenbereich „Leistungsstörungen beim Kaufvertrag feststellen" finden Sie im Lehrbuch:

- Lernfeld 3 (Re, ReNo), Kapitel 4.2 (Allgemeine Leistungsstörungen im Kaufrecht)
- Lernfeld 3 (Re, ReNo), Kapitel 4.3 (Leistungsstörungen im Kaufrecht: Mangel der Kaufsache)
- Lernfeld 3 (Re, ReNo), Kapitel 4.4 (Folgen bei Mängeln im Kaufrecht)

Fälle

1. Der Aquariumliebhaber Peter Nordmann möchte sein gebrauchtes Aquariumbecken über eine Onlineplattform versteigern. Kurz nachdem er das Aquarium auf der Plattform eingestellt hat, fährt sein kleiner Sohn mit dem Bobbycar so unglücklich gegen das Becken, dass die Glasscheiben nicht standhalten und eine Seite zerbricht.
   a) Was kann Peter Nordmann tun, um die Versteigerung zu beenden?
   b) Wie ist die Rechtslage, wenn das Becken kurz nach dem Ende der Auktion kaputtgeht?

2. Linda Mertens verkauft ihr gebrauchtes Smartphone für 150,00 € an Luca Kampmann. Luca Kampmann ist begeistert, denn das Smartphone ist tatsächlich 300,00 € wert. Sie vereinbaren, dass Luca Kampmann das Geld in der kommenden Woche bezahlt und dann das Smartphone mitnehmen darf. Am Wochenende recherchiert Linda Mertens noch mal die Preise und stellt fest, dass sie ihr Smartphone zu billig verkauft hat. Sie bedauert den Vertragsschluss mit Luca Kampmann außerordentlich. Sie erzählt einer Freundin von ihrem Kummer, die auch schon lange auf der Suche nach einem passenden Smartphone ist. Die Freundin bietet ihr 200,00 € für das Smartphone. Dieses Angebot nimmt Linda Mertens spontan an. Als zur verabredeten Zeit Luca Kampmann vorbeikommt und das Smartphone abholen und bezahlen möchte, ist er entsprechend wütend über die Ereignisse. Er verlangt das Smartphone oder Schadenersatz. Wird er überhaupt etwas bekommen?

3. Der Holzhändler Mike Racke verkauft 100 Bretter aus Buchenholz (100 cm x 20 cm) an Ulf Bösert. Vor der Übereignung werden alle Bretter dieser Art bei einem Brand in seinem Lager vernichtet.
   a) Kann Ulf Bösert dennoch die Lieferung von 100 gewünschten Brettern verlangen?
   b) Wie ist die rechtliche Lage zu beurteilen, wenn die beiden vereinbart haben, dass Ulf Bösert die Bretter am nächsten Tag abholt und Mike Racke die Bretter daher bereits in einen gesonderten Raum gestellt hat, in dem dann die Bretter durch den Brand zerstört werden?

4. Die Whiskyliebhaberin Jacqueline Klann bestellt in einer bestimmten schottischen Destillerie die letzte Flasche eines besonderen Whiskys. Unglücklicherweise fällt diese Flasche dem Inhaber der Destillerie aus den Händen und zerbricht. Wie ist die Rechtslage?

5. Thomas Rinter leiht seinem Bekannten Matthias Hissig ein wichtiges und teures Buch, das er eigentlich benötigt, um seine Abschlussarbeit zu schreiben. Er macht Matthias Hissig deutlich, dass er das Buch spätestens am 18.08.2017 zurückhaben möchte, weil er dann weiter damit arbeiten muss. Trotz Mahnung gibt Matthias Hissig das Buch nicht bis zum 18.08.2017 zurück. Um seine Examensarbeit wie geplant weiterzubearbeiten, muss sich Thomas Rinter nun leider ein neues Buch kaufen. Kann er die Kosten dafür von Matthias Hissig verlangen?

6. Jule Hansen betreibt auf der Insel Spiekeroog einen Bollerwagenverleih. Leider sind an den Bollerwagen häufig die Reifen kaputt. Um für ein verlängertes Wochenende gerüstet zu sein, an dem viele Gäste erwartet werden und auch gutes Wetter vorausgesagt ist, bestellt sie am 26.04.2017 rechtzeitig neue Reifen. Mit ihrem Reifenlieferanten hat sie schon lange die Abmachung getroffen, dass er grundsätzlich drei Tage nach Abruf liefert. Die Reifen müssten also am 29.04.2017 bei ihr sein. Der Reifenhändler versendet die Reifen jedoch zu spät, weil er viele andere Arbeiten zu erledigen hat. Deshalb erhält Jule Hansen die Reifen erst am 09.05.2017. Jule Hansen hat vom 29.04.2017 bis zum 09.05.2017 eine Gewinneinbuße von 450,00 € erlitten, weil sie nur drei funktionierende Bollerwagen zur Verfügung hatte, die sie verleihen konnte. Kann sie diesen Betrag vom Lieferanten als Schadenersatz verlangen?

7. Sebiha Talis Waschmaschine geht kaputt. Sie sucht schnellstmöglich einen Händler auf, der ihr verspricht, dass er in der kommenden Woche eine neue Waschmaschine liefert. Bis Mittwoch der Folgewoche ist die Maschine noch nicht da. Sebiha Tali braucht aber unbedingt frische Wäsche. Daher geht sie in einen Waschsalon und wäscht ihre Wäsche für insgesamt 7,00 €. Am Freitag liefert der Händler die neue Waschmaschine. Kann Sebiha Tali die 7,00 € erstattet verlangen?

8. Das Auto von Hussein Amarak muss am Montag in die Werkstatt. Mit dem Werkstattinhaber hat er keinen Termin abgemacht, zu dem das Auto repariert sein soll, sondern der Werkstattinhaber hat ihm stattdessen versichert, dass er sich so schnell wie möglich um die Reparatur kümmert. Allerdings hat der Werkstattinhaber nicht so schnell Lust, sich an diese Reparatur zu machen, und repariert den Wagen am Dienstag nicht, obwohl er eigentlich dafür Zeit gehabt hätte. Am Mittwoch muss sich Hussein Amarak einen Leihwagen nehmen, weil er dringend ein Auto braucht. Als der Pkw Ende der Woche immer noch nicht repariert ist, fordert Hussein Amarak per Telefon wütend und nachdrücklich den Werkstattleiter zur Reparatur bis kommende Woche auf. Am Montag dieser Woche braucht er dann noch einmal einen Leihwagen. Letzten Endes bekommt er sein Auto am Dienstag zurück. Kann Hussein Amarak die Leihwagenkosten für die jeweiligen Tage ersetzt verlangen?

9. Sandro Peters hat eine Spielkonsole gekauft, die leider nach neun Tagen kaputtgeht. Er möchte sie dem Händler zurückbringen und das Geld erstattet bekommen. Der Händler weigert sich und bietet stattdessen an, die Spielkonsole zur Reparatur einzuschicken.
   a) Wer hat recht?
   b) Sandro Peters hat die Spielkonsole über das Internet bestellt. Wie ist dann die Rechtslage?

10. Susanne Ritterhaus kauft sich ein neues Videoprojektionsgerät bei einem Händler. Sie ist ganz begeistert von ihrer Anschaffung, aber leider geht das Gerät schon nach 14 Tagen kaputt. Es liegt ein Defekt vor, den der Händler auch bei gründlicher Untersuchung nicht hat erkennen können. Der Händler bietet Susanne Ritterhaus eine Neulieferung statt einer Reparatur an. Allerdings gibt es das Gerät nicht mehr in der Farbe, die Susanne Ritterhaus bevorzugt. Deshalb verlangt sie die Reparatur. Wird sie damit Erfolg haben?

11. Die Obsthändlerin Elke Nadler möchte sich vom Großhändler fünf Kisten Äpfel der Sorte „Freiherr von Berlepsch" liefern lassen und zahlt vorab den Kaufpreis. Sie bekommt aber fünf Kisten Äpfel der Sorte „Boskop", die allerdings insgesamt 15,00 € preiswerter ist. Sie hat also 15,00 € zu viel an den Großhändler bezahlt. Der Großhändler lehnt jede Nacherfüllung kategorisch ab, weil er sich bei so kleinen Liefermengen nicht weiter engagieren möchte. Elke Nadler verlangt zumindest die 15,00 € zurück. Zu Recht?

12. Stefan Krosen kauft für seine Tochter Johanna ein Spielhaus zum Zusammenbauen. Die Aufbauanleitung ist eine schlechte Übersetzung aus dem Koreanischen und extrem schwer verständlich. Nach mühevollen Stunden gelingt es Stefan Krosen endlich, das Spielhaus zusammenzubauen. Er meint, dass er einen Teil des Kaufpreises (60,00 €) zurückverlangen könne, weil das Spielhaus mit dieser schwer verständlichen Montageanleitung weniger wert sei. Stimmt das?

13. Andreas Jeide handelt mit Musikgeräten. Besonders beliebt sind gerade kleine tragbare Miniboxen. Eine solche Box verkauft er an Benjamin Gritten. Rund drei Monate nach dem

Verkauf erscheint Benjamin Gritten wieder im Geschäft und reklamiert die Box. Bei der Benutzung würde es immer wieder zu Störungen kommen, weil der Akku sich einfach nicht korrekt auflade. Die mobile Box könne man einfach nicht lange benutzen, denn sie müsse ständig aufgeladen werden. Andreas Jeide ist überzeugt davon, die Box in einwandfreiem Zustand übergeben zu haben. Er schaut sie sich genau an und stellt fest, dass sie von außen ziemlich ramponiert aussieht und auch ein paar kleine Beulen hat. Er meint, dass Benjamin Gritten die Box mehrfach fallengelassen habe. Das schadet natürlich auch dem Akku. Benjamin Britten verlangt die Lieferung eines neuen Geräts. Wird er das bekommen?

e) Arten von Kaufleuten und Unternehmensformen unterscheiden

Schemata

Arten von Kaufleuten →

- Istkaufmann
- Kannkaufmann
- Formkaufmann
- Scheinkaufmann

Gewerbe →	
• Offen	= äußerlich erkennbare Tätigkeit
• Planmäßig	= planmäßig auf gewisse Dauer (Vielzahl von Geschäften)
• Erlaubt	= Tätigkeit darf nicht gegen gesetzliche Verbote oder gegen die guten Sitten verstoßen
• Gewinnerzielungsabsicht	= zum Zwecke der Gewinnerzielung
• Selbstständig	= keine Anstellung wie bei Arbeitnehmern, Beamten etc.
• Freiberuf	= Tätigkeit ist kein freier Beruf (Arzt, Rechtsanwalt, Steuerberater, Künstler, Architekt)

	Prokura (§§ 48 ff. HGB)	Handlungsvollmacht (§§ 54 ff. HGB)
Erteilung	• ausdrücklich schriftlich oder mündlich • durch Inhaber des Handelsgeschäfts oder seinen gesetzlichen Vertreter (§ 48 Abs. 1 HGB) • Erteiler muss Kaufmann sein	• schriftlich, mündlich oder stillschweigend durch Duldung • durch den Inhaber oder Prokuristen • Bevollmächtigte können im Rahmen ihrer Vollmacht Untervollmachten einräumen
Eintragung ins Handelsregister	• ja, gem. § 53 Abs. 1 HGB eintragungspflichtig • Wirkung aber nur deklaratorisch, nicht konstitutiv	nein
Umfang	alle Arten von gerichtlichen und außergerichtlichen Geschäften und Rechtshandlungen, die der Betrieb eines Handelsgewerbes mit sich bringt (§ 49 Abs. 1 HGB)	nur branchentypische Geschäfte (§ 54 Abs. 1 HGB), die der Betrieb eines derartigen Handelsgewerbes oder die Vornahme derartiger Geschäfte gewöhnlich mit sich bringt
Ausnahmen	nicht erlaubt: • Eintragungen im Handelsregister vornehmen • Steuererklärung unterschreiben • Prokura erteilen Grundstücke dürfen nur mit besonderer Ermächtigung veräußert oder belastet werden.	zusätzlich zu den Ausnahmen beim Prokuristen auch nicht erlaubt: • Grundstücke veräußern oder belasten • Darlehen aufnehmen • Prozess führen
Arten	• **Einzelprokura** (§ 48 Abs. 1 HGB) = Berechtigung einer Person, die Vollmacht allein in vollem Umfang auszuüben • **Gesamtprokura** (§ 48 Abs. 2 HGB) = Berechtigung zweier oder mehrerer Personen, die Vollmacht gemeinschaftlich auszuüben • **Filialprokura** (§ 50 Abs. 3 HGB) = beschränkte Vollmacht auf die Geschäfte einer Filiale	• **allgemeine Handlungsvollmacht (Generalvollmacht)** = Vollmacht für alle gewöhnlichen Rechtsgeschäfte eines derartigen Handelsgeschäfts (Beispiel: Filialleiter) • **Teilvollmacht (Arthandlungsvollmacht)** = Vollmacht für alle Rechtsgeschäfte, die eine bestimmte Art von Geschäften mit sich bringt (Beispiel: Verkäufer, Kellner) • **Einzelvollmacht (Spezialhandlungsvollmacht)** = Vollmacht für einen einzelnen Geschäftsvorgang, erlischt nach Erledigung des Geschäfts (Beispiel: Bevollmächtigung eines Angestellten, eine Bestellung vorzunehmen und zu bezahlen)

	Prokura (§§ 48 ff. HGB)	Handlungsvollmacht (§§ 54 ff. HGB)
Beschränkung	• im Innenverhältnis möglich • im Außenverhältnis (gegenüber Dritten) gem. § 50 Abs. 1 HGB nicht möglich	im Außenverhältnis möglich, aber Schutz des Dritten gem. § 54 Abs. 3 HGB, wenn er die Beschränkung nicht kannte und nicht kennen musste
Zeichnung (nur Indizwirkung)	„pp." oder „ppa."	„i. V." oder „i. A."

Personengesellschaften

Bezeichnung	Partnerschaftsgesellschaft (PartG)	Gesellschaft bürgerlichen Rechts (GbR)	Offene Handelsgesellschaft (OHG)	Kommanditgesellschaft (KG)	Gesellschaft mit beschränkter Haftung & Compagnie Kommanditgesellschaft (GmbH & Co. KG)
Rechtsgrundlage	PartGG (Partnerschaftsgesellschaftsgesetz)	§§ 705 ff. BGB	§§ 105 ff. HGB §§ 705 ff. BGB	§§ 161 ff. HGB	sinngemäße Anwendung der Vorschriften über KG, GmbH u. AG
Rechtspersönlichkeit	nein, aber teilrechtsfähig	nein, aber teilrechtsfähig	nein, aber gem. § 124 Abs. 1 HGB parteifähig	nein, aber gem. §§ 124 i. V. m. 161 Abs. 2 HGB parteifähig	wie OHG und KG § 124 Abs. 1 HGB
Vertretung	jeder Partner	die Gesellschafter gemeinsam	jeder Gesellschafter	jeder Komplementär	Komplementärs-GmbH, diese ihrerseits vertreten durch deren Geschäftsführer
Gründung	• mindestens zwei natürliche Personen, die Freiberufler sind • Eintragung ins Partnerschaftsregister	• mindestens zwei natürliche und/oder juristische Personen • keine Eintragung ins Handelsregister	• mindestens zwei natürliche und/oder juristische Personen • Eintragung ins Handelsregister	• mindestens zwei natürliche und/oder juristische Personen (Komplementär und Kommanditist) • Eintragung ins Handelsregister	• mindestens zwei natürliche und/oder juristische Personen (Komplementär und Kommanditist) • notarieller Vertrag für Komplementärs-GmbH • Eintragung ins Handelsregister
Haftung	die Partner gesamtschuldnerisch	Gesellschafter gesamtschuldnerisch	Gesellschafter gesamtschuldnerisch	• Komplementäre gesamtschuldnerisch • Kommanditisten haften nur bis zur Höhe ihrer Einlage	wie KG • Komplementärs-GmbH gesamtschuldnerisch (aber nur mit Gesellschaftsvermögen der GmbH) • Kommanditisten haften nur bis zur Höhe ihrer Einlage
Firmierung	Zusatz „und Partner“ oder „Partnerschaft“	GbR	OHG	KG	GmbH & Co. KG
Kapital	kein Mindestkapital	kein Mindestkapital	kein Mindestkapital	kein Mindestkapital	für Komplementärs-GmbH mindestens 25 000,00 €

Kapitalgesellschaften

Bezeichnung	Gesellschaft mit beschränkter Haftung (GmbH)	Aktiengesellschaft (AG)	Kommanditgesellschaft auf Aktien (KGaA)
Rechtsgrundlage	GmbHG (Gesetz betreffend die Gesellschaften mit beschränkter Haftung)	AktG (= Aktiengesetz)	§§ 278 ff. AktG
Rechtspersönlichkeit	ja, § 13 Abs. 1 GmbHG	ja, § 1 Abs. 1 S. 1 AktG	ja, § 278 Abs. 1 S. 1 AktG
Vertretung	Geschäftsführer	Vorstand	Vorstand, bestehend aus Komplementär
Gründung	• mindestens zwei natürliche und/oder juristische Personen • notarieller Vertrag • Eintragung ins Handelsregister	• mindestens eine natürliche oder juristische Person • notarieller Vertrag • Eintragung ins Handelsregister	• mindestens zwei natürliche und/oder juristische Personen (Komplementär und Kommanditist) • notarieller Vertrag • Eintragung ins Handelsregister
Haftung	nur Gesellschaftsvermögen	nur Gesellschaftsvermögen	• Komplementäre gesamtschuldnerisch • Kommanditisten haften nur bis zur Höhe ihrer Einlage
Firmierung	GmbH	AG	KGaA
Kapital	mindestens 25 000,00 €	mindestens 50 000,00 €	mindestens 50 000,00 €

Ausführlichere Informationen zu dem in den Schemata zusammengefassten Themenbereich „Arten von Kaufleuten und Unternehmensformen unterscheiden“ finden Sie im Lehrbuch: Lernfeld 2 (Re, ReNo), Kapitel 5 und 6.

Fälle

1. Die Rechtsanwalts- und Steuerberatungskanzlei Dr. Osorio und Partner, Partnergesellschaft, möchte den Spediteur Sander Helms mit der Abholung umfangreicher Akten aus den Büroräumen eines Mandanten für den 21.09.2017 beauftragen. Die Rechtsanwaltsfachangestellte Elmira Alaoui telefoniert vorab mit Sander Helms, spricht die Einzelheiten ab und fasst diese nochmals in einer E-Mail an ihn zusammen. Eine Bestätigung der E-Mail geht bis zum Nachmittag des 20.09.2017 nicht ein und Sander Helms ist telefonisch nicht erreichbar. Daher beauftragt Elmira Alaoui eine zweite Spedition mit der Abholung. Am 21.09.2017 erscheinen beide Spediteure und stellen der Kanzlei jeweils die Abholung in Rechnung.
- **a)** Sander Helms betreibt die Spedition seit zwei Jahren, erwirtschaftet einen Umsatz von 65 000,00 € im Jahr und beschäftigt einen Teilzeitangestellten. Er ist nicht im Handelsregister eingetragen. Ist Sander Helms Kaufmann?
- **b)** Inwieweit ist die Kaufmannseigenschaft im vorliegenden Fall von Bedeutung?
- **c)** Wie ist das Verhältnis zwischen den Regelungen im HGB und BGB?

2. Raoul Rickert und Tanja Jeldrik möchten eine Gebäudereinigungsfirma gründen und sie „Putzteufel“ nennen. Sie verfügen beide nur über ein geringes Kapital, das sie für Putzmittel und -geräte einsetzen möchten. Beide möchten zu gleichen Teilen an dem Unternehmen beteiligt sein und dafür haften.
- **a)** Was ist der Unterschied zwischen einer Personen- und einer Kapitalgesellschaft?
- **b)** Welche Gesellschaftsform würde sich in diesem Fall anbieten? Begründen Sie Ihre Antwort.
- **c)** Wie müssen sie für die infrage kommenden Gesellschaftsformen jeweils vorgehen, um eine Gründung vorzunehmen?
- **d)** Welche Angaben müssen Raoul Rickert und Tanja Jeldrik auf ihren Geschäftsbriefen und geschäftlichen E-Mails anbringen? Wo ist dies geregelt?

3. Die Rechtsanwaltsfachangestellte Theresa Sengelmeier erhält den Auftrag, einen Handelsregisterauszug der gegnerischen Aqua Abflussdienst KG anzufordern und zu ermitteln, wem in diesem Unternehmen Prokura erteilt wurde.
- **a)** In welcher Abteilung des Handelsregisters findet sie diese Information?
- **b)** Welche weiteren Informationen werden noch in den verschiedenen Abteilungen des Handelsregisters eingetragen?
- **c)** Was bedeutet „Prokura“ und wo ist sie geregelt? Durch wen und wie wird sie erteilt? Welche Wirkung hat die Eintragung ins Handelsregister?
- **d)** Welche Arten der Prokura gibt es?
- **e)** Was ist die Folge, wenn eine Person mit Prokura einen Vertrag für das Unternehmen abschließt?

4. Sabine Fahringer möchte von der Möbelhaus Maschner GmbH eine neue Couch kaufen. Sie verhandelt mit dem Verkäufer Ingo Hartheim über die Bedingungen und handelt einen Preisnachlass in Höhe von 200,00 € aus, da es sich um ein Ausstellungsstück handelt. Als sie eine Woche später die Couch abholen will, teilt ihr der Inhaber der GmbH mit, dass der Preisnachlass nicht wirksam sei, da die Angestellten nicht berechtigt seien, solche Nachlässe auszuhandeln.

a) Hat Sabine Fahringer Anspruch auf den ausgehandelten Preisnachlass?
b) Wie wäre der Fall zu beurteilen, wenn Ingo Hartheim Prokura vom Inhaber des Möbelhauses erhalten hätte, die jedoch nicht ins Handelsregister eingetragen wurde?

5. Muhamad Baghdadi und Laura Stegert haben die Wein & Brot KG gegründet. Muhamad Baghdadi ist dabei Kommanditist mit einer Kapitaleinlage in Höhe von 300 000,00 €, Laura Stegert Komplementärin mit einer Kapitaleinlage in Höhe von 100 000,00 €.
   a) Wie haftet Muhamad Baghdadi?
   b) Wie haftet Laura Stegert?
   c) Wie werden Gewinn und Verlust zwischen Muhamad Baghdadi und Laura Stegert aufgeteilt?

6. Der Rechtsanwalts- und Notarfachangestellte Jannis Bedaecke soll ein Schreiben an den Gegner, die Badzubehör International GmbH & Co. KG, verfassen. Er recherchiert im Handelsregister, dass diese ihren Sitz in der Rupprechtstraße 9 in 91126 Schwabach hat. Die dazugehörige Badzubehör International Beteiligungs-GmbH hat ihren Sitz unter der gleichen Anschrift. Ihre Geschäftsführerin ist Dr. Heike Fink.
   a) An wen genau muss er das Schreiben adressieren?
   b) Wer haftet wie in diesem Unternehmen?

7. Die Rechtsanwaltsfachangestellte Elsa van Haven betreut eine Schadenersatzangelegenheit, in der der Gegner die Hohenstolz KGaA ist.
   a) Was ist eine KGaA? In welchem Gesetz ist die KGaA geregelt? Kann gegen sie geklagt werden?
   b) Durch wen wird sie vertreten?

f) Mahnschreiben erstellen

Schema

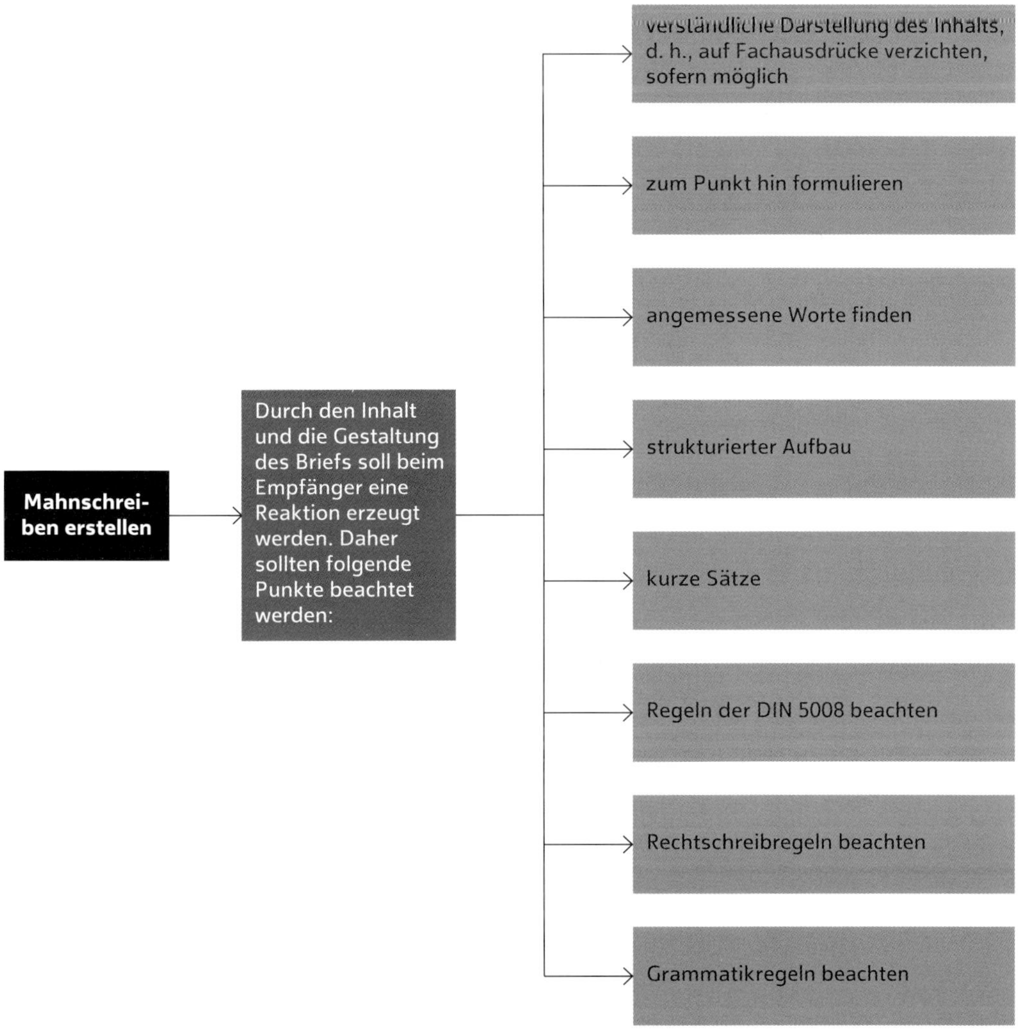

Ausführlichere Informationen zu dem in dem Schema zusammengefassten Themenbereich „Mahnschreiben erstellen" finden Sie im Lehrbuch:

- Lernfeld 3 (Re, ReNo), Kapitel 6 (Regeln der DIN 5008)
- Lernfeld 4 (Re, ReNo), Kapitel 6.2 (Erstellen von außergerichtlichen Aufforderungsschreiben)
- Lernfeld 4 (Re, ReNo), Kapitel 6.5 (Erstellen von Mahnschreiben)

Fälle

1. Der Auszubildende Daniel Korsig erhält vom Rechtsanwalt Dr. Holger Appelt am 05.11.2017 den Auftrag, die Mandantin Susan Marlow anzuschreiben. Diese hat die Kostenendabrechnung in Höhe von 618,25 €, die ihr mit Schreiben vom 15.10.2017 übersandt wurde, nicht fristgerecht beglichen. Sie soll diese nun binnen einer Frist von 14 Tagen ausgleichen. Wie könnte Daniel Korsig den Brieftext formulieren?

2. Die Rechtsanwaltskanzlei Dr. Wellinger, Koch & Kuzniak GbR vertritt Linda-Maria Kuckert in der Angelegenheit Linda-Maria Kuckert ./. Angelina Bouvier wegen Herausgabe diverser Fachbücher. Am 13.11.2017 hat die Rechtsanwältin Dr. Gerlinde Wellinger den gegnerischen Rechtsanwalt Udo Feist angeschrieben und dessen Mandantin Angelina Bouvier aufgefordert, die von ihr zu Unrecht in Besitz genommenen Fachbücher bis zum 30.11.2017 herauszugeben.
   a) Da die Frist fruchtlos verstrichen ist, übergibt die Rechtsanwältin Dr. Gerlinde Wellinger am 02.12.2017 die Akte an die Rechtsanwaltsfachangestellte Rica Mauder mit der Bitte, den gegnerischen Rechtsanwalt nochmals anzuschreiben. Es soll Bezug genommen werden auf das letzte Schreiben. Der Gegenseite soll eine letzte Frist zur Herausgabe der Fachbücher bis zum 15.12.2017 gesetzt werden. Falls die Frist wiederum fruchtlos verstreichen sollte, werden umgehend gerichtliche Schritte eingeleitet. Wie könnte Rica Mauder den Brieftext formulieren?
   b) Bei der Durchsicht der Akte stellt die Rechtsanwaltsfachangestellte Rica Mauder fest, dass die Mandantin Linda-Maria Kuckert die Kostenvorschussrechnung vom 13.11.2017 in Höhe von 320,00 € noch nicht beglichen hat, obwohl die dafür gesetzte Frist am 30.11.2017 abgelaufen ist. Sie fertigt daher ein Schreiben an die Mandantin an, mit dem sie das Schreiben an den gegnerischen Rechtsanwalt übersendet und an die Begleichung der Kostenvorschussrechnung erinnert. Der Rechnungsbetrag in Höhe von 320,00 € soll nun bis zum 15.12.2017 beglichen werden. Wie könnte Rica Mauder den Brieftext formulieren?

3. In der Angelegenheit Benjamin Bulter ./. Enrico Nataliano wegen Darlehensforderung vertritt die Rechtsanwaltskanzlei Josef Vogel den Mandanten Benjamin Bulter. Die Rechtsfachwirtin Angela Rudny hat dem Mandanten mit Schreiben vom 26.10.2017 das Schreiben des Landgerichts München I vom 23.10.2017 weitergeleitet und darum gebeten, weitere Unterlagen (aktuelle Kontoauszüge der letzten drei Monate, Kopie des Mietvertrags, aktuelle Stromabrechnung) zu übersenden, da das Gericht diese Unterlagen benötigt, um über die Bewilligung von Prozesskostenhilfe entscheiden zu können. Da die Unterlagen auch nach einer Woche noch nicht vorliegen, beantragt Angela Rudny eine Fristverlängerung von zwei Wochen und schreibt Benjamin Bulter nochmals an. Wie könnte die Rechtsfachwirtin den Brieftext formulieren?

4. Die Rechtsanwaltskanzlei Carsten Baumeister & Florian Pänkert, Partnerschaft, vertritt in der Angelegenheit Jean-Michel Wichtermann ./. Eva Heuberger den Mandanten Jean-Michel Wichtermann. Da diesem die aktuelle ladungsfähige Anschrift von Eva Heuberger nicht bekannt ist, hat die Rechtsanwaltsfachangestellte Marlies Pochert am 25.10.2017 das zuständige Einwohnermeldeamt angeschrieben und um Auskunft gebeten. Dem Schreiben wurde ein Verrechnungsscheck über 10,00 € für die entstehenden Kosten beigelegt. Da auch am 14.11.2017 noch keine Antwort vorliegt und die zuständige Stelle telefonisch nicht erreichbar ist, fertigt Marlies Pochert ein Mahnschreiben an, da die Angelegenheit eilt. Für die Erteilung der Auskunft soll eine Frist bis zum 28.11.2017 gesetzt werden. Wie könnte die Rechtsanwaltsfachangestellte den Brieftext dieses Schreibens, das der Rechtsanwalt Carsten Baumeister unterzeichnet, formulieren?

5. Die Rechtsanwältin Laura Bartosch übergibt der Auszubildenden Anna-Lena Michalski die Akte Melanie Schunkel ./. Elmar Schunkel. Da die Mandantin Melanie Schunkel bislang die Kostenvorschussrechnung vom 15.12.2017 in Höhe von 930,81 € nicht beglichen hat, soll nun eine letzte Frist zur Zahlung bis zum 10.01.2018 gesetzt werden. Falls Melanie Schunkel nicht fristgerecht bezahlt, sollen das Mandat niedergelegt und gerichtliche Schritte eingeleitet werden. Wie könnte Anna-Lena Michalski den Brieftext formulieren?

6. Die Rechtsanwaltskanzlei Emil Schreiber & Kollegen GbR vertritt Waldemar Mack-Leutner in einer rentenversicherungsrechtlichen Angelegenheit. Die Deutsche Rentenversicherung Bund hat Rechtsanwalt Emil Schreiber mit Schreiben vom 08.01.2018 darum gebeten, noch das Formular „F" auszufüllen. Dieses Formular lag dem Schreiben jedoch nicht bei. Telefonisch hat die Rechtsanwaltsfachangestellte Ingrid Scholl dies moniert und die Zusage der Sachbearbeiterin Rita Kimmken erhalten, dass sie das Formular „F" per E-Mail versenden wird. Auch am 11.01.2018 liegt das Formular „F" noch nicht vor, sodass die Rechtsanwaltsfachangestellte dieses nochmals schriftlich anfordert. Wie könnte Ingrid Scholl den Brieftext formulieren?

7. In der Angelegenheit Quentin Scharkowski ./. Ingelore Buschert hat der Rechtsanwalt Dr. Stephan Cäsar am 28.01.2018 das zuständige Grundbuchamt angeschrieben und um Übersendung des aktuellen Grundbuchauszugs für das Grundstück in Heidenheim, Hauptstraße 111, Flurnummer 1556, sowie des Überlassungsvertrags vom 13.08.2010 gebeten. Diese Unterlagen benötigt der Rechtsanwalt Dr. Stephan Cäsar für die Errechnung des erbrechtlichen Pflichtteilsanspruchs des Mandanten Quentin Scharkowski. Da auch am 25.02.2018 noch kein Posteingang verzeichnet werden konnte, bittet der Rechtsanwalt Dr. Stephan Cäsar die Rechtsanwaltsfachangestellte Mareike Köhler, das Grundbuchamt nochmals anzuschreiben. Wie könnte Mareike Köhler den Brieftext formulieren?

8. Die Rechtsanwaltskanzlei Gumpert, Ricken, Lange & Kollegen GbR vertritt Tina Schubert in der Angelegenheit Tina Schubert ./. André Weihrauch. Am 05.01.2018 hat die Rechtsanwältin Kirsten Ricken die Gegenseite angeschrieben und die Kaufpreiszahlung in Höhe von 5 630,00 € geltend gemacht. Die Gegenseite hat jedoch weder die Kaufpreiszahlung noch die aufgrund des Verzugs in Ansatz gebrachten Rechtsanwaltskosten in Höhe von 571,44 € binnen der gesetzten Frist bis zum 25.01.2018 beglichen. Die Rechtsanwältin Kirsten Ricken übergibt die Akte am 27.01.2018 daher an den Rechtsanwaltsfachangestellten Ben Reichelt mit der Bitte, die Gegenseite anzumahnen. Sofern die erneute Frist bis zum 10.02.2018 wieder fruchtlos verstreichen sollte, wird umgehend Klage erhoben. Wie könnte Ben Reichelt den Brieftext formulieren?

9. Der Rechtsanwalt Kurt-Peter Fichtner hat mit dem Mandanten Paul Benkert vereinbart, dass dieser die Kostenendabrechnung vom 16.12.2017 in Höhe von 455,50 € in monatlichen Raten à 50,00 € begleichen kann. Die Raten sind jeweils zum 30. eines Monats, erstmals zum 30.12.2017, auf eines der Kanzleikonten zu überweisen. Die ersten drei Raten zahlt Paul Benkert auch vereinbarungsgemäß. Am 30.03.2018 bleibt jedoch die Zahlung aus. Die Rechtsfachwirtin Mathilda Nowotny schreibt Paul Benkert deshalb am 03.04.2018 an. Er wird aufgefordert, die März-Rate bis zum 20.04.2018 nachzuzahlen und die Ratenzahlung zum 30.04.2018 wieder aufzunehmen. Andernfalls wird der Restbetrag der Kostenendabrechnung sofort zur Zahlung fällig und das gerichtliche Mahnverfahren eingeleitet. Wie könnte Mathilda Nowotny den Brieftext formulieren?

10. Hannah Kraupsch, Burgstraße 15, 76744 Wörth am Rhein, beauftragt Rechtsanwältin Florentine Rethel in einer Forderungsangelegenheit. Hannah Kraupsch hat am 11.08.2017 an Leon Papic, Neckarstraße 20, 76199 Karlsruhe, ihre alte Stereoanlage zum Preis von 300,00 € verkauft. Dieser hat die Stereoanlage bereits am 14.08.2017 abgeholt. Den vereinbarten Kaufpreis, der bis 18.08.2017 bezahlt werden sollte, hat er jedoch nicht bezahlt. Da Leon Papic auf ihre Anrufe nicht reagiert, hat Hannah Kraupsch ihn mit einem Schreiben vom 28.08.2017 aufgefordert, den Betrag in Höhe von 300,00 € bis zum 12.09.2017 zu zahlen. Eine Reaktion erfolgte nicht. Die Rechtsanwaltsfachangestellte Sina Müller erhält am 18.09.2017 den Auftrag, ein anwaltliches Aufforderungsschreiben zu erstellen. In diesem soll sie Leon Papic eine Zahlungsfrist bis zum 05.10.2017 setzen und gerichtliche Schritte androhen, falls die Frist fruchtlos verstreichen sollte. Wie könnte Sina Müller den Brieftext dieses Schreibens formulieren?

Teil II: Lösungen zu den Fällen aus Teil I

Prüfungsbereich 1: Kommunikation und Büroorganisation (Re, ReNo)

a) Arbeitsaufgaben planen, durchführen und kontrollieren

1. a) Die Rechtsfachwirtin Maike Schuster erklärt Katharina Kofler, dass es in jedem Unternehmen, also auch in der Rechtsanwaltskanzlei, Grundfunktionen gibt. Hierzu gehören neben der Kanzleileitung die Leistungserstellung (z. B. Mandantengespräche), das Personalwesen (z. B. Einstellung von Rechtsanwaltsfachangestellten), die Beschaffung (z. B. von Büromaterial) und das Finanz- und Rechnungswesen (z. B. Zahlungseingänge überwachen). Aufgrund dieser vielen Funktionen ist eine betriebliche Organisation zwingend notwendig, damit alle Mitarbeiter der Rechtsanwaltskanzlei strukturiert an Arbeitsaufgaben herangehen und diese erledigen können.

b) Katharina Kofler ordnet die Beispiele den Regelsystemen wie folgt zu:

- Beim Ausfall der Telefonanlage handelt es sich um ein nicht alltäglich wiederkehrendes Problem. In diesem Fall muss in der Rechtsanwaltskanzlei improvisiert werden (= Improvisation), da es sich um eine vorläufige, ungeplante und neuartige Situation handelt. Sobald die Telefonanlage häufiger ausfällt, muss die Improvisation durch generelle Regelungen ersetzt werden (= Substitutionsprinzip). In diesem Fall empfiehlt es sich, eine neue Telefonanlage einbauen zu lassen.
- Beim Einkauf von Kopierpapier handelt es sich um einen sich ständig wiederholenden gleichartigen Vorgang und somit um eine dauerhafte Regelung (= Organisation), die für längere Zeit Bestand hat.
- Bei der jährlichen Urlaubsplanung handelt es sich um sich verändernde Gegebenheiten. Diese Regelung muss von Fall zu Fall bei ähnlichen Situationen neu festgelegt werden (= Disposition). Bei regelmäßiger Wiederkehr muss die Disposition durch generelle Regelungen bei der Urlaubsplanung ersetzt werden (= Substitutionsprinzip).

2. a) Benedikt Niedermeyer sollte eine zeitorientierte Ablauforganisation erstellen, da so Beginn/Ende/Dauer der betrieblichen Fortbildung aufgezeigt werden. Der Ablauf der betrieblichen Fortbildung wird so zeitlich optimiert abgestimmt.

b) Lösungsbeispiel:

Teilnehmer	Tage der betrieblichen Fortbildung			
	5. November	**6. November**	**7. November**	**8. November**
RA Thilo Ledermann				
RAin Paula Lehrieder				
RAin Carina Hubertus				
Nico Schättler				
Alexandra Ponte				
Julika Reinerts				
Emilia Ingbrandtsen				
Benedikt Niedermeyer				

c) Die Rechtsfachwirtin Caroline Neuerts-Bauer stellt die funktions- und raumorientierte Ablauforganisation wie folgt vor:

- Zur Feststellung, in welcher Reihenfolge die einzelnen Arbeitsschritte optimal ausgeführt werden, werden die Arbeitsabläufe bei der funktionsorientierten Ablauforganisation in einzelne Arbeitsschritte zerlegt. Es gibt zwei Möglichkeiten, die einzelnen Schritte zu erfassen: entweder durch Befragung von Fachkräften oder durch Beobachtung der Mitarbeiter.
- Die raumorientierte Ablauforganisation ist die Grundlage für die Arbeitsplatzgestaltung in einem Betrieb. Ihr Ziel ist es, die Transportwege für Materialien gering zu halten bzw. den Informationsaustausch zu vereinfachen, sodass Stellen, die häufig zusammenarbeiten, möglichst nahe beieinanderliegen sollten. So wird eine größtmögliche Wirtschaftlichkeit erreicht.

3. a) Lösungsvorschlag:

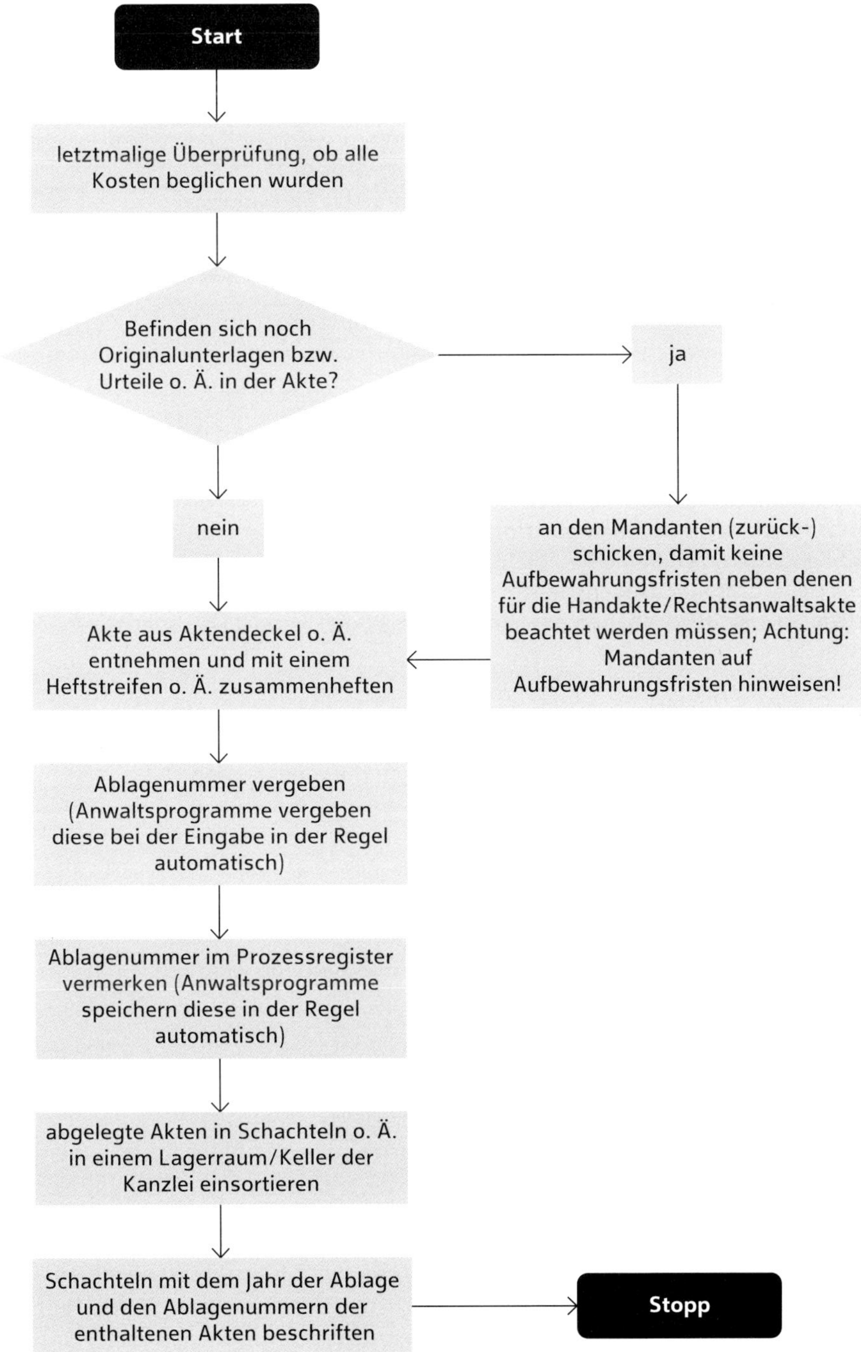

b) Die Akten „Prust ./. Schiffer wegen Herausgabe diverser geliehener Gegenstände" und „Wagenhäuser ./. Perisic wegen Beleidigung" kann Silke Prauße ohne weitere Vorarbeiten direkt ablegen, da die Kosten alle beglichen wurden und sich keine Unterlagen in den Akten befinden, die zurückgesandt werden müssten. Silke Prauße erledigt daher folgende Punkte:

- Akten aus Aktendeckeln entnehmen und mit Heftstreifen zusammenheften
- Die individuelle Ablagenummer für die Akten wird vom Anwaltsprogramm bei der Eingabe automatisch vergeben und abgespeichert.
- Ablagenummer für die Akten im Prozessregister eintragen
- Akten in Schachteln sortieren, die im Lagerraum der Rechtsanwaltskanzlei stehen
- Schachteln mit dem Jahr der Ablage und den Ablagenummern der enthaltenen Akten beschriften

In den weiteren Akten befinden sich jeweils Unterlagen/Urteile o. Ä., die vor der Aktenablage an den jeweiligen Mandanten zurückgeschickt werden müssen. Dabei sollte Silke Prauße auf die jeweils zu beachtenden Aufbewahrungsfristen hinweisen. Anschließend kann Silke Prauße die Akten wie vorgehend beschrieben ablegen.

4. a) Bei der Bearbeitung der Wiedervorlagen und der eingehenden Post sowie bei der Abrechnung der Handakten handelt es sich um nicht standardisierte Tätigkeitsbereiche der Rechtsfachwirtin Susanne Dornreiter-Hagen, da sie individuelle Schreiben bzw. Abrechnungen erstellen oder Telefonate führen muss.

b) Susanne Dornreiter-Hagen behält den Überblick über noch zu erledigende Arbeiten, indem sie eine Zeitmanagement-Methode, z. B. die To-do-Liste oder die ABC-Methode, einsetzt.

5. a) Rica Hambacher stellt die Arbeit mit der To-do-Liste wie folgt vor:

- Auf der To-do-Liste werden alle zu erledigenden Aufgaben untereinander notiert.
- Sobald eine Aufgabe erledigt ist, wird diese durchgestrichen.
- So wird der Überblick über erledigte und noch zu erledigende Aufgaben gewährleistet.
- Tägliche Arbeiten sind jedoch nicht gekennzeichnet und ein Übertrag zum nächsten Tag ist nicht möglich. Ebenso erkennt man die Aufgaben nicht, die ggf. auch am nächsten Tag erledigt werden können.

Franziska Schäffler stellt die Arbeit mit der ABC-Methode wie folgt vor:

- Bei der ABC-Methode werden die zu erledigenden Aufgaben in drei Kategorien eingeteilt:
  - A-Aufgaben = sehr wichtig und dringend; sofort erledigen
  - B-Aufgaben = wichtig, nicht so dringend; Termin setzen, ggf. delegieren
  - C-Aufgaben = nicht wichtig; Routineaufgaben
- Alle Aufgaben werden in eine Tabelle übernommen, die Akten entsprechend der Aufgabeneinteilung sortiert.
- Sobald eine Aufgabe erledigt ist, wird ein Erledigungsvermerk gesetzt.
- Die Aufgaben, die am Ende des Tags keinen Erledigungsvermerk tragen, werden auf den nächsten Tag übertragen. So wird ein Überblick über alle zu erledigenden Aufgaben gewährleistet, insbesondere über die Aufgaben, die wichtig sind und dringend erledigt werden müssen.
- Die Einordnung in Kategorien ist nicht immer einfach möglich. Hier muss ggf. der zuständige Rechtsanwalt um Rat gefragt werden.

b) Rica Hambacher erklärt Eva Grozinsky, dass sich die Eisenhower-Methode natürlich auch für den Einsatz in einer Rechtsanwaltskanzlei eignet, genauso wie jede andere Zeitmanagement-Methode auch.

c) Wenn Eva Grozinsky die Eisenhower-Methode anwendet, muss sie die von ihr zu erledigenden Arbeiten in vier Kategorien einteilen:
- dringend und wichtig: Die Aufgaben sind sofort selbst zu erledigen.
- dringend, aber unwichtig: Die Aufgaben werden an eine andere Person delegiert, die diese zu bearbeiten hat.
- nicht dringend, aber wichtig: Für die Aufgaben wird ein neuer Bearbeitungstermin festgelegt.
- nicht dringend und unwichtig: Die Aufgaben werden erst gar nicht in Angriff genommen, da eine Nichterledigung keinen Schaden verursacht. Gegebenenfalls vorhandene Unterlagen landen also im Papierkorb.

d) Rica Hambacher, Franziska Schäffler und Eva Grozinsky müssen zwingend „Pufferzeiten“ einplanen, denn es kann immer wieder etwas Unvorhergesehenes dazwischenkommen, sodass die Aufgabenbearbeitung angepasst werden muss.

6. Jean-Michel Fichtner sollte die beiden Fristsachen, die am darauffolgenden Tag erledigt werden müssen, an einen anderen Mitarbeiter der Rechtsanwaltskanzlei Nora Kingsley abgeben, damit diese fristgerecht erledigt werden können.

7. a) Die Rechtsfachwirtin Rosalie Hastings muss den Prozessablaufplan „Mandanten empfangen“ den neuen Gegebenheiten anpassen. Dabei sollte sie den kontinuierlichen Verbesserungsprozess (PDCA) anwenden. Dies bedeutet Folgendes:
- Sie plant die Umstrukturierung des Prozessablaufplans.
- Sie setzt den Prozessablaufplan um.
- Sie überprüft, ob der Prozessablaufplan fehlerfrei bzw. schlüssig durchzuführen ist.
- Sofern der Prozessablaufplan nochmals geändert werden muss, passt sie ihn noch einmal an.

b) Es wird erreicht, dass durch die Standardisierung dieses Arbeitsablaufs eine gleichbleibende Qualität in der Kanzleiorganisation der Rechtsanwaltskanzlei Dr. Rudkowski, Lindt und Rikeit GbR sichergestellt bzw. eine höhere Qualität erreicht wird. In diesem Fall kommt es zusätzlich zu einer Kosteneinsparung, da der Zeitaufwand des Rechtsanwalts durch das Ausfüllen des Mandatsaufnahmebogens vor der eigentlichen Besprechung minimiert wird.

c) Lösungsbeispiel:

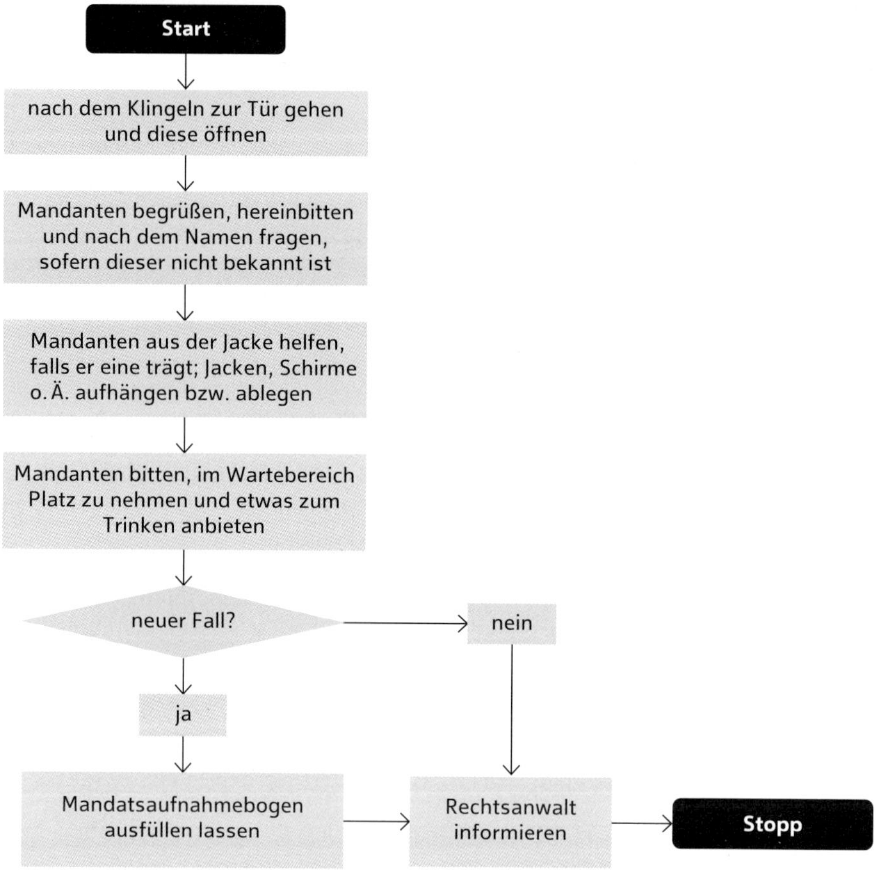

d) Rosalie Hastings muss nach der Anpassung des Prozessablaufplans folgende Schritte unternehmen:

- Sie passt noch die zum Prozessablaufplan gehörenden Arbeitsanweisungen an.
- Sodann sollte der Prozessablaufplan „Mandanten empfangen" mit den dazugehörenden Arbeitsanweisungen allen Mitarbeitern im Sekretariat der Rechtsanwaltskanzlei Dr. Rudkowski, Lindt und Rikeit GbR zur Kenntnisnahme gegeben bzw. schriftlich (z. B. mithilfe einer E-Mail) darauf hingewiesen werden.
- Anschließend sollte Rosalie Hastings den Prozessablaufplan und die dazugehörenden Arbeitsanweisungen im sog. Kanzleihandbuch abheften bzw. die Datei in einem für alle Mitarbeiter zugänglichen Laufwerk abspeichern. Das Kanzleihandbuch steht allen Mitarbeitern immer zur Verfügung, sodass diese bei Bedarf jederzeit nachlesen können.

e) Rosalie Hastings erklärt Lisa Fritzsch, dass der Unterschied zwischen einem Prozessablaufplan und den dazugehörenden Arbeitsanweisungen darin liegt, dass die Arbeitsanweisungen ins Detail gehen. Dies bedeutet also, dass in den Arbeitsanweisungen genau aufgelistet ist, welche Punkte der Reihe nach abgearbeitet werden müssen.

f) Lösungsvorschlag:

einzelne Arbeitsschritte des Prozessablaufplans „Mandanten empfangen"	**Arbeitsanweisungen zu den einzelnen Arbeitsschritten**
nach dem Klingeln zur Tür gehen und diese öffnen	• freundlich lächeln • keine Akten, Gläser o. Ä. in der Hand halten
Mandanten begrüßen, hereinbitten und nach dem Namen fragen, sofern dieser nicht bekannt ist	• freundlich lächeln • altersgerecht begrüßen, z. B. „Hallo" bei jüngeren Mandanten oder „Guten Tag" bei älteren Mandanten • höflich nach dem Namen fragen
Mandanten aus der Jacke helfen, sofern er eine trägt; Jacken, Schirme o. Ä. aufhängen bzw. ablegen	• vorsichtig aus der Jacke helfen • Jacke an der Garderobe aufhängen • Kleiderbügel bereithalten
Mandanten bitten, im Wartebereich Platz zu nehmen, und etwas zum Trinken anbieten	• saubere Gläser bzw. Tassen bereithalten • Wasserflasche holen und einschenken • Kaffee oder Tee kochen und mit Milch und Zucker servieren
ggf. Mandatsaufnahmebogen ausfüllen lassen, sofern es sich um einen neuen Fall handelt	Mandatsaufnahmebogen, Kugelschreiber und Schreibunterlage bereithalten
Rechtsanwalt informieren	• Information durch internen Anruf • Information durch Klopfen an der Tür • ggf. Schreibtisch/Besprechungsraum aufräumen/herrichten

8. a) Anne Scheller muss darauf achten, dass im Zusammenhang mit dem Qualitätssiegel richtig geworben wird, denn die Zertifizierung nach DIN EN ISO 9001 bezieht sich nur auf die Arbeitsabläufe in der Kanzleiorganisation, also auf die interne Qualitätskontrolle, nicht auf die rechtliche Beratung und Vertretung durch die Rechtsanwälte.

b) Anne Scheller nennt der Auszubildenden Julika Kestler folgende Vorteile der Zertifizierung nach DIN EN ISO 9001:

- Die internen Arbeitsabläufe werden transparenter.
- Eine schnellere Einarbeitung neuer Mitarbeiter ist möglich.
- Durch eine effizientere Arbeitsweise werden die Kanzleikosten reduziert.
- Arbeitsabläufe innerhalb der Rechtsanwaltskanzlei werden durch das Erstellen von Arbeitsanweisungen verbindlich festgehalten.
- Das Haftungsrisiko wird durch die Regelung der Arbeitsabläufe (z. B. bei der Fristwahrung) minimiert.
- Alle Rechtsanwälte und Mitarbeiter einer Rechtsanwaltskanzlei werden in die Qualitätssicherung einbezogen, sodass dadurch die Teamarbeit gefördert wird.

b) Post bearbeiten und Akten verwalten

1. Melissa Szermak muss wie folgt vorgehen:
- Zunächst muss sie kontrollieren, ob sich außer dem Brief noch etwas in der Briefhülle befindet.
- Anschließend muss sie den Brief von Dieter Kurtze mit dem Eingangsstempel versehen und ggf. durch Einscannen digitalisieren, sofern die Rechtsanwaltskanzlei Dr. Veist & Kollegen GbR mit elektronischen Akten arbeitet.
- Da Dieter Kurtze mitteilt, dass er ab dem Ersten des kommenden Monats eine neue Anschrift sowie eine neue Telefonnummer hat, sollte Melissa Szermak diese neuen Daten bereits im Handaktenbogen und ggf. im Anwalts-/Notariatsprogramm und im Prozessregister aufnehmen mit dem Hinweis, dass diese Daten ab dem Ersten des kommenden Monats gelten.
- Sobald dies geschehen ist, ist ein Erledigungsvermerk auf dem Schreiben von Dieter Kurtze dahingehend anzubringen, dass die Daten bereits notiert wurden.
- In diesem Fall muss die Akte nicht dem zuständigen Sachbearbeiter vorgelegt werden, da es sich lediglich um eine Änderung der Adress- und Telefondaten gehandelt hat, sodass Melissa Szermak die Akte wieder in den Aktenschrank hängen kann.

2. a) Thorsten Schmidgall geht wie folgt vor:
- In den Handaktenbogen bzw. in das Anwalts-/Notariatsprogramm muss er zunächst die Stammdaten von Christian Bauer aufnehmen bzw. eingeben, die dieser im Mandatsaufnahmebogen angegeben hat, also z. B. die Anschrift, Telefon- und Handynummer, E-Mail-Adresse usw.
- Anschließend muss ein neues Aktenzeichen für den Fall vergeben werden. Sofern ein Anwalts-/Notariatsprogramm verwendet wird, vergibt dieses in der Regel automatisch das neue Aktenzeichen.
- Der Fall „Christian Bauer wegen mietrechtlicher Beratung“ muss sodann im Prozessregister mit dem neu vergebenen Aktenzeichen notiert werden.
- In den Aktendeckel o. Ä. wird nun zunächst der Handaktenbogen (in der Regel bestehend aus einem Deckblatt mit den Mandatsdaten und Platz für einzutragende Wiedervorlagen und Fristen, einem Ausgabenblatt für Porto und Kopien sowie einem Kostenblatt für eingehendes/ausgehendes Honorar/Fremdgeld u. a.) eingeheftet. Der Handaktenbogen wird von den Anwalts-/Notariatsprogrammen automatisch nach der Eingabe der Mandatsdaten erstellt und muss nur noch ausgedruckt werden. Für den Fall, dass kein Anwalts-/Notariatsprogramm verwendet wird, muss dieser manuell erstellt werden.
- Bevor die Unterlagen dann in die Akte geheftet werden können, muss Thorsten Schmidgall diese chronologisch sortieren. Je nachdem, ob die Behördenheftung (= das neueste Schriftstück wird unten angeheftet) oder die kaufmännische Heftung (= das neueste Schriftstück wird oben aufgeheftet) in der Rechtsanwaltskanzlei Dr. Gudrun Illgner verwendet wird, sind die Unterlagen, also der Mandatsaufnahmebogen, der Besprechungsvermerk, der Mietvertrag in Kopie sowie der Quittungsbeleg, zu sortieren und in den Aktendeckel o. Ä. zu heften.
- Anschließend muss Thorsten Schmidgall den Aktendeckel noch beschriften, z. B. indem er einen Aktenreiter mithilfe des Computers/Druckers mit „Bauer, Christian wegen mietrechtlicher Beratung“ anfertigt.
- Zuletzt ist der von Christian Bauer in bar bezahlte Betrag in Höhe von 226,10 € noch in die Kanzleikasse einzulegen und entsprechend zu verbuchen.

b) Thorsten Schmidgall geht bei der Bearbeitung des Postausgangs wie folgt vor:
- Zunächst muss er die Unterschriftenmappe der Rechtsanwältin Dr. Gudrun Illgner vorlegen, damit diese die angefertigten Schreiben unterzeichnet.
- Anschließend sollte er nochmals die Richtigkeit der Anschrift von Christian Bauer überprüfen und kontrollieren, ob dem Anschreiben auch die Anlage (in diesem Fall die Kostenrechnung) beiliegt und ob diese auch beide unterschrieben wurden.
- Sofern die Rechtsanwaltskanzlei Dr. Gudrun Illgner ein Postausgangsbuch führt, muss Thorsten Schmidgall den ausgehenden Brief an Christian Bauer darin vermerken.
- Sodann ist der Brief zu falten, zu kuvertieren und das Porto zu bestimmen. Bei der Bestimmung des Portos kann Thorsten Schmidgall ggf. eine Briefwaage heranziehen. Da es sich vorliegend aber nur um zwei Seiten handelt, die an Christian Bauer versandt werden, beläuft sich das Porto auf 0,70 €, da das Gewicht 20 Gramm bei Zugrundelegung eines Standardpapiers DIN-A4 à 80 g/m^2 nicht übersteigt (Stand: 01.01.2017).
- Zuletzt muss der Brief noch frankiert werden. Dies kann z. B. mit der klassischen Briefmarke erfolgen oder mit einer Frankiermaschine o. Ä.

c) Thorsten Schmidgall geht bei der Aktenablage wie folgt vor:
- Er überprüft zunächst, ob sich Originalunterlagen des Mandanten o. Ä. in der Akte befinden. Dies ist vorliegend nicht der Fall, da Christian Bauer den Mietvertrag lediglich in Kopie vorgelegt hat.
- Anschließend entnimmt Thorsten Schmidgall die Akte aus dem Aktendeckel o. Ä., heftet sie z. B. mithilfe eines Heftstreifens zusammen und versieht sie mit einer Ablagenummer.
- Die Ablagenummer trägt er sodann im Prozessregister und/oder im Anwaltsprogramm ein, ebenso wie das Ablagedatum.
- Zuletzt muss er die Akte zur Archivierung geben. Hierzu dient z. B. eine Schachtel, die in einem Lagerraum o. Ä. der Rechtsanwaltskanzlei steht. Wichtig ist, dass die Schachtel o. Ä. genau beschriftet wird (z. B. mit dem Jahr der Ablage und der Ablagenummer der enthaltenen Akten), damit die Akten jederzeit wieder einfach herausgesucht werden können.

3. a) In diesem Fall reicht es aus, wenn Tina Meusert die Briefsendung mithilfe eines Standardbriefs à 0,70 € (Stand: 01.01.2017) versendet, denn die Briefsendung beinhaltet lediglich das Anschreiben sowie die Kostenrechnung, also zwei Seiten.

b) In diesem Fall sollte Tina Meusert die Briefsendung mittels eines Großbriefs à 1,45 € (Stand: 01.01.2017) versenden, da der Schriftsatz 15 Seiten umfasst, also insgesamt 45 Seiten (15 Seiten Originalschriftsatz für das Landgericht, 15 Seiten für die beglaubigte Abschrift für den gegnerischen Rechtsanwalt, 15 Seiten für die einfache Abschrift für den Gegner), und somit eine Versendung per Standard- oder Kompaktbrief nicht mehr möglich ist.

c) Tina Meusert wird den Unterlagenordner mithilfe eines Päckchens an Rosa Mrazek zurücksenden. Sofern es sich um eine versicherte Sendung handeln soll, muss als Versendungsform das Paket gewählt werden. Hier wird bei Verlust und/oder Beschädigung ein Betrag von bis zu 500,00 € (Stand: 01.01.2017) erstattet.

d) Hier eignet sich grundsätzlich die „Dialogpost“, da in diesem Fall jeder Briefinhalt bezüglich der Anzahl und Beschaffenheit, der Gestaltung der Umhüllung und des Formats sowie der Anzahl und der Werte der verwendeten Postwertzeichen (Absenderstempelung und Frankierservice) gleich ist. Es sind jedoch bestimmte Mindestmengen zu beachten, die Tina Meusert überprüfen muss.

e) Tina Meusert sollte das Aufforderungsschreiben mithilfe der besonderen Versendungsform „Einschreiben“ in Kombination mit „Rückschein“ versenden. Durch das Einschreiben wird dokumentiert, dass die Briefsendung bei der Deutschen Post AG aufgegeben und das Schriftstück an den Empfänger zugestellt wurde. Der Rückschein ist eine vorbereitete Empfangsbestätigung des Empfängers. Bei der Übergabe der Sendung quittiert der Empfänger den Erhalt der Sendung, die Deutsche Post AG gibt den Rückschein wieder in die Post und schickt ihn an den Absender des Briefs zurück.

f) Tina Meusert sollte die Unterlagen in diesem Fall per Luftpost an Elijah Bradow senden. Dies bedeutet, dass auf der Briefsendung ein kleiner Vermerk „Luftpost“ anzubringen ist. Damit wird die Briefsendung auf schnellstem Weg ins Ausland versandt. Diese Leistung der Deutschen Post AG kostet keinen Aufpreis, die Portokosten für Briefsendungen ins Ausland sind jedoch grundsätzlich teurer als die Portokosten im Inland (Stand: 01.12.2016).

4. Barbara Aschöner darf diese Briefsendung auf keinen Fall selbst öffnen. Sie muss auf dem geschlossenen Briefumschlag den Eingangsstempel anbringen und den Brief der Rechtsanwältin Anita Treptow vorlegen.

5. Sabrina Lönnertz stellt der Referendarin die verschiedenen Ablagetechniken wie folgt vor:

- Die Loseblatt-Ablage erfolgt z. B. mit Aktendeckeln. Hierin werden die Dokumente/Schriftstücke ungelocht eingelegt. Auch wenn diese Möglichkeit der Ablage zeitsparend ist, so besteht doch die Gefahr, dass Unterlagen verloren gehen. Gegebenenfalls wird auch mehr Zeit beim Heraussuchen eines Dokuments/Schriftstücks benötigt. Verwendet wird die Loseblatt-Ablage z. B. bei der Sammlung von Einladungen zu Fortbildungsveranstaltungen o. Ä.
- Bei der gehefteten Ablage werden die Dokumente/Schriftstücke gelocht in Aktendeckeln, Ordnern, Heftstreifen o. Ä. abgelegt, sodass eine sichere Aufbewahrung der Unterlagen und ein besseres Wiederfinden gewährleistet sind. Verwendet wird die geheftete Ablage meist für das Führen von Handakten, also den Schriftwechsel mit dem Mandanten, mit dem Gericht, Behörden und mit der Gegenseite o. Ä.
- Die gebundene Ablage erfolgt durch Buch-, Klemm- oder Spiralbindung. Durch die Bindung können die chronologisch geordneten Unterlagen nicht verloren gehen. Nachträglich lässt sich jedoch auch nichts mehr einordnen. Verwendet wird die gebundene Ablage bei der Erstellung von Verkehrswertgutachten o. Ä.

6. Jan Niederau muss die Handakten im Aktenschrank in folgende alphabetische Ordnung bringen:

- Auer, Jan-Frieder
- Bundesagentur für Arbeit
- Bundesministerium der Finanzen
- 123 Telefonie GmbH
- GdL
- Juelka, Fridolin
- Jülka, Theodor
- Meyer, Jens
- Polizeiinspektion München
- Richter, A.
- Richter, Kurt
- Treznewski-Schott, Eva
- Verein der Fußballexperten

7. a) Sina Bernert heftet die Unterlagen bei der Anwendung der Behördenheftung wie folgt in die Handakte:

- Nach dem bereits in der Handakte befindlichen Mandatsaufnahmebogen und dem Besprechungsvermerk vom 14.07.2017 folgt zunächst das Anschreiben des Mandanten Ben Schnarkowski vom 29.07.2017. Dahinter werden dann die Anlagen zum Mandantenschreiben wie folgt abgeheftet:
- Mietvertrag über die gemietete Wohnung Nr. 5 vom 23.06.2000
- Mietvertrag über die gemietete Garage Nr. 2 vom 25.12.2008
- Nachtrag zum Mietvertrag über die gemietete Wohnung Nr. 5 vom 25.08.2010
- Nebenkostenabrechnung für das Jahr 2014 vom 25.07.2015
- Nebenkostenabrechnung für das Jahr 2015 vom 13.06.2016
- Nebenkostenabrechnung für das Jahr 2016 vom 01.07.2017

Somit ist gewährleistet, dass das Anschreiben des Mandanten als neuestes Schreiben unten angeheftet ist. Diesem Schreiben liegen dann die darin genannten Unterlagen chronologisch geordnet bei.

b) In diesem Fall heftet Sina Bernert auf den Mandatsaufnahmebogen und den Besprechungsvermerk vom 14.07.2017 die Unterlagen des Mandanten Ben Schnarkowski wie folgt:

- Nebenkostenabrechnung für das Jahr 2016 vom 01.07.2017
- Nebenkostenabrechnung für das Jahr 2015 vom 13.06.2016
- Nebenkostenabrechnung für das Jahr 2014 vom 25.07.2015
- Nachtrag zum Mietvertrag über die gemietete Wohnung Nr. 5 vom 25.08.2010
- Mietvertrag über die gemietete Garage Nr. 2 vom 25.12.2008
- Mietvertrag über die gemietete Wohnung Nr. 5 vom 23.06.2000
- Anschreiben des Mandanten Ben Schnarkowski vom 29.07.2017

Somit ist gewährleistet, dass das Anschreiben des Mandanten als neuestes Schreiben oben aufgeheftet ist. Diesem Schreiben liegen dann die darin genannten Unterlagen chronologisch geordnet bei.

8. Linda Stromberg muss in diesem Fall bei der Ablage der Handakte wie folgt vorgehen:

- Sie muss zunächst die vollstreckbare Ausfertigung des Urteils und des Kostenfestsetzungsbeschlusses sowie ggf. weitere noch in der Akte befindliche Originalunterlagen an Marina Martinelli übersenden, damit die gesetzliche Aufbewahrungsfrist von 30 Jahren für die vollstreckbaren Ausfertigungen nicht mehr beachtet werden muss. Hier muss sie darauf achten, dass sie Marina Martinelli auf die Aufbewahrungsfrist hinweist.
- Anschließend entnimmt Linda Stromberg die Akte aus dem Aktendeckel o. Ä., heftet sie z. B. mithilfe eines Heftstreifens zusammen und versieht sie mit einer Ablagenummer. Anwaltsprogramme vergeben die Ablagenummer in der Regel automatisch.
- Die Ablagenummer trägt sie sodann im Prozessregister ein. Anwaltsprogramme speichern diese in der Regel automatisch ab.
- Zuletzt muss Linda Stromberg die Akte noch zur Archivierung geben. Hierzu dient z. B. eine Schachtel, die in einem Lagerraum o. Ä. der Rechtsanwaltskanzlei steht. Wichtig ist, dass die Schachtel o. Ä. genau beschriftet wird (z. B. mit dem Jahr der Ablage und der Ablagenummern der enthaltenen Akten), damit die Akten jederzeit wieder einfach herausgesucht werden können.

9. a) Bei dem Prospekt über einen Kaffeeautomat handelt es sich um Schriftgut mit Tageswert. Nina Capelli kann den Prospekt daher nach der Kenntnisnahme durch die Rechtsfachwirtin vernichten, da der Prospekt nur einmalige Informationen enthält.

b) Bei der Patenturkunde handelt es sich um Schriftgut mit Dauerwert. Lea Markewitsch sollte den Mandanten also dringend darauf hinweisen, dass die Patenturkunde dauerhaft aufbewahrt werden muss, da sie wertvolle Informationen beinhaltet.

c) Bei Buchungs- und Steuerunterlagen handelt es sich um Schriftgut mit Gesetzeswert, d. h., diese Unterlagen müssen über eine gesetzlich vorgeschriebene Zeit, nämlich zehn Jahre gem. § 147 AO, aufbewahrt werden. Die Aufbewahrungsfrist beginnt dabei immer mit dem Schluss des Kalenderjahrs, in dem die letzte Handlung vorgenommen wurde. Sarah Bauer kann somit nur die Buchungs- und Steuerunterlagen vernichten, die bereits länger als zehn Jahre aufbewahrt wurden.

d) Bei dem Rundschreiben der Rechtsanwaltskammer handelt es sich um Schriftgut mit Tageswert. Dies bedeutet, dass Sarah Bauer das Rundschreiben nach der Kenntnisnahme vernichten kann, da es nur einmalige Informationen enthält.

e) Bei einer Bestellung handelt es sich um Schriftgut mit Prüfwert. Dies bedeutet, dass Timo Kohrmann die Bestellung und somit die Warenlieferungen immer wieder prüfen und auf den aktuellen Stand bringen muss, bis alle bestellten Artikel vorliegen.

f) Bei der vollstreckbaren Ausfertigung des Urteils sowie den Vollstreckungsunterlagen handelt es sich um Schriftgut mit Gesetzeswert, das über eine gesetzlich vorgeschriebene Zeit, nämlich 30 Jahre lang, aufbewahrt werden muss. Die Aufbewahrung beginnt immer mit dem Schluss des Kalenderjahrs, in dem die letzte Handlung vorgenommen wurde. Wenn also Nina Capelli diese Unterlagen an den Mandanten mit dem Hinweis auf die gesetzliche Aufbewahrungsfrist zurücksendet, ist die 30-Jahres-Frist bei der Archivierung in der Rechtsanwaltskanzlei nicht mehr zu beachten.

10. a) Kirsten Hansen prüft einmal im Jahr, welche Akten aufgrund der abgelaufenen Aufbewahrungsfrist vernichtet werden können.

b) Kirsten Hansen muss folgende gesetzlich vorgeschriebene Aufbewahrungsfristen beachten:

- Handakten (= Schriftstücke, die der Rechtsanwalt aus Anlass der Tätigkeit vom Mandanten oder für ihn erhalten hat; Ausnahme: Schriftstücke, die der Mandant bereits als (Ur-)Abschrift erhalten hat) müssen gem. § 50 BRAO fünf Jahre lang aufbewahrt werden. Diese Aufbewahrungsfrist erlischt jedoch bereits vor diesem Zeitraum, wenn der Mandant sechs Monate lang der Aufforderung durch den Rechtsanwalt, die Handakten in Empfang zu nehmen, nicht nachgekommen ist.
- Rechtsanwaltsakten (= empfangene oder abgesandte Geschäftsbriefe, also der weitere Schriftverkehr) müssen gem. § 147 AO sechs Jahre lang aufbewahrt werden. Da jedoch anwaltliche Haftungsansprüche ggf. erst nach zehn Jahren verjähren, empfiehlt es sich, Rechtsanwaltsakten zehn Jahre lang aufzubewahren.
- Titel und Vollstreckungsunterlagen müssen 30 Jahre lang aufbewahrt werden. Sofern sich also solche Unterlagen noch in den Akten befinden, dürfen diese nicht vor Ablauf der 30-Jahres-Frist vernichtet werden.

c) Kirsten Hansen darf die Akten nicht einfach in den Papierkorb bzw. in den Müll geben. Die Akten müssen zuvor mittels eines Aktenvernichters („Schredder“) unleserlich gemacht werden. Sinnvoller ist es jedoch, eine Firma zu beauftragen, die die Aktenvernichtung übernimmt, z. B. durch Papierverbrennung.

d) Sofern die Akten elektronisch archiviert werden, muss die Rechtsanwaltskanzlei Andersen, Christ & Partner GbR die Dokumente nicht mehr in Papierform aufbewahren. Ausgenommen hiervon sind jedoch u. a. Eröffnungsbilanzen und Jahresabschlüsse. Kirsten

Hansen muss für die elektronische Ablage die gleichen gesetzlichen Aufbewahrungsfristen wie für die herkömmliche Aufbewahrung der Akten in Papierform beachten.

e) Bei der elektronischen Ablage muss Kirsten Hansen beachten, dass die Unveränderbarkeit gegenüber dem Original gewährleistet sein muss (z. B. ein Abspeichern des Dokuments im PDF-Format). Weiterhin muss sichergestellt sein, dass die Unterlagen jederzeit während der Aufbewahrungszeit verfügbar sind und lesbar gemacht werden können. Kirsten Hansen muss deshalb darauf achten, dass die Daten regelmäßig auf technisch aktuelle Datenträger umgespeichert werden, da z. B. Daten auf Disketten mittlerweile aufgrund der eingeschränkten Verfügbarkeit von Laufwerken schwierig lesbar sind.

11. Daniela Kuhn stellt Vanessa Lindholm die verschiedenen Registratursysteme wie folgt vor:

- Die liegende Registratur wird für die Archivierung der Akten verwendet und für Akten mit seltenem Zugriff, z. B. Akten, die einmal im Jahr benötigt werden, um zu prüfen, ob etwas zu unternehmen ist, z. B. in einem Insolvenzverfahren. Diese Akten werden z. B. in Ablageboxen oder Regalen gelagert.
- Die stehende bibliothekarische Registratur wird für fortlaufend anfallende Belege verwendet, wie z. B. für Buchungsbelege und Kontoauszüge. Diese Belege werden z. B. in Stehordnern eingeheftet.
- Die lateral-stehende Registratur wird für dünne Akten aller Art (z. B. Teilnahmebescheinigung an Fortbildungsveranstaltungen) oder Fachzeitschriften (z. B. ZEV, NJW) verwendet. Diese Akten bzw. die Fachzeitschriften werden z. B. in Stehsammlern aufbewahrt.
- Die vertikal-hängende Registratur (= Hängeregistratur) wird als Zwischenablage für die Akten verwendet. Hierfür werden z. B. Hängemappen oder Hängehefter verwendet.
- Die lateral-hängende Registratur (= Pendelregistratur) wird für starke Einzelakten und zur Aufbewahrung großer Aktenmengen verwendet. Hierfür werden z. B. Hängeordner oder Hängetaschen verwendet.

c) Vorschriften des Datenschutzes beachten

1. a) Es handelt sich dabei um personenbezogene Daten i. S. v. § 3 BDSG (Bundesdatenschutzgesetz), da es Einzelangaben über persönliche oder sachliche Verhältnisse einer bestimmten oder bestimmbaren natürlichen Person sind. Personenbezogene Daten dürfen nur verarbeitet werden, wenn eine entsprechende rechtliche Regelung (z. B. Gesetz, Satzung, Betriebs- und Dienstvereinbarung) dies vorsieht oder eine Einwilligung des Betroffenen vorliegt (sog. „Verbot mit Erlaubnisvorbehalt“). Gemäß § 28 Abs. 1 Nr. 1 BDSG ist die Datenverarbeitung zulässig, wenn sie zur Durchführung des Arbeitsverhältnisses erforderlich ist. Zudem liegt hier eine Einwilligung vor, da die Mitarbeiter die Angaben zu diesem Zweck selbst gemacht und damit (je nach Ausgestaltung des Fragebogens) ausdrücklich oder konkludent ihre Einwilligung erteilt haben.

b) Dies verwirklicht den Grundsatz der Datenvermeidung und Datensparsamkeit gem. § 3 a BDSG, demzufolge so wenig personenbezogene Daten wie möglich zu erheben und zu verwenden sind.

c) Nein, es muss kein Datenschutzbeauftragter bestellt werden. Gemäß § 4 f BDSG muss ein Datenschutzbeauftragter nur dann bestellt werden, wenn in der Regel mehr als neun Personen mit der automatisierten Verarbeitung personenbezogener Daten ständig beschäftigt sind.

d) Eine Weitergabe der Daten ist grundsätzlich nicht zulässig. Sie ist nicht i. S. v. § 28 Abs. 1 Nr. 1 BDSG zur Durchführung des Arbeitsverhältnisses erforderlich und auch nicht von der ursprünglichen, im Zusammenhang mit dem Ausfüllen des Fragebogens erteilten, Einwilligung gedeckt, da es keinen unmittelbaren Zusammenhang mit dem Arbeitsverhältnis gibt. Die Mitarbeiter können in die Datenweitergabe jedoch gesondert einwilligen.

2. Dies betrifft den Grundsatz der Transparenz, der eine Ausgestaltung des Rechts auf informationelle Selbstbestimmung ist. Daten sind grundsätzlich unter Mitwirkung des Betroffenen zu erheben (§ 4 Abs. 2 BDSG). Werden Daten ohne Kenntnis des Betroffenen erhoben, ist er über Art, Umfang und Zweck der gespeicherten Daten zu informieren (vgl. § 19 a BDSG).

3. **a)** Daten dürfen grundsätzlich nur für den Zweck verwendet werden, für den sie erhoben worden sind. Die Einwilligung zur Verwendung der Daten, die hier in der Newsletter-Bestellung zu sehen ist, bezieht sich somit nur auf den Zweck, über die aktuelle Rechtsprechung und neue Entwicklungen in der Kanzlei informiert zu werden. Der Umzug der Kanzlei steht damit im unmittelbaren Zusammenhang, sodass davon ausgegangen werden kann, dass auch zu diesem Zweck eine wirksame Einwilligung erteilt wurde.

b) Der Hinweis auf das Benefizkonzert wird wohl nicht mehr von dem Zweck, zu dem die Einwilligung erteilt wurde, umfasst sein, da es keinen unmittelbaren Zusammenhang zu der Tätigkeit der Kanzlei gibt. Die Betroffenen können daher der Verwendung ihrer Daten widersprechen (§ 28 Abs. 4 BDSG), die Löschung der Daten verlangen oder ggf. Schadenersatz fordern (§ 7 BDSG).

4. Silke Eckhoff darf die Papiere nicht einfach im Papiermüll entsorgen, da sie personen- und mandatsbezogene Daten enthalten. Das Gebot der Datensicherheit gem. § 9 BDSG gebietet es, personenbezogene Daten vor unerlaubter Kenntnisnahme zu schützen. Daher müssen diese Daten vor der Entsorgung unleserlich gemacht werden, was üblicherweise mithilfe eines Aktenvernichters im Büro oder eines entsprechenden Fachunternehmens für Aktenvernichtung erfolgt. Für mandatsbezogene Daten ist zudem die Verschwiegenheitspflicht des Rechtsanwalts gem. § 43 a Abs. 2 BRAO, § 2 BORA bzw. die des Notars gem. § 18 BNotO zu beachten, die es verbietet, solche Daten unberechtigten Dritten zugänglich zu machen.

d) Konferenzen und Besprechungen managen

1. a) Die Rechtsanwaltsfachangestellte Ella Ramirez sollte eine E-Mail an alle Rechtsanwälte und Mitarbeiter senden, aus der der Tag, der Beginn, ggf. das Ende (soweit es schon feststeht), der Ort und das Thema der kanzleiinternen Fortbildung hervorgehen.

b) Ella Ramirez muss nun zunächst eine Agenda, also einen Tagesablaufplan, für Samstag, den 05.02.2018 erstellen. Die Agenda könnte z. B. wie folgt aussehen:

Kanzleiinterne Weiterbildung
am Samstag, den 05.02.2018 von 10:00 Uhr bis 16:45 Uhr
in den Kanzleiräumen in 08056 Zwickau, Planitzer Straße 105

Agenda:

10:00 Uhr	Beginn
10:00 Uhr–11:00 Uhr	Voraussetzungen der PKH/VKH
11:00 Uhr–12:00 Uhr	Antrag von PKH/VKH
12:00 Uhr–13:00 Uhr	Mittagspause
13:00 Uhr–14:00 Uhr	Bewilligung von PKH/VKH
14:00 Uhr–14:30 Uhr	Beiordnung des Rechtsanwalts bzw. der Rechtsanwältin
14:30 Uhr–14:45 Uhr	kurze Pause
14:45 Uhr–16:45 Uhr	Abrechnung des Rechtsanwalts bzw. der Rechtsanwältin
16:45 Uhr	Ende

Anschließend muss Ella Ramirez die Agenda an alle Rechtsanwälte sowie Mitarbeiter z. B. per E-Mail übermitteln, damit alle Teilnehmer über Beginn und Ende der Weiterbildung, die zu behandelnden Themengebiete, die Pausenzeiten und die Räumlichkeiten informiert sind.

c) Die Rechtsanwaltsfachangestellte sollte sich zunächst beim Rechtsfachwirt Holger Fronseck erkundigen, ob er mit dem Pkw oder einem öffentlichen Verkehrsmittel anreist. Weiterhin benötigt sie Informationen für das zu buchende Hotelzimmer (z. B. Nichtraucherzimmer, Parkplatzangebot, Frühstücksangebot, Spätanreise). Erst dann kann sie bei einigen Hotels in der Stadt anfragen, ob ein entsprechendes Zimmer zur Verfügung steht. Hierbei sollte sie darauf achten, dass sich das Hotel in der Nähe der Kanzlei befindet. Sobald Ella Ramirez weiß, in welchen Hotels ein passendes Zimmer frei ist und wie viel dieses kostet, sollte sie mit der Rechtsanwältin Ulrike Lammert besprechen, in welchem Hotel sie das Zimmer buchen soll. Sobald das Hotel die Reservierung bestätigt hat, sollte Ella Ramirez dem Rechtsfachwirt die Reservierungsbestätigung per E-Mail weiterleiten, damit dieser alle relevanten Daten vorliegen hat.

d) Ella Ramirez sollte sich mit einigen Metzgereien bzw. Caterern in Verbindung setzen und Angebote für einen mittäglichen Snack (belegte Brötchen, kalte Platten o. Ä.) einholen. Dabei sollte sie darauf hinweisen, um wie viele Personen es sich handelt und dass der Snack am 05.02.2018 um 11:30 Uhr in der Rechtsanwaltskanzlei sein muss. Weiterhin muss sie bei Beauftragung der Metzgerei bzw. des Caterers abklären, wo das Buffet in den Kanzleiräumen aufgebaut werden soll und ob Getränke, Geschirr und Besteck mitgeliefert werden sollen.

2. Die Auszubildende Mareike Löffler muss beim Rechtsanwalt Marius Bachert nachfragen,
- wie viele Personen an der Konferenz teilnehmen,
- wie die Kontaktdaten der Konferenzteilnehmer lauten bzw. wo diese zu finden sind,
- welche Themen bei der Konferenz besprochen werden sollen,
- wie lange die Konferenz in etwa dauern wird und
- wo die Konferenz stattfinden soll.

Erst nach Klärung dieser Fragen kann Mareike Löffler über Microsoft Outlook oder Doodle eine Terminumfrage starten. Dabei sollte sie darauf achten, dass sie sowohl Termine am Vormittag als auch am Nachmittag/Abend anbietet.

3. a) Die Rechtsanwaltsfachangestellte Gina Schneider sollte sich bei der Rechtsanwältin Dr. Renate Schneibel erkundigen, ob sie
- kostenfreies WLAN auf dem Zimmer haben möchte,
- einen Pkw-Stellplatz in einer Tiefgarage haben möchte,
- im Hotel frühstücken möchte und wie viel das Frühstück kosten darf und
- die Hotelkosten durch Überweisung oder Bezahlung vor Ort vornehmen möchte.

Weiterhin sollte sie erfragen, wann die Rechtsanwältin Dr. Renate Schneibel in etwa in Heilbronn im Hotel einchecken möchte, da dann ggf. eine Spätanreise gebucht werden müsste.

b) Gina Schneider sollte über das Internet zunächst ermitteln, wo das Tagungszentrum „Heilbronner Arkaden“ liegt. Anschließend sollte sie sich die Hotels, die in der Nähe des Tagungszentrums liegen, heraussuchen und dort – über die Webseite, per E-Mail, telefonisch oder über Buchungsportale – erfragen, ob für den genannten Zeitraum ein Einzelzimmer mit den gewünschten Kriterien frei ist.

c) Die Rechtsanwaltsfachangestellte erkundigt sich bei den beiden Hotels, die für die Zimmerreservierung infrage kommen, ob das Einzelzimmer auch noch für eine weitere Nacht, also insgesamt für den Zeitraum vom 01.12.2017 bis 03.12.2017, zur Verfügung stünde.

d) Gina Schneider sollte die Reservierungsbestätigung an die Rechtsanwältin Dr. Renate Schneibel weiterleiten. Weiterhin sollte sie noch, sofern die Rechtsanwältin Dr. Renate Schneibel kein Navigationssystem in ihrem Pkw hat, eine Reiseroute aus dem Internet ausdrucken und diese ebenfalls an Dr. Renate Schneibel per E-Mail senden bzw. ausdrucken.

4. Der Rechtsfachwirt Uwe Meißner sollte bei der Vorbereitung des Vortrags
- die einzelnen Themenbereiche sinnvoll zusammenfügen, z. B. nicht erst den Postausgang erklären und später den Posteingang,
- eine Entscheidung darüber treffen, ob er eine PowerPoint-Präsentation erstellt o. Ä., um manche Punkte anschaulicher darzustellen, z. B. das Organigramm der Rechtsanwaltskanzlei,
- gegebenenfalls ein Handout mit wichtigen Eckdaten für die Auszubildenden erstellen und vervielfältigen bzw. nach dem Vortrag per interner E-Mail versenden,
- den Ablauf des Vortrags zeitlich strukturieren und ggf. Pausen einplanen,
- sich Notizen (nicht in Satzform!) über die anzusprechenden Punkte machen, damit nichts vergessen wird, und
- prüfen, ob die Hilfsmittel, die er verwenden will, z. B. den Beamer für eine PowerPoint-Präsentation, zum Zeitpunkt des Vortrags zur Verfügung stehen und einsetzbar sind.

5. a) Vorliegend handelt es sich um eine Konfliktkonferenz. Kristin Weißenstein erklärt der Auszubildenden, dass eine solche Konferenz dazu dient, Konflikte zu untersuchen und zu bewältigen bzw. zu versuchen, eine Lösung zu finden. Hierfür müssen zunächst die einzelnen Positionen der Parteien geklärt werden, indem Vor- und Nachteile sorgfältig abgewogen werden. Auch die Vorgeschichte des Konflikts sollte mitberücksichtigt werden und der Gedanke daran, welchen Nutzen die Konfliktlösung hat.

b) Vorliegend handelt es sich um eine Informationskonferenz. Die Rechtsanwaltsfachangestellte erklärt Verena Maronn, dass eine solche Konferenz dazu dient, Informationen und Ideen zu sammeln, zu interpretieren und zu verstehen.

c) Vorliegend handelt es sich um eine Problemlösungskonferenz. Kristin Weißenstein erklärt Verena Maronn, dass während einer solchen Konferenz zunächst die auftretenden bzw. aufgetretenen Probleme beschrieben werden. Anschließend sollen möglichst viele Gesichtspunkte zusammengetragen werden, aus denen sich mögliche Lösungsalternativen ergeben. Anschließend geht die Problemlösungskonferenz gleich über in die Entscheidungskonferenz. Diese dient dazu, die erarbeiteten Problemlösungsalternativen zu prüfen, zu bewerten und darüber zu entscheiden, wie das Problem am besten angegangen bzw. gelöst wird.

6. a) Im Idealfall sollte der Rechtsanwalt Dr. Dietrich Gemperlein die Konferenz wie folgt aufbauen:
- Zunächst sollte er die Konferenzteilnehmer begrüßen.
- Nach der Begrüßung sollte er einen kurzen Überblick über die abzuhandelnden Punkte der Konferenz geben.
- Anschließend sollte jeder einzelne Punkt, der auf der Agenda steht, angesprochen werden.
- Nachdem alle Punkte angesprochen wurden, sollte das Ergebnis kurz zusammengefasst werden.
- Nach der Zusammenfassung des Ergebnisses sollte sich der Rechtsanwalt Dr. Dietrich Gemperlein von den Konferenzteilnehmern verabschieden.

b) Der Rechtsanwalt Dr. Dietrich Gemperlein kann z. B. im Rahmen eines Brainstormings die von den Konferenzteilnehmern genannten Daten, Informationen o. Ä. auf einem Flipchart festhalten.

c) Es könnten folgende Probleme auftreten, auf die der Rechtsanwalt Dr. Dietrich Gemperlein reagieren muss:
- Sofern sich einer oder mehrere Teilnehmer verspäten, sollte der Rechtsanwalt Dr. Dietrich Gemperlein mit dem Beginn der Konferenz noch fünf bis zehn Minuten warten, dann jedoch anfangen, da er sonst die geplanten Zeiten nicht einhalten kann.
- Sofern während der Durchführung der Konferenz z. B. der Beamer ausfallen sollte, sollte der Rechtsanwalt Dr. Dietrich Gemperlein versuchen, dieses Problem zu lösen. Falls ihm dies innerhalb kurzer Zeit nicht gelingt, sollte er mit der Konferenz fortfahren.
- Sofern die Teilnehmer durcheinanderreden bzw. sich ständig ins Wort fallen, sollte der Rechtsanwalt Dr. Dietrich Gemperlein einschreiten.
- Sofern die Konferenzteilnehmer merklich unaufmerksam werden, sollte der Rechtsanwalt Dr. Dietrich Gemperlein eine kleine (ungeplante) Pause einlegen und den Raum währenddessen gut durchlüften.

d) Im Falle einer Telefonkonferenz sollte der Rechtsanwalt Dr. Dietrich Gemperlein zusätzlich auf folgende Punkte achten und die Konferenzteilnehmer ggf. darauf aufmerksam machen:
- Tassen und Gläser sollten wegen des Geräuschpegels durch das Abstellen nicht zu nah am Mikrofon platziert werden.
- Eventuelle Störquellen (z. B. Klingeln eines anderen Telefongeräts, Handy-Rückkopplung) sollten entfernt werden.
- Fenster und Türen sollten aufgrund eventuell störender Geräusche geschlossen bleiben.
- Wenn die Teilnehmer ähnlich klingende Stimmen haben, sollten sie ihren Namen nennen, wenn sie das Wort ergreifen.

7. a) Die Rechtsfachwirtin wird sich für das Ergebnisprotokoll entscheiden, das lediglich die Ergebnisse und Aufträge, die sich im Meeting ergeben haben, enthält.

b) Lösungsbeispiel:

Protokoll über die Teambesprechung

Datum:	21.01.2018
Uhrzeit:	17:00 Uhr–18:30 Uhr
Ort:	Rechtsanwaltskanzlei Thorsten Riegel & Josef Treutlein, Partnerschaft
Teilnehmer:	Rechtsanwalt Thorsten Riegel, Rechtsanwalt Josef Treutlein, Rechtsfachwirtin Sabrina Pausewang, Rechtsanwaltsfachangestellte Christine Markewitsch, Rechtsanwaltsfachangestellte Barbara Noubakhsch
Konferenzleiter:	Rechtsanwalt Thorsten Riegel
Protokollführer:	Rechtsfachwirtin Sabrina Pausewang

Tagesordnungspunkte:

Thema/Ergebnis	Termin	Verantwortlicher
Anschaffung eines neuen Multifunktionsgeräts: Da das alte Multifunktionsgerät immer öfter nicht funktionstüchtig ist und repariert werden muss, soll ein neues Gerät angeschafft werden. Dieses soll einen automatischen Einzug haben und auch farbige Kopien/Ausdrucke ermöglichen. Es sollen Angebote eingeholt und eine Übersicht über mögliche Geräte erstellt werden.	11.02.2018	Christine Markewitsch
Neusortierung der Altablage im Lagerraum: Da seit Jahren keine Akten mehr aus der Altablage der Vernichtung zugeführt wurden und der Lagerraum keinen Platz mehr für neue abgelegte Akten, alte Steuerunterlagen u. a. bietet, soll die Altablage dahingehend neu sortiert werden, dass die Akten, deren Aufbewahrungsfrist abgelaufen ist, der Vernichtung zugeführt werden, ebenso wie alte Steuerunterlagen u. a. Es sollen Angebote von Aktenvernichtungsfirmen eingeholt werden. Weiterhin soll die Altablage neu sortiert werden.	04.02.2018 (Angebote) 18.03.2018 (Altablage sortieren)	Sabrina Pausewang
Koordination von auswärtigen Terminen der Rechtsanwälte: Damit es zu keinen Überschneidungen bei der Koordination von auswärtigen Terminen der beiden Rechtsanwälte mehr kommt, soll die Koordination anders geregelt werden. So soll zukünftig nur noch eine Mitarbeiterin hiermit befasst sein.	ab sofort	Barbara Noubakhsch

c) Nach der Erstellung des Protokolls sollte die Rechtsfachwirtin dieses nochmals genau durchlesen und ggf. einem der beiden Rechtsanwälte noch zur Kontrolle vorlegen. Anschließend muss das Protokoll jedem der Rechtsanwälte und allen Mitarbeiterinnen zur Kenntnis gebracht werden, z. B. durch Übersendung einer kanzleiinternen E-Mail.

8. a) Die Rechtsanwältin Dr. Nora Thiessen sollte das Wortprotokoll auswählen, das alle Äußerungen der Teilnehmer in direkter Rede enthält und somit die größte Beweiskraft besitzt.

b) Die Rechtsanwältin Dr. Nora Thiessen muss vor der digitalen Aufzeichnung durch das Mitlaufen eines Handdiktiergeräts die Zustimmung jedes Konferenzteilnehmers einholen, da es sonst rechtliche Probleme geben kann. Diese Zustimmung sollte zum Zwecke der Nachweisbarkeit schriftlich eingeholt werden.

9. Der Rechtsanwalts- und Notarfachangestellte Jens Stiebel könnte die Probleme wie folgt vermeiden:

- Er könnte den Caterer nach Erfahrungswerten befragen, indem er diesem die Anzahl der Konferenzteilnehmer nennt. Er könnte auch Vergleichszahlen heranziehen, sofern Konferenzen in so großem Rahmen bereits in der Rechtsanwaltskanzlei Magnusson, Gelder & Richter GbR stattgefunden haben. Weiterhin bestünde die Möglichkeit, eine Akte anzulegen, in der Jens Stiebel notiert, wie viele Konferenzteilnehmer vor Ort waren und wie viel Gebäck geliefert wurde, und den Hinweis aufnimmt, dass es zu wenig war.
- Beim Aufstellen des Flipcharts sollte Jens Stiebel immer überprüfen, ob noch genügend Papier vorhanden ist, und ggf. eine neue Rolle bzw. einen neuen Block besorgen und griffbereit legen. Weiterhin sollte er gleichzeitig immer prüfen, ob alle Stifte noch funktionieren.
- Sofern Jens Stiebel Kopien anfertigen muss, empfiehlt es sich, diese anschließend nochmals auf Vollständigkeit zu überprüfen.

e) Fristen und Termine überwachen

1. a) Die Rechtsfachwirtin Marie Dietzsch ermittelt die Frist wie folgt:

- Vorliegend handelt es sich um eine Ereignisfrist, da innerhalb eines bestimmten Zeitraums eine Rechtshandlung vorgenommen werden soll. Dies bedeutet, dass der Tag der Fälligkeit bei der Berechnung der Frist nicht mitgerechnet werden darf (§ 187 Abs. 1 BGB). Das Ereignis findet am Montag, den 07.12.2017 statt.
- Weiterhin handelt es sich um eine Tagesfrist gem. § 188 Abs. 1 BGB.
- Da das Schreiben der Familienkasse am Montag, dem 07.12.2017 in der Kanzlei eingegangen ist, endet die Frist am Donnerstag, den 17.12.2017 um 24:00 Uhr.

b) Die Rechtsfachwirtin ermittelt die Frist wie folgt:

- Vorliegend handelt es sich um eine Verlaufsfrist, da ein Ereignis nach einem bestimmten Zeitraum eintritt. Dies bedeutet, dass der Beginn eines Tags entscheidend ist und daher mitgerechnet wird (§ 187 Abs. 2 S. 1 BGB). Der Verlauf beginnt am 01.08.2017. Weiterhin handelt es sich um eine Monatsfrist gem. § 188 Abs. 2 BGB.
- Die Probezeit beginnt am 01.08.2017. Sie endet bereits am 30.09.2017 um 24:00 Uhr, da der Monat September keine 31 Tage hat und in diesem Fall die Frist mit dem Ablauf des letzten Tags des Monats endet (§ 188 Abs. 3 BGB).

c) Marie Dietzsch ermittelt die Frist wie folgt:
- Vorliegend handelt es sich um eine Verlaufsfrist, da ein Ereignis nach einem bestimmten Zeitraum eintritt. Dies bedeutet, dass der Beginn eines Tags entscheidend ist und daher mitgerechnet wird (§ 187 Abs. 2 S. 1 BGB). Der Verlauf begann am 15.01.2013.
- Weiterhin handelt es sich um eine Jahresfrist.
- Das Mietverhältnis begann am 15.01.2013 und endet am 14.01.2018 um 24:00 Uhr.

d) Die Rechtsfachwirtin ermittelt die Frist wie folgt:
- Vorliegend handelt es sich um eine Ereignisfrist, da innerhalb eines bestimmten Zeitraums eine Rechtshandlung vorgenommen werden soll. Dies bedeutet, dass der Tag der Fälligkeit bei der Berechnung der Frist nicht mitgerechnet werden darf (§ 187 Abs. 1 BGB). Das Ereignis findet am Montag, dem 04.01.2018 statt.
- Weiterhin handelt es sich um eine Wochenfrist gem. § 188 Abs. 2 BGB.
- Da das Schreiben der 123 Mobilfunk GmbH am Montag, dem 04.01.2018 bei der Mandantin eingegangen ist, endet die Frist am Montag, dem 25.01.2018 um 24:00 Uhr.

e) Die Rechtsfachwirtin Marie Dietzsch ermittelt die Frist wie folgt:
- Vorliegend handelt es sich um eine Ereignisfrist, da innerhalb eines bestimmten Zeitraums eine Rechtshandlung vorgenommen werden soll. Dies bedeutet, dass der Tag der Fälligkeit bei der Berechnung der Frist nicht mitgerechnet werden darf (§ 187 Abs. 1 BGB). Das Ereignis findet am Dienstag, dem 19.01.2018 statt.
- Weiterhin handelt es sich um eine Monatsfrist gem. § 188 Abs. 2 BGB. Diese ist nicht gleichzusetzen mit vier Wochen.
- Da das Telefaxschreiben am Dienstag, dem 19.01.2018 in der Kanzlei eingegangen ist, endet die Frist am 19.02.2018 um 24:00 Uhr.

2. Die Rechtsanwaltsfachangestellte Lisa Dornhagen muss § 193 BGB beachten. Danach gilt, dass, falls das Ende der Frist auf einen Samstag, Sonntag oder Feiertag fällt, die Frist erst am darauffolgenden Werktag endet.

3. a) Beim Errechnen der neuen Frist geht die Rechtsanwaltsfachangestellte Paula Rieksch wie folgt vor:
- Die ursprüngliche Frist endet am Donnerstag, dem 26.11.2017.
- Es soll eine Fristverlängerung um zwei Wochen erbeten werden.
- Es handelt sich somit um eine Wochenfrist gem. § 188 Abs. 2 BGB, sodass die Frist zwei Wochen später am gleichen Wochentag, also an einem Donnerstag, endet.
- Ablauf der neuen Frist ist somit Donnerstag, der 10.12.2017.

b) Lösungsbeispiel:

> Sehr geehrte Damen und Herren,
>
> namens und im Auftrag unserer Mandantin bitten wir, die Frist zur Stellungnahme zu Ihrem Schreiben vom 14.11.2017 um zwei Wochen, somit bis zum 10.12.2017, zu verlängern. Unsere Mandantin befindet sich derzeit noch im Urlaub und kann die von der Unterfertigten noch benötigten Unterlagen erst am 30.11.2017 in die Kanzlei bringen.
>
> Mit freundlichen Grüßen

c) Die Rechtsanwaltsfachangestellte muss, sofern sich die Stadt Frankfurt am Main nicht rechtzeitig vor Ablauf der eigentlichen Frist meldet, ggf. telefonisch nachfragen, ob die beantragte Fristverlängerung bewilligt wird. Sofern dies der Fall ist, muss sie die alte Frist mit einem entsprechenden Vermerk sowie ihrem Handzeichen im Fristenkalender und auf dem Handaktenbogen streichen und die neue Frist eintragen.

d) Ob Paula Rieksch eine Vorfrist eintragen muss, hängt von den kanzleiinternen Vorgaben ab. Es empfiehlt sich jedoch, Vorfristen (z. B. eine Woche vor Ablauf der Frist) zu notieren, sodass noch ausreichend Zeit zur Bearbeitung bleibt.

4. a) Bei der Drei-Wochen-Frist handelt es sich um eine Ereignisfrist gem. § 187 Abs. 1 BGB. Dies bedeutet, dass Robin Stroh-Meusert bei der Berechnung der Frist den Tag der Fälligkeit nicht mitrechnen darf.

b) Der Rechtsanwaltsfachangestellte errechnet als Vorfrist Dienstag, den 02.12.2017 und als Frist Dienstag, den 09.12.2017.

c) Der Rechtsanwaltsfachangestellte muss beim Eintragen besondere Sorgfalt walten lassen. Er muss darauf achten, dass sich die (Vor-)Frist von den Wiedervorlagen erkennbar abhebt. Dies kann z. B. durch eine farbliche Hervorhebung geschehen. Nach dem Notieren der (Vor-)Frist im Kalender muss Robin Stroh-Meusert auf dem entsprechenden Schriftstück, in diesem Fall auf dem Schreiben der Bundesagentur für Arbeit, unter Angabe seines Handzeichens vermerken, dass die (Vor-)Frist eingetragen wurde.

d) Lösungsbeispiel:

5. a) Der Rechtsfachwirt Jonas Berger sollte dem zuständigen Sachbearbeiter, Rechtsanwalt Dr. Emil Kleinschrod, eine Aufstellung über die an diesem Tag eingetragenen (Vor-)Fristen übergeben. Dies kann entweder durch einen Ausdruck des EDV-gestützten Fristenkalenders geschehen oder durch eine manuell erstellte Übersicht. Diese könnte wie folgt aussehen:

Vorfristen 12.12.2017	**Fristen 12.12.2017**
Rieke Mattusch ./. Maik Pettersen wegen Darlehensforderung	Inge Kistner ./. Strom & Gas Meisels GmbH wegen Forderung
Sanitär Klöpfel e. K. ./. Sandra Rothenbucher wegen Forderung	

b) Der Rechtsfachwirt muss – bevor die Frist gestrichen wird – nochmals überprüfen, ob die Anschrift des gegnerischen Rechtsanwalts und die Telefaxnummer korrekt sind und ob die Telefaxnummer mit der Nummer auf dem Sendebericht übereinstimmt. Erst anschließend kann Jonas Berger die Frist im Kalender und auf dem Handaktenbogen streichen. Dies sollte er jedoch so tun, dass die Frist anschließend noch lesbar ist. Zudem sollte er sein Handzeichen hinzusetzen.

6. a) Die Rechtsanwaltsfachangestellte sollte jeden Abend den Fristenkalender dahingehend überprüfen, ob alle eingetragenen Fristen erledigt, also durchgestrichen wurden.

b) Nina Hohenstedt sollte die zuständige Sachbearbeiterin, Rechtsanwältin Carola Fritzsch, umgehend an den Fristablauf erinnern und sich erkundigen, wie mit dem offenen Fristablauf umzugehen ist.

c) Die Rechtsanwaltsfachangestellte sollte den Hinweis, dass die Rechtsanwältin Carola Fritzsch das Schreiben selbst erstellen und versenden wird, in den Fristenkalender aufnehmen. Am nächsten Tag sollte Nina Hohenstedt in jedem Fall überprüfen, ob die Rechtsanwältin Carola Fritzsch das Schreiben tatsächlich per Telefax versandt und die Frist gestrichen hat.

7. a) Die Rechtsanwaltsfachangestellte Mia Hartmann bestätigt Dr. Marion Utrecht-Dösch, dass am 16.01.2018 noch Termine frei sind. Sie bietet ihr zwei Termine zur Auswahl an: vormittags um 10:30 Uhr oder nachmittags um 15:00 Uhr. Bei ihren Terminvorschlägen hat sie folgende Punkte berücksichtigt:

- Sie hat jeweils einen „Zeitpuffer" von 30 Minuten eingeplant.
- Sie hat die Termine jeweils im Anschluss an die vorhergehende Besprechung gelegt, damit der Rechtsanwalt Paul Ringelmeyer nicht immer wieder aus seiner Arbeit herausgerissen wird.

b) Die Rechtsanwaltsfachangestellte wird dem Mandanten Korbinian Bauer einen Termin am 08.01.2018 gleich früh um 08:00 Uhr vorschlagen. So ist der Wunsch des Mandanten erfüllt und der Rechtsanwalt Anton Poch wird nicht aus seiner Arbeit herausgerissen.

c) Mia Hartmann schlägt dem Mandanten Robert McHurt einen Termin im Laufe des Nachmittags zwischen 13:00 Uhr und 16:00 Uhr vor. Somit berücksichtigt sie die Vorbereitung und die Dauer des Gerichtstermins am Vormittag, die Mittagspause und den Büroschluss um 18:00 Uhr.

d) Die Rechtsanwaltsfachangestellte wird den Gerichtstermin im Kalender so durchstreichen, dass man ihn noch lesen kann. Darunter sollte sie unter Angabe ihres Handzeichens notieren, dass der Termin aufgehoben wurde. Anschließend sollte Mia Hartmann noch die Mandantschaft über die Terminaufhebung informieren.

8. Der Rechtsanwalts- und Notarfachangestellte Roman Tepez sollte wie folgt vorgehen:
- Der Gerichtstermin am 21.01.2018 um 09:00 Uhr muss zunächst in den Kalender eingetragen werden.
- Da Gerichtstermine immer Vorrang vor Mandantenterminen haben, muss der Termin mit der Mandantin Susanne Wittkowski verlegt werden.
- Es wäre deshalb sinnvoll zu versuchen, die Mandantin telefonisch zu erreichen und zu fragen, ob der Termin zeitlich etwas nach hinten (z. B. 10:30 Uhr oder am Nachmittag) oder eventuell auf einen anderen Tag verlegt werden könnte.
- Nachdem die Verlegung des Mandantentermins vorgenommen wurde, ist der alte Termin um 09:30 Uhr im Kalender zu streichen und der neue Termin zu notieren. Sinnvoll ist es weiterhin, unter Angabe seines Handzeichens einen Vermerk anzubringen, warum der Termin gestrichen wurde.
- Zwingend sollte darauf geachtet werden, dass die Terminverlegung unverzüglich vorgenommen wird, damit die Mandantin planen kann.

9. Die Rechtsanwaltsfachangestellte Vera Breitenbach streicht den Termin im Kalender leserlich durch. Darunter vermerkt sie unter Angabe ihres Handzeichens, dass der Termin gestrichen wurde, da sich die Angelegenheit erledigt hat.

10. a) Die Rechtsanwaltsfachangestellte Sarah Heuberger muss, nachdem sie den Termin im Kalender notiert hat, gleich einen Antrag auf Terminverlegung beim Amtsgericht Bamberg stellen, denn bei einer Kollision von Gerichtsterminen hat in der Regel der Termin Bestand, der bereits seit längerer Zeit feststeht. Sobald der Termin durch das Amtsgericht Bamberg verlegt wurde, ist der alte Termin am 08.01.2018 mit einem entsprechenden Vermerk zu streichen und der neue Termin im Kalender zu notieren.

b) Lösungsvorschlag:

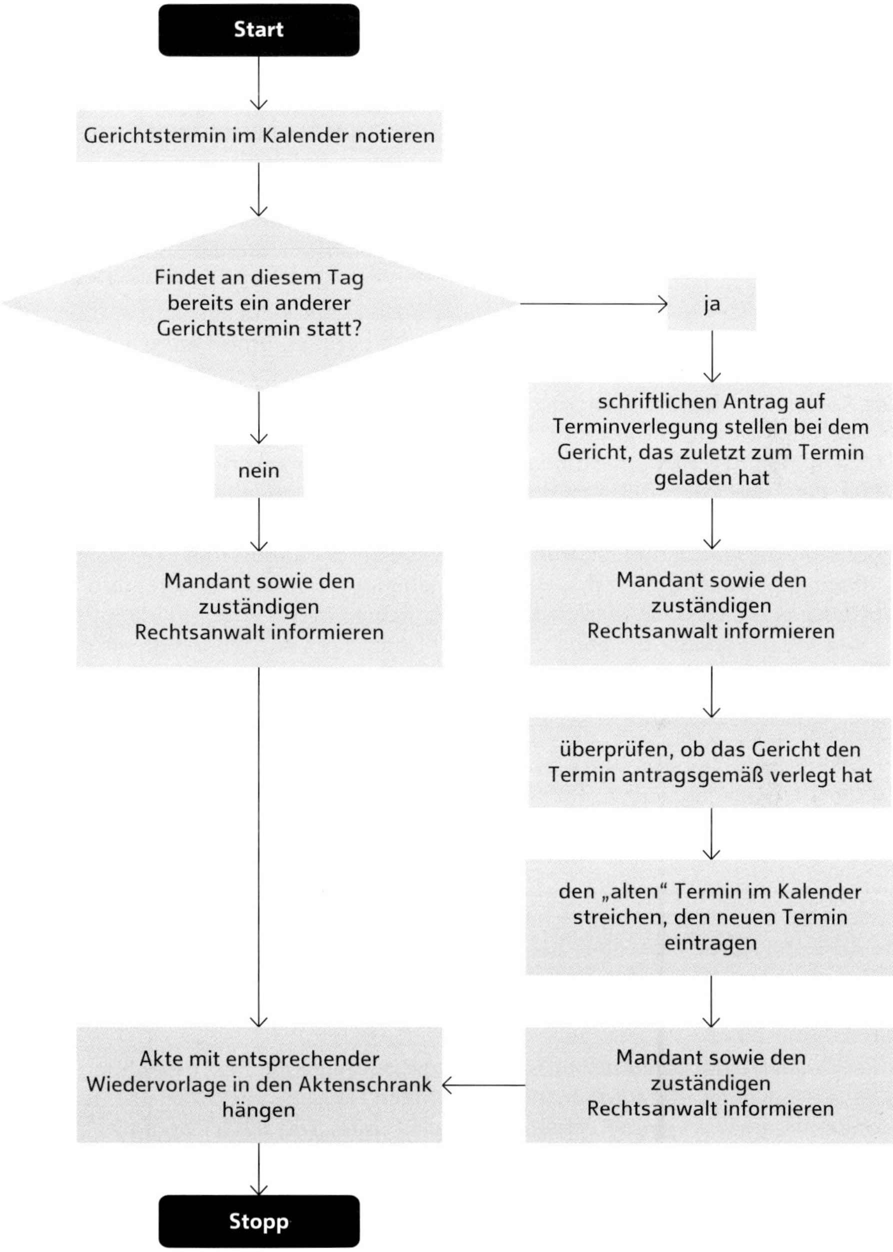

11. a) Der Rechtsanwaltsfachangestellte sollte die Rechtsanwältin Dr. Melissa Seubert gleich nach Eintreffen in der Kanzlei über die vier Termine informieren. Am besten eignet sich hierfür ein Ausdruck des EDV-gestützten Terminkalenders bzw. eine manuell erstellte Notiz/Übersicht.

b) Nino Calvit sollte in diesem Fall telefonisch bei der Mandantin Bertha Landwehr nachfragen, ob sich der Termin erledigt hat bzw. ob ein neuer Termin vereinbart werden soll.

f) Mandanten oder Beteiligte serviceorientiert empfangen und betreuen

1. a) Die Auszubildende Mia Brencke sollte wie folgt vorgehen:
- Sie sollte dem Mandanten Ulrich Wegscheid die Jacke abnehmen und diese aufhängen.
- Anschließend sollte sie den Mandanten bitten, im Wartebereich Platz zu nehmen und ihn darauf hinweisen, dass es noch etwa eine halbe Stunde dauern wird, da die Rechtsanwältin Dr. Christiane Liebig von ihrem auswärtigen Termin erst um ca. 14:50 Uhr zurück sein wird.
- Gegebenenfalls kann sie dem Mandanten ein Getränk anbieten und auf ausliegende Flyer, Zeitschriften o. Ä. hinweisen.
- Sobald die Rechtsanwältin Dr. Christiane Liebig von ihrem auswärtigen Termin zurück ist, muss die Auszubildende sie unverzüglich darüber informieren, dass der Mandant bereits im Wartebereich sitzt.

b) Die Auszubildende Mia Brencke sollte wie folgt vorgehen:
- Nachdem sie die Tür geöffnet hat, sollte sie um ihren Schreibtisch herumgehen und die Mandanten namentlich begrüßen.
- Bei der Begrüßung sollte sie darauf achten, dass sie zuerst Blickkontakt zu dem Ehepaar Diethard herstellt. Sodann sollte sie mit einer freundlichen und „lächelnden" Stimme die Mandanten begrüßen, zunächst Simone Diethard und anschließend deren Ehemann Daniel Diethard, z. B. mit „Guten Morgen, Frau/Herr Diethard".
- Da sie weiß, dass das Ehepaar Diethard keinen Termin hat, erkundigt sie sich, was sie für das Ehepaar tun kann, und erhält Unterlagen ausgehändigt, die der Rechtsanwalt Moritz Wenthaus zur Bearbeitung des Falls benötigt.
- Anschließend verabschiedet sie sich vom Ehepaar Diethard und schließt die Tür hinter ihnen.
- Zuletzt sollte sie einen Aktenvermerk anfertigen und diesen zusammen mit den übergebenen Unterlagen und der Handakte an den Rechtsanwalt Moritz Wenthaus übergeben.

2. Die Rechtsanwaltsfachangestellte Kübra Kaya sollte zunächst Gunther Felbinger mit einem freundlichen Lächeln begrüßen, sobald er die Kanzleiräume betritt. Dadurch signalisiert sie ihm, dass sie ihn wahrgenommen hat, auch wenn sie gerade telefoniert. Nachdem sie das erste Telefongespräch beendet hat, sollte sie das weitere Telefongespräch in diesem Moment nicht annehmen, da Gunther Felbinger bereits wartet und es unhöflich wäre, noch ein weiteres Telefonat zu führen.

3. Der Rechtsanwaltsfachangestellte Sven Groppinger muss bei der Begrüßung darauf achten, dass er mit einer freundlichen und „lächelnden" Stimme spricht und diese nicht zu laut ist. Weiterhin muss er darauf achten, dass er zuerst David Reißer begrüßt, da dieser seit vielen Jahren von der Rechtsanwältin Marion Trixner betreut wird, und anschließend erst dessen Schwester.

4. a) Die Kanzleiinhaberinnen legen deshalb Wert auf Small Talk, also auf ein Alltagsgespräch mit Mandanten/Beteiligten, damit das Gespräch aufgelockert wird und sich die Mandanten/Beteiligten in der Kanzlei gleich wohlfühlen.

b) Das Empfangspersonal der Rechtsanwaltskanzlei Caroline Burkert & Nadine Ketteler, Partnerschaft, könnte neue Mandanten z. B. mit folgenden Sätzen begrüßen: „Schön, dass wir uns einmal persönlich kennenlernen. Haben Sie den Weg zu uns gut gefunden?"

Wenn ein Mandant begrüßt wird, der bereits seit vielen Jahren immer wieder einmal ein Mandat erteilt, könnte diesem z. B. gesagt werden: „Wir haben uns ja schon lange nicht mehr gesehen. Wie geht es Ihnen denn?"

c) Die Rechtsanwalts- und Notarfachangestellte Sybille Lengfurt sollte Themen, die die Religion und die Politik im Allgemeinen sowie die finanzielle Situation der Mandanten/Beteiligten betreffen, ebenso wie Tratsch über nicht anwesende Personen und Gerüchte vermeiden.

5. a) Der Rechtsanwaltsfachangestellte Benedikt Schuhmann sollte bei der Begrüßung des Mandanten Markus Raschberger darauf achten, dass er zuerst Blickkontakt zum Mandanten herstellt. Sodann sollte er mit einer freundlichen und „lächelnden" Stimme Markus Raschberger begrüßen. Sofern dieser sich noch nicht namentlich vorgestellt hat, sollte er nachfragen, z. B. „Sie sind Herr Markus Raschberger und haben um 10:00 Uhr einen Termin bei der Rechtsanwältin Anita Hainlein?"

b) Benedikt Schuhmann sollte nach der Begrüßung des Mandanten wie folgt vorgehen:

- Er sollte dem Mandanten die Jacke abnehmen und diese aufhängen.
- Anschließend sollte er den Mandanten bitten, im Wartebereich Platz zu nehmen.
- Sodann sollte er dem Mandanten den Mandantenfragebogen übergeben und ihn bitten, den Fragebogen auszufüllen.
- Zuletzt muss er noch die Rechtsanwältin Anita Hainlein darüber informieren, dass Markus Raschberger im Wartebereich sitzt und den Mandantenfragebogen gerade ausfüllt. Dies kann z. B. durch einen internen Telefonanruf erfolgen.

6. a) Die Rechtsanwaltsfachangestellte Leonie Rückert sollte Nina Gartner erklären, dass der Rechtsanwalt Andreas Moser gerade bei Gericht und deshalb telefonisch nicht erreichbar ist, dass sie aber gerne einen Termin mit ihr vereinbaren kann. Nach Beendigung des Telefonats sollte eine Telefonnotiz über das Gespräch angefertigt werden, die dem Rechtsanwalt Andreas Moser nach dessen Rückkehr vom Gericht vorzulegen ist.

b) Leonie Rückert sollte der Mandantin erklären, dass sich die Rechtsanwältin Kathrin Hartl gerade in einer Besprechung befindet und dass sie sich einen kurzen Moment gedulden möge, da sie dieser Bescheid geben werde. Anschließend sollte sie entweder an die Tür des Besprechungszimmers klopfen und die Rechtsanwältin Kathrin Hartl herausbitten oder über die interne Telefonanlage die Rechtsanwältin Kathrin Hartl über das eingehende Telefonat informieren. Die Rechtsanwältin Kathrin Hartl sollte während des Telefonats mit Betty Lohmeier das Besprechungszimmer aufgrund ihrer Verschwiegenheitspflicht verlassen.

c) Die Rechtsanwaltsfachangestellte sollte parallele Arbeiten, wie z. B. das Lesen und/oder Erledigen von eingehenden E-Mails, neben einem Telefonat vermeiden, denn der Gesprächspartner merkt in der Regel, dass ihm nicht mehr aufmerksam zugehört wird.

7. Lösungsbeispiel:

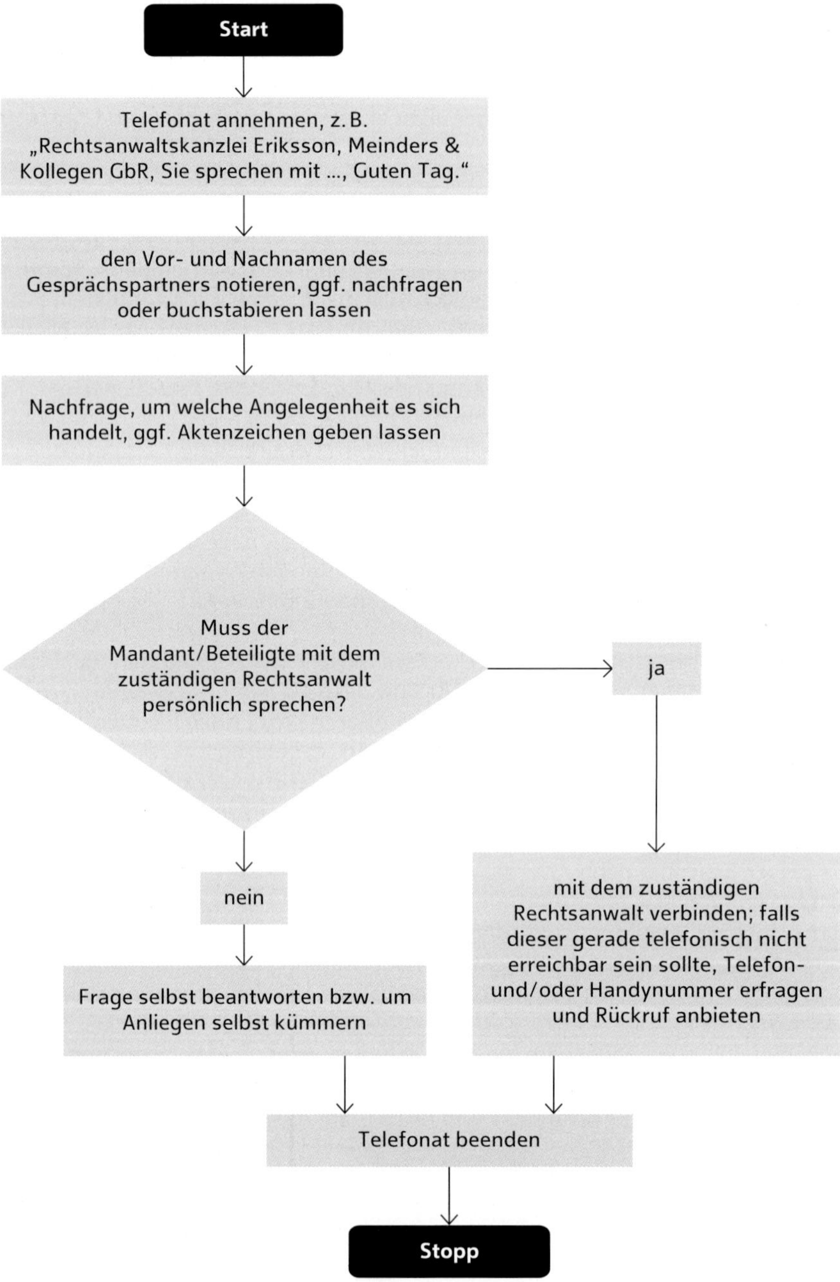

8. a) Die Rechtsanwaltsfachangestellte sollte zunächst nachfragen, warum und in welcher Angelegenheit der Mandant mit der Rechtsanwältin Simone Leitner sprechen möchte.

b) Emma Lorenzen sollte Fabian Kartmeyer zunächst um einen kurzen Moment Geduld bitten und sich die entsprechende Handakte aus dem Aktenschrank oder aus der Datenbank heraussuchen und nachsehen, was der Grund für die Terminaufhebung war.

c) Die Rechtsanwaltsfachangestellte sollte aufgrund ihrer langjährigen Berufserfahrung wie folgt vorgehen:
- Zunächst sollte sie den Mandanten telefonisch darüber informieren, dass der Termin deshalb aufgehoben wurde, weil die Gegenseite den geltend gemachten Anspruch in voller Höhe schriftlich anerkannt hat.
- Anschließend sollte sie Fabian Kartmeyer darüber informieren, dass sich das entsprechende gerichtliche Schreiben am 12.12.2017, also erst gestern, in der Kanzleipost befand und dass er über den Sachstand und das weitere Prozedere in dieser Angelegenheit noch schriftlich informiert werden wird.
- Sodann ist das Telefonat zu beenden.
- Über den Inhalt des Telefongesprächs sollte Emma Lorenzen eine Telefonnotiz anfertigen, die sie der Rechtsanwältin Simone Leitner zur Kenntnisnahme vorlegt.

d) Emma Lorenzen muss darauf achten, dass die Rechtschreib- und Grammatikregeln sowie die Regeln der DIN 5008 eingehalten werden. Weiterhin muss sie darauf achten, dass sie kurze Sätze formuliert, die nach Möglichkeit keine fachspezifischen Ausdrücke enthalten, und dass der Inhalt leicht verständlich dargestellt wird und sich auf das Wesentliche beschränkt.

9. a) Die Auszubildende Jennifer Vollandt sollte auf eine klare und deutliche Aussprache achten sowie auf eine freundliche, „lächelnde" Stimme und auf die Lautstärke der Stimme.

b) Die Auszubildende sollte folgende Regeln einhalten:
- Parallele Arbeiten neben dem Telefongespräch sind zu vermeiden. So sollte z. B. das Sortieren von Unterlagen vermieden werden.
- Störende Hintergrundgeräusche sind zu vermeiden. So sollte z. B. darauf geachtet werden, dass die Fenster an einer viel befahrenen Straße geschlossen sind.
- Der Gesprächsverlauf sollte nicht gestört werden. So sollte z. B. das Telefongespräch wegen eines Zweitgesprächs nicht unterbrochen werden.

c) Jennifer Vollandt muss in diesem Fall über die Gespräche mit den Mandanten/Beteiligten eine Telefonnotiz anfertigen.

d) Die Auszubildende sollte in jedem Fall folgende Daten in die Telefonnotiz aufnehmen:
- Datum des Telefonats
- ggf. Uhrzeit des Telefonats
- eigener Name bzw. Handzeichen
- Vor- und Nachname des Gesprächspartners
- Telefon- oder Handynummer für eventuelle Rückfragen
- Inhalt des Telefongesprächs

10. Der Rechtsanwaltsfachangestellten stehen in diesem Fall folgende Möglichkeiten zur Auswahl:
- Sie kann entweder ein tragbares Telefon mit zum Kopiergerät mitnehmen, damit das Telefon während des Kopierens nicht unbesetzt ist.
- Paula Thurin könnte das Kopieren der Unterlagen auch an einen anderen Mitarbeiter der Rechtsanwaltskanzlei delegieren oder diesen bitten, während ihrer Abwesenheit am Empfang Platz zu nehmen und den „Telefondienst" zu übernehmen.

Prüfungsbereich 2: Rechtsanwendung (Re, ReNo)

a) Stellung und Hauptpflichten des Rechtsanwalts, des Notars und des Patentanwalts im Rechtssystem beachten

1. a) Gemeint ist damit, dass das Bundesverfassungsgericht ein Gesetz für unvereinbar mit dem Grundgesetz und damit für verfassungswidrig erklärt hat. In einem Rechtsstaat ist es wichtig, dass die Gesetzgebung von den Gerichten überwacht und notfalls korrigiert wird, damit keine Gesetze in Kraft treten oder bleiben, die der verfassungsmäßigen Ordnung und damit letztlich der Demokratie widersprechen. Dies ist eine Ausprägung der Gewaltenteilung.

b) Gewaltenteilung bedeutet, dass die Kompetenzen in einem Staat, die sog. Staatsgewalt, so verteilt wird, dass keine Person und kein Organ sie auf sich allein konzentriert. Die voneinander unabhängigen Bereiche kontrollieren sich gegenseitig und sollen so Machtmissbrauch verhindern und die Demokratie und Freiheit sichern.

c) Die drei Gewalten sind Exekutive, Legislative und Judikative. Die Exekutive wird z. B. vertreten durch die Bundesregierung, die Legislative durch den Bundestag und die Judikative durch die Gerichte.

2. a) Zuständig ist gem. § 23 Nr. 1 GVG das Amtsgericht, da es sich um eine bürgerliche Rechtsstreitigkeit mit einem Streitwert von unter 5 000,00 € handelt.

b) Neben der sachlichen Zuständigkeit gibt es noch die örtliche und die funktionelle Zuständigkeit. Die örtliche Zuständigkeit bestimmt, welches der sachlich zuständigen Gerichte in Deutschland, also das Gericht an welchem Ort, zuständig ist. Die funktionelle Zuständigkeit bestimmt, welches Organ des (örtlich und sachlich) zuständigen Gerichts zuständig ist, also z. B. ob ein Richter oder ein Rechtspfleger zuständig ist.

3. Zuständig ist gem. § 71 GVG i. V. m. § 23 Nr. 1 GVG das Landgericht, da der Streitwert über 5 000,00 € liegt. Da es sich um eine Streitigkeit zwischen Kaufleuten handelt, ist die Kammer für Handelssachen gem. § 93 GVG zuständig.

4. **a)** Zuständig ist das Verwaltungsgericht, da es sich um eine öffentlich-rechtliche Streitigkeit handelt (vgl. § 40 Abs. 1 VwGO).

b) In zweiter Instanz ist (außer im Falle einer Sprungrevision) das Oberverwaltungsgericht zuständig.

c) Das oberste Gericht für baurechtliche Streitigkeiten ist das Bundesverwaltungsgericht. Es hat seinen Sitz in Leipzig.

5. a) Vormundschaftssachen gehören zur sog. freiwilligen Gerichtsbarkeit. Sie ist Teil der ordentlichen Gerichtsbarkeit.

b) Vormundschaftssachen werden vor Familiengerichten verhandelt. Diese sind Abteilungen der Amtsgerichte.

c) Die Instanzen der ordentlichen Gerichtsbarkeit sind: Amtsgericht (AG), Landgericht (LG), Oberlandesgericht (OLG) und Bundesgerichtshof (BGH).

d) Zur besonderen Gerichtsbarkeit gehören die Arbeitsgerichtsbarkeit, die Sozialgerichtsbarkeit und die Verwaltungsgerichtsbarkeit.

6. Das zuständige Gericht erster Instanz ist das Amtsgericht (Familiengericht) gem. § 23 a Abs. 1 Nr. 1 GVG und das zuständige Gericht zweiter Instanz in Familiensachen ist gem. § 119 Abs. 1 Nr. 1 a GVG das Oberlandesgericht.

7. Zur Rechtspflege gehören neben Patentanwälten auch Rechtsanwälte und Steuerberater, aber auch Notare, die Gerichte, die Staatsanwaltschaft, die Gerichtsvollzieher und die Justizverwaltung.

8. **a)** Als Rechtsanwältin ist sie ein unabhängiges Organ der Rechtspflege. Dies bedeutet, dass sie nicht nur ihren Mandanten verpflichtet ist, sondern, wie Staatsanwälte und Richter auch, ebenso der Rechtsordnung. Sie muss also die Interessen ihrer Mandanten vertreten, jedoch nicht um jeden Preis und nur im Rahmen des rechtlich Zulässigen. Aus dieser Stellung ergeben sich zahlreiche Rechte und Pflichten.

b) Als Rechtsanwältin ist sie gem. § 43 a Abs. 2 BRAO zur Verschwiegenheit verpflichtet. Beim Verstoß gegen diese Verschwiegenheitspflicht drohen auch strafrechtliche Konsequenzen (vgl. §§ 203, 356 StGB).

c) Ingrid Sigalas ist als Rechtsanwältin gem. § 43 a Abs. 3 BRAO zu sachlichem Auftreten verpflichtet. Sie darf nicht vor Gericht lügen oder bewusst zur Verbreitung von Unwahrheiten oder herabsetzenden Äußerungen beitragen.

d) Rechtsanwälte dürfen gem. § 43 a Abs. 4 BRAO, § 3 BORA keine widerstreitenden Interessen vertreten. Ingrid Sigalas darf also nicht für die Ehefrau tätig werden, da sie die andere Partei in derselben Rechtssache vertreten hat. Von einer solchen Interessenkollision umfasst sind auch Sozien, Angestellte und Rechtsanwälte, die eine Bürogemeinschaft bilden (vgl. § 3 Abs. 2 BORA). Es würde also auch nicht helfen, die Sache an Nils Thomczek abzugeben.

e) Nein, Rechtsanwälte dürfen in einer Sache nicht tätig werden, wenn ein Notarkollege der Sozietät zuvor in dieser Sache eine notarielle Beurkundung vorgenommen hat (vgl. § 45 Abs. 1 Nr. 2 BRAO).

9. **a)** Guntram Boars kann nicht als Rechtsanwalt arbeiten, da er nicht die Befähigung zum Richteramt gem. §§ 5 ff. DRiG (Deutsches Richtergesetz) besitzt (vgl. § 4 BRAO). Er hat u. a. nicht den juristischen Vorbereitungsdienst (Referendariat), der mit dem Zweiten Staatsexamen abschließt, absolviert. Er kann somit in der Kanzlei nur als wissenschaftlicher Mitarbeiter o. Ä. eingesetzt werden.

b) Sita Wehlhauer hat die Befähigung zum Richteramt gem. §§ 5 ff. DRiG. Um als Rechtsanwältin zu arbeiten, muss sie sich bei der zuständigen Rechtsanwaltskammer (in diesem Fall Düsseldorf) zulassen und eine entsprechende Berufshaftpflichtversicherung abschließen. Nach § 51 BRAO muss während der Dauer der Zulassung ununterbrochen eine Berufshaftpflichtversicherung unterhalten werden, die eine Mindestversicherungssumme in Höhe von 250 000,00 € für jeden Versicherungsfall sowie eine vierfache Deckung für das gesamte Jahr aufweist.

c) Soon-yeon Kwon hat als Patentanwältin nicht die Befähigung zum Richteramt und kann somit nicht als Rechtsanwältin arbeiten. Sie kann sich jedoch als Patentanwältin zulassen (§ 13 PAO – Patentanwaltsordnung).

d) Rechtsanwälte müssen erfolgreich ein rechtswissenschaftliches Studium (Abschluss Erstes Juristisches Staatsexamen) absolvieren sowie den juristischen Vorbereitungsdienst (Referendariat), der mit dem Zweiten Staatsexamen abschließt. Rechtsanwälte beraten und vertreten Mandanten in allen Rechtsgebieten. Patentanwälte müssen ein natur- oder ingenieurwissenschaftliches Studium und anschließend die Ausbildung zum Patentanwalt erfolgreich absolvieren. Der Patentanwalt berät und vertritt Mandanten auf dem Gebiet des gewerblichen Rechtsschutzes (z. B. bei der Anmeldung und Überwachung von Patenten und Marken). Er vertritt Mandanten in Verfahren vor dem Deutschen Patent- und Markenamt (DPMA) und dem Bundespatentgericht sowie in Verfahren vor europäischen Einrichtungen wie dem Europäischen Patentamt (EPA) und dem Harmonisierungsamt für den Binnenmarkt (HABM).

e) Über die Befähigung zum Richteramt müssen folgende Berufsgruppen verfügen:
- Richter,
- Staatsanwälte,
- Rechtsanwälte und
- Notare.

f) Das Berufsrecht der Rechtsanwaltschaft findet sich u. a. in folgenden Regelungen:
- Bundesrechtsanwaltsordnung (BRAO),
- Berufsordnung (BORA),
- Fachanwaltsordnung (FAO),
- Rechtsanwaltsvergütungsgesetz (RVG),
- Rechtsdienstleistungsgesetz (RDG) sowie
- Gesetz über die Tätigkeit europäischer Rechtsanwälte (EuRAG).

10. Es gibt zwar den Fachanwaltstitel für Internationales Wirtschaftsrecht, jedoch darf gem. § 43 c Abs. 1 S. 2 BRAO ein Rechtsanwalt nur maximal drei Fachanwaltstitel führen. Diese können jedoch unterschiedliche Rechtsgebiete umfassen.

b) Gesetze und Verordnungen handhaben

1. a) Das materielle Recht beinhaltet Rechtsvorschriften, die die Entstehung und den Erwerb von Rechten durch Personen sowie die daraus entstehenden Verpflichtungen und Ansprüche regeln. Es regelt also den Inhalt der Rechte (die Materie). Das formelle Recht wird auch als Prozessrecht oder Verfahrensrecht bezeichnet. Es beinhaltet verfahrensrechtliche Regelungen zur Durchsetzung der Ansprüche, die sich aus dem materiellen Recht ergeben.

b)
- BauGB – M
- MuSchG – M
- Zöller: Zivilprozessordnung, 31. Aufl., Köln, Dr. Otto Schmidt, 2016 – F
- FGG – F
- Palandt: Bürgerliches Gesetzbuch, 75. Aufl., München, C. H. Beck, 2016 – M
- Germelmann/Matthes/Prütting: Arbeitsgerichtsgesetz, 8. Aufl., München, C. H. Beck, 2013 – F
- HGB – M

2. a) Das Privatrecht (auch Zivilrecht genannt) regelt die Rechtsbeziehungen der einzelnen privaten Rechtssubjekte (Bürger) zueinander. Es wird von zwei wichtigen Prinzipien geprägt: Das Prinzip der Privatautonomie besagt, dass die Rechtssubjekte größtenteils ihre Rechtsbeziehungen frei gestalten können. Das Recht soll nur im Notfall eingreifen und ist daher häufig dispositiv. Nach dem Prinzip der rechtlichen Gleichordnung stehen alle Rechtssubjekte auf der gleichen Stufe. Im Gegensatz dazu herrscht im öffentlichen Recht ein Über- und Unterordnungsverhältnis zwischen Staatsorganen einerseits und dem Bürger andererseits. Das öffentliche Recht regelt die Rechtsverhältnisse der Staatsorgane untereinander und im Verhältnis zum einzelnen Bürger.

b) Die Unterscheidung zwischen Privatrecht und Öffentlichem Recht ist v. a. für die Bestimmung des richtigen Gerichtszweigs (sog. Gerichtsbarkeit) und damit des in einer Angelegenheit zuständigen Gerichts von entscheidender Bedeutung. Je nachdem, ob es sich um eine privatrechtliche Angelegenheit oder eine öffentlich-rechtliche handelt, sind die ordentlichen Gerichte oder die Verwaltungsgerichte (bzw. Sondergerichte) zuständig, für die jeweils unterschiedliche Verfahrensregeln gelten (formelles Recht). Darüber hinaus ist die Abgrenzung wichtig für die Bestimmung des Rechts, das inhaltlich anzuwenden ist (materielles Recht).

c)
- Hagen ./. Hagen wegen Scheidungsverfahren – grün – Privatrecht (Bürgerliches Recht)
- Kinayici wegen Baugenehmigung – blau – Öffentliches Recht (besonderes Verwaltungsrecht)
- Küllmer ./. Highvolt AG wegen Arbeitszeugnis – grün – Privatrecht (Arbeitsrecht)
- Wilkens ./. Reinglas OHG wegen Auflösung der Gesellschaft – grün – Privatrecht (Gesellschaftsrecht)
- Bürgerinitiative ProBad ./. Gemeinde Allershausen wegen Schließung des örtlichen Freibads – blau – Öffentliches Recht (Besonderes Verwaltungsrecht)
- El-Awaad wegen Erteilung eines Erbscheins – grün – Privatrecht (Erbrecht)
- Lars Richert wegen Fahrens ohne Fahrerlaubnis – blau – Öffentliches Recht (Strafrecht)
- Vision GmbH ./. Vision New GbR wegen Urheberrechtsverletzung – grün – Privatrecht (Urheberrecht)
- Schulz ./. Agentur für Arbeit wegen Arbeitslosengeld II – blau – Öffentliches Recht (Sozialrecht)
- Axel Gellert wegen unerlaubter Verwertung urheberrechtlich geschützter Werke – blau – Öffentliches Recht (Strafvorschrift aus dem Urheberrecht)

3. a) Gesetze werden durch die Legislative, also durch den Bundestag (ggf. in Zusammenarbeit mit dem Bundesrat), erlassen. Rechtsverordnungen werden im Gegensatz dazu nicht vom Gesetzgeber, sondern von der Exekutive, also der Regierung, erlassen. Dazu muss eine ausdrückliche Ermächtigung durch ein Gesetz vorliegen. Rechtsverordnungen werden in der Regel dazu genutzt, gesetzliche Regelungen zu konkretisieren und auszugestalten.

b) Nach dem in Art. 31 GG verankerten Grundsatz „Bundesrecht bricht Landesrecht" gehen Gesetze auf Bundesebene den Landesgesetzen vor. Widerspricht also eine Regelung im BayVwVfG der im VwVfG, so ist sie unwirksam.

c) Das Grundgesetz als Verfassungsrecht geht in der Normenhierarchie (einfachen) Gesetzen und Verordnungen vor. Die Normenhierarchie besagt, dass niederrangige Normen immer im Einklang mit höherrangigen stehen müssen. Widersprechen Regelungen in Gesetzen oder Verordnungen also dem Grundgesetz, so sind sie unwirksam.

4. a) Beim Zitieren von Gesetzen müssen genaue Angaben gemacht werden. Bei längeren, mehrere Absätze und Sätze umfassende Paragrafen reicht es dabei nicht aus, wenn nur die Nummer des Paragrafen genannt wird. Die Bezeichnung des Gesetzes wird in der Regel, insbesondere bei gebräuchlichen Normen, abgekürzt.

Beispiel

§ 17 Abs. 1 S. 2 Nr. 2 BeurkG (oder auch § 17 I 2 Nr. 2 BeurkG)

Werden mehrere Fundstellen zusammen als sog. Paragrafenkette zitiert, müssen Angaben aus dem gleichen Gesetz mit zwei §-Zeichen (bzw. Art.) beginnen.

Beispiel §§ 280 Abs. 1, 311 Abs. 2 Nr. 2, 241 Abs. 2 BGB oder Art. 13 f. EGBGB

Bei mehreren Fundstellen aus unterschiedlichen Gesetzen wird das Paragrafenzeichen bei jedem Gesetz wiederholt.

Beispiel § 1004 Abs. 2 BGB, § 14 S. 1 1. Hs. BImSchG

Sollen mehrere Paragrafen aufgezählt werden, die direkt aufeinanderfolgen, wird hinter der Paragrafenzahl „f." (folgender Paragraf) bzw. „ff." (folgende Paragrafen) gesetzt.

Beispiel §§ 311 ff. BGB

b) Bei Fachaufsätzen müssen folgende Angaben gemacht werden:
- Vor- und Nachname des Autors
- Titel des Aufsatzes
- Angabe der Zeitschrift, Erscheinungsjahr und ggf. Heftnummer
- Seitenangabe

c)
- Neue Juristische Wochenschrift: NJW
- Betriebs-Berater: BB
- Juristische Rundschau: JR
- Monatsschrift für Deutsches Recht: MDR

d)
- **Erscheinungsjahr der Zeitschrift fehlt:** Kiesel, Robert: Das Firmenrecht in der IHK-Praxis: klassische Probleme bei der Suche nach dem Unternehmensnamen, **DNotZ 2015**, 740-756
- **Vorname eines Autors fehlt:** Böttcher, Leif/Faßbender, **Kurt**/Waldhoff, Christian: Erneuerbare Energien in der Notar- und Gestaltungspraxis, 1, Auflage, München, 2014
- **Namensangabe des Autors falsch: Reymann, Christoph:** Wärme-Contracting beim Wohnungskauf vom Bauträger, DNotZ 2015, 883

e) Beim Zitieren von Gerichtsentscheidungen werden das Gericht (abgekürzt), das Datum der Entscheidung sowie das Aktenzeichen angegeben. Gegebenenfalls kann auch noch eine Fundstelle angegeben werden.

Beispiel BGH, Urteil vom 25.03.2015, VIII ZR 243/13 oder
BGH, Urteil vom 25.03.2015, VIII ZR 243/13, DNotZ 2016, 32 = NJW 2015, 3228

c) Entstehung und Wirksamkeit von Rechtsgeschäften prüfen

1. Zwischen dem Verkäufer und dem Studenten ist ein wirksamer Kaufvertrag gem. § 433 Abs. 1 BGB zustande gekommen. Als Konrad Merger sagte, dass er gern einen Kasten Bier hätte, machte er ein rechtsverbindliches **Angebot**, das alle wesentlichen Vertragsbestandteile (Vertragspartner, Vertragsgegenstand, Preis) enthielt. Der Kioskbetreiber hat dieses Angebot **angenommen**, denn er hat den Bierkasten geholt. Konrad Merger muss den Kasten Bier bezahlen. Es ist nicht möglich, dass Konrad Merger sich einseitig von diesem Vertrag löst.

Web

Eine ausführlichere Lösung im Gutachtenstil finden Sie unter BuchPlusWeb.

2. Der Inhaber kann nur 18,00 € verlangen, wenn ein Vertrag über diesen höheren Preis zustande gekommen ist.

Im Auslegen der Speisekarte ist **kein Angebot** zu sehen. Es fehlt der Rechtsbindungswille, denn der Wirt kann aufgrund des begrenzten Vorrats nicht allen Gästen die gewünschte Speise servieren. Das Auslegen der Speisekarte ist lediglich die Aufforderung an den Gast, seinerseits ein Angebot abzugeben. Ein **Angebot** haben die beiden Rechtsanwaltsfachangestellten abgegeben, als sie von der Speisekarte bestellten. Der Inhaber hat dieses Angebot spätestens dann angenommen, als er die Speisen auf den Tisch stellte. Hinsichtlich der gewünschten Salate stimmen die Willenserklärungen überein, aber nicht hinsichtlich des Preises.

Mittels Auslegung nach §§ 133, 157 BGB muss erforscht werden, welchen Inhalt die Erklärung des Lokalbetreibers hat. Danach ist der Inhalt empfangsbedürftiger Willenserklärungen vom Empfängerhorizont aus zu ergründen, d.h., man muss sich vorstellen, welchen Eindruck ein objektiver Dritter von der Willenserklärung hat. Die beiden Rechtsanwaltsfachangestellten wollten den Salat zu 14,00 € bestellen. Dies muss einem Dritten in der Position des Inhabers aber auch erkennbar gewesen sein. Der Wirt hat die Preise erhöht und mutmaßlich alle Speisekarten ausgetauscht. Für die Sorgfalt bei dieser Aufgabe muss er selbst Sorge tragen. Ein Dritter würde davon ausgehen, dass die Rechtsanwaltsfachangestellten den Salat zum Preis der ausgelegten Karte bestellen möchten. Ein Vertrag ist über eine Bestellung von den beiden Salaten zum Preis von 14,00 € zustande gekommen und der Wirt kann nur diesen Preis fordern.

Eine Anfechtung der Willenserklärung würde für den Wirt keinen Sinn machen, denn das würde nur dazu führen, dass der Vertrag über 14,00 € nichtig ist, aber eine Anfechtung würde nicht zu einem vertraglichen Anspruch auf 18,00 € führen.

Eine ausführlichere Lösung im Gutachtenstil finden Sie unter BuchPlusWeb.

3. Ja, denn Lars Kerner müsste an der Umfrage nur teilnehmen, wenn ein Vertrag über die Teilnahme zustande gekommen wäre. Das Meinungsforschungsinstitut hat ihm ein entsprechendes Angebot gemacht, aber Lars Kerner müsste dieses Angebot auch angenommen haben. Er hat aber auf das Angebot geschwiegen. Durch bloßes Schweigen kommt kein Vertrag zustande. Schweigen bedeutet keine Annahme. Etwas anderes kann aber unter Umständen für Geschäfte unter Kaufleuten gelten.

4. Nein, das geht nicht, denn es liegt nur eine Aufforderung zum Angebot vor und noch kein bindendes Vertragsangebot, das die Rechtsreferendarin durch bloße Zustimmung annehmen könnte. In der bloßen Auslage von Waren ist nie ein rechtsverbindliches Angebot zu sehen. Die Auslage der Ware wird als bloße Aufforderung an den Kunden, seinerseits ein Angebot abzugeben, angesehen, das dann wiederum erst noch vom Verkäufer angenommen werden muss.

5. a) Der Auktionator könnte gegen Stefan Gremmler einen Anspruch auf Zahlung des Kaufpreises in Höhe von 660,00 € gem. § 433 Abs. 2 BGB haben.

Indem der Auktionator die Palette vorstellt, fordert er die Versteigerungsteilnehmer auf, ihrerseits ein **Angebot abzugeben**. Stefan Gremmler muss durch das Heben der Bieterkarte ein **Angebot** abgegeben haben. Ein Angebot besteht aus einem äußeren Willen (das Erklärte) und einem inneren Willen. Wenn jemand, wie in diesem Fall, den Anschein erweckt, etwas erklären zu wollen, was ihm aber nicht bewusst ist, müssen die Bestandteile einer Willenserklärung genau untersucht werden, um festzustellen, ob eine wirksame Willenserklärung vorliegt oder nicht. Der äußere Wille ist gegeben, denn Stefan Gremmler hat mit der Bieterkarte gewunken.

Der innere Wille einer Willenserklärung besteht aus dem Handlungswillen, dem Erklärungsbewusstsein und dem Geschäftswillen. Stefan Gremmler wollte seinem Freund zuwinken. Ein Handlungswille liegt also vor.

Erklärungsbewusstsein bedeutet, dass der Erklärende weiß, dass er irgendetwas rechtlich Erhebliches erklärt. Genau diese Voraussetzung liegt hier nicht vor, weil Stefan Gremmler nicht wusste, dass er ein rechtlich verbindliches Angebot abgibt, wenn er mit der Bieterkarte winkt. Er wollte sich nur seinem Freund bemerkbar machen. Er wollte keine rechtsverbindliche Erklärung abgeben, weshalb er nicht mit Erklärungsbewusstsein handelte.

Es gibt **unterschiedliche Ansichten**, welche Folgen das Fehlen des Erklärungsbewusstseins hat. Sieht man das Erklärungsbewusstsein als unbedingt erforderlichen Bestandteil einer Willenserklärung an, so hat sein Fehlen zur Folge, dass keine wirksame Willenserklärung vorliegt und Stefan Gremmler kein wirksames Angebot abgegeben hat.

Es wird aber auch die Ansicht vertreten, dass nicht der subjektive Wille des Erklärenden für die Frage, ob eine Willenserklärung vorliegt, maßgeblich ist, sondern es nur darauf ankommt, wie ein objektiver Dritter das Verhalten verstehen dürfte.

Diese Meinung stellt den Schutz des Rechtsverkehrs in den Vordergrund. Ein Erklärungsempfänger soll auf das Vorliegen einer Willenserklärung vertrauen können, wenn ein Verhalten als solche verstanden werden durfte, und soll nicht den Unsicherheiten der Maßgeblichkeit einer subjektiven Wahrnehmung ausgesetzt sein. Hier wäre dann der Auktionator geschützt, d. h., Stefan Gremmler hätte ein wirksames Angebot abgegeben, indem er seinem Freund zuwinkte. Da die Gepflogenheiten auf Versteigerungen so sind, hätte ein unbeteiligter Dritter Stefan Gremmlers Verhalten als rechtlich verbindliches Angebot verstanden.

Nach dieser Ansicht ist also ein Angebot im Winken mit der Bieterkarte zu sehen.

Im Prüfungsfall geht es darum, den Konflikt zu erkennen. Die eine Ansicht schützt den Erklärenden und die andere Ansicht den Erklärungsempfänger, der auf das Erklärte vertraut.

Folgt man der zweiten Ansicht und hält das Erklärungsbewusstsein nicht für eine Voraussetzung einer Willenserklärung, so liegt hier ein rechtswirksames Angebot von Stefan Gremmler vor. Das Angebot hat der Auktionator wirksam angenommen, als er den Zuschlag erteilte.

Der Auktionator kann den Kaufpreis von Stefan Gremmler gem. § 433 Abs. 2 BGB fordern. Stefan Gremmler würde aber ein Anfechtungsrecht zustehen.

Das Anfechtungsrecht wird in den Fällen 13 bis 17 in diesem Kapitel behandelt.

Eine ausführlichere Lösung im Gutachtenstil finden Sie unter BuchPlusWeb.

b) Hier käme man aufgrund der Kenntnis des Auktionators zu dem Schluss, dass der Auktionator als Erklärungsempfänger nicht schutzwürdig ist. Deshalb ist es sachgerecht, hier auf keinen Fall von einem wirksamen Angebot von Stefan Gremmler auszugehen. Der Auktionator kann den Kaufpreis mangels rechtswirksamen Angebots nicht gem. § 433 Abs. 2 BGB fordern.

6. Franziska Hillenbrand hat einen Anspruch auf die Lieferung der Küche in der teureren Holzqualität „Handschmeichler“ gem. § 433 Abs. 1 BGB, wenn zwischen ihr und dem Küchenbauer ein Kaufvertrag über diese Küche zustande gekommen ist.

Der Küchenbauer hat sogar ein schriftliches Angebot über die Küche „Handschmeichler“ erstellt. Trotz der abweichenden Wortwahl könnte doch ein Vertrag über die Küche „Augenschmaus“ zustande gekommen sein, was vorher von beiden Seiten so vereinbart war.

Verträge sind so auszulegen, wie Treu und Glauben mit Rücksicht auf die Verkehrssitte es erfordern. Das bedeutet, dass bei der Auslegung einer empfangsbedürftigen Willenserklärung der objektive Empfängerhorizont maßgeblich ist. Franziska Hillenbrand hat die Holzqualität „Augenschmaus“ im Geschäft ausgewählt und um ein entsprechendes Angebot nach Aufmaß gebeten. Sie konnte deshalb nicht ahnen, dass der Küchenbauer ihr eine andere Holzqualität anbieten würde. Vom Empfängerhorizont ist damit „Augenschmaus“ zu verstehen. Ein Kaufvertrag über die Küche in der Qualität „Handschmeichler“ ist aufgrund des Angebots des Küchenbauers nicht zustande gekommen.

Der Kaufvertrag über die Küche „Handschmeichler“ könnte aber aufgrund der Erklärung von Franziska Hillenbrand zustande gekommen sein, wenn ihre „Auftragserteilung“ nach § 150 Abs. 2 BGB als ein **neuer Antrag** anzusehen ist und der Küchenbauer diesen angenommen hätte. Nach § 150 Abs. 2 BGB gilt eine Annahme unter Erweiterungen, Einschränkungen oder sonstigen Änderungen als Ablehnung, verbunden mit einem neuen Antrag.

Die Annahme eines Vertragsangebots ist ebenfalls eine empfangsbedürftige Willenserklärung (§ 146 BGB). Als dem Küchenbauer die Erklärung seiner Kundin zuging, hatte er seinen Irrtum noch nicht bemerkt. Er konnte nur davon ausgehen, dass auch Franziska Hillenbrand einen Vertrag über die Küche „Augenschmaus“ schließen wollte. Demnach hat Franziska Hillenbrand mit der „Auftragserteilung“ das Angebot des Küchenbauers angenommen. Ihre Willenserklärung ist kein neuer Antrag gem. § 150 Abs. 2 BGB und sie hat keinen Anspruch auf Lieferung der Küche in der Qualität „Handschmeichler“ aus § 433 Abs. 1 BGB.

Eine ausführlichere Lösung im Gutachtenstil finden Sie unter BuchPlusWeb.

7. a) Es gibt sowohl empfangsbedürftige als auch nicht empfangsbedürftige Willenserklärungen. Eine Kündigung ist eine empfangsbedürftige Willenserklärung im Gegensatz z. B. zu einem Testament, das nicht empfangsbedürftig ist. Empfangsbedürftige Willenserklärungen müssen zum einen abgeben werden und zum anderen müssen sie dem Empfänger auch zugehen, d. h., sie müssen in den Machtbereich des abwesenden Empfängers gelangt sein und er muss die Möglichkeit haben, unter gewöhnlichen Umständen von der Willenserklärung Kenntnis zu erlangen. Eine unberechtigte Verweigerung der Annahme der Willenserklärung geht zulasten des Empfängers.

   Die Kündigung seiner Arbeitgeberin ist Stefan Kieling also zugegangen, denn er war in der Lage, in zumutbarer Weise von ihr Kenntnis zu nehmen. Es liegt in seiner Verantwortung, dass er vor der Rechtsanwältin Julia Greim die Tür zugeschlagen hat und den Brief nicht angenommen hat.

   b) Anders ist die Rechtslage zu beurteilen, wenn Julia Greim die Kündigung an einem Sonntag in den Briefkasten des Rechtsanwaltsfachangestellten eingeworfen hat. Nach neuester Rechtsprechung (LAG Schleswig-Holstein, 13.10.2015, Az.: 2 Sa 149/15) muss ein Angestellter nicht an einem Sonntag in seinen Briefkasten schauen. Hätte die Rechtsanwältin Julia Greim das Kündigungsschreiben an einem Werktag in den Briefkasten geworfen, wäre die Kündigungsfrist gewahrt gewesen.
   c) Stefan Kieling kann mit einer Reise, die er nur zu dem Zweck antritt, den Kündigungszugang zu vereiteln, nicht den Zugang verhindern, denn es ist als arglistig einzustufen, wenn jemand einfach verreist, ohne sicherzustellen, dass ihn wichtige Post erreicht.

8. Ein wirksamer Kaufvertrag gem. § 433 BGB kann nur vorliegen, wenn Natalie geschäftsfähig ist. Gemäß § 104 BGB ist geschäftsunfähig, wer das siebente Lebensjahr noch nicht vollendet hat. Natalie ist sechs Jahre alt. Sie kann also noch keine wirksamen Kaufverträge abschließen.

9. Der Händler und Nora Yilmaz müssten einen wirksamen Kaufvertrag geschlossen haben. Der Kaufvertrag könnte aber nichtig sein, weil Nora Yilmaz erst 17 Jahre alt und damit nach § 107 BGB beschränkt geschäftsfähig ist. Gemäß § 108 BGB hängt die Wirksamkeit des Vertrags von der Genehmigung des Vertreters ab, wenn der Minderjährige ohne Einwilligung des gesetzlichen Vertreters handelt. Hier war es so, dass die Eltern im Nachhinein mit dem Geschäft einverstanden waren. Erst als sie ihre Genehmigung des Rechtsgeschäfts erklärten, war der Kaufvertrag wirksam. Vor der Genehmigung war das Rechtsgeschäft schwebend unwirksam.

10. Der Händler hat gegen die Schülerin einen Anspruch auf Zahlung des Kaufpreises gem. § 433 Abs. 2 BGB, wenn ein wirksamer Kaufvertrag zwischen den beiden vorliegt.

    Magdalena Rander ist minderjährig und deshalb gem. § 106 Abs. 2 BGB nur beschränkt geschäftsfähig. Nach § 131 Abs. 2 S. 2 BGB kann einem Minderjährigen eine Willenserklärung nur dann ausnahmsweise zugehen, wenn sie ihm lediglich einen rechtlichen Vorteil bringt oder der gesetzliche Vertreter vor dem Rechtsgeschäft seine Einwilligung dazu erteilt hat. Grundsätzlich ist die Willenserklärung nur wirksam, wenn sie dem gesetzlichen Vertreter zugegangen ist (§ 131 Abs. 2 S. 1 BGB).

Das **Angebot** des Händlers war lediglich rechtlich vorteilhaft, denn aufgrund des bloßen Angebots des Händlers ist Magdalena Rander nicht rechtlich verpflichtet. Für eine Wirksamkeit des Angebots genügte damit ein Zugang bei der Minderjährigen gem. § 131 Abs. 2 S. 2 BGB.

Magdalena Rander hat das Angebot **angenommen**. Die Wirksamkeit dieser Annahmeerklärung beurteilt sich nach §§ 107–113 BGB. Das Rechtsgeschäft war nicht lediglich rechtlich vorteilhaft für Magdalena Rander. Ein lediglich rechtlich vorteilhaftes Geschäft liegt vor, wenn das Rechtsgeschäft weder zu einer Verminderung von Rechten noch zu einer Vermehrung von Pflichten führt. Zwar mag der Kauf rein materiell betrachtet ein gutes Geschäft sein, aber die Schülerin wäre ihrerseits verpflichtet, den Kaufpreis gem. § 433 Abs. 2 BGB zu bezahlen. Die Eltern hätten gem. § 107 BGB vorab einwilligen müssen. Die Rechtsfolge ist, dass das Rechtsgeschäft nun bis zur Genehmigung durch die Eltern gem. § 108 Abs. 1 BGB schwebend unwirksam ist, d. h., dass die Annahme nur wirksam ist, wenn die Eltern von Magdalena Rander diese nachträglich genehmigen würden. Die Eltern sind aber auch nachträglich nicht einverstanden mit dem Rechtsgeschäft ihrer Tochter.

Da Magdalena Rander erst 100,00 € angezahlt hat, greift § 110 BGB (**Taschengeldparagraf**) nicht ein.

Der Händler bekommt den Kaufpreis für die Kamera weder von den Eltern noch von Magdalena Rander, weil die Annahmeerklärung von der Schülerin nicht wirksam war. Er kann aber die Kamera gem. § 812 Abs. 1 S. 1 BGB von Magdalena Rander verlangen.

Eine ausführlichere Lösung im Gutachtenstil finden Sie unter BuchPlusWeb.

11. Thorsten Himmelberg ist minderjährig und deshalb wäre das Rechtsgeschäft bis zur Genehmigung durch seine Eltern schwebend unwirksam. Aber hier könnte § 110 BGB eingreifen. § 110 BGB besagt, dass ein von dem Minderjährigen ohne Zustimmung des gesetzlichen Vertreters geschlossener Vertrag von Anfang an als wirksam gilt, wenn der Minderjährige die vertragsmäßige Leistung mit Mitteln bewirkt, die ihm zu diesem Zweck oder zu freier Verfügung von dem Vertreter oder mit dessen Zustimmung von einem Dritten überlassen worden sind. Thorsten Himmelberg bekommt 15,00 € Taschengeld zur freien Verfügung. Indem ihm die Eltern dieses Taschengeld überlassen, willigen sie stillschweigend ein, dass ihr Kind über diesen Betrag frei verfügen kann. Diese stillschweigende Einwilligung ist aber u. a. dadurch beschränkt, dass der Minderjährige die Leistung schon voll bewirkt haben muss (§ 110 BGB). Mit Bewirken ist die Erfüllung gem. § 362 BGB gemeint. Thorsten Himmelberg hat aber ein Abonnement abgeschlossen, das monatlich bezahlt wird. Bisher hat er noch gar nichts bezahlt.

Die Regelung des § 110 BGB besagt nicht, dass ein Rechtsgeschäft schon dadurch wirksam wird, wenn der Minderjährige bloß beabsichtigt, es mit eigenen Mitteln zu erfüllen. Erst die vollständige Erfüllung der Verpflichtung aus dem Rechtsgeschäft mit eigenen Mitteln führt zum Wirksamwerden des Vertrags. § 110 BGB führt daher nicht zur Wirksamkeit des Vertrags, unabhängig davon, ob Thorsten die übergebenen Mittel von seinen Eltern zur freien Verfügung überlassen wurden.

Mangels einer konkludenten Einwilligung war der Vertrag zunächst schwebend unwirksam. Aber die Eltern genehmigen den Vertrag auch nachträglich nicht. Die Verweigerung der Genehmigung kann gem. § 182 Abs. 1 BGB sowohl Thorsten als auch gegenüber dem Anbieter erklärt werden. Rechtsfolge der Verweigerung ist, dass Thorsten nicht zahlen muss.

12. Die Schwester hat nur einen Anspruch auf Zahlung von 60,00 € gegen Lisa Wohlgemuth, wenn ein wirksamer Kaufvertrag zustande gekommen ist.

Lisa ist als Minderjährige beschränkt geschäftsfähig (§ 106 BGB). Die Willenserklärung eines beschränkt Geschäftsfähigen ist gem. § 107 BGB grundsätzlich nur mit der Einwilligung des gesetzlichen Vertreters, also hier von Lisas Eltern, wirksam. Lisas Eltern brachten mit ihrem Versprechen, ihrer Tochter die Stiefel zu kaufen, sobald sie ein günstiges Angebot sehen, gerade zum Ausdruck, dass Lisa nicht auf eigene Faust handeln sollte. Eine Einwilligung liegt also nicht vor.

Das Rechtsgeschäft ist auch nicht lediglich rechtlich vorteilhaft für Lisa, denn sie wäre aus dem Rechtsgeschäft ihrerseits verpflichtet, 60,00 € für die Stiefel zu bezahlen. Kaufverträge sind insofern nie rechtlich vorteilhaft, denn einer der Vertragspartner ist stets zur Zahlung des Kaufpreises oder zur Übergabe der Sache verpflichtet.

Die Eltern haben das Rechtsgeschäft nach § 108 Abs. 1 BGB aber genehmigt, indem sie nachträglich zustimmten. Wie sich aus § 182 Abs. 1 BGB ergibt, kann diese Genehmigung sowohl gegenüber Lisa als auch gegenüber der Schwester abgegeben werden. Hier haben die Eltern ihrer Tochter gegenüber ihr Einverständnis erklärt und so eine Genehmigung des Rechtsgeschäfts erteilt. Das Rechtsgeschäft ist daher gem. § 108 Abs. 1 BGB zunächst wirksam geworden.

Diese Genehmigung ist aber gem. § 108 Abs. 2 S. 1 BGB unwirksam geworden. Die Schwester hat bei Lisas Eltern angerufen und sie nach der Genehmigung gefragt. Durch diese Aufforderung kann die Erklärung der Genehmigung nur gegenüber der Schwester erfolgen. Durch die Verweigerung ist der Vertrag endgültig unwirksam geworden und die Schwester hat keinen Anspruch auf Zahlung von 60,00 € gegen Lisa Wohlgemuth.

Zwischen der Schwester und Lisas Eltern liegt kein Kaufvertrag vor, denn die Vertragsverhandlungen fanden allein mit Lisa statt.

Web Eine ausführlichere Lösung im Gutachtenstil finden Sie unter BuchPlusWeb.

13. a) Jörg Monsdorf kann seine Erklärung nur anfechten, wenn ein Anfechtungsgrund gegeben ist. Als Anfechtungsgrund kommt grundsätzlich ein Irrtum in Betracht. Ein Irrtum ist das unbewusste Auseinanderfallen von Wille und Erklärung. Hier liegt ein Erklärungsirrtum gem. § 119 Abs. 1 2. Alt. BGB vor, weil sich Jörg Monsdorf verschrieben hat. Dieser Irrtum ist auch ursächlich für die Abgabe der Erklärung. Wenn er nun die Anfechtung gem. § 143 BGB innerhalb der Anfechtungsfrist gem. § 121 BGB erklärt, kann er sich von seiner Willenserklärung, d. h., dem Angebot, lösen. Die Rechtsfolge ist, dass das Rechtsgeschäft gem. § 142 Abs. 1 BGB von Anfang an als nichtig anzusehen ist.

b) Die Anfechtungsfrist könnte von Jörg Monsdorf nicht gewahrt worden sein. Gemäß § 121 Abs. 1 BGB muss in den Fällen der §§ 119, 120 BGB die Anfechtung ohne schuldhaftes Zögern (unverzüglich) erfolgen, nachdem der Anfechtungsberechtigte von dem

Anfechtungsgrund Kenntnis erlangt hat. Hier lässt sich Jörg Monsdorf zwei Wochen Zeit, bis er sich bei dem Käufer meldet. Damit ist die Anfechtungsfrist nicht gewahrt und das Rechtsgeschäft ist nicht von Anfang an als nichtig anzusehen, sondern gültig.

14. Daniel Holzrichter kann seine Willenserklärung nur anfechten, wenn er einen Anfechtungsgrund hat. Er hat ein Käsebrötchen bestellt, denn nach dem Kölner Dialekt wird das „halver Hahn" genannt. Er wünschte jedoch ein halbes Brathähnchen zum Essen. Sein Wille und seine Erklärung fallen also auseinander. Gemäß § 119 Abs. 1 1. Alt. BGB liegt ein Inhaltsirrtum vor, wenn der Erklärende bei der Abgabe der Erklärung über deren Inhalt im Irrtum war. Genauso verhält es sich hier: Der Student irrte über den Gegenstand des Geschäfts. Dieser Irrtum war auch ursächlich für die Abgabe der Erklärung. Hätte Daniel Holzrichter gewusst, dass mit „halver Hahn" ein Käsebrötchen gemeint ist, hätte er sich dieses Essen nicht bestellt. Jetzt müsste er noch eine Anfechtungserklärung innerhalb der Frist des § 121 BGB abgeben, dann könnte er sich von seiner Willenserklärung lösen und das Rechtsgeschäft wäre von Anfang an als nichtig gem. § 142 Abs. 1 BGB anzusehen.

15. Der Autoverkäufer müsste einen Anfechtungsgrund haben. In Betracht kommt der Anfechtungsgrund gem. § 119 Abs. 2 BGB. Danach gilt als Irrtum über den Inhalt der Erklärung auch der Irrtum über solche Eigenschaften der Person oder der Sache, die im Verkehr als wesentlich angesehen werden. Der Autoverkäufer irrt hier über die Bonität von Christina Knoche. Beim Abschluss eines Ratenzahlungsvertrags ist die Bonität des Schuldners als verkehrswesentliche Eigenschaft anzusehen. Dieser Irrtum war ursächlich dafür, dass der Autoverkäufer überhaupt eine solche Willenserklärung abgegeben hat. Hätte er gewusst, dass die finanzielle Situation von Christina Knoche so schlecht ist, dann hätte er auf Barzahlung bestanden. Er könnte sich also von dem Vertrag lösen, wenn er die Anfechtung gegenüber seiner Vertragspartnerin innerhalb der Frist des § 121 BGB, d.h., ohne schuldhaftes Zögern, erklären würde.

16. Damit Dimitri Kosics den Kaufvertrag anfechten kann, müsste er einen Anfechtungsgrund haben. Daran fehlt es hier aber, denn bei seiner Willensäußerung hat Dimitri Kosics keinen Fehler gemacht. Er hat genau den Anzug zu dem Preis gewählt, den er auch kaufen wollte. Es liegt aber ein Fehler in der Willensbildung vor, denn Dimitri Kosics wollte den Anzug aufgrund seiner bevorstehenden Hochzeit kaufen, aus der aber nichts geworden ist. Er handelte aufgrund eines Motivirrtums. Dieser ist jedoch juristisch gesehen unbeachtlich und berechtigt nicht zu einer Anfechtung.

17. Ludmilla Wahrig hätte einen Anspruch auf Zahlung des Kaufpreises gegenüber Kurt Haferkorn gem. § 433 Abs. 2 BGB, wenn der Anspruch nicht wirksam angefochten wurde.

Kurt Haferkorn hat gem. § 143 Abs. 1 BGB die **Anfechtung** gegenüber Ludmilla Wahrig **erklärt**, weil er ihr gegenüber die Zahlung des Kaufpreises mit der Begründung verweigert hat, er sei von ihr betrogen worden. Es ist nicht erforderlich, dass der Anfechtende das Wort „Anfechtung" verwendet. Es genügt, wenn er seinen Willen, das Rechtsgeschäft nicht gelten lassen zu wollen, klar zum Ausdruck bringt. Als **Anfechtungsgrund** kommt eine Anfechtung **wegen arglistiger Täuschung** gem. § 123 Abs. 1 1. Alt. BGB in Betracht. Danach ist derjenige zur Anfechtung berechtigt, der durch arglistige Täuschung zur Abgabe einer Willenserklärung bestimmt worden ist.

Ludmilla Wahrig hat die Wirtschaftlichkeit der GmbH durch Verschweigen hoher Verbindlichkeiten besser dargestellt, als sie tatsächlich ist. Sie hat aber nicht aktiv z.B. eine gefälschte Bilanz vorgelegt. Die Täuschung beruht also darauf, dass sie es unterlassen hat, Kurt Haferkorn umfassend aufzuklären. Eine Täuschung durch Unterlassen verwirklicht aber nur derjenige, der entgegen einer Aufklärungspflicht die Entstehung eines Irrtums nicht verhindert oder einen entstandenen Irrtum nicht beseitigt. Ludmilla Wahrig hätte also nur eine Täuschung begangen, wenn sie über die tatsächliche finanzielle Lage der GmbH hätte aufklären müssen. Das Zivilrecht kennt keine allgemeine Aufklärungspflicht. Ob und inwieweit eine Ausnahme von dieser Regel anzunehmen ist, ist nach der Verkehrsauffassung unter Berücksichtigung von Treu und Glauben gem. § 242 BGB und den Umständen des Einzelfalls zu entscheiden. Derartige zivilrechtliche Aufklärungspflichten werden angenommen, wenn der andere Vertragspartner ein überlegenes Fachwissen hat oder wenn die verschwiegenen Umstände von offensichtlich ausschlaggebender Bedeutung für die Kaufentscheidung sind. Hier sind beide Ausnahmefälle gegeben, denn Ludmilla Wahrig war die alleinige Informationsquelle für Kurt Haferkorn und hätte ihm auch alle Verbindlichkeiten der GmbH benennen können. Zudem ist ihr auch klar gewesen, dass diese wesentlichen Verbindlichkeiten für Kurt Haferkorn von ausschlaggebender Bedeutung für die Kaufentscheidung waren. Ludmilla Wahrig traf also eine Aufklärungspflicht und ihr Unterlassen ist einem aktiven Tun gleichgestellt.

Kurt Haferkorn **irrte** über die finanzielle Lage der GmbH, weil ihm hohe Verbindlichkeiten verschwiegen worden sind. Er hätte bei umfassender Aufklärung den GmbH-Anteil nicht gekauft. **Kausalität** ist also gegeben.

Eine Anfechtung nach § 123 Abs. 1 1. Alt. BGB setzt **Arglist** beim Täuschenden voraus.

Ludmilla Wahrig kannte die desolate finanzielle Lage der GmbH und sie ahnte, dass Kurt Haferkorn von dem Kauf Abstand genommen hätte oder zumindest einen deutlich geringeren Kaufpreis für den GmbH-Anteil gezahlt hätte, wenn er Bescheid gewusst hätte. Von der **Widerrechtlichkeit** der Täuschung ist ebenfalls auszugehen.

Als Anfechtungsgrund kommt hier noch ein **Eigenschaftsirrtum** von Kurt Haferkorn in Betracht. Der GmbH-Anteil stellt eine Sache i. S. d. § 119 Abs. 2 BGB dar. Die Wirtschaftlichkeit der GmbH ist auch eine verkehrswesentliche Eigenschaft des GmbH-Anteils, da dadurch unmittelbar der Wert des Anteils bestimmt wird.

Aber: Die Anfechtung gem. § 123 Abs. 1 1. Alt BGB ist für Kurt Haferkorn günstiger, weil dadurch nicht gem. § 122 BGB eine Schadenersatzpflicht für ihn ausgelöst wird.

Es ist davon auszugehen, dass Kurt Haferkorn die **Anfechtungsfrist** gem. § 124 BGB eingehalten hat.

Der Kaufvertrag zwischen Ludmilla Wahrig und Kurt Haferkorn ist infolge einer Anfechtung gem. § 142 Abs. 1 BGB von Beginn an als nichtig anzusehen.

Web Eine ausführlichere Lösung im Gutachtenstil finden Sie unter BuchPlusWeb.

18. Die Stellvertretung müsste zunächst zulässig sein. Außer bei höchstpersönlichen Rechtsgeschäften ist eine Stellvertretung bei jedem Rechtsgeschäft zulässig. Die Bestellung des

Mittagessens ist also unproblematisch. Eine Testamentserrichtung ist aber gem. § 2064 BGB nur persönlich möglich. Da hilft es nichts, wenn Sonja Kliemke den Inhalt genau mit ihrem Assistenten besprochen hat. Sie darf sich bei der Testamentserrichtung nicht vertreten lassen.

19. Corinna Sturm hat ihrer Schwester sehr genaue Vorgaben gemacht, welches Buch sie kaufen soll. Die Schwester hatte bei der Willenserklärung keinen eigenen Spielraum. Deshalb hat die Schwester als Botin für Corinna Sturm gehandelt, was sie auch so ausgedrückt hat. Der Kaufvertrag ist zwischen dem Buchhändler und Corinna Sturm zustande gekommen.

20. a) Sabrina Geider könnte Empfangsbotin ihres Chefs sein. Empfangsbote ist, wer geeignet und bestimmt ist, Erklärungen an den Empfänger zu überbringen. Als Sekretärin hat sie die Aufgabe, Nachrichten und Mitteilungen an ihren Chef weiterzuleiten. Das Risiko der Nicht- oder Falschübermittlung trägt in einem solchen Fall allerdings der Empfänger, der die betreffende Person als Empfangsboten eingesetzt hat. Der Vertrag ist also über 500 Kartons zustande gekommen. Das Angebot von Alfons Tegtmeyer geht in dem Augenblick dem Chef von Sabrina Geider zu, als mit Weiterübermittlung an ihn zu rechnen ist.

b) Der Sohn ist weder geeignet noch dazu bestimmt, der Empfangsbote seines Vaters zu sein. Er ist lediglich Erklärungsbote von Alfons Tegtmeyer. Das Risiko der falschen Übermittlung liegt deshalb im Bereich von Alfons Tegtmeyer. Die Erklärung ist so wirksam, wie sie von dem Jungen übermittelt wird. Allerdings könnte Alfons Tegtmeyer die Erklärung gem. § 120 BGB anfechten.

21. Der Kaufvertrag über das Buch ist zwischen dem Arbeitskollegen und dem Buchhändler zustande gekommen, denn Astrid Milzner überbrachte keine eigene Willenserklärung. Sie hat das Buch im Namen ihres Arbeitskollegen gekauft. Der Vertrag könnte durch Anfechtung gem. § 142 BGB von Anfang an als nichtig anzusehen sein. Dann müsste der Arbeitskollege einen Anfechtungsgrund gehabt haben. In Betracht kommt der Anfechtungsgrund gem. § 120 BGB. Gemäß § 120 BGB kann eine Willenserklärung, welche durch die zur Übermittlung verwendete Person oder Einrichtung unrichtig übermittelt worden ist, unter der gleichen Voraussetzung angefochten werden wie nach § 119 BGB eine irrtümlich abgegebene Willenserklärung. Astrid Milzner hat die Willenserklärung nicht richtig übermittelt, sie hat das falsche Buch aus dem Regal gegriffen. Der Arbeitskollege hat die Anfechtung unter Wahrung der Anfechtungsfrist gem. § 121 BGB für wirksam erklärt. Der Vertrag ist von Anfang an als nichtig anzusehen.

22. Die GmbH kann den Anspruch auf Zahlung des Kaufpreises für die Farbe gem. § 433 Abs. 2 BGB gegen Hermann Gessler nur geltend machen, wenn sie als juristische Person rechtsfähig ist, denn nur dann kann sie Inhaberin eines Anspruchs sein. § 13 Abs. 1 GmbHG weist die GmbH als selbstständigen Träger von Rechten und Pflichten aus, somit kann die GmbH – vertreten durch den Geschäftsführer – einen Anspruch geltend machen.

Es ist ein wirksamer Kaufvertrag zwischen der Selbermacher-GmbH und Hermann Gessler zustande gekommen, auf dessen Grundlage die Zahlung des Kaufpreises gem. § 433 Abs. 2 BGB verlangt werden kann.

Die Selbermacher-GmbH ist als juristische Person zwar rechtsfähig, sie kann aber nicht selbst, sondern nur durch einen Vertreter, also eine natürliche Person, handeln. In diesem

Fall wurde sie durch den Verkäufer vertreten (Stellvertretung gem. § 164 Abs. 1 Abs. 3 BGB). Da er im Rahmen seiner Tätigkeit als Verkäufer gehandelt hat und auch keine gegenteiligen Angaben vorliegen, ist davon auszugehen, dass die Stellvertretung wirksam war und er somit einen wirksamen Kaufvertrag für die Selbermacher-GmbH abgeschlossen hat.

Die Selbermacher-GmbH kann die Zahlung des Kaufpreises gem. § 433 Abs. 2 BGB von Hermann Gessler verlangen.

Eine ausführlichere Lösung im Gutachtenstil finden Sie unter BuchPlusWeb.

23. Ein Anspruch auf Zahlung des Kaufpreises besteht nur, wenn ein **wirksamer Kaufvertrag** gem. § 433 BGB geschlossen worden wäre. Dominique Breuer hat selbst keine Vertragsverhandlungen geführt, aber vielleicht wurde er wirksam von Jasmin Tirpitz gem. § 164 BGB vertreten.

Die Voraussetzungen der Stellvertretung liegen bis auf die **Vertretungsmacht** unproblematisch vor. Die Stellvertretung setzt nach § 164 Abs. 1 S. 1 BGB voraus, dass der Vertreter seine Willenserklärung innerhalb der ihm zustehenden Vertretungsmacht abgibt. Die Vertretungsmacht kann auf rechtsgeschäftlicher, organschaftlicher oder gesetzlicher Grundlage beruhen. Jasmin Tirpitz hatte Prokura. Die Prokura ist eine rechtsgeschäftlich erteilte, in ihrem Umfang jedoch gesetzlich geregelte besondere Form der Vertretungsmacht i. S. d. § 164 BGB. Diese Grenzen der ihr zustehenden Vertretungsmacht hat Jasmin Tirpitz im Innenverhältnis aber überschritten und damit die Vertretungsmacht missbraucht.

Der Umfang der Prokura ist gesetzlich geregelt. Grundsätzlich ermächtigt die Prokura gem. § 49 Abs. 1 HGB zu allen Rechtshandlungen, die der Betrieb eines Handelsgewerbes mit sich bringt. Aber Dominique Breuer hatte Jasmin Tirpitz angehalten, bei allen Rechtsgeschäften, die einen Geldbetrag von 50 000,00 € überschreiten, Rücksprache zu halten. Eine solche Beschränkung der Vollmacht im Innenverhältnis kann mit Blick auf die Privatautonomie auch wirksam vereinbart werden. Nach § 50 Abs. 1 HGB ist eine Beschränkung des Umfangs der Prokura Dritten (also etwaigen Vertragspartnern) gegenüber unwirksam. Wird einem Vertreter Prokura erteilt, so darf der Geschäftspartner darauf vertrauen, dass sie in vollem Umfang besteht und nicht im Innenverhältnis beschränkt ist. Von einer solchen Beschränkung hat der Geschäftspartner regelmäßig keine Kenntnis, also ist er grundsätzlich schutzwürdig. Jasmin Tirpitz überschreitet zwar ihr rechtliches Dürfen, bewegt sich aber innerhalb ihres rechtlichen Könnens (sog. Missbrauch der Vertretungsmacht). Grundsätzlich wirkt ein Rechtsgeschäft selbst dann für und gegen den Vertretenen, wenn der Bevollmächtigte die im Innenverhältnis gesetzten Grenzen missachtet.

Etwas anderes gilt aber dann, wenn der Geschäftsgegner ausnahmsweise nicht schutzwürdig ist. Dann muss der Vertretene das Geschäft nicht gegen sich gelten lassen. Das kann vorkommen, wenn z. B. der Vertreter und der andere Geschäftspartner wissen, dass das Rechtsgeschäft von der Vollmacht im Innenverhältnis nicht umfasst wird.

Der Wohnungsverkäufer hat einen Anspruch auf Zahlung des Kaufpreises von 60 000,00 € gegen Dominique Breuer aus dem Kaufvertrag gem. § 433 Abs. 2 BGB.

Eine ausführlichere Lösung im Gutachtenstil finden Sie unter BuchPlusWeb.

d) Leistungsstörungen beim Kaufvertrag feststellen

1. a) Peter Nordmann sollte die Auktion sofort abbrechen. Liegen besondere Gründe vor, z. B. wenn der angebotene Artikel kaputtgeht, ist das möglich.

b) Geht das Becken dann kaputt, ist die Leistung gem. §§ 280 Abs. 1, 3, 283 BGB nachträglich unmöglich geworden und die Rechtsfolgen der nachträglichen Unmöglichkeit greifen ein. Der Ersteigerer kann Schadenersatz statt der Leistung verlangen.

2. Zwischen Luca Kampmann und Linda Mertens liegt ein **wirksamer Kaufvertrag** über das Smartphone vor, aber der Anspruch aus dem Vertrag ist gem. § 275 Abs. 1 BGB erloschen. Linda Mertens ist es nachträglich unmöglich geworden, das Smartphone zu übereignen, weil sie es an ihre Freundin verkauft und übereignet hat. Luca Kampmann kann nun **Schadenersatz statt der Leistung** verlangen. Er ist so zu stellen, wie er stehen würde, wenn Linda Mertens ihre Pflichten korrekt erfüllt hätte. Luca Kampmann hätte bei ordnungsgemäßer Vertragserfüllung von Linda Mertens ein Smartphone zum Preis von 150,00 € bekommen, das aber in Wirklichkeit 300,00 € wert gewesen wäre. Sein Vermögen wäre also um 150,00 € gewachsen. Daher kann er 150,00 € von Linda Mertens verlangen.

Eine ausführlichere Lösung im Gutachtenstil finden Sie unter BuchPlusWeb. Web

3. a) Zwischen Mike Racke und Ulf Bösert ist ein Kaufvertrag gem. § 433 Abs. 1 BGB über die Lieferung von 100 Brettern Buchenholz (100 cm × 20 cm) zustande gekommen. Diese Leistung ist auch nicht gem. § 275 BGB unmöglich geworden. Zwar sind alle Bretter im Lager von Mike Racke verbrannt, aber die Bretter sind noch am Markt erhältlich, denn es handelt sich um ganz gewöhnliche Buchenholzbretter in einem Standardmaß. Daher kann Mike Racke die Bretter noch liefern, auch wenn er diese neu beschaffen müsste, da eine unbeschränkte Gattungsschuld vorliegt. Eine Vertragsauslegung gem. §§ 133, 157 BGB ergibt, dass eine unbegrenzte Beschaffungspflicht nicht durch eine Vereinbarung der beiden Vertragsparteien eingegrenzt wurde. Eine Konkretisierung der Bretter gem. § 243 Abs. 2 BGB ist auch nicht eingetreten. Mike Racke hätte dann zur Leistung der Bretter seinerseits bereits alles Erforderliche getan haben müssen. Er hat aber weder die Bretter passend zurechtgesägt, noch hat er sie gesondert zur Abholung aufgestellt. Mike Racke muss gem. § 243 Abs. 1 BGB nur eine Sache von mittlerer Art und Güte liefern. Er muss also die Bretter neu beschaffen und liefern.

b) In diesem Fall ist eine Konkretisierung der Leistung gem. § 243 Abs. 2 BGB eingetreten, da bestimmte Bretter gesondert abgestellt wurden. Die beiden Vertragspartner haben eine Holschuld vereinbart und Mike Racke hat das seinerseits Erforderliche zur Vertragserfüllung getan. Er muss die Bretter nun nicht noch einmal liefern, denn er schuldete nur die ausgesonderten Bretter. Gleichzeitig entfällt aber auch sein Anspruch auf Kaufpreiszahlung gem. § 326 Abs. 1 BGB.

4. Zwar ist ein vertraglicher Anspruch auf Lieferung und Übereignung der Flasche des besonderen Whiskys gem. § 433 Abs. 1 BGB entstanden, aber vor der Übereignung wurde die Flasche zerstört. Es handelt sich auch nicht um eine Gattungsschuld, denn es ging um die letzte verbliebene Flasche dieses besonderen Whiskys. Der Inhaber der Destillerie ist also von seiner Leistungspflicht gem. § 275 Abs. 1 BGB befreit. Der Inhaber hat gem. § 326 Abs. 1 BGB jedoch auch keinen Anspruch auf Kaufpreiszahlung gegen Jacqueline Klann.

5. Thomas Rinter kann **Schadenersatz** für den Neukauf des Buchs gem. § 280 Abs. 1 BGB verlangen, denn Matthias Hissig hat die Rückgabepflicht aus dem Leihvertrag verletzt. Er hätte das Buch am 18.08.2017 zurückgeben müssen, was er aber versäumte. Aufgrund dieser **Verzögerung** ist Thomas Rinter ein **Schaden entstanden**. Matthias Hissig befand sich zum Zeitpunkt des Schadeneintritts, als Thomas Rinter das Buch neu kaufen musste, in **Verzug**. Die Voraussetzungen für den Verzug liegen unproblematisch vor. Eine **Mahnung** war gem. § 286 Abs. 2 Nr. 1 BGB entbehrlich, weil für die Rückgabe des Buchs eine Zeit nach dem Kalender bestimmt war. Thomas Rinter hat gegen Matthias Hissig einen Anspruch auf **Ersatz der Anschaffungskosten** für das neue Buch gem. §§ 280 Abs. 1, 2, 286 BGB.

Web Eine ausführlichere Lösung im Gutachtenstil finden Sie unter BuchPlusWeb.

6. Zwischen Jule Hansen und dem Reifenlieferanten besteht ein Kaufvertrag gem. § 433 Abs. 1 BGB. Aufgrund dieses Kaufvertrags hätte die Lieferung der gewünschten Reifen am 29.04.2017 erfolgen müssen. Diese Pflicht hat der Lieferant aber verletzt. Das muss er gem. § 280 Abs. 1 BGB auch vertreten. Zudem liegen die Voraussetzungen des § 286 BGB vor. Jule Hansen macht eine Gewinneinbuße geltend. Diese Gewinneinbuße ist entstanden, weil der Lieferant die Reifen nicht rechtzeitig geliefert hat und so die Bollerwagen vor den Feiertagen nicht alle einsatzbereit waren. Gemäß § 280 Abs. 2 BGB müssen die zusätzlichen Voraussetzungen des § 286 BGB, also des Verzugs, erfüllt sein. Diese sind unproblematisch, allerdings hat Jule Hansen den Lieferanten nicht gemahnt. Aber die beiden haben vereinbart, dass die Reifen immer drei Tage nach Abruf geliefert werden sollen. Dieser Abruf ist als ein Ereignis i. S. d. § 286 Abs. 2 Nr. 2 BGB zu bewerten. Deshalb ist eine Mahnung entbehrlich. Für die Leistung ist ab diesem Ereignis auch eine angemessene Zeit von drei Tagen für die Lieferung vereinbart worden. Jule Hansen hat einen Anspruch auf Ersatz des Verzögerungsschadens, also auf Ersatz der Gewinneinbuße von 450,00 € aus §§ 280 Abs. 1, 2, 286 BGB.

7. Zwischen Sebiha Tali und dem Händler besteht ein Kaufvertrag gem. § 433 BGB über eine Waschmaschine. Der Händler hat ordnungsgemäß seine Pflicht aus dem Vertrag erfüllt, denn er hat die Waschmaschine in der vereinbarten Woche geliefert. Dass er es erst am Ende der Woche getan hat, spielt keine Rolle, denn es wurde nicht vertraglich vereinbart, wann genau er die Waschmaschine innerhalb der Woche zu liefern hat. Deshalb besteht kein Anspruch auf Erstattung der 7,00 €.

8. Hussein Amarak kann die Leihwagenkosten vom Dienstag nicht zurückverlangen. Zwar liegt zwischen dem Werkstattleiter und ihm ein Werkvertrag gem. § 631 BGB vor, nach der die Reparatur des Wagens geschuldet wird. Die Pflichten aus diesem Vertrag hat der Werkstattleiter auch verletzt, indem er die Reparatur nicht so schnell wie möglich durchgeführt hat, aber zu dem Zeitpunkt als Hussein Amarak die Kosten für den Leihwagen ausgibt, hat er den Werkstattleiter noch nicht gemahnt. Eine Mahnung gem. § 286 Abs. 1 BGB ist aber eine der Voraussetzungen für einen Verzug. Ein Verzug liegt also nicht vor.

   Hussein Amarak kann die Leihwagenkosten vom Montag zurückverlangen, denn als er den Mietwagen in Anspruch nahm, befand sich der Werkstattleiter durch den Anruf vom Freitag in Verzug. Hussein Amarak hat ihn dadurch wirksam gemahnt. Dass er zeitgleich mit der Mahnung eine Frist bis zur kommenden Woche setzte, hinderte nicht die Entstehung des Verzugs. Hussein Amarak kann die Leihwagenkosten als Verzugsschaden gem. § 286 BGB verlangen. Hätte der Werksstattleiter den Wagen pflichtgemäß und zügig repariert, wären diese Kosten nicht entstanden.

9. a) Sandro Peters muss dem Händler erst die Gelegenheit zur Reparatur gem. § 439 BGB geben. Wenn die Konsole nicht in angemessener Frist repariert oder ihm kein mangelfreies Gerät geliefert wird, dann kann er vom Vertrag zurücktreten und bekommt sein Geld zurück.

b) Wenn Sandro Peters die Konsole im Internet gekauft hat, dann liegt ein sog. Fernabsatzvertrag gem. § 312 c BGB vor. Gemäß § 312 g Abs. 1 BGB steht den Verbrauchern ein Widerrufsrecht innerhalb von 14 Tagen nach Vertragsschluss zu. Bei Waren ist zusätzlich erforderlich, dass diese beim Käufer eingegangen sind, was hier der Fall ist. Sandro Peters könnte sein Widerrufsrecht (unabhängig vom bestehenden Mangel) hier ausüben und könnte die Spielkonsole zurücksenden.

10. Susanne Ritterhaus hat einen Anspruch auf die Reparatur gem. §§ 437 Nr. 1, 439 1. Alt. BGB. Der aufgrund des Kaufvertrags übergebene Videoprojektor weist einen Mangel auf, denn er ist aufgrund eines Fehlers, der schon bei Gefahrübergang vorhanden war, kaputtgegangen. Aufgrund dieses Sachmangels hat Susanne Ritterhaus einen Nacherfüllungsanspruch gem. §§ 437 Nr. 1, 439 Abs. 1 BGB. Dabei hat sie nach § 439 Abs. 1 BGB ein Wahlrecht zwischen Reparatur und Ersatzlieferung. Sie wünscht die Reparatur. Die Reparatur ist in diesem Fall für den Händler auch nicht nur mit unverhältnismäßig hohen Kosten möglich, denn dazu gibt es keine Informationen im Sachverhalt. Deshalb kann der Händler ihr nicht die Einrede des § 439 Abs. 3 BGB entgegenhalten. Selbst wenn der Händler nicht über eine eigene Werkstatt verfügen würde, könnte er die Reparatur in einer fremden Werkstatt durchführen lassen. Susanne Ritterhaus kann also auf der Reparatur gem. §§ 437 Nr. 1, 439 Abs. 1 BGB bestehen und muss sich nicht auf ein neues Gerät verweisen lassen.

11. Zwischen Elke Nadler und dem Großhändler lag ein Vertrag über die Lieferung von fünf Kisten Äpfel der Sorte „Freiherr von Berlepsch“ vor. Die gelieferte Sorte „Boskop“ ist an sich nicht fehlerhaft, aber es war eine andere Kaufsache vereinbart worden. Gemäß § 434 Abs. 3 BGB steht es einem Sachmangel an der gelieferten Sache gleich, wenn nicht die geschuldete, sondern eine andere Sache geliefert wird. Der Großhändler hat die Nacherfüllung deutlich verweigert. Deshalb ist eine Fristsetzung zur Nacherfüllung nach § 281 Abs. 2 1. Alt. BGB entbehrlich. Elke Nadler kann einen Anspruch aus §§ 437 Nr. 3, 280 Abs. 1, 3, 281 BGB auf Zahlung der 15,00 € geltend machen.

12. Stefan Krosen hat gegen den Verkäufer keinen Anspruch auf Rückzahlung von 60,00 € gem. §§ 437 Nr. 2, 441 Abs. 4 S. 1 BGB.

Die Mängelrechte sind anwendbar, weil zwischen Stefan Krosen und dem Verkäufer ein Kaufvertrag geschlossen wurde und der Gefahrübergang bei Übergabe des Spielhauses erfolgt ist.

Gemäß § 441 Abs. 1 BGB kann der Käufer den Kaufpreis durch Erklärung gegenüber dem Verkäufer mindern, wenn die Kaufsache einen Mangel hat. Die Montageanleitung ist schwer verständlich, deshalb kommt ein Mangel nach § 434 Abs. 2 S. 2 BGB in Betracht. Allerdings ist es Stefan Krosen gelungen, das Spielhaus dennoch zusammenzubauen. Deshalb greift hier § 434 Abs. 2 S. 2 BGB ein. Danach ist die Montageanleitung nicht mangelhaft, wenn es gelingt, die Sache fehlerfrei zusammenzubauen. Genau das ist passiert: Stefan Krosen hat das Spielhaus zusammengebaut und deshalb hat er keinen Anspruch auf Minderung des Kaufpreises in Höhe von 60,00 €.

13. Die **Mängelrechte** sind **anwendbar**, denn es liegt ein **wirksamer Kaufvertrag** über die Box gem. § 433 BGB vor und die Box wurde auch übergeben. Es liegt auch unstreitig ein **Fehler** i. S. d. Mängelrechts vor, denn der Akku ist defekt. Aber Benjamin Gritten kann nur eine neue Box gem. §§ 437 Nr. 1, 439 BGB verlangen, wenn dieser Mangel der Box **bei Gefahrübergang** vorgelegen hat.

Hier sind die Vertragspartner aber nicht einer Meinung: Andreas Jeide behauptet, dass die Box mangelfrei gewesen und der Akku erst nach Gefahrübergang kaputtgegangen sei, und Benjamin Gritten vertritt den Standpunkt, dass die Box schon als sie ihm übergeben wurde, einen defekten Akku hatte. **Grundsätzlich** muss jede Vertragspartei die für sie günstigen Tatsachen im Streitfall beweisen, d. h., Benjamin Gritten müsste beweisen, dass die Box bereits einen Defekt hatte, als sie ihm übergeben wurde. Sonst kann er sich nicht auf Mängelrechte gem. § 437 BGB berufen. Der Zustand der Box bei Übergabe ist allerdings nicht mehr nachvollziehbar, deshalb wäre es für Benjamin Gritten – wie für die meisten Käufer – hier schwierig, einen Beweis anzutreten. Aus diesem Grund hat der Gesetzgeber § 476 BGB eingefügt. Dabei handelt es sich um die **sog. Beweislastumkehr**. Es wird vermutet, dass die Sache bereits bei Gefahrübergang mangelhaft war, wenn sich der Mangel innerhalb von sechs Monaten nach Gefahrübergang zeigt. Das gilt aber nicht, wenn diese Vermutung mit der Art der Sache oder des Mangels unvereinbar ist.

Der Mangel an dem Akku zeigt sich drei Monate nach dem Kauf. Rein zeitlich betrachtet würde die Beweislastumkehr eingreifen, aber die Box weist äußere Beschädigungen auf, die darauf schließen lassen, dass der defekte Akku auf einer unsachgemäßen Behandlung der Box beruht und nicht schon bei der Übergabe der Box vorlag.

Also greift die Beweislastumkehr gem. § 476 BGB hier nicht ein und es wird nicht vermutet, dass der Mangel bei Gefahrübergang vorlag. Benjamin Gritten hat keinen Anspruch auf Nachlieferung einer neuen Box gegen Andreas Jeide gem. §§ 437 Nr. 1, 439 BGB.

Web Eine ausführlichere Lösung im Gutachtenstil finden Sie unter BuchPlusWeb.

e) Arten von Kaufleuten und Unternehmensformen unterscheiden

1. a) Sander Helms ist kein Istkaufmann gem. § 1 HGB, da er kein Handelsgewerbe betreibt. Zwar erfüllt die Spedition alle Voraussetzungen eines Gewerbes (Merkhilfe OPEGS-F), ein Handelsgewerbe liegt jedoch nur dann vor, wenn das Unternehmen nach Art und Umfang einen in kaufmännischer Weise eingerichteten Geschäftsbetrieb erfordert. Dies ist hier nicht der Fall, da Sander Helms nur einen geringen Umsatz erwirtschaftet und nur einen Teilzeitangestellten beschäftigt. Sander Helms ist auch kein Kannkaufmann gem. § 2 HGB, da er nicht im Handelsregister eingetragen ist. Es gibt auch keine Anhaltspunkte dafür, dass er Fiktiv- oder Scheinkaufmann sein könnte. Sander Helms ist somit kein Kaufmann.

   b) Die Kaufmannseigenschaft ist für die Frage von Bedeutung, ob zwischen Sander Helms und der Rechtsanwalts- und Steuerberatungskanzlei Dr. Osorio und Partner, Partnergesellschaft, ein Vertrag zustande gekommen ist. Gemäß § 362 HGB kann unter Umständen Schweigen bei Kaufleuten als Vertragsannahme gelten. Wäre Sander Helms also Kaufmann, so könnte auch ohne eine Bestätigung der E-Mail von Elmira Alaoui ein wirksamer Vertrag zustande gekommen sein, aufgrund dessen die Kanzlei zur Zahlung der Rechnung verpflichtet wäre.

   c) Das im HGB geregelte Handelsrecht ist das Sonderprivatrecht der Kaufleute. Sofern es anwendbar ist, ergänzt, modifiziert oder ersetzt das HGB die sonst einschlägigen Vorschriften des BGB (vgl. Art. 2 Abs. 1 EGHGB).

2. a) Bei Personengesellschaften steht die persönliche Mitarbeit im Unternehmen im Vordergrund, während bei Kapitalgesellschaften der Schwerpunkt auf dem eingebrachten Kapital liegt.

   b) Da beide Gesellschafter über kein nennenswertes Kapital verfügen, bietet sich die Gründung einer Personengesellschaft an. Eine Kommanditgesellschaft (KG) scheidet dabei aus, da beide zu gleichen Teilen an der Gesellschaft beteiligt werden möchten und haften wollen. Bei einer KG würde hingegen nur der Komplementär die Gesellschaft vertreten und er würde auch nur gesamtschuldnerisch haften, während der Kommanditist nur bis zur Höhe der Einlage haftet. Infrage kommen somit als Gesellschaftsformen eine GbR und eine OHG, da für beide kein Mindestkapital erforderlich ist und nur mindestens zwei natürliche und/oder juristische Personen für die Gründung erforderlich sind.

   c) Eine GbR entsteht ohne Weiteres, wenn Raoul Rickert und Tanja Jeldrik ihre gemeinsame Tätigkeit aufnehmen. Für die Gründung einer OHG ist hingegen eine Eintragung ins Handelsregister erforderlich.

   d) Gemäß § 37 a HGB sind folgende Pflichtangaben zwingend auf Geschäftsbriefen bzw. in geschäftlichen E-Mails aufzunehmen: Firma, Ort der Handelsniederlassung, Registergericht, Nummer, unter der die Firma in das Handelsregister eingetragen ist.

3. a) Die Information findet sie in Abteilung A, in der die Personengesellschaften eingetragen werden.

   b) In Abteilung A (HRA) werden die Einzelunternehmen sowie die Personengesellschaften eingetragen. Im Einzelnen wird dort aufgeführt: Firma, Name des Geschäftsinhabers bzw. der persönlich haftende Gesellschafter, Ort der Niederlassung, Bestellung oder Abberufung der Prokuristen, Namen und Einlagen der Kommanditisten, Tag der Eintragung und Unterschrift des Registerbeamten. Abteilung B (HRB) enthält alle Kapitalgesellschaften, den Versicherungsverein auf Gegenseitigkeit sowie die Europäische

Gesellschaft. Im Einzelnen werden folgende Daten aufgeführt: Firma, Namen der Vorstandsmitglieder oder Geschäftsführer bzw. der persönlich haftenden Gesellschafter, Ort der Niederlassung, Gegenstand des Unternehmens, Höhe des Haftungskapitals, Abschluss des Gesellschaftsvertrags, Bestellung oder Abberufung der Prokuristen, Tag der Eintragung und Unterschrift des Registerbeamten.

c) Die Prokura ist in den §§ 48 ff. HGB geregelt. Sie ist die umfassendste Art der handelsrechtlichen Vollmachten. Sie umfasst gerichtliche und außergerichtliche Geschäfte und Rechtshandlungen, die der Betrieb eines Handelsgewerbes mit sich bringt. Einschränkungen sind im Innenverhältnis möglich, im Außenverhältnis jedoch unwirksam. Die Prokura kann nur von dem Inhaber des Handelsgeschäfts oder seinem gesetzlichen Vertreter und nur mittels ausdrücklicher Erklärung erteilt werden. Ihre Eintragung ins Handelsregister wirkt nur deklaratorisch.

d) Es gibt die Einzelprokura (§ 48 Abs. 1 HGB), die Gesamtprokura (§ 48 Abs. 2 HGB) und die Filialprokura (§ 50 Abs. 3 HGB).

e) Hat diese Person Prokura, so handelt sie mit Vertretungsmacht. Liegen auch die anderen Voraussetzungen einer wirksamen Stellvertretung (Abgabe oder Empfang einer eigenen Willenserklärung und Handeln in fremdem Namen) vor, so kommt ein Vertrag mit dem Vertretenen, also dem Unternehmen, zustande.

4. a) Sabine Fahringer hat einen Anspruch auf den Preisnachlass, da zwischen ihr und der Möbelhaus Maschner GmbH ein Vertrag über den reduzierten Preis zustande gekommen ist. Ingo Hartheim hat dabei als Stellvertreter gem. § 164 Abs. 1 BGB gehandelt. Er hat erkennbar eine eigene Willenserklärung (nicht als Bote) im fremden Namen (für die Möbelhaus Maschner GmbH) abgegeben und handelte dabei auch mit und innerhalb seiner Vertretungsmacht. Eine entsprechende Vollmacht lag zwar nicht vor, da er vom Inhaber nicht ermächtigt wurde, Preisnachlässe auszuhandeln. Es lag jedoch eine Handlungsvollmacht vor. Gemäß § 54 HGB wird vermutet, dass jemand, der zur Vornahme einzelner zu einem Handelsgewerbe gehöriger Geschäfte ermächtigt wurde, auch dazu ermächtigt ist, alle Geschäfte, die gewöhnlich damit einhergehen, vorzunehmen. Bei dem Möbelhaus handelt es sich um ein Handelsgewerbe gem. § 1 HGB. Ingo Hartheim wurde als Verkäufer ermächtigt, Geschäfte, die zu diesem Handelsgewerbe gehören, also den Verkauf von Möbeln, vorzunehmen. Das Verhandeln von Preisnachlässen gehört gewöhnlich zu dieser Art von Geschäft. Eine Beschränkung der Handlungsvollmacht gem. § 54 Abs. 3 HGB kannte Sabine Fahringer nicht und musste sie auch nicht kennen.

b) Auch in diesem Fall ist ein wirksamer Vertrag zwischen Sabine Fahringer und der Möbelhaus Maschner GmbH über den reduzierten Preis zustande gekommen. Ingo Hartheim hat wiederum als Stellvertreter gem. § 164 Abs. 1 BGB gehandelt, der eine eigene Willenserklärung im fremden Namen abgegeben hat. Er hat dabei auch mit und innerhalb seiner Vertretungsmacht gehandelt, da ihm Prokura erteilt wurde. Ingo Hartheim wurde wirksam Prokura gem. § 48 HGB erteilt. Die Prokura muss von einem Kaufmann erteilt werden, was hier der Fall war, da der Inhaber eines Handelsgewerbes (Möbelhaus) Kaufmann ist. Die fehlende Eintragung ins Handelsregister ändert daran nichts, da die Eintragung gem. § 53 Abs. 1 S. 1 HGB keine konstitutive, sondern nur deklaratorische Wirkung hat. Die Prokura umfasst gem. § 49 Abs. 1 HGB alle Geschäfte, die der Betrieb irgendeines Handelsgewerbes mit sich bringt, somit auch das Aushandeln von Preisnachlässen. Eine Beschränkung der Prokura (darauf, keine Preisnachlässe auszuhandeln) wirkt nur im Innenverhältnis zwischen Ingo Hartheim und der Möbelhaus Maschner GmbH, gem. § 50 Abs. 1 HGB jedoch nicht Dritten gegenüber. Es liegt auch kein Missbrauch der Vertretungsmacht vor, da dazu Ingo Hartheim zum einen bewusst zum Nachteil des Möbelhauses gehandelt haben müsste und zum anderen der Vertragspartner, also Sabine Fahringer, Kenntnis vom Missbrauch der Vertretungsmacht durch den Vertreter gehabt haben müsste. Dafür gibt es hier keine Anhaltspunkte.

5. a) Muhamad Baghdadi haftet als Kommanditist nur beschränkt mit seiner Einlage. Er ist also lediglich Teilhafter.

b) Laura Stegert haftet als Komplementärin gesamtschuldnerisch, unbeschränkt und unmittelbar mit ihrem gesamten Vermögen. Ihre Haftung ist also nicht beschränkt, d. h., sie ist Vollhafterin.

c) Vom Jahresgewinn erhalten sowohl Muhamad Baghdadi als auch Laura Stegert zunächst gem. §§ 168 Abs. 1, 121 Abs. 1, 2 HGB jeweils 4 % Verzinsung ihrer Kapitaleinlage. Muhamad Baghdadi erhält somit 4 % von 300 000,00 €, also 12 000,00 €, und Laura Stegert 4 % von 100 000,00 €, also 4 000,00 €. Ist darüber hinaus noch ein Gewinn vorhanden, wird dieser gem. § 168 Abs. 2 HGB in einem angemessenen Verhältnis aufgeteilt. Wurde im Gesellschaftsvertrag dazu nichts geregelt, bietet sich hier eine Aufteilung entsprechend der Kapitaleinlage an. Muhamad Baghdadi erhält demnach drei Viertel des Gewinns, Laura Stegert ein Viertel. Ein eventueller Jahresverlust wird ebenfalls in angemessenem Verhältnis (¾ zu ¼) zwischen den Gesellschaftern verteilt.

6. a) Das Schreiben ist zu richten an: Badzubehör International GmbH & Co. KG, Rupprechtstraße 9, 91126 Schwabach, vertreten durch ihre Komplementärin Badzubehör International Beteiligungs-GmbH, diese wiederum vertreten durch ihre Geschäftsführerin Dr. Heike Fink.

b) Die GmbH haftet als Komplementärin gesamtschuldnerisch mit ihrem Gesellschaftsvermögen. Die Kommanditisten haften nur bis zur Höhe ihrer Einlage.

7. a) Die Kommanditgesellschaft auf Aktien (KGaA) ist eine Mischform zwischen Aktien- und Kommanditgesellschaft. Sie ist im Zweiten Buch des AktG in den §§ 278 ff. AktG geregelt. Ihre Rechtsfähigkeit ergibt sich aus § 278 Abs. 1 AktG, sodass eine Klage direkt gegen sie gerichtet werden kann.

b) Sie wird durch den Vorstand, bestehend aus den Komplementären, vertreten (§ 278 Abs. 2 AktG, § 125 HGB).

f) Mahnschreiben erstellen

1. Lösungsbeispiel:

Sehr geehrte Frau Marlow,

mit Schreiben vom 15.10.2017 habe ich Ihnen meine Kostenendabrechnung übersandt. Bislang haben Sie diese jedoch noch nicht beglichen.

Ich bitte deshalb nochmals um Überweisung des Rechnungsbetrags in Höhe von 618,25 € bis spätestens zum

19.11.2017

auf eines meiner unten aufgeführten Kanzleikonten.

Freundliche Grüße

Dr. Holger Appelt
Rechtsanwalt

2. a) Lösungsbeispiel:

Sehr geehrter Herr Kollege Feist,

mit Schreiben vom 13.11.2017 haben wir Ihre Mandantin aufgefordert, die von ihr zu Unrecht in Besitz genommenen Fachbücher unserer Mandantin bis zum 30.11.2017 herauszugeben.

Da diese Frist fruchtlos verstrichen ist, fordern wir Ihre Mandantin letztmalig auf, die Fachbücher bis spätestens zum

15.12.2017

herauszugeben. Andernfalls werden wir namens und im Auftrag unserer Mandantin umgehend gerichtliche Schritte einleiten.

Mit freundlichen kollegialen Grüßen

Dr. Gerlinde Wellinger
Rechtsanwältin

b) Lösungsbeispiel:

Sehr geehrte Frau Kuckert,

wir übersenden Ihnen unser Schreiben an Herrn Rechtsanwalt Dr. Feist vom 02.12.2017 zu Ihrer Kenntnisnahme.

Gleichzeitig erinnern wir Sie an die Begleichung unserer Kostenvorschussrechnung vom 13.11.2017.

Wir bitten Sie, den Rechnungsbetrag in Höhe von 320,00 € nun bis spätestens zum 15.12.2017 auf eines der unten aufgeführten Kanzleikonten zu überweisen.

Freundliche Grüße

Dr. Gerlinde Wellinger
Rechtsanwältin

Anlage

3. Lösungsbeispiel:

Sehr geehrter Herr Bulter,

mit Schreiben vom 26.10.2017 habe ich Ihnen das Schreiben des Landgerichts München I vom 23.10.2017 übersandt und Sie gebeten, mir noch verschiedene Unterlagen, die für den Antrag auf Prozesskostenhilfe benötigt werden, zukommen zu lassen.

Leider liegen mir diese Unterlagen bis heute nicht vor, sodass ich beim Landgericht München I um Fristverlängerung von zwei Wochen gebeten habe.

Bitte senden Sie mir die vom Gericht benötigten Unterlagen (aktuelle Kontoauszüge der letzten drei Monate, Kopie des Mietvertrags, aktuelle Stromabrechnung) nun unverzüglich zu, da das Landgericht München I andernfalls ggf. die Bewilligung der Prozesskostenhilfe ablehnen wird.

Freundliche Grüße

Josef Vogel
Rechtsanwalt

4. Lösungsbeispiel:

> Sehr geehrte Damen und Herren,
>
> mit Schreiben vom 25.10.2017 haben wir um Mitteilung der aktuellen ladungsfähigen Anschrift von Eva Heuberger gebeten und einen Verrechnungsscheck in Höhe von 10,00 € für die entstehenden Kosten übersandt.
>
> Wir bitten nochmals um Erledigung bis zum **28.11.2017**, da die Angelegenheit eilt.
>
> Mit freundlichen Grüßen
>
> Carsten Baumeister
> Rechtsanwalt

5. Lösungsbeispiel:

> Sehr geehrte Frau Schunkel,
>
> leider musste ich feststellen, dass Sie unsere Kostenvorschussrechnung vom 15.12.2017 in Höhe von 930,81 € nicht fristgerecht überwiesen haben.
>
> Ich bitte nochmals um Überweisung des Rechnungsbetrags bis spätestens zum
>
> **10.01.2018**
>
> auf eines meiner unten genannten Kanzleikonten.
>
> Sofern der Betrag in Höhe von 930,81 € nicht fristgerecht beglichen wird, sehe ich mich leider gezwungen, das Mandat niederzulegen und das gerichtliche Mahnverfahren gegen Sie einzuleiten.
>
> Mit freundlichen Grüßen
>
> Laura Bartosch
> Rechtsanwältin

6. Lösungsbeispiel:

> Sehr geehrte Frau Kimmken,
> sehr geehrte Damen und Herren,
>
> Sie haben mit Schreiben vom 08.01.2018 mitgeteilt, dass Sie zur Bearbeitung des Antrags unseres Mandanten weitere Daten benötigen und darum gebeten, das Formular „F“ auszufüllen und zurückzusenden.
>
> Leider lag das Formular „F“ dem Schreiben vom 08.01.2018 nicht bei. Auf telefonische Nachfrage sicherten Sie zu, dass Sie uns dieses per E-Mail noch übersenden würden.
>
> Da uns bis zum heutigen Tag das Formular „F“ weder auf dem Postweg noch per E-Mail zugegangen ist, bitte ich nochmals um Erledigung, damit über den Antrag unseres Mandanten entschieden werden kann.
>
> Mit freundlichen Grüßen
>
> Emil Schreiber
> Rechtsanwalt

7. Lösungsbeispiel:

> Sehr geehrte Damen und Herren,
>
> mit Schreiben vom 28.01.2018 habe ich darum gebeten, mir einen aktuellen Grundbuchauszug für das Grundstück in Heidenheim, Hauptstraße 111, Flurnummer 1556, sowie den Überlassungsvertrag vom 13.08.2010 zu übersenden, da ich diese Unterlagen zur Errechnung des Pflichtteilsanspruchs meines Mandanten benötige.
>
> Bis heute liegen mir die erbetenen Unterlagen jedoch noch nicht vor.
>
> Ich bitte deshalb nochmals dringend um Erledigung bzw. um Mitteilung, welche Hinderungsgründe entgegenstehen.
>
> Freundliche Grüße
>
> Dr. Stephan Cäsar
> Rechtsanwalt

8. Lösungsbeispiel:

Sehr geehrter Herr Weihrauch,

mit Schreiben vom 05.01.2018 haben wir Sie aufgefordert, die rückständige Kaufpreiszahlung in Höhe von 5.630,00 € sowie die vorgerichtlichen Rechtsanwaltskosten in Höhe von 571,44 € bis zum 25.01.2018 zu begleichen.

Die Frist ist jedoch ereignislos verstrichen.

Wir fordern Sie daher letztmalig auf, den Betrag in Höhe von 5.630,00 € sowie die aufgrund des Verzugs zu zahlenden Rechtsanwaltskosten in Höhe von 571,44 € bis spätestens zum

10.02.2018

zu begleichen. Sollte diese Frist wieder fruchtlos verstreichen, werden wir umgehend Klage erheben.

Mit freundlichen Grüßen

Kirsten Ricken
Rechtsanwältin

9. Lösungsbeispiel:

Sehr geehrter Herr Benkert,

wir hatten besprochen, dass Sie die Kostenendabrechnung vom 16.12.2017 in Höhe von insgesamt 455,50 € in monatlichen Raten von 50,00 € begleichen werden. Vereinbart war, dass Sie die monatlichen Raten jeweils zum 30. eines Monats auf eines meiner Kanzleikonten überweisen.

Leider musste ich nunmehr feststellen, dass Sie die Rate für den Monat März nicht fristgerecht überwiesen haben. **Bitte überweisen Sie diese Rate nunmehr bis spätestens zum 20.04.2018.**

Weiterhin bitte ich Sie dringend, die **Ratenzahlungen zum 30.04.2018 wieder aufzunehmen.**

Sofern die Rate für den Monat März nicht fristgerecht beglichen wird und die Ratenzahlung zum 30.04.2018 nicht wieder aufgenommen wird, wird der gesamte Restbetrag der Kostenendabrechnung sofort zur Zahlung fällig und ich würde mich gezwungen sehen, das gerichtliche Mahnverfahren gegen Sie einzuleiten.

Freundliche Grüße

Kurt-Peter Fichtner
Rechtsanwalt

10. Lösungsbeispiel

Sehr geehrter Herr Papic,

Frau Hannah Kraupsch, Burgstraße 15, 76744 Wörth am Rhein, hat mich mit der Wahrnehmung ihrer Interessen beauftragt. Eine mich legitimierende Vollmacht füge ich bei.

Sie haben mit meiner Mandantin am 11.08.2017 einen Kaufvertrag über deren alte Stereoanlage zum Preis von 300,00 € geschlossen. Die Übereignung und Übergabe der Stereoanlage fand am 14.08.2017 statt. Der Kaufpreis sollte bis zum 18.08.2017 bezahlt werden.

Sie haben den Kaufpreis in Höhe von 300,00 € jedoch trotz mehrfacher telefonischer Aufforderung nicht beglichen. Auch auf das Mahnschreiben meiner Mandantin vom 28.08.2017 mit Fristsetzung zum 12.09.2017 reagierten Sie nicht.

Ich fordere Sie deshalb letztmalig auf, den vereinbarten Kaufpreis in Höhe von 300,00 € unverzüglich zu überweisen.

Da Sie sich gem. § 286 Abs. 1 BGB seit dem 13.09.2017 im Verzug befinden, haben Sie gem. § 280 Abs. 1 BGB auch den Verzugsschaden meiner Mandantin zu tragen. Hierzu gehören auch die Kosten meiner Inanspruchnahme.

Die Forderung meiner Mandantin errechnet sich wie folgt:

1.	Kaufpreisforderung		300,00 €
2.	Kosten meiner Inanspruchnahme:		
	Gegenstandswert: 300,00 € (§ 43 Abs. 1 GKG, § 4 ZPO)		
	1,3 Geschäftsgebühr, Nr. 2300 VV RVG	58,50 €	
	Pauschale Post und Telekommunikation, Nr. 7002 VV RVG	11,70 €	
	19% Umsatzsteuer, Nr. 7008 VV RVG	13,34 €	83,54 €
Summe			383,54 €

zzgl. Verzugszinsen in Höhe von fünf Prozentpunkten über dem Basiszinssatz seit dem 13.09.2017

Ich fordere Sie auf, diesen Betrag bis spätestens

05.10.2017

auf mein Kanzleikonto zu überweisen.

Sofern Sie den Betrag in Höhe von 383,54 € zzgl. Verzugszinsen nicht fristgerecht begleichen, werde ich meiner Mandantin empfehlen, das gerichtliche Mahnverfahren einzuleiten. Dadurch entstehen Ihnen weitere Kosten, die Sie durch eine fristgerechte Zahlung vermeiden können.

Mit freundlichen Grüßen

Florentine Rethel
Rechtsanwältin

Anlage
Vollmacht

Abschlussprüfung

Teil I: Schemata und zu bearbeitende Fälle

Prüfungsbereich 1: Geschäfts- und Leistungsprozesse

a) Arbeitsorganisatorische Prozesse planen, durchführen und kontrollieren (Re, ReNo)

Schema

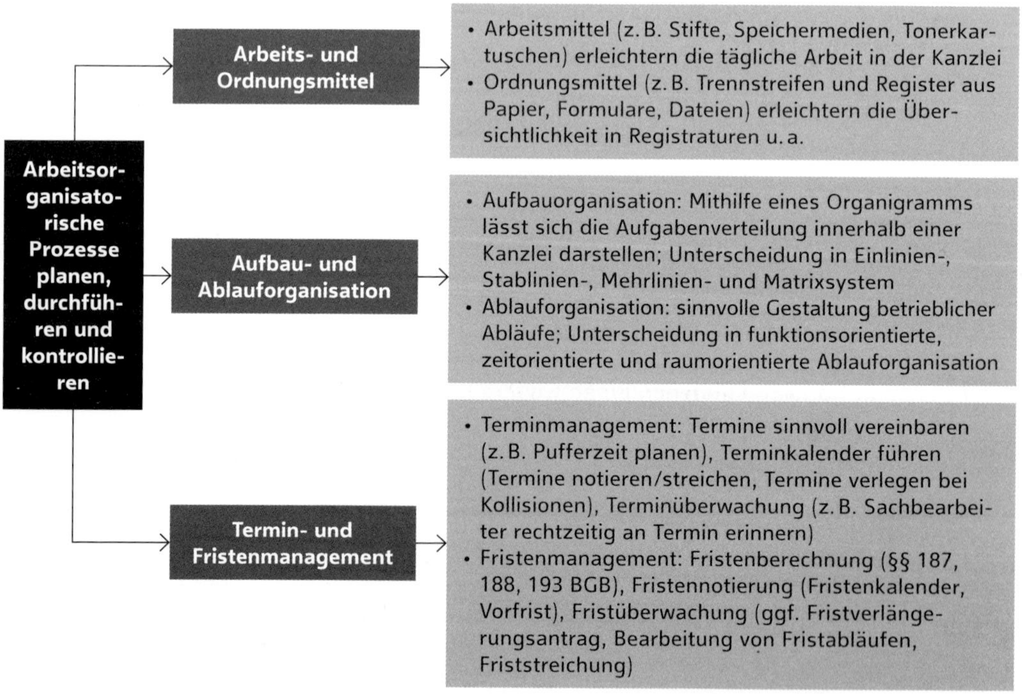

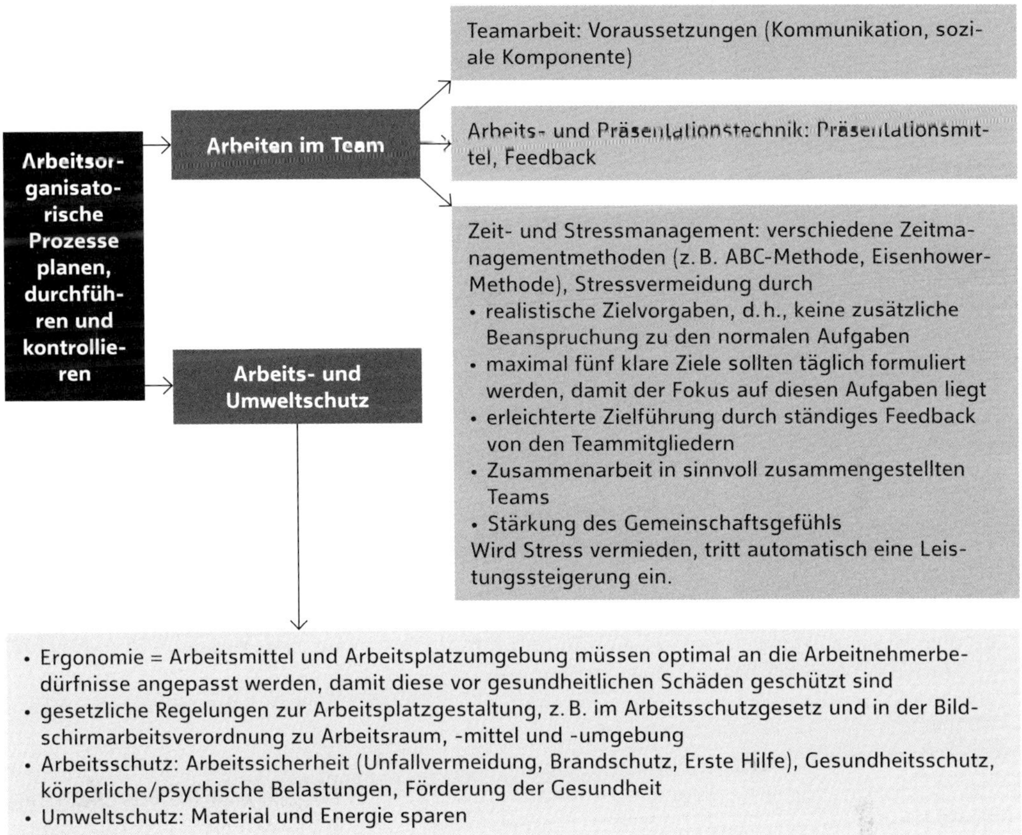

Ausführlichere Informationen zu dem im Schema zusammengefassten Themenbereich „Arbeitsorganisatorische Prozesse planen, durchführen und kontrollieren“ finden Sie im Lehrbuch:

- Lernfeld 1 (Re, ReNo), Kapitel 9.5 (Feedbackregeln)
- Lernfeld 2 (Re, ReNo), Kapitel 1.2 und 1.3 (Aufbau- und Ablauforganisation)
- Lernfeld 2 (Re, ReNo), Kapitel 2.4.1 (Ordnungssysteme)
- Lernfeld 2 (Re, ReNo), Kapitel 2.7.2 (Terminmanagement, Aufgaben im Team planen und bearbeiten)
- Lernfeld 2 (Re, ReNo), Kapitel 3.2 (Präsentationsmittel)
- Lernfeld 4 (Re, ReNo), Kapitel 2.2.2 (Fristenmanagement)
- Lernfeld 5 (Re, ReNo), Kapitel 6 und 7 (Arbeits- und Umweltschutz)

Hinweis: Detailliertere Ausführungen zu einem Teil dieser Bereiche finden Sie im Prüfungsbereich 1 zur Zwischenprüfung, vgl. die Schemata in den Kapiteln a) bis e), Seiten 9, 14, 19, 21 und 28.

Fälle

1. Vanessa Wegner absolviert derzeit ihre Ausbildung zur Rechtsanwaltsfachangestellten in der Rechtsanwaltskanzlei Dr. Sebald, Stützer & Kollegen GbR. Sie hat bereits einige Arbeits- und Organisationsmittel kennengelernt, die in einer Rechtsanwaltskanzlei eingesetzt werden. Benennen Sie in den nachfolgenden Fällen, welche Arbeits- und/oder Organisationsmittel von ihr ausgewählt und eingesetzt werden.

a) Die Rechtsanwaltskanzlei abonniert seit Kurzem eine neue Fachzeitschrift. Diese soll geordnet aufbewahrt werden.
b) Der Mandant Ruben Breternitz hat dem Rechtsanwalt Dr. Dominik Sebald zwei Ordner mit Unterlagen übergeben, die dieser zur Bearbeitung des Falls benötigt.
c) Die Dateien der Rechtsanwaltskanzlei Dr. Sebald, Stützer & Kollegen GbR sollen gesichert werden.
d) Die Mandantin Anna Trawinski übergibt dem Rechtsanwalt Dr. Dominik Sebald einen Ordner mit diversen Rechnungen, die den Umbau eines Einfamilienhauses und die Errichtung eines Carports betreffen. Die Rechnungen sind nicht sortiert abgeheftet worden.

2. Die Rechtsanwaltsfachangestellte Alexandra Oldenburg erhält von dem Rechtsanwalt Markus Weiß den Auftrag, eine neue Akte anzulegen. Welche Arbeits- und Ordnungsmittel wird sie hierbei einsetzen?

3. In der Rechtsanwaltskanzlei Lars Tengler arbeitet der Rechtsanwaltsfachangestellte Daniel Wilhelmi viel mit dem Ordnungsmittel „Formulare". Welches Formular wird er in den nachfolgenden Fällen verwenden?
a) Im Posteingang befindet sich eine Verfügung des Landgerichts Hamburg, nach der in dem Rechtsstreit Agnes Avdic ./. Robert Wink eine Frist zur Stellungnahme von zwei Wochen gesetzt wurde.
b) In der Sache Eduard Albach ./. Kerstin Roth soll das Gehalt der Kerstin Roth gepfändet werden.
c) Willi Duelli ruft in der Kanzlei an und teilt mit, dass Tim Gessner die geltend gemachte Forderung bezahlt hat.
d) Kai Haase möchte seinen Anspruch einklagen. Er besitzt jedoch kein Vermögen und ist arbeitslos.

4. Die Auszubildende Irina Pepowitsch sieht wie die Rechtsfachwirtin Sarah Brandtner ein Flussdiagramm zum Thema „Aktenverwaltung" erstellt. Sie erkundigt sich, welchen Zweck dies hat. Sarah Brandtner erklärt ihr, dass sie eine Ablauforganisation mithilfe dieses Flussdiagramms erstellt.
a) Irina Pepowitsch fragt die Rechtsfachwirtin, was eine Ablauforganisation ist. Erklären Sie, was unter dem Begriff „Ablauforganisation" verstanden wird.
b) Die Rechtsfachwirtin gibt Irina Pepowitsch den Auftrag, zu recherchieren, welche Arten von Ablauforganisation es gibt. Nennen und erklären Sie diese kurz.

5. Der Rechtsanwalt Dr. Maximilian Weimann beschäftigt die Rechtsanwaltsfachangestellte Jeanette Klenkert und den Auszubildenden Leon Cäsar.
a) Welche Form der Aufbauorganisation eignet sich in einer Kanzlei dieser Größe?
b) Welche Vor- und Nachteile bietet diese Form der Aufbauorganisation?

6. Die Rechtsanwaltsfachangestellte Vanessa Gramling beauftragt die Auszubildende Hanna Gutmann damit, eine übersichtliche Aufstellung darüber zu erstellen, welche Arten von Fristen es nach dem BGB gibt und wie sich diese errechnen. Erstellen Sie eine dementsprechende Aufstellung.

7. Die Rechtsanwaltskanzlei Luna Kreutzer erhält eine Terminladung vom Landgericht Nürnberg für den 07.11.2017 um 10:00 Uhr. Beim Eintragen in den Terminkalender stellt die Rechtsanwaltsfachangestellte Celina Jürgensmeyer fest, dass am 07.11.2017 um 09:45 Uhr bereits ein Gerichtstermin beim Amtsgericht Bamberg wahrzunehmen ist. Was muss sie in diesem Fall unternehmen?

8. Die Rechtsanwältin Michaela Hetterich überträgt der Rechtsanwaltsfachangestellten Stephanie Hartlaub folgende Arbeiten:
- Johannes Neubauer ./. Jonas Schiffer, Schriftsatz nach Diktat anfertigen, Dauer: ca. 80 Minuten, Fristablauf: morgen
- Emanuela Gantke ./. Björn Walther, Fristverlängerung beantragen, Dauer: ca. 15 Minuten, Fristablauf: heute
- Jonathan Rumpel ./. Denise Papke, Schreiben an den gegnerischen Rechtsanwalt nach Diktat anfertigen, Dauer: ca. 50 Minuten, Fristablauf: in einer Woche
- Angebot der Firma Kaffegut GmbH bezüglich einer neuen Kaffeemaschine mit bereits vorliegenden Angeboten überprüfen, Dauer ca. 20 Minuten

a) Da es schon 15:30 Uhr ist und die Kanzlei um 17:00 Uhr schließt, überlegt sich Stephanie Hartlaub, wie sie die genannten Aufgaben am besten angeht. Welches Hilfsmittel sollte sie am besten einsetzen, damit sie keine der genannten Arbeiten vergisst?

b) Wie würde die Planung der Rechtsanwaltsfachangestellten aussehen, wenn sie sich für die ALPEN-Methode entscheidet?

c) Die Rechtsanwaltsfachangestellte Stephanie Hartlaub beginnt mit der wichtigsten Angelegenheit, der heute ablaufenden Frist. Wie kann sie hier rationell am besten vorgehen, um Zeit zu sparen?

9. Die Rechtsanwaltsfachangestellte Sabine Wirth hat aufgrund des hohen Arbeitsanfalls am 08.11.2017 eine To-Do-Liste angefertigt:

To-Do-Liste
- Georg Wagner ./. Vera Klier, Berufungsbegründung (nach Diktat), Frist: 28.11.2017
- Georg Wagner ./. Vera Klier, Anforderung von Unterlagen vom Mandanten, Frist: 21.11.2017
- Druckerpapier bestellen, spätestens am 10.11.2017
- Michael Issing ./. Olivia Seufert, Aufstellung über Nachlassverbindlichkeiten, Frist: 13.11.2017
- Sven Röll ./. Thomas Haupt, Klageerwiderung, Frist: 05.12.2017
- Akten, deren Aufbewahrungszeit abgelaufen ist, der Vernichtung zuführen
- Roman Hübner ./. Heidrun Mangold, Kopie der Ermittlungsakte, Frist: 01.12.2017
- Weihnachtskarten bestellen, spätestens am 29.11.2017

a) Aus dieser Liste ist nicht auf einen Blick zu erkennen, welche Aufgaben noch etwas Zeit haben. Der Rechtsfachwirt Sascha Trimble erklärt Sabine Wirth, dass es noch andere Zeitmanagement-Methoden gibt und dass er ihr die ABC-Methode empfehlen würde. Wie erklärt Sascha Trimble der Rechtsanwaltsfachangestellten diese Methode?

b) Wie würde die Liste aussehen, wenn Sabine Wirth die ABC-Methode anwenden würde?

10. Der Rechtsfachwirt Ingo Panknin verwendet immer die Eisenhower-Methode, um rationell arbeiten zu können. Er hat diese Methode auch der Auszubildenden zur Rechtsanwalts- und Notarfachangestellten Alina Schmidt empfohlen, damit diese Stresssituationen vermeiden kann.

a) Erläutern Sie der Auszubildenden Alina Schmidt, wie Stresssituationen vermieden werden können.

b) Nennen Sie der Auszubildenden die Folge von Stressvermeidung.

11. Die Rechtsanwaltskanzlei Brecht, Hubertus & Michelsen GbR beschäftigt vier Mitarbeiter. Ausgerechnet an einem sehr stressigen Tag fällt ein Mitarbeiter aus, sodass die Rechtsanwaltsfachangestellte Milena Gruber sowie die beiden Auszubildenden Lea Borowski und Brenda Johannson „ins Schwimmen geraten". Was trägt dazu bei, dass die drei Mitarbeiter die Arbeit ordnungsgemäß erledigen können?

12. In der Rechtsanwaltskanzlei Xaver Riedel & Ulrich Brendel, Partnerschaft, finden regelmäßig Vorträge zu verschiedenen Themen statt. Derzeit bereitet der Rechtsanwalt Xaver Riedel zusammen mit der Rechtsanwaltsfachangestellten Linda Meringer einen Vortrag zum Thema „Patientenverfügung" vor.

a) Welche Präsentationsmöglichkeiten stehen dem Rechtsanwalt Xaver Riedel zur Verfügung? Nennen Sie drei Präsentationsmöglichkeiten.

b) Was muss die Rechtsanwaltsfachangestellte grundsätzlich bei dem Einsatz von Hilfsmitteln bei einer Präsentation beachten? Nennen Sie drei Punkte.

c) Am Ende des Vortrags verteilt Linda Meringer Fragebögen an die Teilnehmer. Diese sollen Feedback zum Vortrag geben. Welche Feedbackregeln sollte der Feedback-Geber grundsätzlich beachten?

13. Die Auszubildende zur Rechtsanwaltsfachangestellten Anastasia Karafyllis wird beauftragt, für die Mitarbeiter ihrer Ausbildungskanzlei einen Leitfaden für die gesundheitsgerechte Einrichtung der Bildschirmarbeitsplätze zu entwerfen.

a) In welchen Gesetzen muss sie dazu recherchieren, um die entsprechenden gesetzlichen Vorgaben zu finden?

b) Welche Beschwerden können auftreten, wenn Bildschirmarbeitsplätze nicht ergonomisch gestaltet werden?

c) Was ist bezüglich der Beleuchtung der Arbeitsplätze zu beachten? Nennen Sie zwei Beispiele.

14. In der Rechtsanwaltskanzlei Frerichs und Partner fällt eine Mitarbeiterin wegen eines Burn-outs für längere Zeit aus. Um dies in Zukunft zu vermeiden, möchte die Kanzlei mehr für den Arbeitsschutz ihrer Mitarbeiter tun. Welche beiden Bereiche werden beim Arbeitsschutz unterschieden? Nennen Sie für jeden der Bereiche ein Beispiel.

15. Das Notariat am Schlossgarten möchte mehr für den Umweltschutz tun. Die Mitarbeiter werden daher aufgefordert Vorschläge einzureichen, wie umweltschonender gearbeitet werden kann. Die besten Vorschläge werden prämiert. Welche Vorschläge würden Sie machen?

Hinweis: Weitere Fälle zur Ablauforganisation, zum Termin- und Fristenmanagement und zu den Zeitmanagement-Methoden finden Sie auch im Prüfungsbereich 1 zur Zwischenprüfung, Kapitel a) und e), Seiten 11–13 und 31–34.

b) Zur Qualitätsverbesserung betrieblicher Prozesse beitragen (Re, ReNo)

Schema

Zur Qualitätsverbesserung betrieblicher Prozesse beitragen

DIN 9000 Qualitätsmanagement
- Durch die Standardisierung von Arbeitsabläufen (= Prozessablaufpläne) soll ein gleichbleibender bzw. höherer Qualitätsstandard erreicht werden.
- Arbeitsanweisungen zu den jeweiligen Prozessablaufplänen sollen den Arbeitsablauf erleichtern und damit der Standardisierung dienen.
- Eine Kosteneinsparung erfolgt durch Minimierung des Zeitaufwands.

Qualitätssicherung
- Die Qualitätssicherung dient dazu, festgeschriebene Standards zu überwachen und eine gleichbleibende Qualität der Dienstleistung zu gewährleisten.
- Sollten Abweichungen vom festgeschriebenen Standard auftreten, sollte die Qualität des Standards verbessert werden, z. B. durch Anstoß des PDCA-Prozesses.

standardisierte Arbeitsabläufe anpassen

kontinuierlicher Verbesserungsprozess (PDCA):
- plan (planen)
- do (umsetzen/durchführen)
- check (prüfen/kontrollieren)
- act (anpassen/standardisieren)

Vorteile eines Qualitätsmanagements
- interne Arbeitsabläufe werden transparenter
- schnellere Einarbeitung neuer Mitarbeiter möglich
- Reduzierung der Kanzleikosten durch effizientere Arbeitsweise
- Arbeitsabläufe innerhalb der Kanzlei werden durch Arbeitsanweisungen verbindlich festgehalten
- Haftungsrisiko wird durch Regelung der Arbeitsabläufe minimiert
- alle Rechtsanwälte und Mitarbeiter einer Kanzlei werden in die Qualitätssicherung einbezogen, wodurch Teamarbeit gefördert wird

Zertifizierung nach DIN EN ISO 9001

Die Zertifizierung bezieht sich auf die Arbeitsabläufe in der Kanzleiorganisation, also die interne Qualitätskontrolle der Dienstleistung, nicht auf die rechtliche Beratung und Vertretung.

Ausführlichere Informationen zu dem im Schema zusammengefassten Themenbereich „Zur Qualitätsverbesserung betrieblicher Prozesse beitragen“ finden Sie im Lehrbuch: Lernfeld 2 (Re, ReNo), Kapitel 2.8 (Qualitätsmanagement).

Fälle

1. Die Rechtsanwaltsfachangestellte Melanie Vaustmann arbeitet in der Rechtsanwaltskanzlei Elvira Bachhuber & Simon Altinger. Bei der Bearbeitung des Posteingangs vergisst sie, auf dem Schreiben des Landgerichts Heilbronn den Eingangsstempel anzubringen, sodass der Nachweis des Eingangs der Post fehlt. Aufgrund dessen ist es nicht möglich, die gerichtliche Drei-Wochen-Frist, die versehentlich beim Eingang des Schreibens nicht eingetragen wurde, nachträglich genau zu bestimmen.

a) Die Rechtsfachwirtin Yvonne Klingert erstellt daher einen Prozessablaufplan „Bearbeitung des Posteingangs“. Wie könnte dieser Ablaufplan aussehen?

b) Warum ist es sinnvoll für die „Bearbeitung des Posteingangs“ einen Prozessablaufplan zu erstellen?

c) Yvonne Klingert erstellt zum Prozessablaufplan „Bearbeitung des Posteingangs“ gleich noch die entsprechenden Arbeitsanweisungen. Erstellen Sie diese.

2. Die Auszubildende Alina Kupfer erhält von dem Rechtsanwaltsfachangestellten Uwe Lewandowski den Auftrag, beim Amtsgericht Hannover den Sachstand in einem Rechtsstreit zu erfragen. Alina Kupfer hat bisher noch keine telefonische Sachstandsanfrage gestellt. Sie schlägt daher im Kanzleihandbuch den Prozessablaufplan „Telefonische Sachstandsanfrage bei Gericht“ nach. Dieser Ablaufplan sieht wie folgt aus:

a) Beim Durchlesen stutzt Alina Kupfer. In dem Prozessablaufplan fehlen zwei wichtige Punkte. Welche Punkte müssen noch in den Ablaufplan eingearbeitet werden?

b) Uwe Lewandowski passt aufgrund der berechtigten Anmerkungen von Alina Kupfer den Prozessablaufplan an. Welche weiteren Arbeitsschritte muss er nach der Anpassung des Ablaufplans noch vornehmen?

3. Die Rechtsanwaltsfachangestellte Natascha Weiser ist seit dem 01.10.2017 in der Rechtsanwaltskanzlei Nico Weiß & Kollegen GbR beschäftigt. Die Rechtsfachwirtin Annalena Tenuta übergibt ihr an ihrem ersten Arbeitstag das 68-seitige Kanzleihandbuch, in dem die Prozessablaufpläne nebst Arbeitsanweisungen abgeheftet sind.
   a) Zu welchem Zweck wurde Natascha Weiser das Kanzleihandbuch übergeben?
   b) Natascha Weiser soll nach dem Studieren des Kanzleihandbuchs unterschriftlich bestätigen, dass sie das Kanzleihandbuch zur Kenntnis genommen hat und dass die Prozessablaufpläne und Arbeitsanweisungen ohne Einschränkung gelten. Weiterhin wurde sie über die Haftungsfrage bei Fristversäumnissen belehrt. Wie könnte die von Natascha Weiser zu unterschreibende Bestätigung lauten?

Hinweis: Weitere Fälle zum Qualitätsmanagement finden Sie bei den Übungsfällen zur Zwischenprüfung, vgl. Prüfungsbereich 1, Kapitel a), Seiten 11–13.

c) Büro- und Verwaltungsaufgaben planen, durchführen und kontrollieren (Re, ReNo)

Schema

Büro- und Verwaltungsaufgaben planen, durchführen und kontrollieren

- **Ein- und Ausgangspost bearbeiten**
  - innerbetrieblichen Arbeitsablauf beachten
  - Vorschriften des Datenschutzes beachten
  - Zustellungseingang mithilfe des Eingangsstempels festhalten
  - Termine und Fristen sofort notieren
  - Postlaufzeit bei der Versendung von Fristsachen beachten
  - besondere Versendungsformen zum Nachweis der Zustellung verwenden
- **Informationen beschaffen, auswerten, weiterleiten und archivieren**
  - Internetrecherche über (spezielle) Suchmaschinen, fachspezifische Datenbanken
  - Gewährleistung der Datensicherheit (Firewall, Antivirenprogramme)
  - Auswertung: seriöse Seiten verwenden, Quellenangaben prüfen, Aktenvermerk o. Ä. anfertigen, mündliche Informationen verschriftlichen
  - Weiterleitung der Informationen durch internen und externen Datenaustausch
  - Archivierung: ausdrucken und abheften bzw. im PDF-Format elektronisch abspeichern o. Ä.
- **Akten anlegen, führen und archivieren**
  - innerbetriebliche Regelung, ggf. mithilfe eines Anwalts-/Notariatsprogramms
  - Aktenanlage: Handaktenbogen mit Aktenzeichen und Mandatsdaten, Prozessregister, Unterlagen sortieren/einordnen
  - Aktenführung muss so erfolgen, dass Mandatsdaten und Sachstand auf den ersten Blick ersichtlich sind, Schriftwechsel u. a. ist einzuheften, ggf. sind die Mandatsdaten anzupassen
  - Einsatz von Ordnungssystemen (Registraturen), Ordnungsmöglichkeiten, Datensicherung
  - Aktenarchivierung: Aufbewahrungsfristen beachten
  - Aktenvernichtung: Vorschriften des Datenschutzes beachten
- **Warenbestellung und -annahme**
  - Materialbedarf durch angenommenen Verbrauch und zur Verfügung stehendem Lagerplatz ermitteln
  - Waren unter Berücksichtigung wirtschaftlicher Aspekte bestellen, indem ein Angebotsvergleich verschiedener Lieferanten vorgenommen und der Einstandspreis ermittelt wird
  - Ware nach Annahme hinsichtlich Qualität/Quantität kontrollieren und sodann im Materialschrank/-raum einlagern
  - auf systematische Aufbewahrung achten, sodass alles schnell auffindbar ist und der Zugriff auf häufig Benötigtes einfach ist

Ausführlichere Informationen zu dem im Schema zusammengefassten Themenbereich „Büro- und Verwaltungsaufgaben planen, durchführen und kontrollieren" finden Sie im Lehrbuch:

- Lernfeld 2 (Re, ReNo), Kapitel 2.1 (Posteingang)
- Lernfeld 2 (Re, ReNo), Kapitel 2.2 (Postausgang)
- Lernfeld 2 (Re, ReNo), Kapitel 4.3 (Interner und externer Datenaustausch)
- Lernfeld 2 (Re, ReNo), Kapitel 4.4 (Informationsbeschaffung)
- Lernfeld 2 (Re, ReNo), Kapitel 2.4 und 2.5 (Aktenverwaltung)
- Lernfeld 2 (Re, ReNo), Kapitel 2.6 (Datenschutz)
- Lernfeld 3 (Re, ReNo), Kapitel 2 (Wirtschaftlich sinnvolle Warenbestellung)

Hinweis: Detailliertere Ausführungen zu einem Teil dieser Bereiche finden Sie auch im Prüfungsbereich 1 zur Zwischenprüfung, vgl. die Schemata in den Kapiteln b), c) und e), Seiten 14, 19 und 28.

Fälle

1. Die Rechtsanwaltsfachangestellte Inken Jörgenssen bearbeitet den Posteingang in der Rechtsanwaltskanzlei Schlereth & Heigenröther, Partnerschaft. Hierin befindet sich ein Schreiben vom Landgericht Bonn. Dieses hat in dem Rechtsstreit Berta Kuntz ./. Benjamin Kleinertz einen Termin zur mündlichen Verhandlung bestimmt. Die Rechtsanwaltskanzlei Schlereth & Heigenröther vertritt Benjamin Kleinertz.

a) Wie sollte der Arbeitsablauf von Inken Jörgenssen bei der Bearbeitung des Posteingangs aussehen?

b) Welche Sendungsart und/oder besondere Versendungsform sollte die Rechtsanwaltsfachangestellte für das Schreiben an den Mandanten Benjamin Kleinertz wählen?

2. Der Rechtsanwalt Dr. Markus Willacker hält regelmäßig Vorträge über rechtliche Themen. Paul Luckert hat an einem dieser Vorträge teilgenommen. In die ausliegende Teilnehmerliste hat er sich eingetragen, um über weitere Vorträge informiert zu werden. Da er hieran kein Interesse mehr hat, bittet er den Rechtsanwalt Dr. Markus Willacker schriftlich darum, ihn aus dem Verteiler zu nehmen. Beurteilen Sie die Sachlage in Hinblick auf das Bundesdatenschutzgesetz.

3. Die Rechtsanwältin Katja Rudloff vertritt Gudrun Petrov. Sie fertigt auf Wunsch der Mandantin eine außerordentliche fristlose Kündigung an deren Mieterin Inge Reinhardt. Die Auszubildende Jutta Martinez erstellt dieses Schreiben nach Diktat. Die Rechtsanwältin Katja Rudloff bittet sie, das Schreiben an Inge Reinhardt so zu übersenden, dass ein Nachweis in der Akte ist. Jutta Martinez fragt den Rechtsanwaltsfachangestellten Tim Kick, was damit gemeint ist. Was wird Tim Kick ihr erklären?

4. Die Rechtsanwaltsfachangestellte Carolin Haas arbeitet in der Rechtsanwaltskanzlei Björn Simmons. Sie erhält von dem Rechtsanwalt Björn Simmons nach der ersten Besprechung mit der Mandantin Franziska Schönmeier den Besprechungsvermerk sowie die von der Mandantin übergebenen Unterlagen.

a) Welche Arbeitsschritte sollte Carolin Haas unternehmen, um die Akte anzulegen?

b) Der Rechtsanwalt Björn Simmons bittet Carolin Haas darum, herauszufinden, ob der Gegner Raphael Laurin Insolvenz angemeldet hat. Wie geht die Rechtsanwaltsfachangestellte diesbezüglich am besten vor?

c) Nach Beendigung der Angelegenheit legt die Rechtsanwaltsfachangestellte Carolin Haas die Akte ab und übergibt sie der Auszubildenden Karin Rettner mit der Bitte um Archivierung. Was muss bei der Aktenarchivierung beachtet werden? Welche Aufbewahrungsfristen sind zu beachten?
d) Die Aufbewahrungsfrist der Akte ist nach einigen Jahren abgelaufen. Was muss die Rechtsanwaltskanzlei Björn Simmons bei der Aktenvernichtung beachten?

5. Die Rechtsanwaltskanzlei Severin Schafhauser & Kollegen GbR arbeitet nur mit elektronischen Akten.
a) Welche Bestimmungen des Bundesdatenschutzgesetzes müssen diesbezüglich beachtet werden?
b) Was muss die Rechtsfachwirtin Tina Aufhausser bei der Aktenvernichtung nach Ablauf der Aufbewahrungsfrist beachten?

6. In dem Rechtsstreit Peter Vollmuth ./. Melanie Wecklein sucht der Rechtsfachwirt André Mallon im Auftrag von dem Rechtsanwalt Dr. Achim Braun nach neuester Rechtsprechung zur Vorbereitung auf einen Schriftsatz an das Landgericht Nürnberg.
a) André Mallon recherchiert im Internet. Welche Möglichkeiten stehen ihm zur Verfügung?
b) Auf welche Punkte sollte der Rechtsfachwirt bei der Internetrecherche achten?
c) Wie könnte André Mallon die Rechercheergebnisse aufbereiten?
d) Welche Möglichkeiten der Weiterleitung der Rechercheergebnisse stehen dem Rechtsfachwirt zur Verfügung? Nennen Sie zwei Beispiele.

7. In einem Besprechungstermin am 25.09.2017 übergibt Samuel Reinwald der Rechtsanwältin Sandra Oppoltzer ein Schreiben vom gegnerischen Rechtsanwalt vom 20.09.2017 (Zugang am 22.09.2017). Dieser setzt eine Frist von zwei Wochen zur Stellungnahme. Sandra Oppoltzer benötigt zur Stellungnahme noch Unterlagen von dem Mandanten. Dieser will die Unterlagen in den nächsten zwei Tagen in der Kanzlei vorbeibringen. Welche Arbeitsschritte sollte die Rechtsanwaltsfachangestellte Nora Greene, die die Unterlagen von der Rechtsanwältin Sandra Oppoltzer erhält, unternehmen?

8. Die Mandantin Dorothea Schmee übergibt der Auszubildenden Barbara Scholz eine SD-Karte mit Fotos von den Baumängeln an ihrem Haus zur Vorbereitung eines Antrags auf ein selbstständiges Beweisverfahren.
a) Auf was muss Barbara Scholz achten, bevor sie die gespeicherten Dateien auf ihrem Rechner abspeichert?
b) Wie geht die Auszubildende vor, wenn ihr Rechner meldet, dass mehrere Dateien auf der SD-Karte defekt sind?

9. Die Rechtsanwaltsfachangestellte Yvonne Müller erklärt der Auszubildenden Nina Schodorf, dass in der Rechtsanwaltskanzlei Schönhuber & Mauder, Partnerschaft, das Schriftgut in die jeweiligen Akten abgeheftet wird. Die Akten selbst werden in der vertikal-hängenden Registratur aufbewahrt.
a) Nina Schodorf versteht nicht wovon Yvonne Müller spricht und bitte sie, ihr die Begriffe zu erläutern. Erklären Sie, was unter „Schriftgut“ und einer „vertikal-hängenden Registratur“ zu verstehen ist.
b) Welche Ordnungsmöglichkeit bietet sich an, um die Akten in der vertikal-hängenden Registratur übersichtlich aufzubewahren?

10. An jedem Arbeitstag übernimmt die Rechtsanwaltsfachangestellte Ella Rudy die Aufgabe, die elektronischen Daten der Rechtsanwaltskanzlei Dr. Jürgen Börtler zu sichern.

a) Warum sollte regelmäßig eine Datensicherung erfolgen?

b) Welche Möglichkeit steht der Rechtsanwaltskanzlei Dr. Jürgen Börtler beispielsweise zur Verfügung, um die Daten zu sichern?

11. Der Auszubildende Jan Dösch informiert die Rechtsanwaltsfachangestellte Alexandra Kleinschrod darüber, dass sich nur noch ein Karton Kopierpapier im Lagerraum befindet. Auch von den Standardbriefumschlägen sind nur noch wenige vorhanden. Alexandra Kleinschrod bedankt sich bei Jan Dösch für die Information und sagt, dass sie die Sachen in den nächsten Tagen bestellen wird.

a) Bevor die Rechtsanwaltsfachangestellte das Büromaterial bestellt, muss sie zunächst den Materialbedarf ermitteln. Welche Kriterien spielen dabei eine Rolle?

b) Bevor Alexandra Kleinschrod den ermittelten Materialbedarf bestellt, führt sie einen Angebotsvergleich durch. Welche Kriterien sollte sie bei diesem Vergleich berücksichtigen?

c) Alexandra Kleinschrod bestellt bei der Office ABC GmbH. Die Lieferung erfolgt zwei Tage später. Welche Arbeitsschritte sind bei und nach der Lieferung des Büromaterials erforderlich?

12. Der Rechtsanwalt Dr. Lennart Jacobsen möchte das Sekretariat neu einrichten. Da der Raum sehr klein ist und jeder Platz ausgenutzt werden soll, ist eine Maßanfertigung des Schreibtischs erforderlich. Dr. Lennart Jacobsen bittet den Rechtsanwaltsfachangestellten Reiner Teichmann, sich darum zu kümmern.

a) Welche Arbeitsschritte sollte Reiner Teichmann unternehmen?

b) Der Rechtsanwaltsfachangestellte bestellt den Schreibtisch nach Rücksprache mit dem Rechtsanwalt Dr. Lennart Jacobsen beim billigsten Anbieter. Diesen hat Reiner Teichmann mittels des sog. Einstandspreises ermittelt. Wie ermittelt sich der Einstandspreis?

Hinweis: Weitere Fälle zum Bearbeiten der Ein- und Ausgangspost sowie zur Aktenverwaltung finden Sie bei den Übungsfällen zur Zwischenprüfung, vgl. Prüfungsbereich 1, Kapitel b), c) und e), Seiten 16–20 und 31–34.

d) Elektronischen Rechtsverkehr nutzen (Re, ReNo)

Schemata

Elektronischen Rechtsverkehr nutzen

- Elektronisches Gerichts- und Verwaltungspostfach (EGVP)
  - Voraussetzungen: Programm, Kartenlesegerät, elektronische Signaturkarte, Internetanschluss
  - Die Signaturkarte entfaltet die gleiche Möglichkeit wie die eigenhändige Unterschrift. Die genaue Feststellung des Unterzeichners ist möglich. Auf der Karte ist ein Berufsattribut enthalten. Es lässt sich nachvollziehen, ob die übermittelten Daten ggf. unterwegs verändert wurden.
  - Nicht alle Gerichte/Behörden nehmen am EGVP teil (vgl. www.egvp.de).

- Der elektronische Rechtsverkehr
  - soll zur Verfahrensbeschleunigung führen (Zeit- und Kostenersparnis für Absender und Empfänger).
  - soll zur Effizienzsteigerungen bei der Bearbeitung führen.
  - soll den Zugang zu Gerichten und Behörden unter Wahrung der Rechtssicherheit erleichtern.
  - bietet eine sichere und zuverlässige Übertragung von Dokumenten und Schriftsätzen mittels Authentifizierungs- und Verschlüsselungstechniken.

- besonderes elektronisches Anwaltspostfach (beA)
  - rechtliche Grundlage: Gesetz zur Förderung des elektronischen Rechtsverkehrs mit den Gerichten (ERV-Gesetz)
  - Ziel des Gesetzes: stufenweise flächendeckende Einführung des elektronischen Rechtsverkehrs für **alle** Gerichtsbarkeiten
  - Voraussetzungen: Computer mit leistungsfähiger Internetanbindung, Berechtigungskarte (ggf. mit Signaturfunktion), PIN, Kartenlesegerät mit Tastaturblock, ggf. Signaturkarte (nicht zwingend nötig)
  - Bei dem Einsatz der qualifizierten elektronischen Signatur werden die Formerfordernisse nach § 126 a BGB und § 130 a ZPO erfüllt.

Register der Bundesnotarkammer	
Zentrales Vorsorgeregister (ZVR)	Zentrales Testamentsregister (ZTR)
www.vorsorgeregister.de (login: zvr-online.de/zvr/login.aspx)	www.testamentsregister.de (login: ztr.bnotk.de)

zu registrierende Dokumente

• Vorsorgevollmachten • Betreuungsverfügungen • Patientenverfügungen	• Letztwillige Verfügungen (Testament, Erbvertrag) • Erbverzicht • Urkunden mit erbrechtlicher Relevanz (z. B. Ehevertrag mit Gütertrennung oder Rechtswahl) • Widerruf einer letztwilligen Verfügung
Inhalt der Eintragung • Daten des Notars (Name, Anschrift) • Daten der Vorsorgeurkunde (UR-Nr./Jahrgang) • Erteilungsumfang (z. B. Vermögensangelegenheiten, Angelegenheiten der Gesundheitssorge und/oder Aufenthaltsbestimmung etc.) • Wünsche/Anordnungen (z. B. Betreuungs- und Patientenverfügung) • Daten des Vollmachtgebers (Vor- und Nachname, Geburtsdatum/-name/-ort, Anschrift) • Daten des Vollmachtnehmers oder des vorgeschlagenen Betreuers (Vor- und Nachname, Geburtsdatum und -name, Anschrift)	**Inhalt der Eintragung** • Daten der Urkunde (Art und Datum der Urkunde, Name und Amtssitz des Notars, Urkundenrollennummer) • Daten des Erblassers (Vor-, Nach- und Geburtsname, Geburtsort und -datum, Geschlecht, Staat der Geburt, Geburtsstandesamt, Geburtenregisternummer, wenn im Inland geboren) • Verwahrung der Urkunde (Bezeichnung und Anschrift der Verwahrstelle, Verwahrbuchnummer, Aktenzeichen)

Rechtsgrundlage
§§ 78, 78 a-f BNotO

Ausführlichere Informationen zu dem in den Schemata zusammengefassten Themenbereich „Elektronischen Rechtsverkehr nutzen“ finden Sie im Lehrbuch:

- Lernfeld 2 (Re, ReNo), Kapitel 2.3.4 (Elektronisches Gerichts- und Verwaltungspostfach)
- Lernfeld 2 (Re, ReNo), Kapitel 2.3.5 (Besonderes elektronisches Anwaltspostfach)
- Lernfeld 14 (ReNo), Kapitel 2.3.3 (Zentrales Vorsorge- und Testamentsregister)

Fälle

1. Evelyn Ringelmann arbeitet in der Rechtsanwaltskanzlei Dr. Schön, Leyer & Kollegen GbR. Sie versendet einen Schriftsatz an das Amtsgericht Schöneberg mithilfe des EGVP.

a) Welche technischen Voraussetzungen sind erforderlich, damit die Rechtsanwaltskanzlei Dr. Schön, Leyer & Kollegen GbR das EGVP verwenden kann?

b) Wie wird der erfolgreiche Versand des Schriftsatzes bestätigt?

c) Kann die Rechtsanwaltskanzlei Dr. Schön, Leyer & Kollegen GbR an alle Gerichte über das EGVP Schriftsätze senden?

d) Welche Vorteile hat der elektronische Rechtsverkehr?

2. Die Rechtsanwaltskanzlei Martin Hofmann & Miriam Dürr, Partnerschaft, arbeitet derzeit noch mit dem EGVP. Dieses wird durch das beA abgelöst werden. Grundlage ist das Gesetz zur Förderung des elektronischen Rechtsverkehrs mit den Gerichten (ERV-Gesetz). Was soll mit diesem Gesetz erreicht werden?

3. Die Rechtsanwaltsfachangestellte Ingrid Gräf arbeitet in der Rechtsanwaltskanzlei Müller, Göbel & Hartmann GbR. Sie erstellt eine Klageschrift an das Landgericht Hannover. Der Klage müssen fünf Anlagen beigefügt werden. Die entsprechenden Unterlagen hat der Mandant bereits in der Kanzlei abgegeben. Welche Arbeitsschritte muss Ingrid Gräf vornehmen, wenn sie den Schriftsatz über das beA versendet?

4. Marina und Gerd Nörhaus möchten bei dem Notar Karsten Katzenberger eine Vorsorgevollmacht mit Patientenverfügung und Betreuungsanordnung unterzeichnen. Marina und Gerd Nörhaus wollen sich wechselseitig bevollmächtigen. Zusätzlich wollen beide die Schwester des Gerd Nörhaus, Karin Nörhaus, bevollmächtigen, zu der beide ein besonderes Vertrauensverhältnis haben. Die Rechtsanwalts- und Notarfachangestellte Lilo Markmann nimmt die Daten der Beteiligten auf.

a) Welche persönlichen Daten benötigt Lilo Markmann neben den bereits bekannten Angaben, um die Urkunde vollständig vorbereiten und später in das Zentrale Vorsorgeregister eintragen zu können?

b) Marina Nörhaus muss auf ihren Termin zur Beurkundung einige Zeit warten, weil der Notar Karsten Katzenberger noch ein Telefonat führt. Sie fragt Lilo Markmann, was die entworfene Urkunde überhaupt bewirkt. Was wird ihr Lilo Markmann antworten?

c) Marina Nörhaus möchte ferner wissen, ob es möglich ist, die Vorsorgevollmacht ohne Notar zu erteilen. Was wird Lilo Markmann ihr mitteilen?

d) Kann Marina Nörhaus die Registrierung beim Zentralen Vorsorgeregister auch selbst vornehmen?

e) Auf welche Weise erhält Lilo Markmann Zugang zum Zentralen Vorsorgeregister?

f) Wie viele Vollmachten hat Lilo Markmann zu registrieren?

g) Marina Nörhaus ruft im Anschluss an die Beurkundung bei dem Notar Karsten Katzenberger an und fragt nach den Kosten der Registrierung. Was wird der Notar ihr antworten?

h) Marina Nörhaus möchte von dem Notar Karsten Katzenberger ferner wissen,

aa) wer ihr die Kostenrechnung für die Registrierung stellen wird,
bb) wie hoch die Kosten einer späteren möglichen Korrektur sind und
cc) worum es sich bei der ihr übersandten ZVR-Card handelt und was sie damit machen soll.

5. Edward Müller, geb. am 13.05.1986 in 35638 Bissenberg, jetzt wohnhaft in 19379 Parchim, Blutstraße 13, hat von der Notarin Bella Schwan ein Testament entwerfen lassen. Edward Müller ist ledig und möchte seinen Neffen Jakob Schwarz zu seinem Alleinerben einsetzen. Er hat den Testamentsentwurf im Vorwege zugesandt bekommen und den Inhalt überprüft. Edward Müller hat sich in der Urkunde damit einverstanden erklärt, dass die Notarin Bella Schwan eine beglaubigte Ablichtung des Testaments für ihre Urkundensammlung zurückbehält und sie diese dort offen verwahren darf. Aus seiner Sicht sind alle wesentlichen Dinge enthalten, sodass er mit der Rechtsanwalts- und Notarfachangestellten Rosalie Kullin einen Beurkundungstermin vereinbart. Nach Beurkundung des Testaments erhält Rosalie Kullin den Vorgang zur weiteren Bearbeitung.
a) Wie würde Rosalie Kullin beschreiben, was sie mit dem beurkundeten Testament (Schritt für Schritt) zu machen hat?
b) Welchen Inhalt hat das Datenblatt für den Testamentsumschlag, den das Zentrale Testamentsregister erzeugt?
c) Welche Gebühren entstehen für die Registrierung des Testaments des Edward Müller?
d) Welche Gebühren wären entstanden, wenn Edward Müller verheiratet wäre und gemeinsam mit seiner Frau ein Ehegattentestament errichtet hätte?
e) Sind die Gebühren für die Registrierung umsatzsteuerpflichtig?
f) Wer schuldet die Registrierungsgebühr?
g) Welche Möglichkeit hat die Notarin Bella Schwan, wenn Edward Müller die Auslage nicht erstattet?
h) Hätte Edward Müller das Testament auch privat errichten können und trotzdem eine Registrierung im Zentralen Testamentsregister erhalten?
i) Wie kann Rosalie Kullin sich davon überzeugen, dass das Testament in die amtliche Verwahrung genommen wurde?

e) Auskünfte aus Registern einholen und verarbeiten (Re, ReNo)

Schema

Auskünfte aus Registern einholen und verarbeiten

→ **Registerauskünfte einholen**

Die Registereintragungen werden in elektronischer Weise veröffentlicht:
- www.handelsregister.de
- www.bundesanzeiger.de
- www.unternehmensregister.de

Über eine Suchmaske wird das entsprechende Register (Handelsregister (HRA, HRB), Partnerschafts-, Genossenschafts- und Vereinsregister) ausgewählt. Sodann werden bekannte Firmendaten (z. B. Eintragungsnummer) eingegeben. Das Ergebnis wird anschließend angezeigt. Allgemeine Auskünfte sind kostenfrei, detailliertere Auskünfte dagegen kostenpflichtig:
- AD = aktueller Registerauszug (kostenpflichtig)
- CD = chronologischer Ausdruck über alle Eintragungen in zeitlicher Reihenfolge (kostenpflichtig)
- HD = historischer Abdruck = in elektronische Bilddateien umgewandelte frühere Handelsregisterblätter in Papierform (kostenpflichtig)
- DK = Dokumentenansicht, z. B. Gesellschaftsvertrag (kostenpflichtig)
- UT = Unternehmensträgerdaten, z. B. hinterlegte Unternehmensanschrift, Datum der Bilanz (kostenfrei)
- VÖ = Veröffentlichungen, die über diese Gesellschaft erfolgten (kostenfrei)

→ **Registerauskünfte verarbeiten**

- Kosten werden quartalsweise in Rechnung gestellt. Das Aktenzeichen ist daher genau anzugeben, damit die Kosten jeweils der richtigen Akte zugeordnet werden können.
- Die abgerufenen Daten werden dem zuständigen Sachbearbeiter vorgelegt und in der elektronischen Akte oder der Papierakte abgespeichert/abgeheftet.
- Ermittelte Firmenstammdaten werden im Handaktenbogen vervollständigt bzw. in das Anwaltsprogramm einpflegt.

→ **Informations- und Kommunikationssysteme einsetzen**

- Arten der Telekommunikation: mündlich (Telefongespräch u. a.), schriftlich (Brief, E-Mail u. a.), schriftlich-bildlich (Videotelefonie u. a.)
- Anwalts-/Notariatsprogramm einsetzen, sofern vorhanden
- Möglichkeit des internen/externen Datenaustauschs (CD-ROM, USB-Stick u. a.)

Ausführlichere Informationen zu dem im Schema zusammengefassten Themenbereich „Auskünfte aus Registern einholen und verarbeiten“ finden Sie im Lehrbuch:

- Lernfeld 2 (Re, ReNo), Kapitel 4 (Kommunikations- und Informationssysteme)
- Lernfeld 2 (Re, ReNo), Kapitel 5.3 (Handelsregister)
- Lernfeld 2 (Re, ReNo), Kapitel 5.4 (Weitere öffentliche Register)

Fälle

1. Mira Rothaupt hat von Julius Meßner-Koch dessen Unternehmen, die Bauunternehmung Koch AG, geerbt. In den Firmenunterlagen findet sie einen Titel, wonach die Büroausstattung Berger GmbH einen Betrag in Höhe von 10 500,00 € schuldet. Sie übergibt die Sache an den Rechtsanwalt Sascha Memmel, der die Forderung beitreiben soll. Da nicht alle Unternehmensdaten bekannt sind, bittet der Rechtsanwalt Sascha Memmel die Rechtsanwaltsfachangestellte Stefanie Durandt, die erforderlichen Informationen über das zuständige Register einzuholen.

a) Welchen Weg wird Stefanie Durandt wählen?

b) Wie geht die Rechtsanwaltsfachangestellte dabei vor?

c) Welche Informationen erhält sie in der ersten erscheinenden Übersicht über die Büroausstattung Berger GmbH?

d) Der Rechtsanwaltsfachangestellten Stefanie Durandt stehen anschließend weitere Möglichkeiten zur Verfügung, um nähere/weitere Informationen zu erhalten. Wie sehen diese Möglichkeiten aus?

e) Der Rechtsanwalt Sascha Memmel bittet Stefanie Durandt, einen aktuellen Registerauszug anzufordern. Dieser Dienst ist kostenpflichtig. Wie wird der Registerauszug bezahlt und auf was sollte die Rechtsanwaltsfachangestellte achten?

f) Der Registerauszug soll an die Mandantin Mira Rothaupt weitergeleitet werden. Welche Möglichkeiten der Übermittlung gibt es? Nennen Sie zwei mögliche Arten der Telekommunikation.

2. Ingelore Rosinski möchte wissen, welche Personen am Architektenbüro Grimm & Partner beteiligt sind. Wie kann sie diese Informationen erhalten?

3. Der Mandant Bernd Kinsy ruft die Rechtsanwältin Dr. Barbara Rösch an. Er benötigt von der Büromöbel Allerhand GmbH eine Liste der Gesellschafter. Dr. Barbara Rösch bittet die Rechtsanwaltsfachangestellte Ines Wardanjan darum, die Liste zu besorgen.

a) Welche Art der Telekommunikation nutzt der Mandant?

b) Wie geht die Rechtsanwaltsfachangestellte vor? Schildern Sie eine mögliche Vorgehensweise mithilfe eines Ablaufdiagramms.

c) Der Mandant ist zufällig wegen einer anderen Angelegenheit bei der Rechtsanwältin Dr. Barbara Rösch, als die Liste der Gesellschafter eintrifft. Welche Möglichkeiten des elektronischen Datenaustauschs stehen zur Verfügung? Nennen Sie zwei Möglichkeiten.

4. Die Rechtsanwaltskanzlei Dr. Schubert & Kollegen GbR wird von Sarah Borchert, die selbstständig tätig ist, beauftragt, eine offene Forderung gegenüber der Schreinerei Schneide Fixx OHG geltend zu machen. Die Schreinerei ist unter der bekannten Adresse nicht mehr ermittelbar und eine Internetrecherche blieb erfolglos. Daher ermittelt die Rechtsanwaltsfachangestellte Melanie Weiß im Auftrag von dem Rechtsanwalt Dr. Jens Schubert über die fachspezifische Datenbank www.unternehmensregister.de. Was sollte Melanie Weiß mit den ermittelten Informationen tun?

5. Die Rechtsanwaltsfachangestellte Luisa Thein möchte sich bei der Elektronik Leander GmbH bewerben. Um sich ein Bild von den Vermögensverhältnissen der GmbH zu machen, recherchiert sie über die fachspezifische Datenbank www.unternehmensregister.de.

a) Wie geht die Rechtsanwaltsfachangestellte Luisa Thein vor, wenn sie Einsicht in den Jahresabschluss des letzten Geschäftsjahrs der Elektronik Leander GmbH haben möchte? Erstellen Sie eine Stichpunktliste.

b) Ist dieser Dienst für Luisa Thein kostenpflichtig?

f) Aktenbuchhaltung führen (Re, ReNo)

Schema

Umgang mit Fremdgeld und Anderkonten

→

- Richtigkeit der Zahlungsein- und -ausgänge anhand der Akte prüfen
- wenn der Betrag nicht korrekt überwiesen wurde, den Restbetrag anmahnen o. Ä.
- Eintrag der Zahlungsein- und -ausgänge im Kostenblatt der Akte (ggf. mithilfe einer Rechtsanwaltssoftware o. Ä.)
- Kopie des Kontoauszugs in die Akte heften

→

Vorgehensweise in der Rechtsanwaltskanzlei:
- unverzügliche Weiterleitung des Fremdgelds
- sofern die Weiterleitung des Fremdgelds nicht binnen eines Monats möglich ist, muss bei Beträgen über 15 000,00 € ein Einzelanderkonto angelegt werden; andernfalls Verwaltung auf dem Sammelanderkonto
- spätestens mit Beendigung des Mandats muss über Fremdgelder abgerechnet werden
- Abrechnung einer Hebegebühr möglich
- Verrechnung mit Honorar möglich, jedoch nicht, wenn die Auszahlung des Fremdgelds an dritte Personen erfolgen muss

→

Vorgehensweise im Notariat:
- Fremdgeld muss unverzüglich einem Einzelanderkonto zugeführt werden
- Sammelanderkonten sind nicht zulässig
- Verfügung über Fremdgeld möglich, wenn Kostenforderungen zu begleichen sind (Voraussetzungen: zugrunde liegendes Amtsgeschäft, Angabe des Verwendungszwecks, Erteilung einer notariellen Kostenrechnung, Zugang an Kostenschuldner, Vorliegen der Auszahlungsreife)
- Notare müssen für die Verwaltung von Fremdgeld Bücher und Verzeichnisse führen:
  - Eintragung im Verwahrungsbuch vornehmen (beinhaltet alle Notaranderkonten)
  - Anlegen eines Massenbuchs für jeden einzelnen Mandanten und Informationen eintragen
  - Aufnahme des Anderkontos in die Anderkontenliste

Ausführlichere Informationen zu dem im Schema zusammengefassten Themenbereich „Aktenbuchhaltung führen“ finden Sie im Lehrbuch: Lernfeld 6 (Re, ReNo), Kapitel 6.2 (Fremdgeld und Anderkonten).

Fälle

1. Im Anwaltsnotariat Katharina Marschner werden Gelder und Wertpapiere für Mandanten verwaltet. Anhand des folgenden Kontoauszugs muss sich die Rechtsanwalts- und Notarfachangestellte Jana Seidel um die Verwaltung der Fremdgelder kümmern.

Kontoauszug der Commerzbank:

Girokonto vom 01.11.2017–30.11.2017				
Auszug	Seite	IBAN	BIC (SWIFT)	alter Kontostand Euro
58	1	DE41 5084 0005 0000 5638 12	COBADEFFXXX	+ 12865,10
Buchung	Wert	Buchungsinformation	SOLL Euro	HABEN Euro
03.11.	01.11.	Auszahlung Filiale Rheinstraße 14	– 100,00	
03.11.	03.11	Gutschrift SEPA Notarin Katharina Marschner Schreiben vom 03.07.2017, Mündelgeld Joachim Schwerze		+ 3450,00
03.11.	03.11	Lastschrift Telekom Deutschland GmbH Rg.Nr. 8943861329174481	– 398,00	
06.11.	06.11.	Gutschrift SEPA Notarin Katharina Marschner Schreiben vom 10.06.2017, Unterhalt Angela Notte		+ 10500,00
07.11.	07.11.	Überweisung Büromöbel GmbH Rg.Nr. 761/2017	– 273,00	
10.11.	10.11.	Gutschrift SEPA Notarin Katharina Marschner Schreiben vom 02.08.2017		+ 7830,00
10.11.	10.11.	Überweisung Lohn und Gehalt Beleg Nr. 09/17	– 5300,00	
13.11	13.11.	Dauerauftrag 05 Miete Athos GmbH Objekt Nr. 1012/78	– 1548,00	

Girokonto vom 01.11.2017–30.11.2017				
Buchung	Wert	Buchungsinformation	SOLL Euro	HABEN Euro
15.11.	14.11.	Gutschrift SEPA Zinsgutschrift Wertpapiere Gina Vogel		+ 235,00
20.11	20.11	Überweisung Gina Vogel	– 5000,00	
21.11.	21.11.	Lastschrift Vattenfall Europe Sales Strom-Abschlag Notarin Katharina Marschner	– 147,00	
28.11	27.11	Überweisung Joachim Schwerze	– 2400,00	
	Summe **Zahlungseingänge**			22015,00 €
	Summe **Zahlungsausgänge**			15166,00 €
	Neuer Kontostand			+ 19714,10 €

Hinweis: Die Buchungen zeigen lediglich die Bewegungen auf dem Konto, während das Datum der Wertstellung eine andere Bedeutung hat. Zu diesem Zeitpunkt erfolgt die Belastung/Gutschrift auf dem Konto.

a) Jana Seidel nimmt zunächst das Verwahrungsbuch zur Hand, um die Fremdgelder entsprechend zu notieren. Welche Daten muss Jana Seidel noch in das Verwahrungsbuch eintragen?

Auszug Verwahrungsbuch						
Nr.	Datum	Auftraggeber/ Empfänger	Einzahlung	Auszahlung	Wertpapiere Kostbarkeiten Eingang Ausgang	Masse Nr.
1	01.07.2017	L. Hansen	20000,00 €		–	1/2017
2	30.07.2017	L. Hansen		8000,00 €	–	1/2017
3	20.08.2017	M. Klein	50000,00 €		–	2/2017
4	15.09.2017	J. Grassig	15000,00 €		–	3/2017

Auszug Verwahrungsbuch						
Nr.	Datum	Auftraggeber/ Empfänger	Einzahlung	Auszahlung	Wertpapiere Kostbarkeiten Eingang Ausgang	Masse Nr.

Im Downloadbereich zum Buch finden Sie „Auszug-Verwahrungsbuch“ zum Ausdrucken.

b) Nach der Eintragung der Daten im Verwahrungsbuch erstellt Jana Seidel Massenbücher. Welche Daten muss sie hierin jeweils eintragen?

Massenbuch						
Urkundenrolle: Anderkonto Nr.						Massen Nr. Seite 1
Anderkontenbezeichnung:						
Nr.	Datum	Auftraggeber/ Empfänger	Einzahlung	Auszahlung	Wertpapiere Kostbarkeiten Eingang Ausgang	lfd. Nr. Verwahrungsbuch

Im Downloadbereich zum Buch finden Sie den Vordruck „Massenbuch“ zum Ausdrucken.

c) Die Rechtsanwalts- und Notarfachangestellte Jana Seidel muss noch eine Anderkontenliste erstellen. Wie vervollständigt sie diese Liste?

Anderkontenliste des Anwaltsnotariats Katharina Marschner					
Masse Nr.	Urkundennr.	Name und Anschrift der Bank	Kontonummer	Beginn	Ende

Im Downloadbereich zum Buch finden Sie den Vordruck „Anderkontenliste“ zum Ausdrucken.

Web

2. Die Rechtsanwalts- und Notarfachangestellte Luisa Lenhard erklärt der Auszubildenden Alicia Grey, dass alle Zahlungsein- und -ausgänge, die einen Mandanten betreffen, auf einem Kostenblatt dokumentiert werden müssen. Luisa Lenhard übergibt der Auszubildenden die Akte Ronald Booth mit folgenden Kontoauszügen:

Zahlungseingänge:	Kto.-Auszug Nr. 75 vom 03.11.2017: Gebühren für Tätigkeit in der Erbschafts- angelegenheit Ronald Booth Rg.Nr. 293/2017 vom 22.06.2017	499,80 €
	Kto.-Auszug Nr. 81 vom 30.11.2017: Honorar für Tätigkeit in der Erbschafts- angelegenheit Ronald Booth Rg.Nr. 301/2017 vom 25.11.2017	666,40 €
	Kto.-Auszug Nr. 97 vom 15.12.2017: Eingang Fremdgeld Schreiben vom 09.10.2017	50000,00 €
Zahlungsausgang:	Kto.-Auszug Nr. 98 vom 16.12.2017: Weiterleitung Fremdgeld Schreiben vom 02.11.2017	6000,00 €

Wie muss Alicia Grey die Daten in das Kostenblatt der Akte Ronald Booth eintragen?

Kostenblatt Ronald Booth									
Datum	Geschäftsfall	Einnahmen in Euro				Ausgaben in Euro			
		verausl. Kosten	Hon.	USt	FG	verausl. Kosten	Hon.	USt	FG

Im Downloadbereich zum Buch finden Sie den Vordruck „Kostenblatt“ zum Ausdrucken.

Web

3. Die Rechtsanwaltsfachangestellte Melina Mendez ist in der Kanzlei Dr. Buresch & Kollegen GbR für die Weiterleitung/Abrechnung von Fremdgeldern zuständig. Wie muss Melina Mendez in folgenden Fällen vorgehen?

a) In der Angelegenheit Celine Koch ./. Vanessa Blüm wegen einer Geldforderung in Höhe von 20000,00 € hat Vanessa Blüm den geltend gemachten Betrag sowie die aufgrund des Verzugs entstandenen Rechtsanwaltskosten am 22.09.2017 bezahlt.

b) In der Sache Antonia Michels ./. Reiner Breitner wegen Verkehrsunfall wurden gegenüber der gegnerischen Versicherung folgende Beträge geltend gemacht: entstandener Sachschaden 4 300,00 €, Sachverständigenkosten 500,00 €, Anwaltskosten 492,54 €. Die gegnerische Versicherung hat – bis auf die Anwaltskosten – alle Beträge am 27.11.2017 beglichen.

c) In der Angelegenheit Richard Nylan ./. Frieda Plobbner wegen Pflichtteilsanspruch in Höhe von 9 630,00 € hat sich Frieda Plobbner nach zwei Mahnschreiben nicht gemeldet. Dann wird der geforderte Betrag überraschend doch bezahlt. Die Mandantschaft hat die Kostenrechnung des Rechtsanwalts bezüglich der außergerichtlichen Tätigkeit noch nicht beglichen.

g) Aufgaben im Bereich des Rechnungs- und Finanzwesens ausführen (Re, ReNo)

Schemata

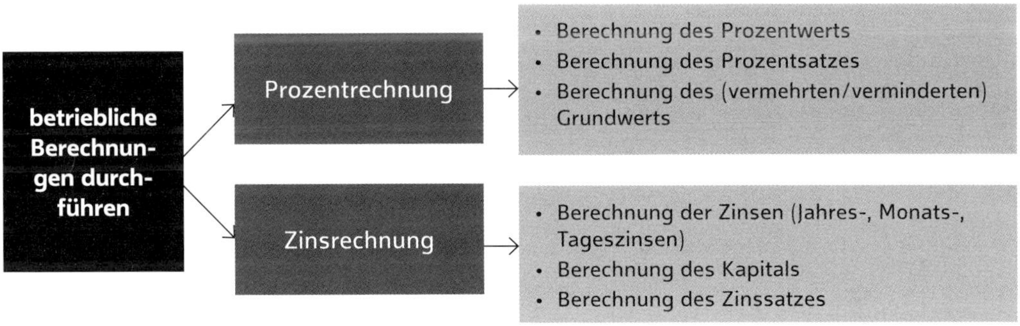

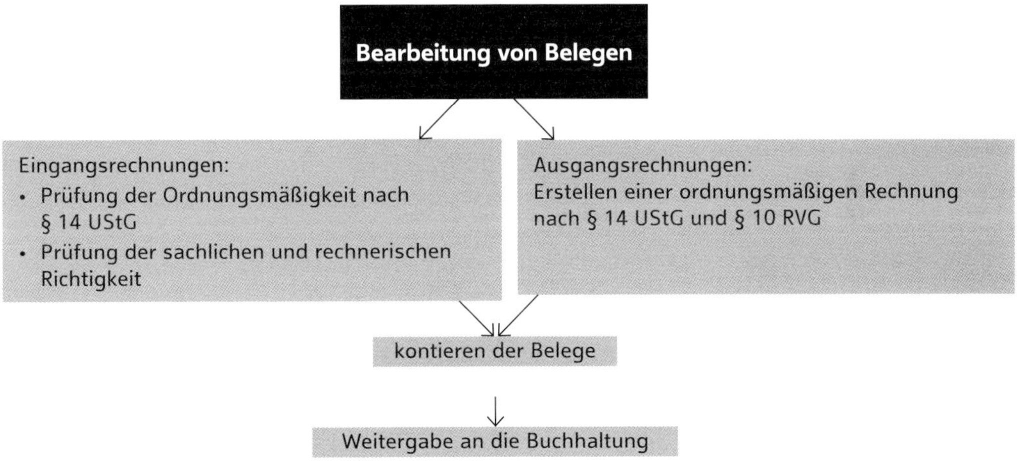

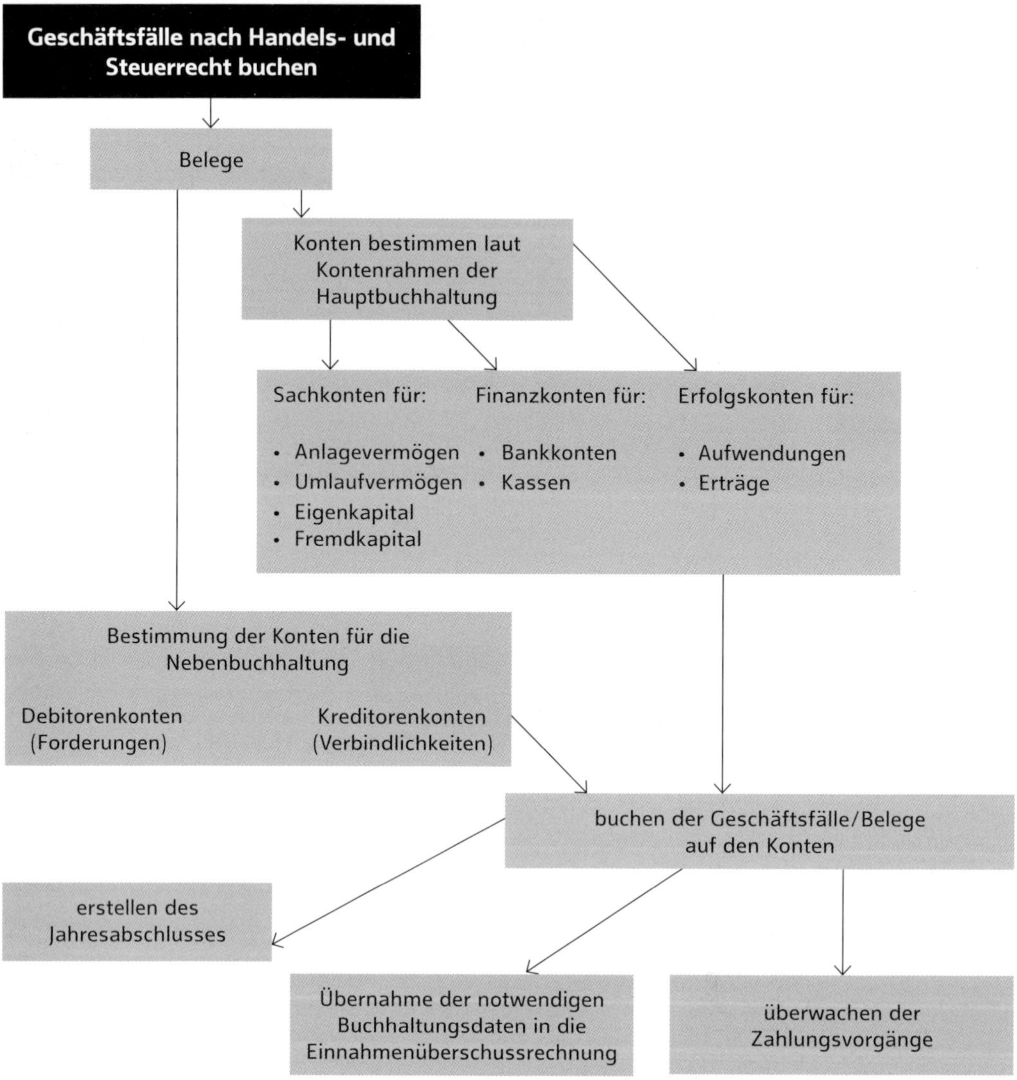
Geschäftsfälle nach Handels- und Steuerrecht buchen
Belege
Konten bestimmen laut Kontenrahmen der Hauptbuchhaltung
Sachkonten für:
• Anlagevermögen
• Umlaufvermögen
• Eigenkapital
• Fremdkapital
Finanzkonten für:
• Bankkonten
• Kassen
Erfolgskonten für:
• Aufwendungen
• Erträge
Bestimmung der Konten für die Nebenbuchhaltung
Debitorenkonten (Forderungen)
Kreditorenkonten (Verbindlichkeiten)
buchen der Geschäftsfälle/Belege auf den Konten
erstellen des Jahresabschlusses
Übernahme der notwendigen Buchhaltungsdaten in die Einnahmenüberschussrechnung
überwachen der Zahlungsvorgänge

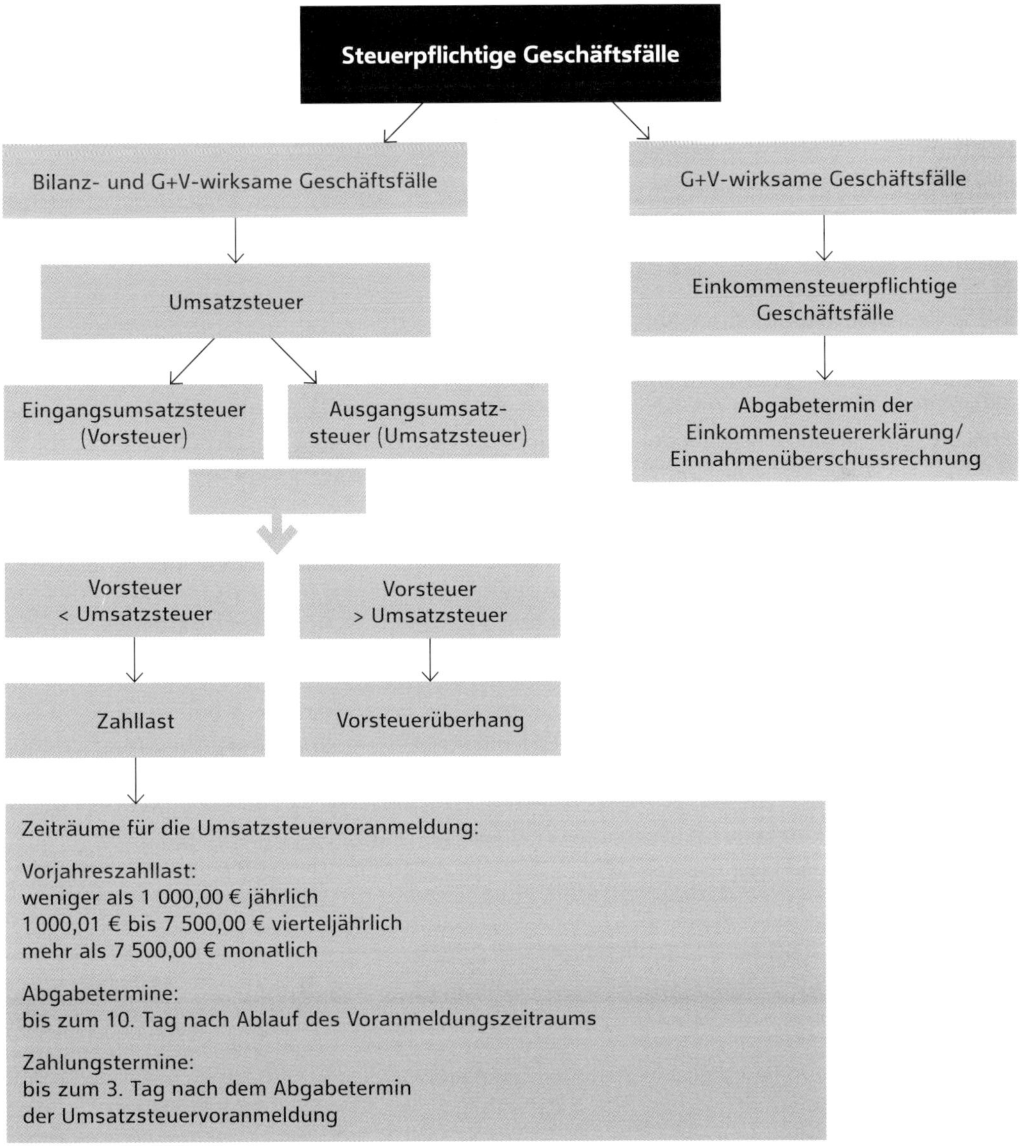

Ausführlichere Informationen zu dem in den Schemata zusammengefassten Themenbereich „Aufgaben im Bereich des Rechnungs- und Finanzwesens ausführen“ finden Sie im Lehrbuch:

- Lernfeld 3 (Re, ReNo), Kapitel 5.3 (Prozentrechnung)
- Lernfeld 3 (Re, ReNo), Kapitel 5.4 (Zinsrechnung)
- Lernfeld 6 (Re, ReNo), Kapitel 1 und 4.2 (Bearbeitung von Belegen)
- Lernfeld 6 (Re, ReNo), Kapitel 3 und 5 (Geschäftsfälle nach Handels- und Steuerrecht buchen)
- Lernfeld 6 (Re, ReNo), Kapitel 4 (Arten der betrieblichen Steuern unterscheiden und deren Fristen und Termine überwachen)

Fälle

1. Die Rechtsanwaltskanzlei Dr. Neumann & Huber hat vor einer Woche zehn Kartons Druckerpapier bestellt. Gestern war die Rechnung dafür im Posteingang. Der Lieferant gewährt bei Zahlung innerhalb einer Woche 2 % Skonto auf den Rechnungsbetrag in Höhe von 150,00 €. Wie hoch ist der Bruttoskonto? Welcher Betrag muss überwiesen werden?

2. Bei Begleichung der Rechnung (Aufgabe 1) unter Abzug von Skonto muss die Vorsteuer korrigiert werden. Wie hoch ist der Nettoskonto und um welchen Betrag wird die Vorsteuer korrigiert?

3. Die Rechtsanwältin und Notarin Katharina Marschner benötigt für die Vorbereitung eines Vortrags, den sie auf einem Kongress halten will, mehrere Fachzeitschriften. Die Rechtsanwalts- und Notarfachangestellte Jana Seidel führt die Bestellung aus. Auf der Rechnung ist der Wert der Zeitschriften in Höhe von 209,00 € sowie der Rechnungsbetrag in Höhe von 223,63 € ersichtlich. Jana Seidel will den in Rechnung gestellten Umsatzsteuersatz prüfen. Wie hoch ist der Vorsteuerbetrag? Welcher Steuersatz liegt der Ermittlung des Rechnungsbetrags zugrunde?

4. Für die Vorbereitung der Umsatzsteuervoranmeldung ermittelt die Auszubildende Annika Sauer aus den Ausgangsrechnungen im laufenden Monat eine Umsatzsteuer (19 %) in Höhe von 10 640,00 €. Welche Umsatzhöhe liegt diesem Steuerbetrag zugrunde?

5. Das Notariat Lothar Baumaister benötigt für die Fenster der Büroräume neue Vorhänge. Im nahe gelegenen Kaufhaus werden passende Stoffe angeboten. Der Preis ist um 20 % auf 302,40 € (netto) herabgesetzt worden. Wie hoch war der ursprüngliche Preis?

6. Der Auszubildende Werner Gradig beabsichtigt, sich ein Motorrad für 5 000,00 € zu kaufen. Für die Finanzierung wäre eine Überziehung seines Girokontos um diesen Betrag erforderlich. Der Zinssatz seiner Bank beträgt 13,5 %. Der Betrag würde in drei Monaten zurückgezahlt sein. Welchen Zinsbetrag hätte er für drei Monate zu zahlen?

7. Die Rechtsanwaltskanzlei Rudolf Kleezmann hat für Investitionen liquide Mittel in Höhe von 45 000,00 € zurückgelegt. Nach einem Jahr steht ein Betrag in Höhe von 45 225,00 € zur Verfügung. Ermitteln Sie den Zinssatz.

8. In der Einkommensteuerklärung 2016 der Rechtsanwaltskanzlei Gernot Schwartzkopff gibt es mit dem Finanzamt zu klärende Sachverhalte. Der Klärungsprozess dauert bis zum 30.11.2018. Für den Zeitraum April bis November 2018 stehen der Rechtsanwaltskanzlei Verzugszinsen auf eine Steuererstattung zu. Der Jahreszinssatz beträgt 6 %. Nachdem der Steuerbescheid Anfang Dezember 2018 der Rechtsanwaltskanzlei zugegangen ist, geht am 10.12.2018 auf dem Bankkonto ein Betrag in Höhe von 2 505,36 € ein. Ermitteln Sie die Höhe des Einkommensteuererstattungsbetrags und der Zinsen.

9. Die Büromöbel GmbH beauftragt die Rechtsanwaltskanzlei Karl Pitschmann mit der Wahrnehmung ihrer Interessen gegenüber der Baufirma Wilhelm Hallen GmbH. Nach Ablauf der Zahlungsfrist ist noch keine Überweisung der Baufirma erfolgt. Die Rechtsanwaltskanzlei wird eine Zahlungsaufforderung über den Betrag in Höhe von 6 194,00 € zzgl. der Verzugszinsen mit einem Jahreszinssatz in Höhe von 9 % für 26 Tage an die Büromöbel GmbH schicken. Berechnen Sie die Verzugszinsen.

10. In der Rechtsanwaltskanzlei Dr. Schröder soll die Vorbereitung der Buchungsbelege für die Buchhaltung demnächst zu den Aufgaben der Rechtsanwalts- und Notarfachangestellten Marlies Günter gehören. Im Monat November sind viele Anschaffungen (z. B. Praxisausstattung, Büromaterial) getätigt worden. Die Eingangsrechnungen für diese Einkäufe treffen zeitnah im Posteingang der Rechtsanwaltskanzlei ein. Beschreiben Sie den Belegfluss vom Eingang der Rechnung bis zur Buchung.

11. Im November werden nach Erbringen der verschiedenen Leistungen (z. B. Beratung oder Vertretung vor Gericht) Kostenrechnungen erstellt und an die Mandanten geschickt. Die Kopien der Rechnungen verbleiben in der Kanzlei. Bestimmen Sie die nächsten Arbeitsschritte.

12. Die Rechtsanwalts- und Notarfachangestellte Dorith Meiers wird beauftragt, für den Mandanten Justus Kantsteiner die Kostenrechnung für erbrachte Leistungen der Kanzlei zu erstellen. Doris Meiers recherchiert, welche Bestandteile eine Kostenrechnung nach den Vorschriften des § 14 UStG und § 10 RVG enthalten muss. Nennen Sie die Bestandteile einer Ausgangsrechnung.

13. Der Auszubildende Timo Sturm wird beauftragt, für die in seinem Ausbildungsbetrieb in einem Monat angefallenen Belege, die Kontierung vorzunehmen.

A	Einzahlung in die Kasse: Miete für einen untervermieteten Raum (Quittung)	300,00 €
B	Eingangsrechnung für Software, brutto	1 904,00 €
C	Abbuchung der Darlehenszinsen (Kontoauszug)	482,00 €
D	Überweisung der Eingangsrechnung (Kontoauszug) für Software (Fall B)	1 904,00 €
E	Buchung des Gehaltsbelegs	5 837,00 €
F	Ausgangsrechnung für Bücher, brutto	32,10 €
G	Buchung der Abschreibungen auf BGA (Eigenbeleg)	2 593,00 €
H	Gutschrift der Zinsen auf Sparguthaben (Kontoauszug)	52,00 €
I	Eingang der Handwerkerrechnung für eine Reparatur, brutto	2 618,00 €
J	Abbuchung der Miete für die Büroräume (Kontoauszug)	1 500,00 €
K	Ausgangsrechnung für Honorare (Kostenrechnung), brutto	7 616,00 €
L	Überweisung der Gehälter (Fall E) (Kontoauszug)	5 837,00 €
M	Zahlungseingang für die Ausgangsrechnung (Fall F) (Kontoauszug)	32,10 €
N	Überweisung der Handwerkerrechnung (Fall I) (Kontoauszug)	2 618,00 €
O	Zahlungseingang für Honorare (Fall K) (Kontoauszug)	7 616,00 €

Ermitteln Sie anstelle von Timo Sturm zur Vorbereitung der Umsatzsteuererklärung die Vorsteuer und die Umsatzsteuer und beurteilen Sie, ob eine Forderung oder eine Verbindlichkeit gegenüber dem Finanzamt entstanden ist.

14. Im Geschäftsjahr 2016 wurden in der Rechtsanwaltskanzlei Dr. Neumann & Huber umsatzsteuerpflichtige (19 %) Erträge in Höhe von 280 000,00 € brutto erwirtschaftet. Die vorsteuerpflichtigen (19 %) Vorgänge ergaben einen Betrag in Höhe von 195 000,00 € netto. Im darauffolgenden Jahr betrugen die Erträge 247 000,00 € netto und die vorsteuerpflichtigen Vorgänge 378 500,00 € brutto. Berechnen Sie für beide Jahre, ob eine Forderung oder eine Verbindlichkeit gegenüber dem Finanzamt entstanden ist.

15. In der Rechtsanwaltskanzlei Dr. Lomann & Schmithaber sind auf der Grundlage verschiedener Geschäftsfälle Belege entstanden. Die Rechtsanwalts- und Notarfachangestellte Michaela Merz bucht diese entsprechend den handels- und steuerrechtlichen Vorschriften. Zunächst muss eine Eröffnungsbilanz erstellt werden. Danach erfolgt die Buchung sämtlicher Belege. Am Ende des Jahrs werden alle Erfolgskonten über das G+V-Konto und alle Bilanzkonten über das Schlussbilanzkonto abgeschlossen. Zur Information über Außenstände und noch nicht überwiesene Rechnungen der Rechtsanwaltskanzlei erstellt Michaela Merz eine Debitoren- und eine Kreditorenliste.

- Erstellen Sie die Eröffnungsbilanz mit den Angaben: Gebäude: 328 500,00 €; Forderungen aus Lieferungen und Leistungen: 2 300,00 €; Verbindlichkeiten gegenüber Kreditinstituten: 36 700,00 €; Betriebs- und Geschäftsausstattung: 35 100,00 €; Kasse: 150,00 €; Software: 5 800,00 €; Verbindlichkeiten aus Lieferungen und Leistungen: 1 330,00 €; Bankguthaben: 15 900,00 €; Verbindlichkeiten gegenüber dem Finanzamt (Zahllast): 7 600,00 €; Fahrzeuge: 64 200,00 €

ERÖFFNUNGSBILANZ 01.01.2018

AKTIVA	PASSIVA

- Eröffnen Sie die Bestandskonten.
- Bilden Sie die Buchungssätze auf Basis der Belege und stellen Sie die Geschäftsfälle in den Konten dar.

KONTENDARSTELLUNG

S	Software	H

S	Gebäude	H

S	Fahrzeuge	H

S	BGA	H

S	Kasse	H

S	Bank	H

S	Fremdgeld	H

S Vorsteuer H

S Forderungen a. LL. H

S Eigenkapital H

S Verbindlichk. a. LL. H

S Anderkonto Brettenberg H

S Umsatzsteuer H

S ***Debitor*** *Kunst* H

S ***Debitor*** *Brettenberg* H

S ***Debitor*** *Schnurr GmbH* H

S Verb. g. Kreditinstituten H

S ***Kreditor*** *Bock Verlag* H

S ***Kreditor*** *Büromöbel GmbH* H

KONTENDARSTELLUNG G+V-Konten

S Honorare H

S Bücher + Zeitschriften H

S Büromaterial H

- Schließen Sie die Erfolgskonten über das G+V-Konto ab.
- Ermitteln Sie die Umsatzsteuer.
- Schließen Sie die Debitoren- und Kreditorenkonten über die Sachkonten ab.
- Schließen Sie die Bilanzkonten über die Schlussbilanz ab.

JAHRESABSCHLUSS

S	Gewinn- und Verlustkonto	H

Aktiva	Schlussbilanz	Passiva

- Erstellen Sie abschließend
  - eine Debitorenliste, um die Außenstände in Bezug auf die Mahnungen zu beurteilen.
  - eine Übersicht der noch nicht überwiesenen Rechnungen, eine Kreditorenliste.

Entwurf einer Debitorenliste:

DEBITORENLISTE				
Debitorennr.	Name des Schuldners	Wertstellungs-datum	Forderung	Zahlungseingänge

Entwurf einer Kreditorenliste:

KREDITORENLISTE				
Kreditorennr.	Name des Gläubigers	Wertstellungsda-tum	Verbindlichkeit	Zahlungsausgänge

Geschäftsfälle:

A	Eingangsrechnung für den Kauf von Praxisausstattung (BGA) bei der Büromöbel GmbH, brutto	3 332,00 €
B	Ausgangsrechnung (Honorar) an den Mandanten Gregor Kunst, brutto	714,00 €
C	Überweisung der Zahllast (Verb. g. Finanzamt)	7600,00 €
D	Schreiben mit Ankündigung von Fremdgeld für Luise Brettenberg	3000,00 €
E	Eingang des Fremdgelds auf dem Konto der Geschäftsbank	3000,00 €
F	Überweisung und Umbuchung des Fremdgelds auf das neu eingerichtete Anderkonto Luise Brettenberg	3000,00 €
G	Eingangsrechnung für den Kauf von Fachbüchern beim Bock Verlag GmbH, netto	1 300,00 €
H	Zahlungseingang auf dem Bankkonto (Fall B)	714,00 €
I	Ausgangsrechnung an den Schnurr Verlag GmbH, Honorar für Autorentätigkeit, brutto	1 284,00 €
J	Barkauf von Druckerpatronen gegen Quittung, netto	100,00 €

Im Downloadbereich zum Buch finden Sie die Vordrucke „Eröffnungsbilanz“, „Kontendarstellung“ und „Jahresabschluss“ zum Ausdrucken.

Web

16. Die Rechtsanwaltskanzlei Alex Kusten lässt die laufende Buchhaltung und den Jahresabschluss von dem Steuerberatungsbüro Norbert Zunsmann durchführen. Im Dezember wird die Rechtsanwalts- und Notarfachangestellte Emilia Neugrund für die Erstellung des Jahresabschlusses vom Steuerberatungsbüro gebeten, Fälle für die
a) Rückstellungsbildung und für die
b) zeitliche Jahresabgrenzung mitzuteilen.

Welche der folgenden Sachverhalte wird sie dem Steuerbüro mitteilen?

- Die Rechnung über die Kosten für die Erstellung des Jahresabschlusses liegt am 31.12. noch nicht in der Rechtsanwaltskanzlei vor.
- Am 31.12. sind für einige Tätigkeiten noch keine Rechnungen verschickt worden.
- Der Jahresbeitrag für die Rechtsanwaltskammer ist am 31.12. noch nicht überwiesen worden.
- Die Miete für einen von der Rechtsanwaltskanzlei im Dezember an einen Geschäftsfreund untervermieteten Raum wird erst im Januar überwiesen werden.
- Am 31.12. hat die Rechtsanwaltskanzlei noch keine Rechnung für bereits gelieferte Praxisausstattung erhalten.
- Reparaturen, die im Dezember wirtschaftlich verursacht wurden, können erst im Folgejahr durchgeführt werden.
- Im Juli ist die Versicherungsprämie für ein Jahr vom Bankkonto abgebucht worden.
- Ein Geschäftsfreund wird im Januar einen Raum in der Rechtsanwaltskanzlei Alex Kusten für eine Veranstaltung nutzen. Er überweist die Miete bereits im Dezember.

17. In der Rechtsanwaltskanzlei Gülsen Özdemir wird die Auszubildende Amelie Pedersen gebeten, mit den notwendigen Geschäftsfällen aus der kaufmännischen Buchführung eine Einnahmenüberschussrechnung zu erstellen. Übernehmen Sie die Aufgabe anstelle von Amelie Pedersen.

A	Einzahlung in die Kasse: Miete für untervermieteten Raum (Quittung)	300,00 €
B	Eingangsrechnung für Software, brutto	1 904,00 €
C	Abbuchung der Darlehenszinsen (Kontoauszug)	482,00 €
D	Überweisung der Eingangsrechnung (Kontoauszug) für Software (Fall B)	1 904,00 €
E	Buchung des Gehaltsbelegs	5 837,00 €
F	Ausgangsrechnung für Bücher, brutto	32,10 €
G	Buchung der Abschreibungen auf BGA (Eigenbeleg)	2 593,00 €
H	Gutschrift der Zinsen auf Sparguthaben (Kontoauszug)	52,00 €
I	Eingang der Handwerkerrechnung für eine Reparatur, brutto	2 618,00 €
J	Dezember-Gehalt eines seit vielen Jahren beschäftigten Mitarbeiters, Überweisung im Januar	1 500,00 €
K	Ausgangsrechnung für Honorare (Kostenrechnung), brutto	7 616,00 €
L	Überweisung der Gehälter (Fall E) (Kontoauszug)	5 837,00 €
M	Zahlungseingang für die Ausgangsrechnung (Fall F) (Kontoauszug)	32,10 €
N	Überweisung der Handwerkerrechnung (Fall I) (Kontoauszug)	2 618,00 €
O	Zahlungseingang für Honorare (Fall K) (Kontoauszug)	7 616,00 €
P	Dezember-Miete für die Praxisräume, Überweisung im Januar	1 569,00 €
Q	Eingangsrechnung für BGA, netto	560,00 €
R	Betriebs-Pkw wird vom Kanzleiinhaber auch für private Fahrten genutzt. Bruttolistenpreis:	27 800,00 €
S	Ein Geschäftsfreund der Rechtsanwaltskanzlei erhielt ein Buch als Geschenk. Kaufpreis:	38,50 €
T	Der Betriebs-Pkw wird zwei Jahre nach der Anschaffung in das Privatvermögen überführt. Anschaffungskosten: Nutzungsdauer laut AfA-Tabelle 6 Jahre	23 362,00 €

Vereinfachtes Schema der Einnahmenüberschussrechnung

1. Betriebseinnahmen

   1.1 umsatzsteuerpflichtige Betriebseinnahmen
   1.2 sonstige Betriebseinnahmen
   1.3 vereinnahmte Umsatzsteuer

Summe Betriebseinnahmen

2. Betriebsausgaben

   2.1 Ausgaben für eigenes Personal
   2.2 Abschreibungen
   2.3 Raumkosten
   2.4 sonstige Betriebsausgaben
   2.5 gezahlte Vorsteuerbeträge

Summe Betriebsausgaben

3. Ermittlung des Gewinns/Verlusts

– Summe Betriebseinnahmen
– Summe Betriebsausgaben
= Gewinn/Verlust

Im Downloadbereich zum Buch finden Sie den Vordruck für die Einnahmenüberschussrechnung.

18. In der Rechtsanwaltskanzlei Dr. Neumann & Huber sind in einem Monat durch Geschäftsfälle Belege entstanden. Die Auszubildende Annika Sauer wird beauftragt, die zur Vorbereitung der
- Umsatzsteuervoranmeldung und der
- Einkommensteuererklärung/Einnahmenüberschussrechnung relevanten Geschäftsfälle herauszufiltern. Übernehmen Sie diese Aufgabe.

A	Einzahlung in die Kasse: Miete für untervermieteten Raum	100,00 €
B	Eingangsrechnung für Praxisausstattung, brutto	914,42 €
C	Zinsgutschrift	57,00 €
D	Eingangsrechnung für Druckerpatronen, netto	120,00 €
E	Abschreibungen auf Praxisausstattung	1 320,00 €
F	Ausgangsrechnung für Honorare, brutto	3 022,60 €
G	Überweisung der Gehälter	6 825,00 €
H	Überweisung der Rechnung für Praxisausstattung (Fall b)	914,42 €
I	Ein Geschäftsfreund der Rechtsanwaltskanzlei erhielt eine Flasche Wein als Geschenk, das aus der Kasse bezahlt wurde, netto	18,00 €
J	Zahlungseingang für die Ausgangsrechnung (Fall f)	3 022,60 €
K	Abbuchung der Miete für Praxisräume	1 350,00 €
L	Übernahme des Betriebs-Pkw in das Privatvermögen Restbuchwert:	9 863,00 €
M	Fremdgeld für einen Mandanten wird eingezahlt	8 800,00 €

19. Im Anwaltsnotariat Katharina Marschner wurden von der Rechtsanwalts- und Notarfachangestellten Jana Seidel die Termine für die Abgabe der Umsatzsteuervoranmeldung (19 %) auf der Basis der folgenden Zahlen berechnet.

2015:	Eingangsrechnungen in Höhe von	25 642,00 €
	Ausgangsrechnungen in Höhe von	127 854,00 €
2016:	Eingangsrechnungen in Höhe von	234 835,00 €
	Ausgangsrechnungen in Höhe von	232 897,00 €
2017:	Eingangsrechnungen in Höhe von	51 963,00 €
	Ausgangsrechnungen in Höhe von	67 617,00 €

Welche Abgabe- und Zahlungstermine müssen für die Jahre 2016, 2017 und 2018 im Terminkalender eingetragen werden?

20. Im Jahr 2017 wurden von der Rechtsanwaltskanzlei Dr. Neumann & Huber Kostenrechnungen für Tätigkeiten in Höhe von 350 000,00 € an Mandanten geschickt (Erträge). Im gleichen Zeitraum entstanden Aufwendungen in Höhe von 152 000,00 €. Welcher Betrag muss dem Finanzamt mit der Einkommensteuererklärung/Einnahmenüberschussrechnung mitgeteilt werden? Welcher Termin muss für die Abgabe der Einkommensteuererklärung/Einnahmenüberschussrechnung in den Terminkalender eingetragen werden?

Prüfungsbereich 2: Mandanten- und Beteiligtenbetreuung (Re, ReNo)

In der ReNoPat-Ausbildungsverordnung ist festgelegt, dass im Bereich Mandanten- und Beteiligtenbetreuung eine mündliche Prüfung von 15 Minuten durchzuführen ist. In dieser Prüfung soll der Prüfling nachweisen, dass er in der Lage ist

- Mandanten und Beteiligte serviceorientiert zu betreuen,
- Anliegen von Mandanten und Beteiligten zu erfassen,
- Gespräche mit Mandanten und Beteiligten adressatenorientiert zu führen,
- Auskünfte einzuholen und zu erteilen sowie
- Konfliktsituationen zu bewältigen.

Für die Prüfung wählt der Prüfungsausschuss **ein** Themengebiet aus:

Rechtsanwaltsfachangestellte/-r	Rechtsanwalts- und Notarfachangestellte/-r
• zivilrechtliches Mandat • zwangsvollstreckungsrechtliches Mandat • Vergütung und Kosten im zivilrechtlichen Mandat • Zahlungsverkehr	• Rechtsanwendung in den Bereichen des bürgerlichen Rechts sowie des Handels- und Gesellschaftsrechts • Rechtsanwendung in den Bereichen des Zivilprozesses und der Zwangsvollstreckung • Notariatsgeschäfte • Vergütung und Kosten • elektronischer Rechts- und Zahlungsverkehr • notarielles Berufs- und Verfahrensrecht

Anhand des ausgewählten Themengebiets soll ein fallbezogenes Fachgespräch (beispielsweise mithilfe eines Rollenspiels) geführt werden. Dabei ist die fachbezogene Anwendung der englischen Sprache zu berücksichtigen. Sie sollen damit nachweisen, dass Sie Mandanten und Beteiligte betreuen können.

Hinweis: Detailliertere Ausführungen zur Mandanten- und Beteiligtenbetreuung finden Sie im Prüfungsbereich 1 zur Zwischenprüfung, vgl. das Schema in Kapitel f), Seite 35.

Sicher sind Sie vor der mündlichen Prüfung besonders angespannt. Damit Sie diesen Prüfungsbereich mit Bravour meistern, geben wir Ihnen an dieser Stelle einige Tipps, die Sie während der mündlichen Prüfung beachten sollten:

- Lassen Sie den Prüfer ausreden und beginnen Sie erst anschließend mit der Beantwortung der Frage.
- Stellen Sie Blickkontakt zum Prüfer her. Sehen Sie sich weder im Raum um, noch blicken Sie zum Boden.
- Schweifen Sie bei der Beantwortung der Frage nicht aus, sondern versuchen Sie den Kern der Frage zu treffen. Nennen Sie ggf. Beispiele.
- Vermeiden Sie Füllwörter (z. B. äh, ähm).
- Fragen Sie beim Prüfer nach, sofern Sie die Frage nicht verstanden haben.

- Denken Sie über die Frage nach, bevor Sie darauf antworten.
- Achten Sie auf eine angemessene Lautstärke.
- Finden Sie das richtige Tempo beim Sprechen.

Auf die mündliche Prüfung können Sie sich am besten vorbereiten, indem Sie eine reale Situation simulieren. Sie können dazu beispielsweise mit Ihren Mitschülern ein Rollenspiel durchführen. Inhalt des Rollenspiels kann z. B. eine kanzleiübliche Situation hinsichtlich eines zivilrechtlichen Mandats sein. So sammeln Sie Erfahrungen darin, wie die Prüfung in etwa ablaufen könnte.

Prüfungsbereich 3: Rechtsanwendung

a) Sachverhalte, insbesondere in den Bereichen des bürgerlichen Rechts sowie des Gesellschafts-, Wirtschafts- und Europarechts, rechtlich erfassen und beurteilen (Re)

Schema

Allgemeiner Teil (§§ 1–240 BGB)
(natürliche und juristische Personen, Zustandekommen von Verträgen, Anfechtung, Stellvertretung, Geschäftsfähigkeit etc.)

Schuldrecht (§§ 241–853 BGB)

Vertragliche Schuldverhältnisse	**Gesetzliche Schuldverhältnisse**
(Kauf-, Miet-, Werk-, Dienstvertrag, Personalsicherheiten etc.)	(unerlaubte Handlungen, ungerechtfertigte Bereicherung etc.)

Sachenrecht (§§ 854–1296 BGB)
(Eigentum, Besitz, beschränkt dingliche Rechte, Realsicherheiten etc.)

Handels- und Gesellschaftsrecht (HGB, GmbHG, AktG)
(Kaufleute, Gesellschaftsformen, Prokura, Handlungsvollmacht etc.)

Familien- und Erbrecht (§§ 1297–2385 BGB)
(Unterhalt, Zugewinn, gesetzliche und gewillkürte Erbfolge, Pflichtteil, Erbunwürdigkeit etc.)

Ausführlichere Informationen zu dem im Schema zusammengefassten Themenbereich „Sachverhalte, insbesondere in den Bereichen des bürgerlichen Rechts sowie des Gesellschafts-, Wirtschafts- und Europarechts, rechtlich erfassen und beurteilen" finden Sie im Lehrbuch:
- Lernfeld 2 (Re, ReNo), Kapitel 2.5 und 2.6 (Handelsrecht, Gesellschaftsrecht)
- Lernfeld 3 (Re, ReNo), Kapitel 3 und 4 (Der Kaufvertrag, Vertragsabwicklung überwachen)
- Lernfeld 4 (Re, ReNo), Kapitel 1 (Ermittlung des Anspruchs)
- Lernfeld 4 (Re, ReNo), Kapitel 4.1 und 4.2 (Natürliche Personen, Juristische Personen)
- Lernfeld 8 (Re, ReNo), Kapitel 1 und 2 (Das Sachenrecht im BGB, Die Bedeutung der Sachenrechte für die Kreditsicherung)
- Lernfeld 9 (Re), Kapitel 3 (Das Europäische Mahnverfahren)
- Lernfeld 13 (Re), Kapitel 2 und 3 (Familien- und Erbrecht)

Hinweis: Detailliertere Ausführungen zu einem Teil dieser Bereiche finden Sie auch im Prüfungsbereich 2 zur Zwischenprüfung, vgl. die Schemata in Kapitel c) und d), Seiten 47–49 und 54–55.

Fälle

1. Heiko Sendrowski bestellt bei der Möbelhaus Luxx GmbH ein beiges Sofa für einen Kaufpreis in Höhe von 2670,00 € und bezahlt es per Paypal. Als das Sofa am 20.08.2018 geliefert wird, stellt Heiko Sendrowski fest, dass das Sofa einen großen braunen Fleck aufweist. Er wendet sich daraufhin per E-Mail an die Möbelhaus Luxx GmbH und bittet darum, ihm ein neues Sofa zuzusenden. Er setzt dabei zunächst eine Frist zum 14.09.2018. Da die Möbelhaus Luxx GmbH auf seine E-Mail nicht reagiert, schreibt Heiko Sendrowski eine weitere E-Mail und setzt eine neue Frist zum 15.10.2018. Auch auf die zweite E-Mail reagiert die Möbelhaus Luxx GmbH nicht.

a) Heiko Sendrowski hat schließlich genug und möchte sein Geld zurück. Beurteilen Sie die Situation.

b) Kann Heiko Sendrowski den Kaufpreis im Wege des Mahnverfahrens geltend machen?

2. Alessio Del Piero mietet eine Zwei-Zimmer-Wohnung in Chemnitz von Patricia Wiedemeyer (wohnhaft in Dessau). Der Mietvertrag vom 20.04.2018 wird für fünf Jahre geschlossen, beginnend am 01.05.2018 zu einer Monatsmiete in Höhe von 380,00 €, fällig jeweils im Voraus zum Monatsersten. Am 03.05.2018, kurz nach seinem Einzug, stellt Alessio Del Pierro beim Anbringen einer Lampe fest, dass in der Decke feine Risse sind. Bei genauerer Untersuchung stellt sich heraus, dass diese porös ist und herabzufallen droht. Alessio Del Pierro informiert seine Vermieterin Patricia Wiedemeyer umgehend, die jedoch zunächst nichts unternimmt. Alessio Del Pierro zieht daher für den Monat Mai 2018 zu seiner Freundin.

a) Kann Alessio Del Piero örtlich und sachlich die Miete für den Monat Mai zurückverlangen?

b) Welches Gericht ist zuständig, falls Alessio del Piero in dieser Angelegenheit Klage erheben will?

3. Ulf Kleber mietet einen Partyraum für seinen 50. Geburtstag von Georg Pfeiffer. Er beauftragt einen Lichtinstallateur, der für ein stimmungsvolles Ambiente sorgen soll. Aufgrund eines Verkabelungsfehlers des Installateurs kommt es jedoch zu einem Kurzschluss. Ein Feuer bricht aus und beschädigt eine Wand und Teile des gemieteten Mobiliars. Welche Ansprüche hat Georg Pfeiffer gegen Ulf Kleber?

4. Elisa Basan bringt ihren Laptop zur Reparatur in die Werkstatt von Otto Riemschneider. Sie hat versehentlich ein Glas Wein darüber gegossen. Der Laptop funktioniert nun nicht mehr. Otto Riemschneider überträgt die Reparatur der bei ihm angestellten IT-System-Elektronikerin Denise Beck-Rühlicke. Trotz intensiver Bemühungen kann sie den Fehler jedoch nicht beheben.
   a) Kann Otto Riemschneider von Elisa Basan das vereinbarte Entgelt für die Reparatur verlangen?
   b) Kann Denise Beck-Rühlicke von Otto Riemschneider das vereinbarte Arbeitsentgelt verlangen?

5. Ivana Bittermann überquert bei Rot eine Straße. Diana Karrer, die mit dem Fahrrad auf dem angrenzenden Fahrradweg unterwegs ist, muss deshalb spontan ausweichen und rammt einen Laternenpfahl. Dabei werden das Vorderrad des Fahrrads und die Hose von Diana Karrer beschädigt. Welche Ansprüche hat Diana Karrer?

6. Christoph Jamrath-Kriebel ist Eigentümer eines Wohnwagens, den er bis zum 15.09.2017 an Murat Mojadedi vermietet hat. Am 21.08.2017 verkauft Christoph Jamrath-Kriebel den Wohnwagen an Maya Thieme. Sie einigen sich darüber, dass Maya Thieme nach Ablauf der Mietzeit den Wohnwagen bei Murat Mojadedi abholen soll. Murat Mojadedi wird über diese Vereinbarung nicht informiert. Wer ist Eigentümer des Wohnwagens?

7. Sven Föster kauft von Katharina Weißhaupt ein Fahrrad. Er weiß dabei nicht, dass Katharina Weißhaupt das Fahrrad Lukas Obermayer gestohlen hat.
   a) Kann Lukas Obermayer die Herausgabe des Fahrrads von Sven Föster verlangen?
   b) Welche Ansprüche kann Lukas Obermayer geltend machen, wenn er das Fahrrad an Katharina Weißhaupt verliehen hatte, bevor sie es verkauft hat? Gegen wen muss er diese Ansprüche richten?

8. Sandro Matti verkauft an die Gartenbau Blütenstil OHG unter Eigentumsvorbehalt einen Raupenbagger und liefert diesen am 14.06.2017 aus. Vereinbart wird, dass der Kaufpreis am 16.06.2017 zu bezahlen ist. Die Gartenbau Blütenstil OHG bezahlt den vereinbarten Kaufpreis jedoch nicht. Stattdessen übereignet sie den Raupenbagger am 26.06.2017 als Sicherheit für ein Darlehen an die Creditfast Bank, ohne den Eigentumsvorbehalt zu erwähnen. Der Raupenbagger verbleibt abredegemäß bei der Gartenbau Blütenstil OHG, damit diese ihn weiter nutzen kann.
   a) Wer ist Eigentümer des Raupenbaggers am 15.06.2017?
   b) Welche Art der Kreditsicherheit wurde zwischen der Gartenbau Blütenstil OHG und der Creditfast Bank vereinbart? Erläutern Sie diese kurz. Gehen Sie dabei auf die relevanten Vertrags-, Besitz- und Eigentumsverhältnisse ein.
   c) Kann Sandro Matti die Herausgabe des Raupenbaggers am 26.08.2017 verlangen, wenn der Kaufpreis (trotz mehrmaliger Mahnung) immer noch nicht bezahlt wurde?

9. Die Naturholz Heidewald GmbH liefert der Bauquick OHG Holzbretter, die diese zum Bau von Treppen verwendet. In den AGB der Naturholz Heidewald GmbH, die Vertragsbestandteil werden, ist ein Verarbeitungseigentumsvorbehalt enthalten. Welche Auswirkungen hat dies auf die Eigentumsverhältnisse?

10. Oscar Herold verkauft sein in Münster gelegenes Grundstück durch notariellen Kaufvertrag vom 14.07.2017 an Rayk Fürstenau. Sie vereinbaren, dass die Auflassung erst erfolgen soll, wenn Rayk Fürstenau den Kaufpreis in Höhe von 320 000,00 € am 01.09.2017 bezahlt. Gleichzeitig bestellt Oscar Herold zugunsten von Rayk Fürstenau eine Auflassungsvormerkung, die am 17.07.2017 in das Grundbuch eingetragen wird. Am 20.07.2017 bietet Fabian Cisek Oscar Herold 400 000,00 € für das Grundstück. Oscar Herold ist begeistert. Die beiden schließen am 21.07.2017 einen notariellen Kaufvertrag, Fabian Cisek überweist am gleichen Tag den Kaufpreis und wird am 25.07.2017 als neuer Eigentümer in das Grundbuch eingetragen.

a) Wer ist Eigentümer des Grundstücks in Münster?

b) Welche Ansprüche kann Rayk Fürstenau gegen Oscar Herold und Fabian Cisek geltend machen?

11. Murat Akbay und Anton Seiber sind Gesellschafter der HeavenSeven GmbH. Der Geschäftsführer der GmbH ist Michael Satzer, der für die Gesellschaft Möbel im Wert von 5 300,00 € von Robert Hegelich kauft. Da der Kaufpreis nicht zum vereinbarten Zeitpunkt bezahlt wird, fragt sich Robert Hegelich, von wem er nun den Kaufpreis verlangen kann.

a) Beurteilen Sie den Fall.

b) Wie müsste der Beklagte in einer Klage auf Kaufpreiszahlung bezeichnet werden?

12. Nele Daub kauft am 06.04.2018 von Tam Dam Minh dessen Blumenladen. Mit Einwilligung von Tam Dam Minh führt sie die Firma „Blumenparadies Tam Dam, Nachfolgerin Nele Daub e. Kffr". Der Blumenlieferant Henri Lüdekke verlangt nun von ihr die Begleichung einer Rechnung vom 15.03.2018 für bereits ausgelieferte langstielige weiße Rosen. Beurteilen Sie die Situation.

13. Jerrit Schwaneberg, der Geschäftsführer der Solutions GmbH, die IT-Dienstleistungen erbringt, erteilt seiner Mitarbeiterin Carlotta Haruna Prokura. Im Arbeitsvertrag wird vereinbart, dass Carlotta Haruna keine Geschäfte abschließen darf, die einen Wert von 100 000,00 € übersteigen.

a) Beurteilen Sie, ob die folgenden von Carlotta Haruna in ihrer Funktion als Prokuristin abgeschlossenen Geschäfte wirksam sind:

- Kauf von Bodenfliesen zu einem Kaufpreis von 560,00 €
- Aufnahme eines Darlehens in Höhe von 20 000,00 €
- Kauf von Computern und Software zu einem Kaufpreis von 105 000,00 €
- Aufnahme einer Grundschuld

b) Wie wären die Fälle zu beurteilen, wenn Jerrit Schwaneberg die erteilte Prokura zunächst in das Handelsregister eingetragen und bekannt gemacht hätte, sie zum Zeitpunkt des Vertragsschlusses jedoch widerrufen hätte, ohne sie im Handelsregister löschen zu lassen?

c) Wie wären die Fälle zu beurteilen, wenn Jerrit Schwaneberg nicht Carlotta Haruna, sondern ihrem Kollegen Balthasar Eichner Prokura erteilt hätte, in das Handelsregister jedoch versehentlich Carlotta Haruna eingetragen wurde?

14. Beim Getränkelieferanten Nabil Chamaon e. Kfm. geht eine Bestellung der Veritas GmbH ein. Nabil Chamaon hat gehört, dass die Veritas GmbH in letzter Zeit immer wieder Zahlungsschwierigkeiten haben soll. Er ruft daher bei der Geschäftsführerin der GmbH, Zoe Dorrendorf, an und fragt nach, ob man ihm eine zusätzliche Sicherheit für den Zahlungsausfall bieten könnte. Zoe Dorrendorf erklärt sich bereit, eine private Bürgschaft für die Lieferung zu übernehmen und faxt ihm kurz darauf eine entsprechende unterschriebene

Erklärung. Nabil Chamaon liefert die Ware daraufhin aus. Der Kaufpreis wird jedoch trotz mehrmaliger Mahnung nicht beglichen. Die Veritas GmbH meldet drei Monate später Insolvenz an. Kann Nabil Chamaon den Kaufpreis von Zoe Dorrendorf verlangen?

15. Die Rentnerinnen Sigrid Kettner und Gabriele Eichelbaum stellen gemeinsam selbstgehäkelte Babysöckchen her und verkaufen diese auf Wochen- und Weihnachtsmärkten. Die Herstellung der Söckchen wirft kaum Gewinn ab, bereitet den beiden aber viel Freude. Da Sigrid Kettners Enkel, Joel Kettner, sie dabei unterstützen möchte, entwirft er für sie eine Website und Geschäftsbriefe, auf denen ihr Unternehmen als „Babywonder oHG" geführt wird. Sigrid Kettner und Gabriele Eichelbaum freuen sich sehr darüber und bestellen u. a. eine größere Menge blauer Wolle bei der Naturwolle GmbH mithilfe des neuen Geschäftspapiers. Nachdem die Lieferung eingegangen ist, verbrauchen sie zunächst die noch vorhandene Wolle und öffnen das Paket erst zwei Wochen später. Sie stellen fest, dass rote statt blauer Wolle geliefert wurde. Sie wenden sich daher an die Naturwolle GmbH und verlangen die Lieferung der Wolle in der bestellten Farbe. Muss die Naturwolle GmbH ihnen diese liefern?

16. Der Kioskbesitzer Ruben Niering e. Kfm. hat bei der Zauser KG 1 000 Donuts zum Preis von 300,00 € bestellt. Er entschließt sich jedoch kurzfristig, für zwei Wochen in Urlaub zu fahren, sodass der Lieferant der Zauser KG am vereinbarten Liefertermin niemanden antrifft. Da die Donuts zu verderben drohen, lässt die Zauser KG diese versteigern und erzielt dabei einen Erlös in Höhe von 100,00 €. Kann die Zauser KG den Differenzbetrag von Ruben Niering verlangen?

17. Markku Tähtinen (wohnhaft in Itäinenkatu 8, 33210 Tampere, Finnland) hat bei der Cyclex GmbH mit Sitz in 04808 Wurzen ein Fahrrad für seinen nächsten Urlaub bestellt. Das Fahrrad wurde ausgeliefert. Trotz mehrmaliger Mahnung hat er den Kaufpreis in Höhe von 699,00 € jedoch nicht beglichen.

a) Kann die Cyclex GmbH gegen Markku Tähtinen ein Europäisches Mahnverfahren einleiten?
b) Was würde gelten, wenn Markku Tähtinen in Oslo wohnen würde?
c) Welches Gericht wäre zuständig, wenn Markku Tähtinen ein Europäisches Mahnverfahren gegen die Cyclex GmbH anstrengen würde?
d) Kann die Cyclex GmbH den Antrag per selbstverfasstem Brief stellen?
e) Wie wird das Gericht auf den Antrag der Cycley GmbH reagieren?
f) Wie kann Markku Tähtinen gegen einen Europäischen Zahlungsbefehl vorgehen? Wo muss das Rechtsmittel eingelegt werden und welche Frist ist dabei zu beachten?
g) Welches Gericht ist zuständig, wenn der Reifenlieferant Eurotire S. A. mit Sitz in Walplein 26, 8000 Brügge ein Europäisches Mahnverfahren gegen die Cyclex GmbH wegen unbezahlter Rechnungen in Höhe von 860,00 € anstrengt?
h) Wie hoch wären die Gerichtsgebühren in diesem Fall?

18. Bernd und Karl Maiwald leben in einer eingetragenen Lebenspartnerschaft. Als Karl Maiwald sich in Mike Rentsch verliebt, verlässt er Bernd Maiwald, der sich bisher immer um den Haushalt gekümmert hat. Bernd Maiwald möchte nun Unterhalt von Karl Maiwald.

a) Nennen Sie die Anspruchsgrundlage.
b) Welche Anspruchsgrundlage besteht nach Aufhebung der Lebenspartnerschaft?

19. Michael Frey ist der Vater des 5-jährigen Tim, der bei seiner Mutter Meike Frey lebt und von dieser betreut und versorgt wird. Meike Frey erfährt, dass Michael Frey inzwischen 5 000,00 € netto verdient. Sie möchte wissen, wie viel Unterhalt er für Tim bezahlen muss, wenn er noch gegenüber einem anderen Kind unterhaltsverpflichtet ist.
a) Nennen Sie die Anspruchsgrundlage.
b) Wo ist der Unterhaltsbedarf von Tim geregelt?

20. Resi Meier möchte Zugewinn von ihrem Mann Reiner Meier. Sie übergibt der Rechtsanwältin Katharina Schuh folgende Vermögensaufstellung:
- Anfangsvermögen Mann: 102 735,23 € (bereits indexiert)
- Endvermögen Mann: 254 679,45 €
- Anfangsvermögen Frau: 0,00 €
- Endvermögen Frau: 65 968,23 €

a) Wo ist die Anspruchsgrundlage geregelt?
b) Wie hoch ist der Zugewinnausgleichsanspruch von Resi Meier?

21. Christian Menzel aus Konstanz möchte mehr Umgang mit seinem 7-jährigen Sohn Carlo, der mit seiner Mutter in Freiburg lebt. Seine geschiedene Frau Mara Menzel ist der Auffassung, dass ein Umgang von drei Stunden alle zwei Wochen ausreichend für Carlo sei. Christian Menzel will nun einen Antrag bei Gericht stellen.
a) Welches Gericht ist zuständig?
b) Welchen Antrag muss Christian Menzel stellen? Welche Grundsätze gelten? Erklären Sie die Grundsätze.

22. Ben Schuster und Mia Meier waren nie miteinander verheiratet. Aus einem One-Night-Stand ging die Tochter Lea hervor, die inzwischen fünf Jahre alt ist und bei ihrer Mutter lebt. Ben Schuster sieht seine Tochter alle zwei Wochen am Samstag von 10:00 Uhr bis 17:00 Uhr. Nun möchte er das Mitsorgerecht. Mia Meier ist dagegen. Nennen Sie die Fundstelle für die Einräumung des Mitsorgerechts im Gesetz und die Voraussetzungen für eine Einräumung des Mitsorgerechts durch das Familiengericht.

23. Kira Bernd hat sich in der 40-jährigen Ehe mit ihrem Mann um die Kinder und den Haushalt gekümmert. Ihr Mann Alex Bernd dagegen hat Karriere gemacht und viel Geld verdient. Nun hat er eine jüngere Frau kennengelernt und Kira Bernd verlassen. Kira Bernd möchte wissen, wovon sie in Zukunft leben soll.
a) Nennen Sie mögliche Anspruchsgrundlagen im Unterhaltsrecht.
b) Kira Bernd hat so gut wie keine Rente. Bekommt sie einen Teil der Rente ihres Manns? Wo ist das geregelt?

24. Anton Maier ist am 03.08.2018 verstorben. Er hinterlässt seine Ehefrau Elvira Maier, seine Tochter Maja und den Enkelsohn Karl.
a) Wie ist die gesetzliche Erbfolge, wenn Anton Maier und seine Ehefrau im gesetzlichen Güterstand der Zugewinngemeinschaft gelebt haben?
b) Wie ist die gesetzliche Erbfolge, wenn Anton Maier und seine Ehefrau im Güterstand der Gütertrennung gelebt haben?

25. Michael Bayer hat einen Ehescheidungsantrag eingereicht. Zwei Wochen darauf verstirbt er. Er hinterlässt seine von ihm getrennt lebende Ehefrau Marion Bayer, seinen Sohn Hendrik und eine nichteheliche Tochter Lea, zu der er keinen Kontakt hatte.

a) Wie ist die gesetzliche Erbfolge?
b) Welche Ansprüche hat Lea, wenn Michael Bayer in einem Testament seinen Sohn Hendrik als Alleinerben eingesetzt hat?

26. Die Witwe Gunda Wiese verstirbt am 06.05.2018. Sie hinterlässt zwei Kinder. Ihr Aktivvermögen beträgt 349 956,94 €. Ihre Schulden belaufen sich auf 3 475,98 €. Die Beerdigungskosten betragen 10 496,35 €. Gunda Wiese hat ihren Sohn Felix zum Alleinerben eingesetzt. Ihre Tochter Annika möchte nun ihren Pflichtteil gegen ihren Bruder geltend machen.
a) Nennen Sie die Anspruchsgrundlage.
b) Berechnen Sie den Pflichtteil von Annika.

27. Myriam Selig möchte ein privatschriftliches Testament schreiben. Worauf sollte sie achten, damit es wirksam ist?

28. Christian Bergmann wurde aufgrund eines Testaments Alleinerbe seiner am 09.03.2018 verstorbenen Tante Petra Rottmann. Nun möchte er das Geld von der Bank abheben. Reicht es aus, wenn er das Testament mitbringt? Was würden Sie Christian Bergmann empfehlen? Nennen Sie die Fundstellen im BGB und im FamFG.

29. Andreas Straub und seine Ehefrau Martina Straub wollen sich gegenseitig zu Alleinerben einsetzen. Ihre beiden Kinder sollen erst nach ihrem beiderseitigen Ableben erben. Was empfiehlt der Rechtsanwalt Peter Huber den Eheleuten Straub?

Hinweis: Weitere Fälle zur Entstehung und Wirksamkeit von Rechtsgeschäften, zu Leistungsstörungen beim Kaufvertrag und zu Kaufleuten und Unternehmensformen finden Sie bei den Übungsfällen zur Zwischenprüfung, vgl. Prüfungsbereich 2, Kapitel c) bis e), Seiten 49–53, 56–58 und 63–64.

a) Sachverhalte, insbesondere in den Bereichen des bürgerlichen Rechts sowie des Handels-, Gesellschafts- und Registerrechts, rechtlich erfassen und beurteilen (ReNo)

Schemata

Verträge und deren Zustandekommen

- wesentliche Vertragsarten und wesentliche Pflichten
  - **Kaufvertrag (§§ 433 ff. BGB)**
    - Verkäufer schuldet: Übergabe der Sache frei von Sach- und Rechtsmängeln, Eigentumsverschaffung
    - Käufer schuldet: Zahlung des Kaufpreises, Abnahme der Sache
  - **Tauschvertrag (§ 480 BGB)**
    Beide Vertragsparteien schulden der jeweils anderen Partei die unentgeltliche Übergabe der entsprechenden Sache.
  - **Schenkungsvertrag (§§ 516 ff. BGB)**
    Der Schenkende hat die Zuwendung zu bewirken, indem er die Sache dem Beschenkten unentgeltlich übergibt.
  - **Mietvertrag (§§ 535 ff. BGB)**
    - Vermieter schuldet: Gewährung des Gebrauchs der Mietsache während der Mietzeit, Überlassung/Erhaltung der Mietsache in vertragsgemäßem Zustand
    - Mieter schuldet: vereinbarte Miete
  - **Pachtvertrag (§§ 581 ff. BGB)**
    - Verpächter schuldet: Gewährung des Gebrauchs des verpachteten Gegenstands und den Genuss der Früchte
    - Pächter schuldet: vereinbarte Pacht
  - **Darlehensvertrag (§§ 488 ff. BGB)**
    - Darlehensgeber stellt dem Darlehensnehmer einen Geldbetrag in vereinbarter Höhe zur Verfügung
    - Darlehensnehmer verpflichtet sich, den geschuldeten Zins zu zahlen und das Darlehen bei Fälligkeit zurückzuzahlen
- Zustandekommen von Verträgen
  - **Antrag**
    - durch jeden Vertragspartner möglich (Käufer/Verkäufer, Mieter/Vermieter usw.)
    - Bindung an den Antrag, außer bei Ausschluss der Gebundenheit
  - **Annahme des Antrags unter Anwesenden**
    - nur sofort möglich (§ 147 Abs. 1 BGB)
    - verspätete Annahme und Annahme mit Änderungen gelten als Ablehnung (§ 150 BGB)
  - **Annahme des Antrags unter Abwesenden (schriftliche Anträge)**
    nur bis zu dem Zeitpunkt möglich, den der Antragsteller unter regelmäßigen Umständen erwarten darf (§ 147 Abs. 2 BGB)

Ergänzende Bestimmungen zum Vertragsrecht

Formerfordernisse

Grundsätzlich sind Verträge formfrei zu schließen (Antrag und Annahme), es sei denn, dass das Gesetz ausdrücklich besondere Formvorschriften verlangt (§§ 125 f. BGB).

Die Schriftform ist z. B. verbindlich für Verbraucherdarlehensverträge (§ 492 BGB), Kündigung von Mietverträgen (§ 568 BGB) und Arbeitsverträgen (§ 623 BGB), Bürgschaftserklärungen und Schuldversprechen (§§ 766, 780 BGB).

Besitz und Eigentum

Besitz = tatsächliche Gewalt über eine Sache, § 854 BGB

Eigentum = rechtliche Verfügungsgewalt über eine Sache, § 903 BGB

Erwerb:
- Eigentumsübertragung bei beweglichen Sachen durch Einigung und Übergabe, § 929 BGB
- Eigentumsübertragung bei Verträgen über Grundstücke durch notarielle Beurkundung, § 311 b BGB

Belastung:
- Hypothek: Dabei handelt es sich um das an einem Grundstück zur Sicherung einer (Geld-)Forderung bestellte Pfandrecht. Die Forderung und die Hypothek können nur gemeinsam übertragen werden (§ 1113 BGB).
- Grundschuld: Es handelt sich um ein Pfandrecht, bei dem die im Grundbuch zur Sicherung einer (Geld-) Forderung eingetragene Grundschuldsumme unabhängig von der damit gesicherten Kreditsumme besteht (§ 1191 BGB).

Untergang:
- Zur Übertragung des Eigentums an einer beweglichen Sache sind Einigung und Übergabe erforderlich (§ 929 BGB).
- Enteignung: Der Gebrauch des Eigentums soll dem Wohl der Allgemeinheit dienen. Aber eine Enteignung kann erfolgen, wenn es dem Wohl der Allgemeinheit dient (Art. 14 Abs. 2, 3 GG).

Bürgschaft/Schuldversprechen

Bürgschaft: Durch den Bürgschaftsvertrag verpflichtet sich der Bürge gegenüber dem Gläubiger eines Dritten, für die Verbindlichkeit des Dritten einzustehen (§ 766 Abs. 1 BGB).

Schuldversprechen: Vertrag, durch den unabhängig von anderen Ansprüchen eine Leistung versprochen wird (§ 780 BGB).

Haftungs- und Vertretungsumfang von Kaufleuten und Unternehmensformen sowie Gründung einer GmbH

Einzelkaufmann:
- Haftung mit gesamtem Vermögen (betrieblich und privat); keine Haftungsbeschränkung möglich
- Vertretungsmacht liegt allein beim Einzelunternehmer

OHG:
- Alle Gesellschafter sind „Vollhafter“. Sie haften mit ihrem Privatvermögen unbeschränkt, direkt und solidarisch (§ 105 Abs. 1 HGB). Gewinnverteilung 4 % vom Kapitalanteil, der Rest erfolgt „nach Köpfen“ (§ 121 HGB).
- Alle Gesellschafter sind einzeln zur Vertretung ermächtigt. Ein Ausschluss von der Vertretungsmacht kann jedoch im Gesellschaftsvertrag geregelt werden, ebenso wie eine Vertretung durch alle oder mehrere Gesellschafter (§ 125 HGB).

KG:
- Die Komplementäre (Vollhafter) haften mit ihrem Privatvermögen unbeschränkt, direkt und solidarisch (§§ 105 Abs. 1, § 161 Abs. 2 HGB). Die Kommanditisten (Teilhafter) haften nur mit ihrer Einlage. Die Haftung ist ausgeschlossen, soweit die Einlage geleistet ist (§ 171 Abs. 1 HGB).
- Die Gesellschaft wird ausschließlich durch die Komplementäre vertreten (§ 161 HGB i. V. m. § 125 HGB). Die Kommanditisten sind grundsätzlich nicht zur Vertretung ermächtigt (§ 170 HGB).

GmbH:
- Für die Verbindlichkeiten der GmbH haftet den Gesellschaftsgläubigern nur das Gesellschaftsvermögen (§ 13 Abs. 2 GmbHG).
- Die Gesellschaft wird durch die Geschäftsführer gerichtlich und außergerichtlich vertreten. Hat sie keinen Geschäftsführer, erfolgt die Vertretung durch die Gesellschafter. Hat sie mehrere Geschäftsführer, so erfolgt die Vertretung gemeinschaftlich, es sei denn, dass etwas anderes vertraglich bestimmt ist (§ 35 Abs. 1, 2 GmbHG).

Gesellschaftsvertrag:
- Form: notarielle Beurkundung, Unterschrift aller Gesellschafter und Anmeldung zur Eintragung ins Handelsregister (§§ 2 Abs. 1, 7 GmbHG)
- wesentliche Inhalte: Firma und Sitz der Gesellschaft, Gegenstand des Unternehmens, Betrag des Stammkapitals, Zahl und Nennbeträge der einzelnen Geschäftsanteile (§ 3 Abs. 1 GmbHG)

Beschlüsse der Gesellschafterversammlung:
- Beschlüsse der GmbH werden in der Gesellschafterversammlung gefasst (§ 48 Abs. 1 GmbHG).
- Die Einberufung erfolgt durch Einschreiben mit einer Frist von mindestens einer Woche und unter Hinweis auf den Zweck der Versammlung (§ 51 Abs. 1, 2 GmbHG).

Abtretung von Geschäftsanteilen:
- Geschäftsanteile sind veräußerlich. Dies muss durch einen in notarieller Form geschlossenen Vertrag erfolgen (§ 15 Abs. 1, 3 GmbHG).
- steuerliche Beistandspflicht: Notare müssen die Abtretung von Geschäftsanteilen einer GmbH dem örtlich zuständigen Finanzamt anzeigen (§ 54 EStDV).

- **Register**
  - Handelsregister
    - Anmeldung in Abteilung A (HRA): vorwiegend Einzelkaufleute (e. K.), offene Handelsgesellschaften (OHG) und Kommanditgesellschaften (KG)
    - Anmeldung in Abteilung B (HRB): Kapitalgesellschaften, vorwiegend Gesellschaften mit beschränkter Haftung (GmbH) und Aktiengesellschaften (AG)
    - Die Einsichtnahme ist jedermann gestattet (§ 9 HGB).
  - Genossenschaftsregister
    - Genossenschaften sind Gesellschaften, die die Förderung des Erwerbs oder des Wirtschaftens ihrer Mitglieder (Genossen) durch einen gemeinschaftlichen Geschäftsbetrieb bezwecken.
    - Der Anmeldung sind die Satzung und eine Abschrift der Urkunden über die Bestellung des Vorstands und des Aufsichtsrats beizufügen (§ 11 GenG).
  - Vereinsregister
    - Eingetragene Vereine richten ihren Zweck nicht auf einen wirtschaftlichen Geschäftsbetrieb, d. h., sie haben keine Gewinnabsicht.
    - Zuständig ist das Amtsgericht, in dessen Bezirk der Verein seinen Sitz hat (§ 55 BGB).
  - Rechtsmittel
    - Gegen fehlerhafte Eintragungen in ein Register ist die Beschwerde das einzige Rechtsmittel (§ 58 FamFG).

Erbscheinsantrag bei gesetzlicher bzw. gewillkürter Erbfolge	
gesetzliche Erbfolge (nach dem Gesetz, §§ 1924–1936 BGB)	gewillkürte Erbfolge (nach dem Willen des Erblassers durch Verfügung)

- Aufnahme der personenspezifischen Daten des Antragstellers (Vor- und Familienname, Geburtsdatum, Geburtsname, Anschrift)
- Prüfung, ob der Antragsteller antragsberechtigt ist
- Prüfung, ob der Antragsteller für seine Zwecke einen Erbschein benötigt (z. B. wenn lediglich ein Bankkonto umzuschreiben ist)
- Angabe des Erblassers (Vorname, Name, ggf. Geburtsname) inklusive Todestag
- Angabe des letzten gewöhnlichen Aufenthalts des Erblassers

Feststellung, ob es eine Verfügung von Todes wegen gibt

nein	ja
• Prüfung des Güterstands (Zugewinngemeinschaft, Gütertrennung oder Gütergemeinschaft) • Ist eine Ehesache anhängig? • Wer sind die gesetzlichen Erben? • Sind gesetzliche Erben (z. B. durch Vorversterben oder Ausschlagung) weggefallen? • Erbausschlagungsfristen: sechs Wochen ab Kenntnis des Erbfalls, wenn es keine Verfügung von Todes wegen gibt, bzw. ab Eröffnung der Verfügung von Todes wegen oder sechs Monate, wenn der Erblasser oder der Erbe im Ausland wohnt • Gibt es Personen, durch die der angeführte Erbe/die angeführten Erben von der Erbfolge ausgeschlossen würde oder durch die sein/ihr Erbteil gemindert werden würde?	• Angabe der Verfügung/-en von Todes wegen (z. B. privatschriftliches oder notarielles Testament/Erbvertrag) • Eröffnung beantragen, falls noch nicht erfolgt • Verfügung ggf. auslegen (sofern nicht eindeutig) und feststellen, wer Erbe ist

- Haben die Erben die Erbschaft angenommen?
- Ist ein Rechtsstreit über die Erbschaft anhängig?
- Notwendig ist eine eidesstattliche Versicherung des Antragstellers, dass diesem nichts bekannt ist, was seinen in dem Erbscheinsantrag gemachten Angaben entgegensteht (Belehrung über die Bedeutung einer eidesstattlichen Versicherung und die Strafbarkeit falscher Angaben).
- Antrag auf Erteilung eines (ggf. gemeinschaftlichen) Erbscheins
- Nachlasswert ermitteln

Ausführlichere Informationen zu dem in den Schemata zusammengefassten Themenbereich „Sachverhalte, insbesondere in den Bereichen des bürgerlichen Rechts sowie des Handels-, Gesellschafts- und Registerrechts, rechtlich erfassen und beurteilen“ finden Sie im Lehrbuch:

- Lernfeld 2 (Re, ReNo), Kapitel 5 und 6 (Handels- und Gesellschaftsrecht)
- Lernfeld 3 (Re, ReNo), Kapitel 3 (Kaufvertrag)
- Lernfeld 4 (Re, ReNo), Kapitel 1 (Vertragsarten)
- Lernfeld 4 (Re, ReNo), Kapitel 1.2.7 und 1.2.8 (Bürgschaft und Schuldversprechen)
- Lernfeld 8 (Re, ReNo), Kapitel 1.3 und 1.4 (Besitz und Eigentum)
- Lernfeld 13 (ReNo), Kapitel 1–6 (Familienrecht)
- Lernfeld 14 (ReNo), Kapitel 1–3 (Erbrecht)
- Lernfeld 16 (ReNo), Kapitel 1 (Register)
- Lernfeld 16 (ReNo), Kapitel 3 (Gründung einer GmbH)

Hinweis: Detailliertere Ausführungen zu einem Teil dieser Bereiche finden Sie auch im Prüfungsbereich 2 zur Zwischenprüfung, vgl. die Schemata in Kapitel e), Seiten 58–62.

Fälle

1. Der 34-jährige Frederik Fialski schlendert nachmittags durch eine belebte Einkaufsstraße. Am Geschäft der „Hella Moden GmbH“ stoppt er, weil dort im Schaufenster ein schickes Polohemd ausgestellt ist, das ihm sofort gefällt. Es ist mit 49,95 € ausgeschildert. Er geht in den Laden, nimmt das Hemd und geht damit zur Kasse. Als dort der Verkäufer Timo Bladek vorbei kommt, spricht Frederik Fialski ihn an. „Ich möchte dieses Hemd kaufen. Können Sie es mir bitte einpacken?“ Der Verkäufer vertröstet ihn innerhalb von 35 Minuten viermal, weil er noch kurz etwas anderes erledigen will. Schließlich reicht es Frederik Fialski. Er legt das Hemd neben die Kasse auf den Tresen und sagt zu Timo Bladek: „Dann eben nicht“. Als er gerade den Laden verlassen will, spricht ihn Timo Bladek an: „Das macht 49,95 € für das Hemd. Möchten Sie sonst noch etwas mitnehmen?“ Frederik Fialski ist irritiert. Er ist verärgert und will das Hemd nicht mehr kaufen. Ist vorliegend ein Kaufvertrag zustande gekommen? Begründen Sie Ihre Antwort unter Hinweis auf die zugrunde liegende Rechtsvorschrift.

2. Der 21-jährige Student Bernd Kalthoff hat sich vor wenigen Monaten ein hochwertiges Mountainbike zugelegt, auf dem er am Wochenende regelmäßig lange Touren unternimmt. Vor 14 Tagen ist Bernd Kalthoff zu einer vierwöchigen Reise auf die Balearen geflogen. Für die Zeit seiner Abwesenheit hat er seinem 18-jährigen Bruder Patrick Kalthoff sein Mountainbike geliehen. Er hat ihn gebeten, mit dem Rad sorgfältig umzugehen. Patrick Kalthoff, der stets finanzielle Engpässe hat, ist in der Zwischenzeit auf die Idee gekommen, das Mountainbike zu verkaufen. Seinem Bruder beabsichtigt er bei dessen Rückkehr mitzuteilen, dass das Rad gestohlen sei. Tatsächlich verkauft er das Rad kurzfristig an seine 19-jährige Mitschülerin Nadine und übergibt es ihr, nachdem er den vereinbarten Kaufpreis in bar erhalten hat. Wer ist in diesem Fall zu welchem Zeitpunkt Besitzer und wer Eigentümer des Mountainbikes?

3. Die beiden IT-Kaufleute Frank Wiens und Lars Wendler haben sich vor zwei Monaten selbstständig gemacht. Sie betreiben eine Handelsunternehmung („W. & W. Computer OHG“), die Computer und entsprechendes Zubehör anbietet. Sie versprechen sich davon langfristig die ersehnte berufliche Unabhängigkeit und ordentlichen Wohlstand. Aufgrund einer Schenkung ihrer Eltern konnten beide anfangs zusammen ausreichend finanzielle Mittel zur Verfügung stellen (Frank Wiens: 110 000,00 € und Lars Wendler: 90 000,00 €). Damit waren die ersten Investitionen problemlos zu tätigen.

a) Wer von beiden haftet in welcher Höhe für etwaige Schulden der „W. & W. Computer"?
b) Wie würde ein Gewinn von 32 000,00 € am Ende des ersten Geschäftsjahrs verteilt werden? Der Gesellschaftsvertrag beinhaltet zur Gewinnverteilung keine Regelung.

4. Der 37-jährige Maik Hansen betreibt in der Rechtsform des Einzelkaufmanns seit mehreren Jahren ein Fachgeschäft für Kinderspielzeug. Die Geschäfte gehen in den letzten Monaten äußerst schlecht. Mittlerweile hat sich ein erheblicher Schuldenstand angehäuft. Dabei handelt es sich um Außenstände in Höhe von insgesamt 14 800,00 € bei dem Vermieter seines Ladenlokals. Zudem ist das Geschäftskonto mit 2 000,00 € überzogen. Daneben betreibt Maik Hansen als einziger (geschäftsführender) Gesellschafter die „Hansen Kindermoden Versand GmbH". Bei der Gründung dieser Firma hat Maik Hansen seinerzeit 25 000,00 € als Stammkapital eingebracht. Das damals eingezahlte Geld wurde hauptsächlich für die Einrichtung eines modernen Lagers und die Anschaffung von Kleidungsstücken ausgegeben. Auch mit diesem Unternehmen läuft es seit Langem sehr schlecht. Es haben sich Außenstände in Höhe von insgesamt 9 500,00 € ergeben. Aus diesem Grund erwägt Maik Hansen zum Jahresende beide Unternehmen zu schließen. Wer haftet für die Außenstände, die zusammen 26 300,00 € betragen?

5. Die Carsten Bollmann KG betreibt ein exklusives und gut gehendes Fachgeschäft, in dem stilvolle Möbel, attraktive Gardinen und weitere moderne Einrichtungsgegenstände angeboten werden. An der KG sind Carsten Bollmann als Komplementär und seine Schwester Heike Kemper als Kommanditistin beteiligt. Heike Kempers (bereits geleistete) Einlage beträgt 20 000,00 €. Im Übrigen ist ihr nach einer gesellschaftsvertraglichen Vereinbarung die Führung der Geschäfte zuerkannt. Aufgrund der wirtschaftlichen Erfolge genügt das Lager inzwischen nicht mehr den aktuellen Anforderungen. Deshalb haben die beiden Geschwister beschlossen, in Kürze ein neben dem Geschäft liegendes brachliegendes Grundstück zu erwerben. Zudem haben sie sich dazu durchgerungen, für das tägliche Geschäft im Verkauf eine Teilzeitkraft auf Minijob-Basis einzustellen. Darf Heike Kemper im Namen der Carsten Bollmann KG eine Teilzeitkraft auf Minijob-Basis einstellen? Darf sie für die Gesellschaft ein Grundstück erwerben?

6. Die beiden IT-Kaufleute Michael Behling und Uwe Bloch haben vor gut vier Jahren die B. & B. IT-Beratungs-GmbH gegründet. In dem notariell beurkundeten Gesellschaftsvertrag sind keinerlei Beschränkungen der Vertretung und der Geschäftsführung vorgenommen worden. Da die Geschäfte erfolgreich laufen, hat die Gesellschaft vor zwei Jahren den gelernten IT-Ingenieur Gerold Geller als Geschäftsführer eingestellt. In seinem Arbeitsvertrag ist ausdrücklich festgeschrieben, dass Gerold Geller Personal ohne Mitwirkung der Gesellschafter nur projektbezogen einstellen darf, d. h., maximal für die Dauer des Projekts. Weitere Beschränkungen sind nicht getroffen worden. Nachdem die Gesellschaft einen anspruchsvollen, umfangreichen Beratungsauftrag angenommen hat, stellt Gerold Geller den Ingenieur Christian Budde ein. Er vereinbart mit ihm ein unbefristetes Arbeitsverhältnis unter Verzicht auf eine Probezeit. Kann die Einstellung des Christian Budde von Michael Behling und Uwe Bloch widerrufen werden? Können sie wegen dieser „Fehlentscheidung" Gerold Geller von der Geschäftsführungsbefugnis entbinden?

7. Die beiden ehemaligen Studenten Stefan Hagedorn und Bogdan Erhardt haben ihr Studium nach fünf vergeblichen Semestern vor Ablegung des Examens abgebrochen. Sie haben sich dazu entschlossen, einen Fachhandel für Datenverarbeitung (Verkauf von Hardware und Software, Installationen und Wartung von Netzwerken, Reparaturen) zu eröffnen.

Deshalb gründen sie die Gesellschaft „Hagedorn + Erhardt EDV-Services GmbH“, in der beide jeweils als Geschäftsführer handeln. Der Gesellschaftsvertrag wurde ordnungsgemäß in notarieller Form geschlossen. So vereinbaren sie darin u. a. ein Stammkapital in der gesetzlich geforderten Mindesthöhe. Stefan Hagedorn hat davon 10 500,00 € übernommen, Bogdan Erhardt den Rest. Was müssen die beiden Gesellschafter, die keine Sacheinlagen beschlossen haben, im Hinblick auf die Anmeldung zur Eintragung in das Handelsregister beachten?

8. Die beiden Brüder Tobias und Jürgen Dragunski haben keine Anstellung in ihrem gelernten Beruf als Einzelhandelskaufmann gefunden. Aus diesem Grund haben Sie sich mit dem gelernten Großhandelskaufmann Marcel Grabe zusammengetan. Sie wollen mit ihm einen Getränkehandel eröffnen. Neben verschiedenen Getränken sollen artverwandte Produkte (Gläser, Karaffen, Snacks und anderes mehr) verkauft werden. Alle drei kamen überein, das Unternehmen in der Rechtsform der Kommanditgesellschaft zu gründen. Der Name der Firma lautet „Dragunski Getränkemarkt KG“. Es ist zu beachten, dass Marcel Grabe der einzige Kommanditist ist, dessen Einlage 12 000,00 € beträgt. Von diesem Betrag hat er noch vor der Eröffnung 50 % an die Gesellschaft überwiesen. Was müssen die drei angehenden Unternehmer hinsichtlich der Anmeldung zur Eintragung in das Handelsregister beachten?

9. Bernd Müller sucht den Notar Günther Loose in 23552 Lübeck, Markt 16, auf und trägt diesem folgenden Sachverhalt vor: Irene Müller, seine Ehefrau, ist nach einem längeren Aufenthalt (mehr als zehn Monate) im Pflegeheim verstorben. Bernd Müller teilt auf Nachfrage des Notars Günther Loose mit, dass die Eheleute im gesetzlichen Güterstand gelebt und zwei gemeinsame Kinder haben. Irene Müller hat kein Testament errichtet. Im Eigentum der Eheleute Müller befindet sich ein Grundstück, auf dem das Einfamilienhaus steht, in dem die Eheleute, bis zum Umzug der Ehefrau in das Pflegeheim, gemeinsam gewohnt haben. Bernd Müller ist am 10.06.1949 geboren, seine Frau am 31.05.1954. Der Geburtsname der Ehefrau lautet Krüger. Das Grundstück der Eheleute Müller, wo Bernd Müller wohnhaft ist, liegt in der Pastorenstraße 8 in 23701 Eutin. Das Pflegeheim, in dem Irene Müller zuletzt lebte, befindet sich in 23758 Oldenburg, Radebergstraße 19. Die Kinder heißen Elisabeth Meier, geb. Müller, geb. am 12.04.1974, und Max Müller, geb. am 15.02.1976. Bernd Müller ist dem Notar nicht bekannt. Der Wert des Nachlasses beträgt nach Angabe des erschienenen Bernd Müller 120 000,00 €. Zuständig für diesen Vorgang ist die Rechtsanwalts- und Notarfachangestellte Carina Dons.

a) Wo hat Carina Dons den Antrag nach Beurkundung einzureichen?
b) Wer ist neben dem Notar noch für die Aufnahme des Antrags auf Erteilung eines Erbscheins zuständig?
c) Ist nur Bernd Müller berechtigt, den Erbschein nach seiner Frau zu beantragen?
d) Welche Personenstandsurkunden muss Carina Dons vorlegen?
e) Wie würde die Nachlassverteilung (Erbquote) aussehen, wenn
aa) die verwitwete Tochter der Eheleute Müller, Elisabeth Meier, geb. Müller, vorverstorben wäre und zwei Kinder (Tim und Julia) hinterlassen hätte?
bb) die Eheleute Müller im Güterstand der Gütertrennung gelebt hätten?
f) Was haben die Erben in Bezug auf die im Nachlass befindliche Immobilie zu tun?

10. Anna Weber erscheint im Notarbüro Schmidt & Meier in der Müllerstraße 8 in 12257 Berlin. Sie teilt mit, dass ihre Mutter, Maria Weber, geborene Schmidt, geb. am 17.02.1959, verstorben sei. Die Mutter habe viele Schulden gemacht, die sie nicht bedient habe, sodass die Gläubiger nun Anna Weber zur Begleichung der Schulden heranziehen wollen. Maria Weber hat zuletzt in 68159 Mannheim im Luisenring 7 gewohnt. Dort ist sie auch verstorben. Anna Weber möchte daher die Erbschaft nach ihrer Mutter ausschlagen. Die Rechtsanwalts- und Notarfachangestellte Jessica Hopp erhält diese Angelegenheit zur Bearbeitung.

a) Welche Formvorschrift muss Jessica Hopp beachten?
b) Wohin sendet Jessica Hopp die Urkunde nach der Unterzeichnung?
c) Welche Frist/-en hat Jessica Hopp dabei zu beachten?
d) Welche Möglichkeiten könnte Jessica Hopp der Erbin aufzeigen, wenn diese erst verspätet von dem Fristablauf erfährt?

Hinweis: Weitere Fälle zum Handels- und Gesellschaftsrecht finden Sie bei den Übungsfällen zur Zwischenprüfung, vgl. Prüfungsbereich 2, Kapitel e), Seiten 63–64.

b) Maßnahmen im Zivilprozess- und Zwangsvollstreckungsrecht vorbereiten, durchführen und kontrollieren (Re, ReNo)

Schemata

Forderungen durchsetzen

Gerichtliches Mahnverfahren
(§§ 688 ff. ZPO)

- **Zulässigkeit:** nur Geldforderungen in Euro (§ 688 Abs. 1 ZPO)
- **Zuständigkeit:** Wohnsitz bzw. Sitz des Antragstellers (§ 689 ZPO)
- **Ablauf:**
  - Antrag auf Erlass eines Mahnbescheids (formalisiertes Verfahren, § 690 ZPO)
  - Antragsgegner kann innerhalb von zwei Wochen Widerspruch einlegen (§ 694 ZPO); dann Überleitung ins ordentliche Verfahren (§ 696 ZPO)
  - andernfalls: Vollstreckungsbescheid (§ 699 ZPO); Antragsgegner kann innerhalb von zwei Wochen Einspruch einlegen (§§ 700, 338 ZPO); dann Überleitung ins ordentliche Verfahren (§ 700 ZPO)

Klage
- Leistungsklage
- Gestaltungsklage
- Feststellungsklage

Zulässigkeit
- Zivilrechtsweg
- Zuständigkeit (grundsätzlich Wohnsitz des Beklagten)
- Partei-, Prozess- und Postulationsfähigkeit
- Prozessführungsbefugnis
- ordnungsgemäße Klageerhebung
- keine anderweitige Rechtshängigkeit
- keine entgegenstehende Rechtskraft
- Rechtsschutzbedürfnis

Ablauf
- Klageerhebung (mit der Zustellung der Klage wird der Rechtsstreit rechtshängig)
- früher erster Termin oder schriftliches Vorverfahren
- Gütetermin
- mündliche Verhandlung
- Beweisaufnahme
- Beendigung des Verfahrens

Verfahrensbeendigung durch gerichtliche Entscheidung	Verfahrensbeendigung durch Parteihandlung
• Beschluss • Urteil (End-, Teil-, Zwischen-, Vorbehaltsurteil)	• Klagerücknahme • Erledigungserklärung • Klageverzicht • Anerkenntnis • Prozessvergleich

besondere Verfahrensarten
- selbstständiges Beweisverfahren (§§ 485 ff. ZPO)
- Urkunden-, Wechsel- und Scheckprozess (§§ 92 ff. ZPO)

Rechtsmittel
- Berufung (§§ 511 ff. ZPO)
- Revision (§§ 542 ff. ZPO)
- Sprungrevision (§ 566 ZPO)
- Nichtzulassungsbeschwerde (§ 544 ZPO)
- Sofortige Beschwerde (§§ 567 ff. ZPO)
- Rechtsbeschwerde (§§ 574 ff. ZPO)

Zwangsvollstreckung

Sachliche Zuständigkeit in der I. Instanz	
Amtsgericht	**Landgericht**
• Streitigkeiten bis 5 000,00 € (§ 23 Nr. 1 GVG) • Mietstreitigkeiten über Wohnraum (§ 23 Nr. 2a GVG) • Streitigkeiten zwischen Reisenden und Wirten/Fuhrleuten (§ 23 Nr. 2 b GVG) • Mahnverfahren (§ 689 Abs. 1 ZPO) • selbstständiges Beweisverfahren (§ 486 Abs. 1 ZPO) • **Familiengericht** (Ehesachen, Unterhaltssachen, Kindschaftssachen, § 23 a Abs. 1 Nr. 1 GVG i. V. m. § 111 FamFG)	• Streitigkeiten ab 5 000,01 € (§§ 23 Nr. 1, 71 Abs. 1 GVG) • Streitigkeiten gegen Beamte und Richter, § 71 Abs. 2 Nr. 2 GVG • **Handelskammer** (Streitigkeiten unter Kaufleuten aus beiderseitigen Handelsgeschäften, § 95 Abs. 1 Nr. 1 GVG, Ansprüche aufgrund des UWG, § 95 I Nr. 5 GVG)

Zwangsvollstreckungsmaßnahmen vorbereiten

- Prüfung, ob alle Vollstreckungsvoraussetzungen vorliegen
- bereits vorab möglichst viele Informationen über den Schuldner und dessen Vermögen einholen
- typische Vorbereitungshandlungen:
  - Rechtskraftvermerk einholen
  - Vollstreckungsklausel beantragen
  - Zustellung veranlassen
  - Auskunft aus Schuldnerverzeichnis
  - Insolvenzbekanntmachungen prüfen

Titel

- bedeutet: Urkunde, in der der zu vollstreckende Anspruch des Gläubigers gegen den Schuldner niedergelegt ist
- Urteile und Vollstreckungstitel nach § 794 ZPO

(End-)Urteile

- Rechtskraftvermerk nach Ablauf der Rechtsmittelfrist einholen
- vorläufige Vollstreckbarkeit:
  - mit/ohne Sicherheitsleistung
  - Sicherheitsleistung hinterlegen
  - Sicherungsvollstreckung

vollstreckbare Vergleiche und Urkunden

Unterwerfungsklausel bei Anwaltsvergleich und Urkunden erforderlich

Titel aus EU-Ausland/Vollstreckung im EU-Ausland mit inländischen Titeln

Vollstreckungsbescheinigung erforderlich

Klausel

- bedeutet: Bescheinigung Vollstreckungsreife, d. h., der formellen Vollstreckbarkeit des Titels
- zu beantragen beim Urkundsbeamten des Prozessgerichts oder beim Notar

einfache Vollstreckungsklausel

nicht erforderlich bei:

- Vollstreckungsbescheid
- KfB im vereinfachten Verfahren
- Arrest, einstweilige Verfügung

qualifizierte Vollstreckungsklausel

bei Rechtsnachfolge oder bedingten Leistungen

Zustellung

- Vollstreckungstitel muss dem Schuldner zugestellt sein
- teilweise von Amts wegen (z. B. Urteile)
- teilweise im Parteibetrieb (z. B. vollstreckbare Urkunden)

Grundsatz § 750 ZPO

vor oder gleichzeitig mit Beginn der Zwangsvollstreckung

Ausnahmen

- zwei Wochen Wartefrist: Kostenfestsetzungsbeschluss, Anwaltsvergleich, vollstreckbare Urkunden, Sicherungsvollstreckung
- Zustellung bis zu einer Woche nach Vollstreckung: Arrest, einstweilige Verfügung

Kein Vollstreckungsverbot

§ 89 InsO: keine Vollstreckungsmaßnahmen während eines Insolvenzverfahrens

Insolvenzverfahren

- Information über: www.insolvenzbekanntmachungen.de
- Gesamtvollstreckung für alle Gläubiger in alle Vermögenswerte des Schuldners

Zwangsvollstreckungsmaßnahmen durchführen

- Prüfungspunkte:
  - Art des zu vollstreckenden Anspruchs
  - Zuständigkeit
  - besondere Vollstreckungsvoraussetzungen
- rasches Vorgehen erforderlich
- Formulare vorhanden:
  - Einholung einer Vermögensauskunft
  - Sachpfändung
  - Vorpfändung
  - Antrag auf Erlass eines Pfändungs- und Überweisungsbeschlusses
  - Vorgaben für gütliche Erledigung

→ **Vollstreckung wegen Geldforderungen**
bedeutet: Vermögenswerte des Schuldners werden verwertet

→ **Information über Vermögenswerte des Schuldners**
- Antrag auf Abnahme der Vermögensauskunft durch Gerichtsvollzieher
- Erzwingungshaft möglich
- Drittstellenauskunft

→ **Vollstreckung in bewegliche, körperliche Sachen**
- Sachpfändung durch Gerichtsvollzieher
- Gewahrsam des Schuldners
- Pfändungsverbote beachten
- Austausch-/Vorwegpfändung

→ **Vollstreckung in Forderungen und Rechte des Schuldners**
- Pfändungs- und Überweisungsbeschluss des Vollstreckungsgerichts
- Drittschuldnererklärung und Drittschuldnerklage
- Vorpfändung zur Sicherung durch Gerichtsvollzieher

→ **Vollstreckung in unbewegliche Sachen**
- Zwangsversteigerung und -verwaltung durch Vollstreckungsgericht
- Eintragung einer Zwangssicherungshypothek durch das Grundbuchamt

→ **einstweiliger Rechtsschutz**
Antrag auf Erlass eines Arrests

→ **Vollstreckung wegen sonstiger Forderungen**

→ **Herausgabeanspruch**
Wegnahme/Räumung

→ **Anspruch auf eine ... Handlung**
- vertretbare: Ersatzvornahme
- unvertretbare: Zwangsgeld/-haft

→ **Anspruch auf Dulden/Unterlassen**
Ordnungsgeld/-haft

→ **einstweiliger Rechtsschutz**
Antrag auf Erlass einer einstweiligen Verfügung

Zwangsvollstreckungsmaßnahmen kontrollieren

= Prüfung, ob bzw. welche Einwendungsmöglichkeiten gegen die durchgeführten oder abgelehnten Vollstreckungsmöglichkeiten bestehen

= daneben Vollstreckungsschutzanträge des Schuldners möglich

gegen die Art und Weise der Zwangsvollstreckung
- **formelle Einwendungen**
- **bei Verfahrensfehler:**
  - **Zuständigkeiten**
  - **Pfändungsverbote**
  - **Voraussetzungen etc.**

- **Erinnerung** gegen Vollstreckungsmaßnahmen (= ohne Anhörung des Schuldners) form- und fristlos
- zuständig: Vollstreckungsgericht

- **sofortige Beschwerde** gegen Vollstreckungsentscheidungen (mit Anhörung)
- Notfrist von zwei Wochen
- für Beschwerdeschrift zuständig: Beschwerdegericht

gegen die Zwangsvollstreckung/ Anspruch
materiell-rechtliche Einwendungen

Vollstreckungsabwehrklage
- Schuldner gegen Gläubiger
- Einwendung gegen Anspruch
- Prozessgericht I. Instanz

Drittwiderspruchsklage
- Dritter gegen Gläubiger
- Anspruch auf Pfandgegenstand
- je nach Streitwert: AG oder LG

Klage auf vorzugsweise Befriedigung
- Dritter gegen Gläubiger
- vorrangiges Pfandrecht
- je nach Pfandwert: AG oder LG

Ausführlichere Informationen zu dem in den Schemata zusammengefassten Themenbereich „Maßnahmen im Zivilprozess- und Zwangsvollstreckungsrecht vorbereiten, durchführen und kontrollieren" finden Sie im Lehrbuch:
- Lernfeld 4 (Re, ReNo), Kapitel 3.3.2 und 3.3.3 (Das gerichtliche Mahnverfahren, Die Klage)
- Lernfeld 4 (Re, ReNo), Kapitel 4.3 (Die Partei- und Prozessfähigkeit der Beteiligten)
- Lernfeld 9 (Re), Kapitel 1–3 (Aufgaben im gerichtlichen Mahnwesen selbstständig bearbeiten)
- Lernfeld 10 (Re, ReNo), Kapitel 1-3 (Das zivilrechtliche Mandat in erster Instanz)
- Lernfeld 11 (Re, ReNo), Kapitel 1 (Rechtsbehelfe und Rechtsmittel)
- Lernfeld 12 (Re, ReNo), Kapitel 1.3 und 1.4 (Maßnahmen im Zwangsvollstreckungsrecht vorbereiten)
- Lernfeld 12 (Re, ReNo), Kapitel 1.1, 1.2 und 2 (Maßnahmen im Zwangsvollstreckungsrecht durchführen)
- Lernfeld 12 (Re, ReNo), Kapitel 3 (Maßnahmen im Zwangsvollstreckungsrecht kontrollieren)
- Lernfeld 14 (Re), Kapitel 1 (Besondere Verfahren)

Fälle

1. Roman Noppenberger klagt gegen Joachim Noppenberger auf Anerkennung der Vaterschaft vor dem AG Merzig. Welches Gericht ist in nächster Instanz zuständig?

2. Julius Ammermüller (wohnhaft in Frankfurt am Main) klagt auf Mietrückstände in Höhe von 6 200,00 € aus der Vermietung einer Dreizimmerwohnung in Fulda gegen Eberhard Hübner (wohnhaft in Frankfurt am Main).
   a) Kann Julius Ammermüller die Klage selbst einreichen?
   b) Würde sich daran etwas ändern, wenn Julius Ammermüller Eberhard Hübner einen Lagerraum vermietet hätte?
   c) Kann Julius Ammermüller wählen, ob er die Klage wegen der Mietrückstände aus der Lagerraumvermietung beim Gericht in Fulda oder dem in Frankfurt am Main einreicht?

3. Andreas Dürhaupt (wohnhaft in Leipzig) kauft bei dem Oldtimerhändler Vincent Erdinger mit Sitz in München einen Ford Thunderbird für einen Kaufpreis in Höhe von 21 000,00 €. In den AGB, die Vertragsbestandteil werden, wird als Gerichtsstand für alle Streitigkeiten aus dem Vertrag München vereinbart. Nachdem der Wagen nach Leipzig ausgeliefert wurde, stellt Andreas Dürhaupt fest, dass viele Bestandteile nicht mehr im Originalzustand sind. Er verlangt daraufhin den Kaufpreis von Vincent Erdinger zurück, der sich jedoch weigert. Andreas Dürhaupt erhebt daraufhin Klage vor dem Landgericht Leipzig. Vincent Erdinger trägt vor, dass das Gericht unzuständig sei und beantragt Klageabweisung. Wie wird das Gericht entscheiden?

4. Oliver Nolte wird am 14.11.2017 ein Mahnbescheid über eine ausstehende Kaufpreisforderung zugestellt.
   a) Wie kann er dagegen vorgehen?
   b) Kann Oliver Nolte am 29.11.2017 erfolgreich Widerspruch einlegen, wenn der Vollstreckungsbescheid noch nicht erlassen wurde?
   c) Was passiert, wenn Oliver Nolte verspätet Widerspruch einlegt?
   d) Ab wann kann der Vollstreckungsbescheid beantragt werden?
   e) Wann sollte der Vollstreckungsbescheid spätestens beantragt werden?

5. Wilhelm Pilarczyk, der Geschäftsführer der PopUp Getränketechnik GmbH mit Sitz in Gera, beauftragt Rechtsanwalt Knud Breithoff, eine noch nicht bezahlte Kaufpreisforderung in Höhe von 16 950,00 € für die Lieferung einer Flaschenreinigungsmaschine gegen die Felssteiner Brauerei OHG mit Sitz in Köln geltend zu machen. Die Gesellschafter der OHG sind Marieke Niepenberg und Jeroen Manthey, beide wohnhaft in Köln. Der Rechtsanwalt Knud Breithoff beantragt nach erfolglosem Aufforderungsschreiben einen Mahnbescheid, der am 19.07.2017 zugestellt wird.
   a) Gegen wen kann die Forderung geltend gemacht werden?
   b) Müssen mehrere Formulare für die Beantragung des Mahnbescheids bei mehreren infrage kommenden Schuldnern ausgefüllt werden?
   c) Welches Gericht ist zuständig für das Mahnverfahren?
   d) Kann der Rechtsanwalt Knud Breithoff im Mahnantrag das Landgericht Gera als das für das streitige Verfahren zuständige Gericht angeben?
   e) Bilden die Gesellschaft und die Gesellschafter im Klageverfahren **eine** Partei? In welchem Verhältnis stehen sie vor Gericht zueinander?

6. Die 17-jährige Studentin Constanze Oehlenberg (Wohnsitz bei ihren Eltern in Schweinfurt) macht gerade ein sechsmonatiges Praktikum in München. In dieser Zeit wohnt sie unter der Woche in München, ansonsten aber weiterhin bei ihren Eltern in Schweinfurt. Bei der Heimreise mit der Mitfahrzentrale hält sie an einer Raststätte in der Nähe von Greding. Dort stößt sie aus Versehen so schwungvoll die Tür zur Toilette auf, dass sie Gesine Walsdorff die Nase bricht. Gesine Walsdorff möchte auf Ersatz der Behandlungskosten in Höhe von 6 200,00 € und Schmerzensgeld Klage erheben. Welches Gericht ist dafür zuständig?

7. Jella Glume wird eine gegen sie beim Amtsgericht Bremen eingereichte Klage zugestellt.
   a) Welche Fristen muss sie beachten?
   b) Kann sie ggf. eine Verlängerung der Fristen beantragen?

8. Der Rechtsanwalt Vassilis Vastakas beantragt für seinen Mandanten Lars Gassner beim Amtsgericht die Bewilligung der Prozesskostenhilfe für eine Klage auf Rückzahlung eines Darlehens in Höhe von 2000,00 €. Der Antrag wird abgelehnt und die Entscheidung am 17.08.2017 zugestellt.
   a) Kann sich der Rechtsanwalt Vassilis Vastakas gegen die Entscheidung wehren?
   b) Welche Frist muss er dabei einhalten?

9. Carl-Christian Eichenburg hat sich von dem Bauunternehmer Valentin Serveridt eine neue Treppe in sein Einfamilienhaus einbauen lassen. Dazu wurde am 20.08.2017 ein schriftlicher Werkvertrag abgeschlossen. In ihm wurde eine Vergütung in Höhe von 6800,00 € vereinbart sowie, dass die Treppenstufen aus Eichenholz sein sollen. Carl-Christian Eichenburg verweigert jedoch die Zahlung der vereinbarten Vergütung, da er der Meinung ist, dass das verwendete Holz fehlerhaft sei. Valentin Serveridt erhebt nach mehrmaliger erfolgloser Zahlungsaufforderung Klage. Darin trägt er vor, dass er sich nach Fertigstellung der Treppe am 10.09.2017 mit Carl-Christian Eichenburg zur Begutachtung der Treppe getroffen habe und dieser ihm gesagt habe, dass „alles so in Ordnung" sei. Carl-Christian Eichenburg trägt hingegen vor, dass man bei dem Treffen am 10.09.2017 nur über den allgemeinen Baufortschritt gesprochen habe und nichts Schriftliches festgehalten worden sei.
   a) Über welche Tatsachen muss Beweis erhoben werden? Wer muss welche Tatsachen beweisen?
   b) Nennen Sie jeweils geeignete Beweismittel für die einzelnen beweisbedürftigen Tatsachen.
   c) Welches besondere Verfahren würde hier in Betracht kommen? Nennen Sie die Vorteile dieses Verfahrens.

10. Toralf Bludau erhebt (nach mehrmaliger erfolgloser Aufforderung) gegen Augustine Reinhold Klage auf Zahlung einer Werklohnforderung in Höhe von 2380,00 €.
   a) Zwei Wochen nach Zustellung der Klage zahlt Augustine Reinhold den gesamten geforderten Betrag. Wie sollte Toralf Bludau nun vorgehen, um Kosten zu vermeiden?
   b) Zwei Wochen nach Zustellung der Klage erfährt Toralf Bludau, dass Augustine Reinhold kurz vor der Insolvenz steht. Wie sollte Toralf Bludau nun vorgehen?
   c) Welche anderen Möglichkeiten der Verfahrensbeendigung durch die Parteien gibt es noch? Erklären Sie diese kurz.

11. Die Rechtsanwältin Frauke Täufert hat für ihre Mandantin Ute Passura Klage auf Rückzahlung eines Darlehens in Höhe von 10500,00 € erhoben. In der mündlichen Verhandlung ist zwar die Klägerin anwesend, jedoch nicht die Rechtsanwältin Frauke Täufert, da sie im Stau steht. Der Rechtsanwalt der Beklagten beantragt den Erlass eines Versäumnisurteils.
   a) Kann ein Versäumnisurteil ergehen?
   b) Würde sich etwas ändern, wenn die Rechtsanwältin Frauke Täufert zur Beweisaufnahme nicht erschienen wäre?
   c) Welche Voraussetzungen prüft das Gericht vor Erlass des Versäumnisurteils?
   d) Wie kann die Rechtsanwältin Frauke Täufert dagegen vorgehen? Was ist die Folge eines erfolgreichen Rechtsbehelfs?

12. Die Rechtsanwältin Nathalia Osterburg vertritt Ole Poloczek, der von Jorge Bruckner die Zahlung von 25 000,00 € aus einem am 11.03.2017 geschlossenen schriftlichen Bürgschaftsvertrag fordert. Jorge Bruckner verweigert die Zahlung. Er trägt vor, dass Ole Poloczek bei einem persönlichen Gespräch im Beisein gemeinsamer Freunde zugesagt habe, die Forderung nicht vor dem 15.03.2018 geltend zu machen. Ole Poloczek möchte schnell an den geforderten Betrag kommen, da er befürchtet, dass Jorge Bruckner in Kürze nicht mehr zahlungsfähig sein wird. Zu welchem besonderen Verfahren wird die Rechtsanwältin Nathalia Osterburg ihm raten? Begründen Sie Ihre Antwort.

13. In dem Rechtsstreit Norman Gehrbrandt ./. Bogdan Ionescu hat das Amtsgericht Magdeburg der Klage auf Zahlung des Pachtzinses in Höhe von 1 800,00 € teilweise stattgegeben. Bogdan Ionescu wurde zur Zahlung von 800,00 € verurteilt, ist aber der Ansicht, dass er nur 650,00 € zu zahlen habe. Das Urteil ist Norman Gehrbrandt am 28.04.2017 und Bogdan Ionescu am 26.04.2017 zugestellt worden. Die Berufung wurde nicht zugelassen.
a) Können beide Parteien jeweils Berufung einlegen?
b) Bei welchem Gericht müsste Berufung eingelegt werden?
c) Bis wann müssten die Berufungen der jeweiligen Parteien spätestens beim zuständigen Gericht eingehen?
d) Bis wann müssten die Berufungen begründet werden?
e) Könnte Bogdan Ionescu die Berufung auf den Differenzbetrag in Höhe von 250,00 € beschränken?
f) Norman Gehrbrandt legt fristgerecht Berufung ein. Könnte sich Bogdan Ionescu der Berufung von Norman Gehrbrandt, beschränkt auf den Differenzbetrag, anschließen?
g) Kann Bogdan Ionescu sich am 27.05.2017 noch der Berufung anschließen? Bis wann kann er dies spätestens tun?

14. Die Rechtsanwältin Hilda Bartjen (mit Kanzleisitz in Greifswald) hat für ihren Mandanten Ralf Kaczmarek Berufung eingelegt. Diese wird jedoch vom Landgericht Stralsund als unzulässig verworfen. Der Beschluss wird der Rechtsanwältin Hilda Bartjen am 16.11.2017 zugestellt.
a) Wie kann sie dagegen vorgehen?
b) Welches Gericht ist dafür zuständig?
c) Wurde ein wirksames Rechtsmittel eingelegt, wenn die Rechtsanwältin Hilda Bartjen einen eigenhändig unterschriebenen Schriftsatz verfasst, der dem Gericht am 18.12.2017 zugeht?

15. Dr. Gül Mercan (wohnhaft in Wiesbaden) ist als Chemikerin in der Forschungs- und Entwicklungsabteilung der Mayer AG (mit Sitz in Leverkusen) unbefristet beschäftigt. Ihr Bruttogehalt beträgt 72 000,00 € im Jahr. Arbeitsort ist Koblenz. Am 12.09.2017 wird ihr fristlos gekündigt.
a) Wie kann Gül Mercan dagegen vorgehen?
b) Welche Frist muss sie dabei beachten?
c) Welches Gericht ist in dieser Sache zuständig?
d) Ihre Klage wird abgewiesen. Was kann sie nun unternehmen? Welches Gericht ist zuständig?

16. Die Rechtsanwältin Svenja Zirdow hat für Walter Uttalt ein Endurteil des Landgerichts Ulm vom 12.03.2018 erstritten. Danach wurde Ulrike Kaiser zur Zahlung einer Schadenersatzforderung in Höhe von 12 340,00 € nebst Zinsen in Höhe von fünf Prozentpunkten über dem Basiszinssatz seit dem 13.10.2017 und vorgerichtlichen Kosten in Höhe von 23,50 € verurteilt. Im Übrigen wurde die Beklagte Ulrike Kaiser zur Kostentragung verurteilt und die vorläufige Vollstreckbarkeit gegen Sicherheitsleistung in Höhe von 110 % angeordnet.

Das Urteil wird der Rechtsanwältin Svenja Zirdow am 15.03.2018 zugestellt. Am 15.03.2018 wird Antrag auf Erlass eines Kostenfeststellungsbeschlusses durch Rita Weisner, der Rechtsanwaltsfachangestellten bei der Rechtsanwältin Svenja Zirdow, gestellt.

a) Erläutern Sie, ob bzw. unter welchen Bedingungen das Urteil des Landgerichts Ulm am 15.03.2018 vollstreckbar ist.

b) Beschreiben Sie die Funktion der Sicherheitsleistung. Erläutern Sie in diesem Zusammenhang, weshalb diese im Regelfall ca. 110 % (oder mehr) beträgt.

c) Benennen Sie die Möglichkeiten, in welcher Form Sicherheit geleistet werden kann.

d) Erklären Sie, welche Besonderheiten bei der Zwangsvollstreckung aus dem Kostenfestsetzungsbeschluss zu beachten sind.

e) Begründen Sie, welche Vorteile ein Vollstreckungsbescheid im Hinblick auf einen raschen Beginn der Zwangsvollstreckung hat.

17. Gabi Band legt der Rechtsanwältin Solveigh Olsen ein Berufungsurteil des Oberlandesgerichts Stuttgart vor, wonach der Beklagte Volker Buffon zur Kaufpreiszahlung in Höhe von 14 500,00 € verurteilt wurde. Das Urteil wurde für vorläufig vollstreckbar erklärt. Es wurde dem Beklagten Volker Buffon die Möglichkeit eingeräumt, die Zwangsvollstreckung durch Sicherheitsleistung abzuwenden, sofern nicht die Klägerin Gabi Band Sicherheit in gleicher Höhe leiste.

a) Welche Urteile werden in dieser Art und Weise für vorläufig vollstreckbar erklärt? Nennen Sie drei Beispiele.

b) Kann für Gabi Band vor Rechtskraft vollstreckt werden, wenn
- nur Volker Buffon Sicherheit leistet?
- Volker Buffon und Gabi Band Sicherheit leisten?

18. Der Rechtsanwalt Ludwig Mohngau hat für seinen Mandanten Silvio Pirello einen Vollstreckungsbescheid des Amtsgerichts – Mahngericht – Hünfeld gegen die Wegener KG erwirkt. Silvio Pirello wird bekannt, dass sich die Wegener KG in finanziellen Schwierigkeiten befindet. Ob diese bereits Insolvenz angemeldet hat, ist jedoch unklar.

a) Was wird der Rechtsanwalt Ludwig Mohngau nunmehr veranlassen?

b) Welche Folge wird die Eröffnung eines Insolvenzverfahrens für die Durchführung einer Zwangsvollstreckung haben? Erläutern Sie den Unterschied zwischen einem Insolvenz- und einem Zwangsvollstreckungsverfahren.

19. Die Rechtsanwältin Henrietta Balderschwang legt ihrem Rechtsanwaltsfachangestellten Paul Nehring die Vollstreckungsakte Elsa Fuchs (Lindau) gegen Bernd Klaubold (Ravensburg) vor. Vor dem Amtsgericht Ravensburg hat sich Bernd Klaubold in einem Prozessvergleich zur Zahlung von 7 100,00 € sowie der Hälfte der Kosten des Rechtsstreits verpflichtet. Die Gesamtforderung beläuft sich mittlerweile auf 9 245,34 €. Eine vollstreckbare Ausfertigung des Prozessvergleichs sowie eines Kostenausgleichsbeschlusses liegen mittlerweile vor.

a) Erläutern Sie, wie Paul Nehring eine Vermögensauskunft durch Bernd Klaubold veranlassen kann und wie das Verfahren zur Abnahme einer Vermögensauskunft abläuft.

b) Aus der Vermögensauskunft ergibt sich, dass Bernd Klaubold mit Meritta Klaubold, die als Buchhändlerin arbeitet, verheiratet ist und ein Kind hat. Bernd Klaubold ist für die Sarinus GmbH tätig und bezieht ein Nettoeinkommen von 1 700,00 €. Am 20.03.2018 veranlasst Paul Nehring den Erlass eines Pfändungs- und Überweisungsbeschlusses, der am 22.03.2018 der Sarinus GmbH und am 24.03.2018 Bernd Klaubold zugestellt wird. Beschreiben Sie die Möglichkeit, die Rechtsanwältin Henrietta Balderschwang für ihre Mandantin Elsa Fuchs veranlassen kann, sofern die Sarinus GmbH am 09.04.2018 weder Auskunft erteilt noch Zahlung geleistet hat.

c) Nach der doch noch erteilten Auskunft der Sarinus GmbH und der vorgelegten Gehaltsbescheinigung hat Bernd Klaubold im April 2018 neben dem Nettogehalt noch eine Überstundenvergütung über 220,00 € erhalten. Berechnen Sie den pfändbaren Betrag. Begründen Sie, welchen Antrag Paul Nehring für die Gläubigerin Elsa Fuchs sinnvollerweise stellen wird.

d) Aus dem Vermögensverzeichnis ergibt sich weiterhin, dass Bernd Klaubold Eigentümer einer wertvollen Digitalkamera ist. Allerdings hat Bernd Klaubold diese für zwei Monate an seine Schwester Damaris Scheffel verliehen. Erläutern Sie, ob und ggf. wie Paul Nehring die Zwangsvollstreckung in diese Digitalkamera veranlassen kann.

e) Paul Nehring hat zugleich mit dem Sachpfändungsauftrag auch die Einholung einer Drittstellenauskunft bei der Rentenversicherungsanstalt beantragt, um eventuell weitere Einkünfte von Bernd Klaubold in Erfahrung zu bringen. Begründen Sie, weshalb dieser Antrag als unzulässig zurückgewiesen werden wird.

20. Die Rechtsanwältin Sarah Bedulski führt für ihre Mandantin Evelina Fernando die Zwangsvollstreckung aus einem Urteil des Landgerichts Köln sowie eines daraufhin ergangenen Kostenfestsetzungsbeschlusses wegen einer Darlehensforderung über 100000,00 € gegen Zirko Mirkow durch. Aus einem eingeholten Grundbuchauszug ergibt sich, dass Zirko Mirkow als Eigentümer eines Einfamilienhauses in Neuss eingetragen ist. Im Grundbuch ist lediglich noch eine Hypothek mit einem Betrag in Höhe von 40000,00 € eingetragen. Der Verkehrswert der Immobilie wird auf 180000,00 € geschätzt.

a) Welche Zwangsvollstreckungsmöglichkeiten bestehen? Welche Vollstreckungsorgane sind hierfür jeweils zuständig?

b) Erläutern Sie, weshalb beim ersten Versteigerungstermin ein Gebot in Höhe von 70000,00 € zurückgewiesen werden kann.

21. Der Rechtsanwalt Rolf Schnaider hat für Tilda Pfrung vor dem Amtsgericht Kassel ein Urteil erstritten, wonach der Schuldner Ernst Alderer dazu verurteilt wird, den Balkon von Tilda Pfrungs Wohnung in einen Wintergarten zum vereinbarten Festpreis in Höhe von 3500,00 € umzubauen. Die Materialien sind bereits vollständig bei Tilda Pfrung vorhanden. Nach Rechtskraft des Urteils weigert sich Ernst Alderer jedoch nach wie vor, den Umbau vorzunehmen. Erklären Sie, wie in diesem Fall die Zwangsvollstreckung des Urteils des Amtsgerichts Kassel erfolgen wird.

22. Die Rechtsanwältin Unna Fadson hat für Ingo Clondeik eine Kaufpreisforderung über 6800,00 € gegen Gerhard Thousand beim Landgericht Heidelberg eingeklagt. Im Verhandlungstermin erfährt die Rechtsanwältin Unna Fadson durch eine Zeugin, dass Gerhard Thousand Anstalten trifft, nach England auszureisen. Seine Wohnung und seine Arbeitsstelle habe er bereits gekündigt. Es ist davon auszugehen, dass seine Ausreise innerhalb der nächsten zwei Wochen erfolgt und dass Gerhard Thousand dann sein Konto bei der Volksbank Mannheim auflösen wird.

a) Erläutern Sie, welche Vorgehensweise die Rechtsanwältin Unna Fadson ihrem Mandanten Ingo Clondeik empfehlen wird. Prüfen Sie die Zuständigkeit sowie, ob die Begründetheit gegeben ist.

b) Das von der Rechtsanwältin Unna Fadson empfohlene Verfahren wurde durchgeführt. Wie beantragt ergeht eine gerichtliche Entscheidung, die am 19.04.2018 der Rechtsanwältin Unna Fadson als Prozessbevollmächtigte von Ingo Clondeik zugestellt wird. Erläutern Sie, welche Fristen bei der Vollziehung zu beachten sind.

23. Nele Blendik wendet sich wegen einer Entscheidung des Amtsgerichts – Vollstreckungsgericht – Pforzheim (an Nele Blendik am 14.03.2018 zugestellt) an die Rechtsanwältin Esma Yücel. Das Amtsgericht Pforzheim hat für den Gläubiger Daniel Herauk die Austauschpfändung einer Fräsmaschine der selbstständigen Schreinerin Nele Blendik gegen Zahlung eines Betrags in Höhe von 500,00 € zur Ersatzbeschaffung zugelassen. Nele Blendik erläutert die Rechtsanwältin Esma Yücel, dass sie für diesen Betrag keine gleichwertige Fräsmaschine besorgen könne.

a) Begründen Sie, wie gegen die Entscheidung des Amtsgerichts – Vollstreckungsgericht – Pforzheim vorgegangen werden kann.

b) Klären Sie die Zuständigkeiten, eventuell zu beachtende Fristen sowie die Form des Vorgehens.

24. Min Wan Tai wendet sich an den Rechtsanwalt Kurt Gurtel, da der Gerichtsvollzieher Bernd Saenger ihre wertvolle Standuhr gepfändet hat. Die Pfändung erfolgte für die Gläubigerin Sigrid Gravier in das Vermögen des Schuldners Helge Casmar. Min Wan Tai ist die Lebensgefährtin von Helge Casmar und hat die Standuhr bereits in dessen Wohnung untergestellt, da sie demnächst dort einziehen will.

a) Prüfen Sie die Rechtmäßigkeit der Pfändung durch den Gerichtsvollzieher Bernd Saenger.

b) Welche Möglichkeit besteht, gegen die Pfändung vorzugehen? Erläutern Sie die Zuständigkeit und die Parteien. Formulieren Sie den Antrag.

c) Der Rechtsanwalt Kurt Gurtel rät, zuvor noch eine vorbereitende Maßnahme in die Wege zu leiten. Um welche Maßnahme handelt es sich dabei? Weshalb ist diese einem gerichtlichen Verfahren vorzuschalten?

25. Die Rechtsanwältin Damaris Karadimas wird von Gregor Basdekis beauftragt, gegen die Zwangsvollstreckung durch Gläubiger Jens Jessen aus einem vor dem Landgericht Frankfurt am Main abgeschlossenen Prozessvergleich vorzugehen. Gregor Basdekis hat sich im Prozessvergleich zur Zahlung eines Teils der geltend gemachten Darlehensforderung in Höhe von 6 500,00 € verpflichtet. Gegen diese Forderung hat er nunmehr mit einer Kaufpreisforderung gegenüber Jens Jessen aufgerechnet. Jens Jessen ist jedoch nicht bereit diese Aufrechnung zu akzeptieren und verfolgt weiterhin die Zwangsvollstreckung aus dem Prozessvergleich.

a) Wie kann gegen die Zwangsvollstreckung vorgegangen werden?

b) Klären Sie die Zuständigkeit sowie die Parteien. Formulieren Sie den Antrag.

c) Welcher Antrag sollte auf jeden Fall gestellt werden, wenn Jens Jessen mit weiteren, unmittelbar bevorstehenden Zwangsvollstreckungsmaßnahmen droht?

c) Notariatsgeschäfte unter Berücksichtigung des Beurkundungs- und Berufsrechts einschließlich des dazugehörigen materiellen Rechts vorbereiten, durchführen und kontrollieren (ReNo)

Schema

Der Grundbuchinhalt

Aufbau		Beispiel
Aufschrift (Deckblatt) (§ 5 S. 1 GBV) Amtsgericht, Grundbuchbezirk, Nummer des Grundbuchs	=	**Amtsgericht Kiel Grundbuch von Kiel Blatt 123 (ggf. Zusatz bei Wohnungseigentum)**
Bestandsverzeichnis (§§ 6–8 GBV) laufende Nummer des Grundstücks, ggf. frühere laufende Nummer (z.B. nach Teilung/Abschreibung), Gemarkung, Flur, Flurstück, Wirtschaftsart, Lage, Größe	=	**lfd. Nr. 1 Gemarkung Kiel, Flur 1, Flurstück 13/5, Gebäude- und Freifläche, Landesstraße 5, 1 078 qm**
Abteilung I (§ 9 GBV) laufende Nummer der Eigentümereintragung, Eigentümer, laufende Nummer des Grundstücks, auf das sich die Eintragungsgrundlage bezieht, Eintragungsgrundlage, Tag der Eintragung	=	**lfd. Nr. 1 Annemarie Strehlau, geboren am 16.02.1969, lfd. Nr. 1 aufgrund Erbschein Amtsgericht Kiel vom 17.03.2017, eingetragen am 20.05.2017**
Abteilung II (§ 10 GBV) laufende Nummer der Eintragung, laufende Nummer des belasteten Grundstücks im Bestandsverzeichnis, Belastungen/Beschränkungen des Grundstücks (Grunddienstbarkeit, Nießbrauch, beschränkt persönliche Dienstbarkeit, Vorkaufsrecht, Reallast, Erbbaurecht, Dauerwohn- und Dauernutzungsrechte), Veränderungen, Löschungen, Tag der Eintragung	=	**lfd. Nr. 1 lastend auf dem Flurstück 13/5, Flur 1, Gemarkung Kiel: Beschränkt persönliche Dienstbarkeit (Recht der Einrichtung und Unterhaltung einer Gashochdruckleitung mit Nebeneinrichtung) für Zweckverband Ostholstein, Timmendorfer Strand gem. Bewilligung vom 08.04.1982; eingetragen am 07.06.1982.**

Abteilung III (§ 11 GBV) laufende Nummer der Eintragung, laufende Nummer des belasteten Grundstücks im Bestandsverzeichnis, Betrag des Rechts, Inhalt (Hypothek/ Grundschuld), Tag der Eintragung	=	**lfd. Nr. 1, 150 000,00 € Grundschuld für Kieler Volksbank eG in Kiel, brieflos, 12 % Jahreszinsen, vollstreckbar nach § 800 ZPO gem. Bewilligung vom 08.04.1982; eingetragen am 07.06.1982**

Ausführlichere Informationen zu dem in dem Schema zusammengefassten Themenbereich „Notariatsgeschäfte unter Berücksichtigung des Beurkundungs- und Berufsrechts einschließlich des dazugehörigen materiellen Rechts vorbereiten, durchführen und kontrollieren" finden Sie im Lehrbuch: Lernfeld 15 (ReNo), Kapitel 2 und 7 (Das Grundbuch).

Fälle

1. Marina Mitzkan möchte ihre Immobilie in 23730 Neustadt in Holstein, Grindelhof 7 (eingetragen im Grundbuch von Neustadt, Blatt 6789) verkaufen. Sie benötigt für den von ihr beauftragten Makler Jan-Peter Frack einen aktuellen Grundbuchauszug, damit dieser ein aussagekräftiges Exposé erstellen kann. Marina Mitzkan bittet die Notarin Gina Heerweg in 23730 Neustadt, für sie einen Grundbuchauszug zu beschaffen. Zuständig für diesen Vorgang ist die Rechtsanwalts- und Notarfachangestellte Jutta Scholmann.

a) Wie erhält Jutta Scholmann den erbetenen Grundbuchauszug?
b) Wie ist das Grundbuch aufgebaut? Welchen Inhalt hat es?
c) Welche Lasten und Beschränkungen können in Abteilung II des Grundbuchs enthalten sein?
d) Erklären Sie, was unter den in Aufgabe c) angeführten Lasten und Beschränkungen zu verstehen ist und nennen Sie Beispiele.
e) Erläutern Sie die verschiedenen Eintragungen in Abteilung III des Grundbuchs. Erklären Sie, wie sie jeweils zustande kommen.
f) Was ist unter dem Begriff „Grundstück" im katastertechnischen Sinne und im Rechtssinne zu verstehen?

2. Stephan Kind benötigt zur Finanzierung einer neuen Doppelgarage ein Darlehen über 12 000,00 €. Er ist Alleineigentümer einer Immobilie und beschafft sich persönlich einen aktuellen Grundbuchauszug beim zuständigen Grundbuchamt. Stephan Kind geht zu seiner Hausbank, der Commerzbank, und lässt sich bezüglich des Darlehens beraten. Der Sachbearbeiter der Commerzbank, Herbert Leichtfuß, erklärt ihm, dass als Sicherheit für das benötigte Darlehen ein Eintrag im Grundbuch verlangt wird. Dem vorgelegten Grundbuchauszug entnimmt Herbert Leichtfuß die bereits erfolgte Eintragung einer Buchgrundschuld (30 000,00 € nebst 18 % Zinsen seit dem Tage der Eintragung) aus dem Jahre 2002 zugunsten der Sparkasse. Das Recht hat den ersten Rang im Grundbuch. Auf Nachfrage erklärt Stephan Kind, dass das zugrundeliegende Darlehen nur noch teilweise besteht und mindestens zu 3/4 bereits getilgt wurde. Herbert Leichtfuß schlägt Stephan Kind vor, dass die Commerzbank einen Teil des Rechts der Sparkasse als Sicherheit nutzen kann. Zuständig für diesen Vorgang ist die Rechtsanwalts- und Notarfachangestellte Jessica Hansen.

a) Welche Unterlage hat Jessica Hansen beizubringen, damit die neue Gläubigerin des Stephan Kind, die Commerzbank, das Recht der bereits im Grundbuch eingetragenen Gläubigerin, der Sparkasse, als Sicherheit erhält?
b) Erläutern Sie den Begriff „Abtretung". Nennen Sie die Fundstelle im Gesetz.
c) Wer gibt welche Erklärung/-en ab, um die Sicherheit zu übertragen?

d) Welches Formerfordernis hat Jessica Hansen bei der Abgabe der Erklärung einzuhalten, wenn diese grundbuchlich vollzogen werden soll?
e) Wer bewilligt und beantragt die Eintragung im Grundbuch?
f) Nehmen Sie im Folgenden an, dass in dem geschilderten Fall eine Übertragung der Sicherheit nicht infrage kommt, das dem bereits eingetragenen vorrangigen Grundpfandrecht zugrundeliegende Darlehen bereits vollständig zurückgezahlt ist und die neue Gläubigerin die Eintragung eines weiteren (neuen) Grundpfandrechts verlangt. Was würde die neue Gläubigerin sehr wahrscheinlich von Stephan Kind zusätzlich erwarten?
g) Was hat Stephan Kind zu tun, um dieser Erwartung zu entsprechen?
h) Welches Formerfordernis hat Stephan Kind hierbei einzuhalten?
i) Was bewirkt der grundbuchliche Vollzug der Löschung des vorrangigen Rechts in Bezug auf das neue Grundpfandrecht zugunsten der Commerzbank? Erläutern Sie dies kurz.
j) Welche Möglichkeit gibt es noch, um ein später eingetragenes Grundpfandrecht im Range vor einem bereits im Grundbuch vermerkten Grundpfandrecht platzieren zu können? Erläutern Sie, wer welche Erklärung/-en abzugeben hat, um die Änderung wirksam zu vollziehen.

3. Tatjana Scholz ist Eigentümerin einer Immobilie (bebaut mit einem Einfamilienhaus) in Lübeck, Rodenbergstraße 25, eingetragen im Grundbuch von Lübeck, Blatt 2506. Tatjana Scholz möchte einen kleinen Teil (ca. 55 qm) ihres insgesamt 3000 qm großen Grundstücks lastenfrei an ihren Nachbarn veräußern. Sie beauftragt den Notar Thomas Schwarten, den entsprechenden Vertrag zu erstellen. Bei Einsicht des Grundbuchs stellt der Notar fest, dass die Immobilie der Tatjana Scholz mit einem Grundpfandrecht von 150000,00 € nebst Zinsen zugunsten der Hamburger Sparkasse belastet ist. Tatjana Scholz erklärt auf Nachfrage, dass das dem Grundpfandrecht zugrunde liegende Darlehen noch valutiert und derzeit nicht zurückgeführt werden soll. Eine Löschung des Rechts ist daher augenblicklich nicht möglich. Zuständig für diesen Vorgang ist die Rechtsanwalts- und Notarfachangestellte Erica Radecke.
a) Welche Unterlage in Bezug auf das Grundpfandrecht hat Erica Radecke zu beschaffen, um die Teilfläche lastenfrei auf den Nachbarn übertragen zu können?
b) An wen muss sich Erica Radecke wenden, um diese Unterlage zu erhalten?
c) In welcher Form ist die Unterlage zu erteilen?
d) Erica Radecke erhält den beurkundeten Kaufvertrag zur weiteren Bearbeitung vorgelegt. Welche Unterlagen hat Erica Radecke noch zu beschaffen, damit das Eigentum an den Nachbarn übertragen wird?
e) Nehmen Sie an, dass Tatjana Scholz, statt einen Teil ihres Grundstücks zu verkaufen, ein Stück des Nachbargrundstücks erwerben würde. Was würde die Hamburger Sparkasse von ihr in Bezug auf das Grundpfandrecht verlangen, wenn sie dazu ein Darlehen benötigt? Erläutern Sie kurz.
f) Wer gibt die entsprechende Erklärung ab?
g) Welches Recht entsteht nach Vollzug, wenn für die neu erworbene Teilfläche ein eigenes (weiteres) Grundbuch gebildet wird? Erläutern Sie kurz.
h) Welchen Antrag hat Erica Radecke an das Grundbuchamt zu richten, um eine anderweitige Veräußerung durch Tatjana Scholz an einen Dritten zu verhindern?

4. Wolfgang Fink möchte seine Immobilie an seine Kinder übertragen. Er fragt die Notarfachwirtin Sabine Roge nach den typischen Vereinbarungen (Gegenleistungen), die in einem Überlassungsvertrag protokolliert werden.
a) Wie könnte die Aufzählung von Sabine Roge in Bezug auf die Gegenleistungen aussehen?
b) Auf welche Weise muss Sabine Roge die Vereinbarungen sichern?

5. Die angehende Notarfachwirtin Carina Priel hat im Rahmen einer Hausarbeit eine Aufstellung über die Bücher des Notars sowie deren Aufbau/Inhalt anzufertigen.
   a) Welche Bücher hat Carina Priel zu nennen?
   b) Wie ist das Buch aufgebaut, in dem der Notar seine Urkunden vermerkt?
   c) Wie kann Carina Priel den Inhalt sowie die Unterschiede der weiteren Bücher erklären?

6. Der Notar Christian Hoppinger möchte von der Rechtsanwalts- und Notarfachangestellten Jennifer Schachtmann wissen, welche Verzeichnisse und Akten er im Rahmen seiner Tätigkeit zu führen hat. Darüber hinaus möchte er deren jeweiligen Inhalt, Aufbau und den Zeitraum, in dem diese aufzubewahren sind, genannt bekommen.
   a) Welche Verzeichnisse nennt Jennifer Schachtmann dem Notar Christian Hoppinger? Was wird sie zu dem jeweiligen Inhalt anführen?
   b) Welche Akten kann Jennifer Schachtmann benennen? Was ist in ihnen jeweils aufzubewahren?
   c) Welche Aufbewahrungsfristen hat Jennifer Schachtmann für die Verzeichnisse/Akten zu beachten? Welches Gesetz regelt diese?

7. Heidi Trunk hat vor einiger Zeit eine Vorsorgevollmacht unterzeichnet. Sie bittet die Notarfachwirtin Stefanie Mönch darum, ihr zu erklären, was eine beglaubigte Ablichtung von einer Ausfertigung unterscheidet, wie sie sich jeweils (allgemein) textlich unterscheiden und welches Gesetz dies regelt.
   a) Wie wird Stefanie Mönch Heidi Trunk den Unterschied erklären?
   b) Wie formuliert Stefanie Mönch den Beglaubigungsvermerk und wie den Ausfertigungsvermerk?
   c) Welches Gesetz muss Stefanie Mönch benennen?

8. Die Rechtsanwalts- und Notarfachangestellte Ulrike Grimmig erhält von der Notarin Steffi Dreispitz den Auftrag, die Unterschrift des Ulrich Rieckinger, geb. am 18.04.1960, Waschgrabenstraße 15, 23730 Neustadt in Holstein, auf einer Löschungsbewilligung zu beglaubigen. Ulrich Rieckinger ist der Notarin Steffi Dreispitz persönlich bekannt.
   a) Welchen Text hat Ulrike Grimmig anzufertigen?
   b) Wie hatte Ulrike Grimmig die Unterschriftsbeglaubigung abzufassen, wenn Ulrich Rieckinger seine Unterschrift zu Hause geleistet und das fertige Dokument der Notarin Steffi Dreispitz vorgelegt hätte?
   c) Welcher Paragraf regelt die neben dem Unterschriftsbeglaubigungsvermerk anzubringende Klausel?
   d) Darf die Notarin Steffi Dreispitz die Unterschrift ihres Ehemanns beglaubigen? Begründen Sie Ihre Antwort kurz unter Nennung der Fundstelle im Gesetz.

9. Die Notarkanzlei Strick & Partner lässt ihre Homepage aktualisieren. Der Notar Walther Strick möchte dort für die Mandanten eine Auflistung zur Verfügung stellen, mit den für die Ausübung des Notaramts wichtigsten Rechtsquellen (Gesetzestitel und Abkürzung) des Berufsrechts. Er bittet den Notarfachwirt Mohamed Acar die Rechtsquellen zusammenzustellen. Was hat Mohamed Acar zu notieren?

c)/d) Fachkundliche Texte formulieren und gestalten (Re, ReNo)

Schema

Fachkundliche Texte formulieren und gestalten

Hinweise zum Formulieren und Gestalten von Texten

- verständliche Darstellung des Inhalts
- zum Punkt hin formulieren
- strukturierter Aufbau und kurze Sätze
- Regeln der DIN 5008 sowie Rechtschreib- und Grammatikregeln beachten

Beispiele für Bereiche, in denen fachkundliche Texte erstellt werden müssen

BGB, ZPO
- Mahn- und Kündigungsschreiben
- Antrag auf Bewilligung von Prozesskostenhilfe
- außergerichtliches Aufforderungsschreiben
- Mandanten den Ablauf eines zivilrechtlichen Verfahrens erläutern (in englischer Sprache)
- Fristverlängerungsantrag
- Rechtsmittelschrift

Zwangsvollstreckung
- Anträge auf dinglichen Arrest und Arrestpfändung
- Antrag auf Abgabe der Vermögensauskunft
- Antrag auf Eintragung einer Zwangssicherungshypothek
- Erinnerung gem. § 766 ZPO

Handels- und Gesellschaftsrecht
- Gesellschaftsvertrag für eine OHG
- GmbH-Gesellschaftsvertrag
- Vertrag über Erhöhung des Stammkapitals eines GmbH-Gesellschafters
- Vertrag über das Ausscheiden eines GmbH-Gesellschafters
- Vertrag über Veräußerung/Abtretung von GmbH-Gesellschaftsanteilen

Registerrecht
- Anmeldung zur Eintragung ins Handelsregister
- Mitteilung der Satzungsänderung an das Vereinsregister
- Maßnahmen im Rechtsbehelfsverfahren

Notariatsbereich
- gemeinschaftliches Testament
- Antrag auf Erteilung eines Erbscheins
- Erklärung für die Ausschlagung der Erbschaft mit Unterschriftsbeglaubigung
- Löschung einer Buchgrundschuld mit Unterschriftsbeglaubigung
- Eintragung einer Grundschuld mit Brief
- Grundstückskaufvertrag

Ausführlichere Informationen zu dem im Schema zusammengefassten Themenbereich „Fachkundliche Texte formulieren und gestalten“ finden Sie im Lehrbuch:

- Lernfeld 2 (Re, ReNo), Kapitel 6 (Gesellschaftsrecht)
- Lernfeld 4 (Re, ReNo), Kapitel 3.2 und 6.2 (Außergerichtliches Aufforderungsschreiben)
- Lernfeld 4 (Re, ReNo), Kapitel 6.5 und 6.6 (Mahn- und Kündigungsschreiben)
- Lernfeld 10 (Re, ReNo), Kapitel 7.2 und 7.3 (Mandanten den Ablauf eines zivilrechtlichen Verfahrens erläutern)
- Lernfeld 10 (Re, ReNo), Kapitel 6.2 und 7.1.6 (Antrag auf Bewilligung von Prozesskostenhilfe)
- Lernfeld 10 (Re, ReNo), Kapitel 7.1.5 (Fristverlängerungsantrag)
- Lernfeld 11 (Re, ReNo), Kapitel 1 und 3.2 (Rechtsmittelschrift)
- Lernfeld 12 (Re), Kapitel 2.7 (Einstweiliger Rechtsschutz im Zwangsvollstreckungsverfahren)
- Lernfeld 12 (Re, ReNo), Kapitel 2.1 (Die Vermögensauskunft)
- Lernfeld 12 (Re, ReNo), Kapitel 2.2, 2.3 und 2.4 (Sonstige Vollstreckungsanträge)
- Lernfeld 12 (Re, ReNo), Kapitel 3 (Einwendungen gegen Vollstreckungsmaßnahmen)
- Lernfeld 16 (ReNo), Kapitel 2 (Registeranmeldungen)
- Lernfeld 16 (ReNo), Kapitel 3 (Weitere Beurkundungsvorgänge bei einer GmbH)

Hinweis: Die nachfolgenden Fälle sollen, soweit angegeben, mithilfe der Briefbögen der Partnerschaft Dr. Neumann & Huber bzw. des Anwaltsnotariats Katharina Marschner bearbeitet werden. Andernfalls genügt es, den Brieftext einschließlich Anrede und Briefschluss zu formulieren.

Die Briefbögen sowie die Formulare für Vollstreckungsaufträge an den Gerichtsvollzieher und für den Antrag auf Erlass eines Pfändungs- und Überweisungsbeschlusses finden Sie im Downloadbereich zum Buch. Web

Fälle

1. Die Rechtsanwaltsfachangestellte Leonie Seiffert will ihren Handyvertrag bei der Telmore GmbH fristgerecht zum 31.10.2017 kündigen. Die Kündigung muss laut den Vertragsbedingungen schriftlich erfolgen. Formulieren Sie den Brieftext einschließlich Anrede und Briefschluss.

2. Harald Nowotny (Eichstraße 1, 67434 Neustadt an der Weinstraße) beauftragt die Rechtsanwältin Dr. Annette Neumann am 14.12.2017 in einer Forderungssache gegen Nicole Illgner (Breitenweg 14, 67435 Neustadt an der Weinstraße). Die Rechtsanwältin Dr. Annette Neumann soll die Forderung in Höhe von 2.500,00 € gleich gerichtlich geltend machen, auch wenn Harald Nowotny keine Prozesskostenhilfe (PKH) bewilligt wird, denn am Jahresende droht die Verjährung der Forderung. Zinsen sind ab dem 25.10.2014 zu zahlen. Die Rechtsanwältin Dr. Annette Neumann übergibt die Akte zum Anlegen (Az.: 289/2017) an Annika Sauer. Diese soll gleich den PKH-Antrag an das Amtsgericht Neustadt an der Weinstraße (Robert-Stolz-Straße 20, 67433 Neustadt an der Weinstraße) vorbereiten. Anschließend soll sie die Akte wieder an die Rechtsanwältin Dr. Annette Neumann übergeben, damit sie die Begründung des Anspruchs einfügen kann. Der PKH-Antrag wird von Annika Sauer am 15.12.2017 vorbereitet. Formulieren Sie den Brieftext einschließlich Rubrum und Briefschluss.

3. Raul Gonzales (Bruchstraße 70, 67098 Bad Dürkheim) hat die Rechtsanwältin Katharina Schuh am 16.10.2017 mit der Wahrnehmung seiner Interessen beauftragt. Die Rechtsanwältin Katharina Schuh soll eine ausstehende Darlehensrückzahlung anmahnen. Die Angelegenheit

wird unter dem Az.: 222/2017 geführt. Sophia Renninger (Bebelstraße 55, 67549 Worms) hat von Raul Gonzales, ihrem damaligen Lebensgefährten, ein Darlehen in Höhe von 3.500,00 € erhalten. Dieser Betrag sollte nach dem Darlehensvertrag vom 15.06.2015 zinslos bis zum 31.08.2017 zurückgezahlt werden. Da Sophia Renninger den Darlehensbetrag nicht fristgerecht zurückgezahlt hat, hat Raul Gonzales den Betrag mit Schreiben vom 11.09.2017 unter Fristsetzung zum 05.10.2017 angemahnt. Darauf reagierte Sophia Renninger nicht. Die Rechtsanwältin Katharina Schuh soll deshalb Sophia Renninger unter Androhung des Mahnverfahrens auffordern, den Darlehensbetrag, die angefallenen Zinsen sowie die entstandenen Mahnkosten von 5,00 € bis spätestens 03.11.2017 auszugleichen. Annika Sauer erstellt das Schreiben am 18.10.2017. Es wird per Einschreiben Rückschein versandt. Erstellen Sie dieses Schreiben mithilfe des Kanzleibriefbogens der Rechtsanwaltskanzlei Dr. Neumann & Huber.

4. Richard Brown-Fellow (43 Featherstone Street, London, EC1Y 8SY) beauftragt die Rechtsanwältin Dr. Annette Neumann. Es geht um eine Kaufpreisforderung in Höhe von 2.600,00 € gegenüber Ruth Rentwinn. Annika Sauer teilt dem Mandanten mit Schreiben vom 25.09.2017 zum Az.: 156/2017 mit, dass sein Anspruch nun im Klageverfahren geltend gemacht wurde. Sie fügt ihm die Klageschrift in Abschrift bei. Gleichzeitig erläutert sie dem Mandanten den weiteren Verfahrensablauf (Zustellung, Fristen, Termin). Hinsichtlich der einzuzahlenden Gerichtskosten wurde der Klage ein Verrechnungsscheck beigelegt. Da der Mandant nur englisch spricht, bittet die Rechtsanwältin Dr. Annette Neumann Annika Sauer darum, das Schreiben in englischer Sprache zu formulieren. Erstellen Sie dieses Schreiben mithilfe des Kanzleibriefbogens der Rechtsanwaltskanzlei Dr. Neumann & Huber.

5. Das Amtsgericht Stuttgart (Hauffstraße 5, 70190 Stuttgart; gerichtliches Az.: 4 C 300/2017) hat dem Rechtsanwalt Peter Huber in der Angelegenheit Linus Rothschild ./. Marlene Heinrichs wegen Pflichtteilsforderung (Az.: 105/2017) am 04.09.2017 den Schriftsatz des anwaltlichen Vertreters von Marlene Heinrichs vom 18.08.2017 übersandt. Laut der beiliegenden Verfügung hat der Rechtsanwalt Peter Huber die Möglichkeit, hierzu bis zum 18.09.2017 Stellung zu nehmen. Der Rechtsanwalt Peter Huber benötigt weitere Informationen von Linus Rothschild, der sich noch bis zum 19.09.2017 im Urlaub befindet. Er bittet daher Annika Sauer, einen Antrag auf Fristverlängerung bis zum 05.10.2017 zu stellen. Annika Sauer erstellt diesen Schriftsatz am 05.09.2017. Formulieren Sie den Brieftext einschließlich kleinem Rubrum und Briefschluss.

6. Die Rechtsanwältin Katharina Schuh vertritt Manuel Köpke im Rechtsstreit Manuel Köpke (Nachtweide 9, 67433 Neustadt an der Weinstraße) ./. Lukas Neuhoff (Waldstraße 21, 67434 Neustadt an der Weinstraße; anwaltlich vertreten durch den Rechtsanwalt Rainer Kurtze, Luitpoldstraße 35, 67480 Edenkoben) wegen rückständiger Miete in Höhe von 2.320,00 €. Die Rechtsanwältin Katharina Schuh soll gegen das Urteil des Amtsgerichts Neustadt an der Weinstraße vom 10.10.2017 (Az.: 15 C 134/2017), zugestellt am 13.10.2017, Berufung einlegen. Denn das Amtsgericht Neustadt an der Weinstraße hat der Klage in Höhe von 900,00 € nicht stattgegeben. Die Rechtsanwältin Katharina Schuh übergibt die Akte (Az.: 25/2017) an Annika Sauer mit der Bitte, die Berufungsschrift anzufertigen. Dabei muss sie berücksichtigen, dass der Zinsanspruch von Manuel Köpke ab dem 31.01.2017 begründet ist. Die Begründung wird in einem gesonderten Schriftsatz erfolgen. Annika Sauer erstellt die Berufungsschrift an das Landgericht Frankenthal in der Pfalz (Bahnhofstraße 33, 67227 Frankenthal in der Pfalz) am 20.10.2017. Erstellen Sie die Berufungsschrift mithilfe des Kanzleibriefbogens der Rechtsanwaltskanzlei Dr. Neumann & Huber.

7. Vera Junker (Sorbenweg 3, 44149 Dortmund) beauftragt die Rechtsanwältin Dr. Annette Neumann. Es geht um eine Kaufpreisforderung in Höhe von 3.600,00 € nebst den gesetzlichen Zinsen ab 28.12.2017 aus einem Kaufvertrag über einen gebrauchten Pkw (Renault Clio 17G) vom 12.12.2017 gegenüber Konrad Goldblume (Mengenicher Straße 14, 50676 Köln), die Vera Junker am 17.01.2018 beim Amtsgericht Köln eingeklagt hat. Das Verfahren wird dort unter dem Aktenzeichen 28/2018 geführt. Konrad Goldblume hat am 10.02.2018 im Beisein von Stefan Junker, dem Bruder der Mandantin, geäußert, dass er sein Geld eher auf der Spielbank verspiele, als auch nur einen Cent der Kaufpreisforderung zu bezahlen. Am Abend desselben Tags (10.02.2018), hat Stefan Junker beobachtet, dass Konrad Goldblume die Spielbank „Casino 19" in Bonn besucht hat. Vera Junker fürchtet nun, dass sie ihre Kaufpreisforderung nicht realisieren kann, selbst wenn sie das Verfahren vor dem Amtsgericht Köln gewinnen sollte, da das Bankguthaben von Konrad Goldblume bei der Postbank Köln bald aufgebraucht sein könnte. Annika Sauer erhält am 14.02.2018 zum Az.: 56/2018 den Auftrag, dinglichen Arrest und Arrestpfändung beim Amtsgericht Köln (Luxemburger Straße 101, 50939 Köln) zu beantragen. Eine eidesstattliche Versicherung des Stefan Junker vom 14.02.2018 liegt vor. Erstellen Sie den Arrestantrag mithilfe des Kanzleibriefbogens der Rechtsanwaltskanzlei Dr. Neumann & Huber.

8. Miroslav Wirnitz (Mußbacher Landstraße 5, 67433 Neustadt an der Weinstraße) beauftragt den Rechtsanwalt Peter Huber damit, die Vermögensauskunft des Schuldners Gerald Hefigger (Burgstraße 8, 67105 Schifferstadt) ohne vorherigen Pfändungsversuch einzuholen. Gerald Hefigger schuldet aus einem Vollstreckungsbescheid des Amtsgerichts – Zentrales Mahngericht – Stuttgart vom 02.03.2018 (Az.: 18-9384912-0-4) eine Darlehensforderung in Höhe von 10.000,00 € nebst Zinsen in Höhe von fünf Prozentpunkten über dem Basiszinssatz seit dem 05.04.2017 sowie titulierte vorgerichtliche Kosten in Höhe von 12,50 €. Die Gerichtskosten für das gerichtliche Mahnverfahren wurden mit 120,50 € festgesetzt. Für den Fall, dass Gerald Hefigger die Vermögensauskunft nicht abgibt, soll bereits der Erlass eines Haftbefehls in die Wege geleitet werden. Mit einer Ratenzahlungsvereinbarung besteht kein Einverständnis. Annika Sauer stellt diesen Antrag am 14.03.2018. Sie fügt ihm die Anwaltsvergütung für den Antrag sowie eine Forderungsaufstellung bei. Verwenden Sie hierzu das Formular „Vollstreckungsaufträge an den Gerichtsvollzieher zur Vollstreckung von Geldforderungen".

9. Leo Preifall (Neumarkt 5, 67547 Worms) beauftragt den Rechtsanwalt Peter Huber damit, eine Zwangssicherungshypothek beim Grundbuchamt (Robert-Stotz-Straße 20, 67433 Neustadt an der Weinstraße) zu beantragen. Die Schuldnerin Katja Koldson ist Eigentümerin eines von ihr bewohnten Grundstücks in 67433 Neustadt an der Weinstraße, Mandelring 140 (Grundbuch zu Neustadt, Band 1, Blatt 37, Flur-Nr. 278/11). Die Zwangsvollstreckung wird aus dem Vollstreckungsbescheid des Amtsgerichts – Mahnabteilung – Hünfeld vom 25.08.2017 (Az.: 17-4217449-0-2) wegen einer Gesamtforderung in Höhe von 5.817,23 € betrieben. Annika Sauer soll daher am 22.11.2017 zum Az.: 419/2017 die Zwangssicherungshypothek beantragen. Erstellen Sie den Antrag mithilfe des Kanzleibriefbogens der Rechtsanwaltskanzlei Dr. Neumann & Huber.

10. Miranda Schanker beauftragt die Rechtsanwältin Katharina Schuh damit, gegen eine Zwangsvollstreckungsmaßnahme des Gerichtsvollziehers Olaf Ewald beim Amtsgericht Landau in der Pfalz (Marienring 13, 76829 Landau in der Pfalz) im Auftrag des Gläubigers Paul Wildig vom 31.10.2017 vorzugehen. Der Gerichtsvollzieher Olaf Ewald hat aufgrund eines Vollstreckungsbescheids des Amtsgerichts – Mahnabteilung – Stuttgart vom 19.05.2017 (Az.: 17-023893301-0-6) am 21.11.2017 (Geschäftszeichen: DRI 279/17) eine Sachpfändung bei Miranda Schanker durchgeführt. Dabei wurde u. a. deren Laptop Serano DB-T2 gepfändet. Miranda

Schanker nutzt diesen, um Bewerbungen und sonstige Schreiben zu fertigen. Der Laptop ist drei Jahre alt und hat allenfalls einen Verkehrswert in Höhe von 50,00 €. Es ist davon auszugehen, dass bei einer Versteigerung nicht einmal die entstehenden Vollstreckungskosten erzielt werden. Der Versteigerungstermin ist bereits auf den 05.12.2017 angesetzt. Annika Sauer soll daher am 29.11.2017 zum Az.: 526/2017 Erinnerung nach § 766 ZPO dagegen einlegen und die vorläufige Einstellung der Zwangsvollstreckung beantragen. Erstellen Sie das Schreiben mithilfe des Kanzleibriefbogens der Rechtsanwaltskanzlei Dr. Neumann & Huber.

11. Sigrid Stotz (Mühlturmstraße 17, 67346 Speyer) beauftragt die Rechtsanwältin Dr. Annette Neumann am 07.12.2017 in einer Zwangsvollstreckungssache gegen Marga Balgner (Kleingemünder Straße 3, 69118 Heidelberg). Die Rechtsanwältin Dr. Annette Neumann soll gegen eine Entscheidung des Amtsgerichts Heidelberg vom 11.12.2017 (Az.: 1 K 461/2017) vorgehen. Das Amtsgericht hat einen Antrag der Sigrid Stotz vom 29.11.2017 auf Gestattung der Austauschpfändung eines LED TV-Geräts Samsung C1935 gegen Zahlung eines Betrags von 1.000,00 € abgelehnt. Begründet wurde diese Entscheidung damit, dass das LED TV-Gerät bei einer Versteigerung im Höchstfall 1.100,00 € erbringen werde. Damit könnten allenfalls die entstehenden Versteigerungskosten, nicht jedoch die noch offene Gesamtforderung der Gläubigerin Sigrid Stotz über 7.200,00 € bedient werden. Die Rechtsanwältin Dr. Annette Neumann übergibt die Akte zum Anlegen (Az.: 319/2017) an Annika Sauer. Diese soll auch gleich die sofortige Beschwerde vorbereiten, einzulegen beim Amtsgericht – Vollstreckungsgericht – Heidelberg. Anschließend soll sie die Akte wieder an die Rechtsanwältin Dr. Annette Neumann übergeben, damit sie die Begründung der Beschwerde einfügen kann. Die sofortige Beschwerde wird von Annika Sauer am 08.12.2017 vorbereitet. Formulieren Sie den Brieftext einschließlich Rubrum und Briefschluss.

12. Die beiden Geschäftspartner Frank Wiens, geb. am 19.06.1992, wohnhaft Löwentorstraße 11 in 70376 Stuttgart, und Lars Wendler, geb. am 17.02.1991, wohnhaft Rheinburgstraße 13 in 70197 Stuttgart, beabsichtigen, in Kürze in Stuttgart einen Fachhandel für Computer und entsprechendes Zubehör zu eröffnen. Für ihr Unternehmen haben sie die Rechtsform der offenen Handelsgesellschaft (OHG) vorgesehen. Das Unternehmen soll sich im Wesentlichen auf Kundschaft wie Kleingewerbe und private Nachfrager konzentrieren. Besondere Vorstellungen über Geschäftsführung und Vertretung haben sie nicht. Im Namen der Firma soll der Begriff „EDV-Team“ enthalten sein. Beide Gesellschafter wollen zusammen 80.000,00 € einbringen, davon beabsichtigt Frank Wiens 30.000,00 € zu übernehmen und Lars Wendler 50.000,00 €. Den erwirtschafteten Gewinn wollen sie im Verhältnis ihrer Gesellschaftereinlagen verteilen. Einen Verlust würden sie jeweils zu gleichen Teilen tragen. Für den Fall, dass sich irgendwann einer der beiden aus der Gesellschaft verabschieden möchte, wollen sie Folgendes sicherstellen: Der verbleibende Gesellschafter muss hiervon mindestens drei Monate vorher in Kenntnis gesetzt werden. Entwerfen Sie einen Gesellschaftsvertrag, der die wesentlichen Regelungen zu folgenden Punkten beinhaltet:

- Beginn, Dauer, Firma, Sitz und Zweck der Gesellschaft
- Einlagen sowie Verteilung von Gewinnen und Verlusten
- Geschäftsführung und Vertretung
- Kündigung eines Gesellschafters

13. Die drei Modeschneiderinnen Franziska Ott, Roswitha Kappel und Meike Lehmann beabsichtigen in Heilbronn ein Fachgeschäft für ausgefallene und hochpreisige Damenmoden mit dem Namen „Trendy-Fashion“ zu eröffnen. Sie haben auf Anraten eines guten Freundes für ihr Unternehmen die Rechtsform der Gesellschaft mit beschränkter Haftung (GmbH) vorgesehen. Die drei Damen haben das für die Gründung erforderliche Mindeststammkapital i. S. v. § 5 Abs. 1 GmbHG aufgebracht: Franziska Ott und Roswitha Kappel jeweils 10.000,00 € und Meike Lehmann den Rest. In diesem Verhältnis wollen sie auch jeweils den Gewinn verteilen, Verluste würden sie sich „schwesterlich“ teilen. Sie sind sich einig, dass jede von ihnen im Innen- und Außenverhältnis „das gleiche Sagen“ haben soll. Falls eine von ihnen ausscheiden möchte, sollte dieser Umstand drei Monate vorher angezeigt werden. Im Übrigen dürfen Anteile an der Firma verkauft werden. Entwerfen Sie für die „Trendy-Fashion-GmbH“ einen Gesellschaftsvertrag, der die wesentlichen Regelungen zu folgenden Punkten beinhaltet:

- Beginn, Dauer, Firma, Sitz und Gegenstand der Gesellschaft
- Stammeinlagen sowie Verteilung von Gewinnen und Verlusten
- Geschäftsführung und Vertretung
- Gesellschafterveränderungen

14. Die drei Unternehmerinnen Franziska Ott, Roswitha Kappel und Meike Lehmann betreiben seit einigen Wochen das Fachgeschäft „Trendy-Fashion-GmbH Heilbronn“. Die geschäftlichen Erfolge sind seit Geschäftseröffnung erfreulich, die Ertragslage mehr als zufriedenstellend. Da das Verhältnis unter den drei Gesellschaftern vertrauensvoll und kooperativ ist, haben alle drei beschlossen, die Stammeinlage der Meike Lehmann auf 10.000,00 € zu erhöhen. Auf einer fristgerecht am 04.09.2018 zum 25.09.2018 einberufenen Gesellschafterversammlung beschließen sie einstimmig, dass die Gesellschafterin Meike Lehmann ihr Stammkapital um 5.000,00 € erhöht. Entwerfen Sie einen Vertrag, mit dem die gewünschte Erhöhung des Stammkapitals rechtsgeschäftlich korrekt beschlossen werden kann.

15. Franziska Ott, Roswitha Kappel und Meike Lehmann sind als Gesellschafter der „Trendy-Fashion-GmbH Heilbronn“ recht erfolgreiche Unternehmerinnen. Nachdem Franziska Ott bei einem Verkehrsunfall kürzlich sehr schwer verletzt worden ist, hat sie sich auf Anraten ihrer Ärzte schweren Herzens entschlossen, ihre unternehmerischen Aktivitäten zu beenden. Sie hat sich mit Roswitha Kappel und Meike Lehmann geeinigt, aus der Firma auszuscheiden. Auf einer fristgerecht am 15.11.2018 zum 04.12.2018 einberufenen Gesellschafterversammlung wird gem. §§ 15 Abs. 1, 53 Abs. 1 GmbHG einstimmig Folgendes beschlossen: Franziska Ott scheidet mit Wirkung am 20.12.2018 aus der gemeinsamen Firma aus. Zugleich veräußert sie ihre Geschäftsanteile zu gleichen Teilen an ihre Kolleginnen Roswitha Kappel und Meike Lehmann.

a) Entwerfen Sie einen Vertrag, mit dem das Ausscheiden der Franziska Ott aus der Gesellschaft und die gewünschte Anpassung der Stammeinlagen von Roswitha Kappel und Meike Lehmann rechtsgeschäftlich korrekt beschlossen werden kann.

b) Entwerfen Sie einen Vertrag, mit dem die Veräußerung und Abtretung der Geschäftsanteile an der GmbH der Franziska Ott an ihre Mitgesellschafterinnen Roswitha Kappel und Meike Lehmann rechtsgeschäftlich korrekt abgewickelt werden können.

16. Die beiden Einzelhandelskaufleute Heiko Saarstadt, geb. am 17.02.1982, wohnhaft Mardergasse 71 a in 55116 Mainz, und Raphael König, geb. am 04.12.1979, wohnhaft Kolpingstraße 24 in 64283 Darmstadt, wollen in Kürze ein Fachgeschäft für Schreibwaren eröffnen. Nach der Besichtigung verschiedener infrage kommender Räumlichkeiten, ist ihre Entscheidung gefallen: Mit dem Eigentümer des Ladengeschäfts in der Bahnhofstraße 102 a in 55116 Mainz sind sie rasch über die Anmietung auf unbestimmte Zeit übereingekommen.

Überdies haben die beiden angehenden Unternehmer einen Gesellschaftsvertrag abgeschlossen, in dem alle wesentlichen Regelungen festgeschrieben sind. Da sie keine Haftungsprobleme erkennen, haben sie von der ursprünglich erwogenen Rechtsform der GmbH Abstand genommen und sich für die Rechtsform der Offenen Handelsgesellschaft (OHG) entschieden. Die Vertretung ihrer Gesellschaft wollen beide im gegenseitigen Vertrauen, also möglichst unabhängig voneinander, wahrnehmen. Für die Geschäftsführung gilt ein Gleiches. Formulieren Sie für die beiden Gesellschafter ein Schreiben (Brieftext und Briefschluss), mit dem die nach § 106 Abs. 1 HGB erforderliche Anmeldung zur Eintragung in das Handelsregister vorgenommen werden kann.

17. In Darmstadt besteht seit fast 15 Jahren der Verein „Elternnothilfe Leukämie Darmstadt e. V.". Es handelt sich um einen Selbsthilfeverein zur Unterstützung von Eltern leukämiekranker Kinder. Der Verein ist im Vereinsregister beim Amtsgericht Darmstadt eingetragen. Die satzungsbestimmten Ziele bestehen in der sozialen Unterstützung, einem geeigneten Betreuungsangebot für betroffene Familien sowie in der Information der Öffentlichkeit über Leukämie und die Vereinsarbeit. Vom Finanzamt Darmstadt ist der Verein als gemeinnützig i. S. d. §§ 51 - 53 AO anerkannt. Die Zahl der Mitglieder schwankt zwischen 75 und 80. Hinsichtlich des Vereinsvorstands heißt es bisher in § 6 Abs. 1 der Vereinssatzung: *„Der Vorstand besteht aus einer Vorsitzenden/einem Vorsitzenden und vier Stellvertretern oder Stellvertreterinnen. Die Amtszeit des Vorstands beträgt zwei Jahre, der Vorstand bleibt jedoch bis zur Neuwahl im Amt. Eine Wiederwahl ist zulässig."* Die letzte ordnungsgemäß einberufene Mitgliederversammlung umfasste u. a. den „Tagesordnungspunkt 5: Satzungsänderung", in dem die Ausweitung des Vorstands und die Verlängerung der Amtsperiode beschrieben war. Am 13.06.2018 wurde nun einstimmig beschlossen: „§ 6 Abs. 1 der Satzung lautet nunmehr: *Der Vorstand besteht aus einer Vorsitzenden/einem Vorsitzenden und sechs Stellvertretern oder Stellvertreterinnen. Die Amtszeit des Vorstands beträgt drei Jahre, der Vorstand bleibt jedoch bis zur Neuwahl im Amt. Eine Wiederwahl ist zulässig."* Der Vorstand bittet nun die Notarin Katharina Marschner, die erforderlichen Korrekturen beim zuständigen Amtsgericht vornehmen zu lassen. Er legt das Protokoll der Mitgliederversammlung und eine Kopie des Einladungsschreibens vor. Formulieren Sie für die Notarin Katharina Marschner das Schreiben an das Vereinsregister (Brieftext, Briefschluss), in dem die Satzungsänderung gem. § 71 Abs. 1 BGB angezeigt wird.

18. Die Geschäftsleute Timo Hüllenkamp, Alwin Ackermann und Björn Beller betreiben seit Kurzem den Getränkehandel „Hüllenkamp & Co. Getränke KG Landau" in der Rechtsform Kommanditgesellschaft mit Sitz in Landau (in der Pfalz). Sie haben unmittelbar nach Gesellschaftsgründung die Eintragung in das Handelsregister beim örtlich zuständigen Amtsgericht beantragt. Unter anderem haben sie dort vermerkt, dass es neben Timo Hüllenkamp, der Komplementär ist, zwei Kommanditisten, Alwin Ackermann und Björn Beller, gibt. Die Kommanditeinlage beträgt gemäß Gesellschaftsvertrag bei Alwin Ackermann 30.000,00 € und bei Björn Beller 25.000,00 €. Nachdem die Gesellschafter in dem Auszug aus dem Handelsregister festgestellt haben, dass fälschlicherweise bei Alwin Ackermann eine Kommanditeinlage in Höhe von 25.000,00 € und bei Björn Beller eine von 30.000,00 € eingetragen wurde, wenden sie sich an die Notarin Katharina Marschner. Sie bitten darum, die Einlagenhöhe der Kommanditisten im Handelsregister entsprechend den tatsächlichen Verhältnissen zu korrigieren. Setzen Sie für die Notarin Katharina Marschner einen Rechtsbehelf (Beschwerde i. S. d. § 58 FamVG) auf, in dem die zuständige Stelle des Amtsgerichts Landau um umgehende Korrektur der falschen Eintragungen ersucht wird. Formulieren Sie den Brieftext und den Briefschluss.

19. Stefanie und Manfred Rovenhagen, wohnhaft in 23774 Heiligenhafen, Zum Schlossberg 5, suchen den ihnen lange vertrauten Notar Hubert Krüger in Schönwalde auf. Sie bitten ihn, ihren letzten Willen zu verfassen. Sie haben gehört, dass es ein besonderes Testament für Ehegatten gibt und möchten ein solches errichten. Stefanie und Manfred Rovenhagen leben nach eigenen Angaben im gesetzlichen Güterstand und haben drei gemeinsame Kinder (Colin Schulz, geb. Rovenhagen, geb. am 16.02.1969, Maximilian Rovenhagen, geb. am 19.03.1973 und Daniela Koglinski, geb. Rovenhagen, geb. am 23.05.1977). Die Ehefrau ist am 16.12.1946 in München (Standesamt München, Register-Nr. 123/1946) und der Ehemann am 22.01.1944 in Würzburg (Standesamt Würzburg, Register-Nr. 0815/1944) geboren. Der Geburtsname von Stefanie Rovenhagen lautet Mark. Der Wert des Vermögens des Ehepaars beläuft sich auf 120.000,00 €. In der Kanzlei des Notars Hubert Krüger erhält die Rechtsanwalts- und Notarfachangestellte Kathinka Harm diese Angelegenheit zur Bearbeitung. Wie sieht die Urkunde aus, die Kathinka Harm formulieren und gestalten muss?

20. In dem Notarbüro Dr. Sven Ameos und Partner in Oldenburg i. H. erscheint Lisa-Maria Weidemann aus 23758 Oldenburg i. H., Göhler Straße 14. Sie berichtet, dass ihr Ehemann, Finn Weidemann, am 03.05.2016 in Oldenburg i. H. verstorben sei. Sie benötigt nunmehr eine Urkunde, die sie und ihre Kinder als Erben des Finn Weidemann ausweist. Sie und ihr Mann haben keine letztwillige Verfügung errichtet und sind in erster Ehe miteinander verheiratet. Es gibt zwei gemeinsame Kinder: Lea und Ole Weidemann, beide geboren am 01.09.1989. Weitere leibliche oder angenommene Abkömmlinge hat Finn Weidemann nicht. Lisa-Maria Weidemann ist am 26.01.1967, Finn Weidemann am 04.04.1959 geboren. Der Geburtsname von Lisa-Maria Weidemann lautet Bohne. Es gibt keine vorverstorbenen Abkömmlinge. Den Nachlasswert gibt Lisa-Maria Weidemann mit 30.000,00 € an; Grundbesitz ist nicht vorhanden. Die Rechtsanwalts- und Notarfachangestellte Nicole Lale erhält diesen Vorgang zur Formulierung und Gestaltung der entsprechenden Urkunde. Wie muss diese aussehen?

21. Ute Passau, geb. Zünder, geb. am 03.05.1972, wohnhaft in 23730 Altenkrempe, Kremper Straße 1, sucht den ihr seit vielen Jahren bekannten Notar Dr. Jörg Kuddel in Neustadt i. H. auf. Sie erklärt diesem, dass ihr Vater, Dieter Zünder, geb. am 13.12.1959, am 01.07.2016 in Neustadt i. H. verstorben sei. Sie habe zu ihrem Vater kein gutes Verhältnis gehabt und wolle diesen auf keinen Fall beerben. Auf Nachfrage teilt Ute Passau mit, dass sie ein minderjähriges Kind (Thomas Passau, geb. am 17.02.2012) habe, für welches sie die alleinige elterliche Sorge habe. Der Notar Dr. Jörg Kuddel übergibt dem Rechtsanwalts- und Notarfachangestellten Uwe Olinsky die neue Sache. Er bittet ihn, die entsprechende Urkunde aufzusetzen. Wie hat Uwe Olinsky zu formulieren?

22. In der Bürogemeinschaft der Notare Struckmeyer und Timmi in Hamburg erscheint Dr. Claus Walter, geb. am 01.02.1958, wohnhaft in 20146 Hamburg, Sandberger Weg 80. Er übergibt dem Notar Ole Timmi die ihm von seinem Kreditinstitut, der Hamburger Sparkasse, übersandte Löschungsbewilligung für das zu deren Gunsten im Grundbuch von Hamburg, Blatt 6789 in Abteilung III Nr. 4 eingetragene Grundpfandrecht in Höhe von 500.000,00 €. Dr. Claus Walter, der Alleineigentümer der Immobilie, ist dem Notar persönlich nicht bekannt ist. Der Notar Ole Timmi soll die Löschung des im Grundbuch eingetragenen Rechts vollziehen. Die Notarfachangestellte Kathrin Johann übernimmt die Sachbearbeitung. Wie lautet der Urkundentext, den Kathrin Johann zu entwerfen hat?

23. Dr. Susanne Struck, geb. Kühlinger, geb. am 08.12.1961, ist Alleineigentümerin der von ihr bewohnten Immobilie in der Friedenseichenstraße 7 in 23769 Burg auf Fehmarn, eingetragen im Grundbuch von Burg a. F., Blatt 4567. Sie möchte diesen Grundbesitz mit einer Eigentümergrundschuld mit Brief in Höhe von 230.000,00 € nebst 18 % Zinsen jährlich seit dem Tag der Beurkundung belasten. Die Zinsen sollen am Ende eines jeden Kalenderjahrs zahlbar sein. Dr. Susanne Struck will sich wegen der Grundschuld nebst Zinsen der sofortigen Zwangsvollstreckung in der Weise unterwerfen, dass diese gegen den jeweiligen Eigentümer zulässig ist. Der jeweilige Gläubiger soll ermächtigt werden, sich jederzeit eine Ausfertigung der Urkunde erteilen zu lassen. Dr. Susanne Struck beauftragt das Notariat Fritz Hillinghaus in 23775 Großenbrode mit der Sachbearbeitung. Die Rechtsanwalts- und Notarfachangestellte Stephanie Harming ist für diese Angelegenheit zuständig und entwirft die entsprechende Urkunde. Wie lautet der Urkundentext, den Stephanie Harming formuliert?

24. Berd und Lydia Evinger wohnen in der Pelzer Straße 9, 70168 Stuttgart. Die Immobilie, ein Einfamilienhaus, steht im Eigentum der Eheleute Evinger. Sie haben sich beruflich verändert, müssen daher umziehen und möchten das Haus verkaufen. Es gibt bereits einen Käufer: die Thomas Leister GmbH, geschäftsansässig in 70499 Stuttgart, Giebelstraße 1, eingetragen im Handelsregister des Amtsgerichts Stuttgart unter HR B 4267. Die GmbH wird durch den alleinigen Geschäftsführer Thomas Leister, geb. am 09.05.1972, vertreten. Der Geschäftsführer ist von den Beschränkungen des § 181 BGB befreit. Thomas Leister sucht den Notar Gerd Lüthke in 71638 Ludwigsburg auf und erteilt diesem den Auftrag, einen Grundstückskaufvertrag zu entwerfen. Auf Nachfrage teilt Thomas Leister mit, dass der Kaufpreis der Immobilie, der 450.000,00 € beträgt und teilweise über ein Kreditinstitut finanziert wird. Das finanzierende Kreditinstitut fordert als Sicherheit die Eintragung einer Buchgrundschuld im kaufgegenständlichen Grundbuch. Die Thomas Leister GmbH erwirbt die Immobilie lastenfrei. Zwischen Verkäufer und Käufer wurde eine möglichst zeitnahe Übergabe vereinbart, sodass der Kaufpreis unverzüglich nach Beurkundung des Vertrags auf einem Notaranderkonto hinterlegt wird. Der Notar Gerd Lüthke sieht das Grundbuch von Stuttgart, Blatt 250672, ein und stellt folgenden Grundbuchstand fest:

> Bestand: lfd. Nr. 1 Gemarkung Ludwigsburg, Flur 50, Flurstück 3/7, Gebäude- und Freifläche, Pelzer Straße, 630 qm. Abteilung I: Lydia Evinger, geborene Siedenkrog, geb. am 07.04.1968, und Berd Evinger, geb. am 09.03.1966, zu je ½ Anteil. Abteilung II: lastenfrei. Abteilung III: Nr. 1 280.000,00 € Buchgrundschuld nebst 18 % Zinsen und Nebenleistung für die Bausparkasse Schwäbisch Hall in Schwäbisch Hall

Die Notarfachwirtin Birgit Roge wird mit der Fertigung des entsprechenden Kaufvertrags betraut. Formulieren Sie den Kaufvertrag.

Hinweise:

- Fälle zum Mahnschreiben finden Sie bei den Übungsfällen zur Zwischenprüfung, vgl. Prüfungsbereich 2, Kapitel f), Seiten 66–68.
- Für die Beantragung von Vollstreckungsmaßnahmen besteht im Wesentlichen Formularzwang. Sie finden die Formulare u. a. unter: www.bmjv.de.

Prüfungsbereich 4: Vergütung und Kosten

a) Werte, Gebühren und Auslagen für Vergütungsrechnungen und Kostenberechnungen ermitteln (Re, ReNo)

Schemata

Gebühren und Auslagen im Rechtsanwaltsbereich ermitteln

→ **gesetzliche Gebühren**

- grundsätzlich nach dem RVG
- bei besonderen Tätigkeiten in den diese Gesetze betreffenden Fällen, z. B. VBVG (= Gesetz über die Vergütung von Vormündern und Betreuern) oder InsO (= Insolvenzordnung)

Gebührenarten:
- Festgebühr = fester Betrag
- Wertgebühr = Pauschgebühr; Gebührensatz, der im Vergütungsverzeichnis zum RVG festgelegt ist, richtet sich nach dem Gegenstandswert; Gebühr wird aus der Tabelle zu § 13 RVG entnommen
- Rahmengebühr = Betrags- oder Satzrahmen; hiernach bestimmt der Rechtsanwalt die Gebühr im Einzelfall unter Berücksichtigung aller Umständen nach billigem Ermessen (Bedeutung, Umfang, Schwierigkeit, Einkommens- und Vermögensverhältnisse, Haftungsrisiko; meist Mittelgebühr (= Mindestgebühr + Höchstgebühr : 2) oder Mittelsatz (= Mindestsatz + Höchstsatz : 2)

→ **Vergütungsvereinbarung**

- Abrechnung nach Zeit und Pauschalhonorar möglich
- Beachtung von Formvorschriften nach § 3 a RVG:
  - Textform
  - Bezeichnung „Vergütungsvereinbarung“ o. Ä.
  - von anderen Vereinbarungen deutlich abgesetzt
  - nicht in Vollmacht enthalten
  - Hinweis, dass Gegner/Staatskasse/andere Verfahrensbeteiligte im Fall der Kostenerstattung nicht mehr als die gesetzliche Vergütung erstatten muss
- Inhalt:
  - höhere Gebühr als gesetzliche Vergütung möglich
  - Gebühren müssen in einem angemessenen Verhältnis zu Leistung, Verantwortung und Haftungsrisiko stehen
  - in gerichtlichen Verfahren darf die gesetzliche Vergütung nicht unterschritten werden
  - Vereinbarung zu Auslagenersatz treffen

Auslagen

- Teil 7 VV RVG:
  - Dokumentenpauschale (Nr. 7000 VV RVG)
  - Post- und Telekommunikationsdienstleistungen (Nrn. 7001, 7002 VV RVG)
  - Reisekosten (Nrn. 7003-7006 VV RVG)
  - Haftpflichtversicherungsprämie (Nr. 7007 VV RVG)
  - Umsatzsteuer (Nr. 7008 VV RVG)
- sonstige Aufwendungen (verauslagte Kosten, z. B. Einwohnermeldeamtsanfragen)

Gegenstandswerte im Rechtsanwaltsbereich ermitteln

Gegenstandswert
= Wert der anwaltlichen Tätigkeit
= Interesse des Mandanten

Arten des Gegenstandswerts:
- vermögensrechtliche Gegenstandswerte = Anspruch lässt sich in Geld beziffern
- nicht vermögensrechtliche Gegenstandswerte = Anspruch lässt sich nicht in Geld beziffern

Ermittlung nach folgendem Schema:
- 1. Schritt: §§ 22–31 a RVG > Abrechnung nach RVG
- 2. Schritt: §§ 39–60 GKG bzw. §§ 33–52 FamGKG > Abrechnung nach GKG/FamGKG
- 3. Schritt: §§ 3–9 ZPO > Abrechnung nach ZPO
- 4. Schritt: GNotKG > Abrechnung nach GNotKG
- 5. Schritt: nach billigem Ermessen; wenn keine Anhaltspunkte vorliegen, ist ein Wert von 5 000,00 € anzunehmen, kann nach Lage des Falls niedriger oder höher angesetzt werden, höchstens jedoch 500 000,00 € (§ 23 Abs. 3 RVG)

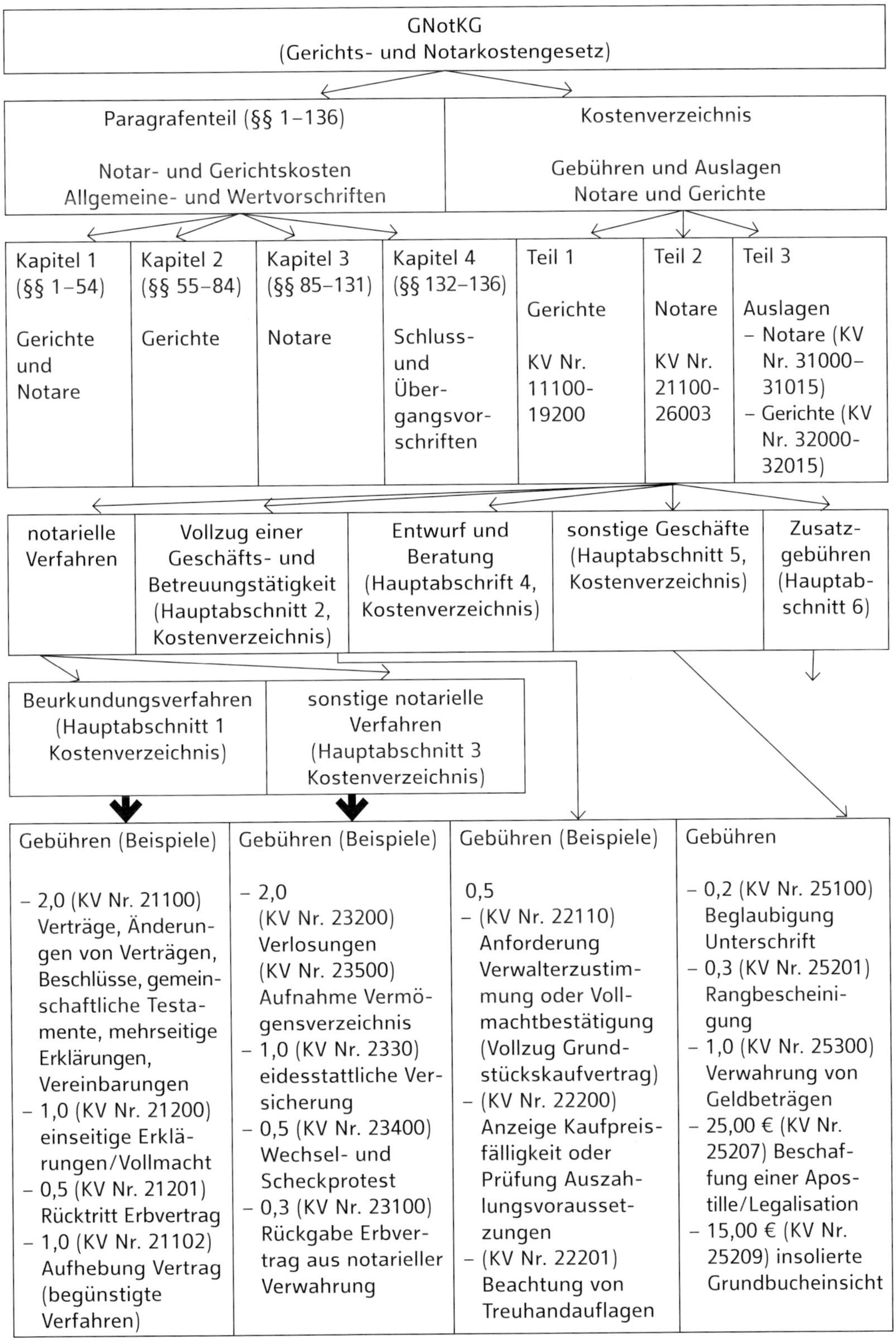
GNotKG
(Gerichts- und Notarkostengesetz)
Paragrafenteil (§§ 1–136)
Notar- und Gerichtskosten
Allgemeine- und Wertvorschriften
Kostenverzeichnis
Gebühren und Auslagen
Notare und Gerichte
Kapitel 1 (§§ 1–54) Gerichte und Notare
Kapitel 2 (§§ 55–84) Gerichte
Kapitel 3 (§§ 85–131) Notare
Kapitel 4 (§§ 132–136) Schluss- und Über- gangsvor- schriften
Teil 1 Gerichte KV Nr. 11100-19200
Teil 2 Notare KV Nr. 21100-26003
Teil 3 Auslagen – Notare (KV Nr. 31000–31015) – Gerichte (KV Nr. 32000-32015)
notarielle Verfahren
Vollzug einer Geschäfts- und Betreuungstätigkeit (Hauptabschnitt 2, Kostenverzeichnis)
Entwurf und Beratung (Hauptabschrift 4, Kostenverzeichnis)
sonstige Geschäfte (Hauptabschnitt 5, Kostenverzeichnis)
Zusatz- gebühren (Hauptab- schnitt 6)
Beurkundungsverfahren (Hauptabschnitt 1 Kostenverzeichnis)
sonstige notarielle Verfahren (Hauptabschnitt 3 Kostenverzeichnis)
Gebühren (Beispiele)
– 2,0 (KV Nr. 21100) Verträge, Änderungen von Verträgen, Beschlüsse, gemeinschaftliche Testamente, mehrseitige Erklärungen, Vereinbarungen
– 1,0 (KV Nr. 21200) einseitige Erklärungen/Vollmacht
– 0,5 (KV Nr. 21201) Rücktritt Erbvertrag
– 1,0 (KV Nr. 21102) Aufhebung Vertrag (begünstigte Verfahren)
Gebühren (Beispiele)
– 2,0 (KV Nr. 23200) Verlosungen (KV Nr. 23500) Aufnahme Vermögensverzeichnis
– 1,0 (KV Nr. 2330) eidesstattliche Versicherung
– 0,5 (KV Nr. 23400) Wechsel- und Scheckprotest
– 0,3 (KV Nr. 23100) Rückgabe Erbvertrag aus notarieller Verwahrung
Gebühren (Beispiele)
0,5
– (KV Nr. 22110) Anforderung Verwalterzustimmung oder Vollmachtbestätigung (Vollzug Grundstückskaufvertrag)
– (KV Nr. 22200) Anzeige Kaufpreisfälligkeit oder Prüfung Auszahlungsvoraussetzungen
– (KV Nr. 22201) Beachtung von Treuhandauflagen
Gebühren
– 0,2 (KV Nr. 25100) Beglaubigung Unterschrift
– 0,3 (KV Nr. 25201) Rangbescheinigung
– 1,0 (KV Nr. 25300) Verwahrung von Geldbeträgen
– 25,00 € (KV Nr. 25207) Beschaffung einer Apostille/Legalisation
– 15,00 € (KV Nr. 25209) insolierte Grundbucheinsicht

Ausführlichere Informationen zu dem in den Schemata zusammengefassten Themenbereich „Werte, Gebühren und Auslagen für Vergütungsrechnungen und Kostenberechnungen ermitteln" finden Sie im Lehrbuch:

- Lernfeld 4 (Re, ReNo), Kapitel 5.2 (Gegenstandswerte ermitteln)
- Lernfeld 4 (Re, ReNo), Kapitel 5.3 (Vergütungsvereinbarung)
- Lernfeld 4 (Re, ReNo), Kapitel 5.4.1 (Gebührenarten)
- Lernfeld 4 (Re, ReNo), Kapitel 5.4.2 (Auslagen)
- Lernfeld 9 (ReNo), Kapitel 6 (Kostenrecht)
- Lernfeld 13 (ReNo), Kapitel 7 (Kosten)
- Lernfeld 14 (ReNo), Kapitel 3 (Notar- und Gerichtsgebühren in erbrechtlichen Angelegenheiten)
- Lernfeld 15 (ReNo), Kapitel 9 (Notar- und Gerichtskosten)
- Lernfeld 16 (ReNo), Kapitel 4 (Notar- und Gerichtsgebühren im Gesellschafts- und Vereinsrecht)

Fälle

1. Michael Zollner beauftragt die Rechtsanwältin Vera Jaguczak mit der außergerichtlichen Tätigkeit in einer Erbauseinandersetzungsangelegenheit. Michael Zollner und die drei weiteren Miterben, die jeweils zu 1/4 erben, versuchen seit drei Jahren den Nachlass des verstorbenen Vaters Rudolf Zollner auseinanderzusetzen, bislang ohne Erfolg. Die Rechtsanwältin Vera Jaguczak soll nun die Sache voranbringen. Der Wert des Gesamtnachlasses beläuft sich auf 32 000,00 €.

a) Die Rechtsanwältin Vera Jaguczak übergibt die Unterlagen von Michael Zollner an die Rechtsanwaltsfachangestellte Milena Endres-Leitner mit der Bitte, eine Vergütungsvereinbarung zu entwerfen. Warum ist es sinnvoll, in dieser Angelegenheit eine Vergütungsvereinbarung zu schließen?

b) Die Rechtsanwaltsfachangestellte Milena Endres-Leitner erkundigt sich bei der Rechtsanwältin Vera Jaguczak, ob sie im vorliegenden Fall ein Zeithonorar in Höhe von 190,00 € pro Stunde in die Vergütungsvereinbarung aufnehmen soll oder einen Pauschalbetrag. Welche Antwort wird ihr die Rechtsanwältin Vera Jaguczak, die auf eine optimierte Vergütung in aufwendigen Fällen Wert legt, geben? Begründen Sie Ihre Antwort.

c) Wie könnte Milena Endres-Leitner den Passus hinsichtlich des zu vereinbarenden Honorars in der Vergütungsvereinbarung formulieren?

d) Unter Mithilfe von der Rechtsanwältin Vera Jaguczak wird die Erbengemeinschaft endlich auseinandergesetzt. Vera Jaguczak hatte einen Zeitaufwand von 12,75 Stunden. Portokosten sind laut Handaktenbogen in Höhe von 23,25 € entstanden. Die Rechtsanwaltsfachangestellte Milena Endres-Leitner rechnet die Angelegenheit ab. Welche Gebühren und Auslagen erhält die Rechtsanwältin Vera Jaguczak?

2. Der Rechtsanwalt Kuno Krozynski wird am 01.09.2017 von Martin Vaustmann wegen der Herausgabe eines Grundstücks mit der außergerichtlichen Tätigkeit beauftragt. Es soll eine Vergütungsvereinbarung dahingehend geschlossen werden, dass Martin Vaustmann ein Pauschalhonorar in Höhe von 5 000,00 € zzgl. Auslagen nach Teil 7 des Vergütungsverzeichnisses zum RVG zu zahlen hat. Der Rechtsanwaltsfachangestellte Paul Quast soll die Vergütungsvereinbarung erstellen.

a) Welche Formvorschriften muss Paul Quast beim Erstellen der Vereinbarung beachten?

b) Wie könnte der Rechtsanwaltsfachangestellte den Passus hinsichtlich des zu vereinbarenden Honorars formulieren?

c) Der Rechtsanwalt Kuno Krozynski bittet Paul Quast darum, in die Vergütungsvereinbarung die üblichen Formulierungen bezüglich der Zahlung eines Vorschusses und der Fälligkeit des Honorars aufzunehmen. Es soll ein Vorschuss in Höhe von 2500,00 € zzgl. Auslagen am 25.09.2017 gezahlt werden. Wie könnten die entsprechenden Formulierungen lauten?

d) Wie errechnet Paul Quast den Vorschuss, der Martin Vaustmann am 25.09.2017 in Rechnung gestellt wird?

e) Nach Abschluss der Angelegenheit ermittelt Paul Quast den noch zu zahlenden Betrag. Wie errechnet sich dieser?

3. Die Rechtsanwältin Verena Volz wird von Gudrun Meißner beauftragt. Im Rahmen ihrer Tätigkeit nimmt die Rechtsanwältin Verena Volz an einem Ortstermin teilt. Hierzu muss sie mit ihrem eigenen Pkw etwa 100 km fahren. Welche Auslagen kann sie für die Teilnahme an dem Ortstermin abrechnen?

4. Die Rechtsanwaltsfachangestellte Kerstin Schweninger übergibt der Auszubildenden Carina Leippold einige Akten. Carina Leippold soll ermitteln, welche Gebührenart jeweils entsteht. Ordnen Sie die Gebührenarten entsprechend zu.

a) Der Rechtsanwalt Gernot Jannis wird von Ingrid Donner beauftragt, um gegen einen Bußgeldbescheid vorzugehen.

b) In der außergerichtlichen Angelegenheit Nina Buntschuh ./. Zacharias Schmitz wegen einer Kaufpreisforderung wird der Rechtsanwalt Gernot Jannis tätig.

c) In der sozialrechtlichen Angelegenheit Vanessa Schwaab wegen Hartz IV vertritt der Rechtsanwalt Gernot Jannis Vanessa Schwaab.

d) Der Rechtsanwalt Gernot Jannis wird in einer Verwaltungsrechtssache tätig.

5. Die Rechtsanwaltsfachangestellte Liane Eichinger erhält von dem Rechtsanwalt Oliver Berghammer folgende Akten, mit der Bitte diese abzurechnen. Zunächst muss sie jedoch den Gegenstandswert ermitteln. Wie lautet dieser jeweils?

a) In der Sache Sascha Krotzing ./. Dierk Lessing geht es um eine Geldforderung in Höhe von 3610,00 €.

b) In der Sache Katharina Schultze ./. Mareike Ditzsch fordert Katharina Schultze die Herausgabe eines Gartengrundstücks. Das Grundstück hat einen Wert von 15000,00 €.

c) Felizitas Knörtzer fordert von ihrem geschiedenen Ehemann monatlichen Unterhalt in Höhe von 350,00 €.

d) Desiree Weiermann teilt ihrem Mieter, der Schuhmoden Heinrich GmbH, am 25.08.2017 mit, dass sie ab dem nächsten Quartal die Miete für den Gewerberaum um 100,00 € erhöht.

e) Heiko Claasen ist mit der Pachtzahlung in Höhe von 2450,00 € im Rückstand. Die monatliche Pachtzahlung beläuft sich auf 620,00 €.

f) Mirko Sterzinger macht gegenüber Manuela Wildner eine Geldforderung in Höhe von 20500,00 € geltend sowie Zinsen in Höhe von 300,00 €.

g) Heinrich Hirschfelder lässt sich über die Ausgestaltung einer Patientenverfügung beraten.

6. Der Notar Norbert Bartmann möchte für seine Unterlagen eine Zusammenfassung von speziellen Wertvorschriften nach dem GNotKG haben. Er bittet die Auszubildende zur Rechtsanwalts- und Notarfachangestellten Samira Klausch, ihm eine entsprechende Liste über Höchst-, Mindest- und Regelwerte nach dem GNotKG zu erstellen. Samira Klausch notiert sich ergänzend die jeweilige Fundstelle im Gesetz, damit der Notar Norbert Bartmann diese bei Bedarf zügig auffinden kann. Wie könnte die Auflistung von Samira Klausch aussehen?

7. Karsten Krause hat bei der Notarin Gisela Keller einen Immobilienkaufvertrag unterzeichnet. Als Kaufpreis wurde ein Betrag von 150 000,00 € vereinbart. Karsten Krause erhält nach der Beurkundung die Kostenrechnung der Notarin Gisela Keller, die u. a. eine 2,0 Verfahrensgebühr und eine 0,5 Vollzugsgebühr jeweils auf der Grundlage des Kaufpreises enthält. Karsten Krause wundert sich über diese Abrechnung, zumal während der Beurkundung des Vertrags erwähnt wurde, dass die Notarin Gisela Keller lediglich die Zustimmung des Verwalters zu beschaffen hat. Er ruft die Notarin Gisela Keller an und bittet sie, ihm die Abrechnung zu erklären. Wie wird die Notarin Keller Karsten Krause den Inhalt der Kostenrechnung erläutern?

8. Martina und Martin Mecklenburg möchten einen Erbvertrag mit wechselseitiger Erbeinsetzung beurkunden lassen. Sie rufen im Notariat Schwammann an. Von der Rechtsanwalts- und Notarfachangestellten Susanne Kühlhausen möchte sie wissen, nach welchem Geschäftswert der Erbvertrag abgerechnet werden wird, wenn Martina und Martin Mecklenburg ein Aktivvermögen von insgesamt 300 000,00 € und Schulden von insgesamt 200 000,00 € haben. Welchen Geschäftswert hat Susanne Kühlhausen zu benennen? Wie begründet sie das Ergebnis?

9. Thomas Thomasson ist Geschäftsführer der Gartenbedarf Thomasson GmbH. Die GmbH hat ein Stammkapital von 25 000,00 €. Thomas Thomasson beauftragt den Notar Manfred Meister, den Entwurf einer Anmeldung zum Handelsregister für diese Gesellschaft zu fertigen. Es wurde ein weiterer Geschäftsführer bestellt, der im Handelsregister eingetragen werden soll. Thomas Thomasson fragt den Notar Manfred Meister, nach welchem Geschäftswert die Anmeldung abgerechnet wird und wo er dies nachlesen kann. Was wird der Notar Manfred Meister Thomas Thomasson sagen?

b) Kostenberechnungen und Vergütungsrechnungen im außergerichtlichen und gerichtlichen Bereich sowie im Zwangsvollstreckungsverfahren erstellen (Re, ReNo)

Schemata

Notarielle Kostenrechnung

Angaben, die die Rechnung enthalten **muss** (§ 19 Abs. 1 + 2 GNotKG)	Angaben, die die Rechnung enthalten **soll** (§ 19 Abs. 3 GNotKG)
1. Bezeichnung des Vorgangs (schlagwortartig aber unverwechselbar) 2. Kostenverzeichnisnummer (ohne Vorbemerkungen/Anmerkungen) 3. Geschäftswert (nur bei Wertgebühren) 4. Betrag (Gebühr, Auslage ohne Rechenweg) 5. gezahlter Vorschuss + Unterschrift des Notars + Die Rechnung muss dem Kostenschuldner zugegangen sein.	1. Bezeichnung des Tatbestands (kurz) 2. Bezeichnung der Wertvorschrift, aus der sich der Geschäftswert der jeweiligen Gebühr ergibt 3. Einzelwerte, wenn sich der Geschäftswert aus der Summe mehrerer Gegenstände errechnet
Fehlt ein Bestandteil, ist die Rechnung unwirksam.	Fehlt ein Bestandteil, ist die Rechnung gleichwohl wirksam.
Beispiele: 1. Immobilienkaufvertrag/Ehevertrag 2. KV Nr. 22110 3. 100 000,00 € 4. 345,00 € 5. 500,00 €	Beispiele: 1. Beurkundungsverfahren/Vollzug 2. §§ 36, 40–54, 97–108, 112–124 GNotKG 3. 200 000,00 € Gütertrennung + 150 000,00 € Übertragung Immobilie = 350 000,00 € (Geschäftswert)

Jede Kostenrechnung hat eine Rechtsbehelfsbelehrung in Bezug auf die Stelle, bei der dieser Rechtsbehelf einzulegen ist (= Landgericht, in dessen Bezirk der Notar seinen Amtssitz hat), und die einzuhaltende Form (= schriftlich) und Frist (= derzeit keine) zu enthalten.

Vergütungsrechnungen im außergerichtlichen Bereich erstellen

außergerichtliche Tätigkeit

- Geschäftsgebühr, Nr. 2300 VV RVG: Gebührensatzrahmen 0,5–2,5; „Regelgebühr" 1,3; darüber hinausgehend kann nur gefordert werden, wenn die Tätigkeit umfangreich oder schwierig war
- Geschäftsgebühr, Nr. 2301 VV RVG: 0,3 Gebühr; Schreiben einfacher Art
- zzgl. Auslagen nach Teil 7 VV RVG
- beim Erstellen der Kostenrechnung die Vorschriften nach § 10 RVG, § 14 Abs. 4 UStG beachten

Beratungshilfe

- für Beratung bzw. eine außergerichtliche Rechtsverfolgung
- Voraussetzungen: persönliche und wirtschaftliche Verhältnisse, andere Hilfemöglichkeit, Mutwilligkeit
- Abrechnung auf Grundlage eines Berechtigungsscheins
- Mandant zahlt Beratungshilfegebühr von 15,00 € gem. Nr. 2500 VV RVG, wenn sie vom Rechtsanwalt gefordert wird; darin enthaltene Umsatzsteuer: 2,40 €
- Beratungsgebühr, Nr. 2501 VV RVG: 35,00 €
- Geschäftsgebühr, Nr. 2503 VV RVG: 85,00 €
- Einigungs-/Erledigungsgebühr, Nr. 2508 VV RVG: 150,00 €
- Beratungshilfegebühren im Verbraucherinsolvenzverfahren: Nr. 2502–2508 VV RVG
- zzgl. Auslagen nach Teil 7 VV RVG
- Abrechnung mit einem Formular; Auszahlung durch die Staatskasse

weitere Gebühren

- Erhöhungsgebühr, Nr. 1008 VV RVG:
  - Wert-/Satzrahmengebühren: 0,3 pro weiterem Auftraggeber, höchstens 2,0
  - Festgebühren: 30 % pro weiterem Auftraggeber, höchstens das Doppelte der Festgebühr
  - Betragsrahmengebühren: Der Mindest- und der Höchstbetrag erhöhen sich pro weiterem Auftraggeber jeweils um 30 %. Begrenzt wird auf das Doppelte des Mindest- und Höchstbetrags.
- Einigungsgebühr, Nrn. 1000 ff. VV RVG: 1,5 Gebühr im Falle einer Einigung
- Hebegebühr, Nr. 10009 VV RVG: Staffelung von 1,00 %–0,50 %–0,25 %; Mindestgebühr 1,00 €; für die Entgegennahme und Weiterleitung eines Geldbetrags, der bei entsprechendem Auftrag Verwahrungscharakter aufweist
- Beratungsgebühren, Nrn. 2100–2103 VV RVG: u. a. Prüfung der Erfolgsaussicht eines Rechtsmittels
- § 34 RVG: „normale" Beratung, 190,00 € für erstes Beratungsgespräch, höchstens 250,00 €

Vergütungsrechnungen im gerichtlichen Bereich erstellen

Tätigkeit im Mahnverfahren

- Vertretung des Antragstellers: 1,0 Verfahrensgebühr (Nr. 3305 VV RVG), 0,5 Verfahrensgebühr (Nr. 3306 VV RVG), 0,5 Verfahrensgebühr (Nr. 3308 VV RVG)
- Vertretung des Antragsgegners: 0,5 Verfahrensgebühr (Nr. 3307 VV RVG)
- ggf. weitere Gebühren: Einigungsgebühr (Nrn. 1000, 1003 VV RVG), Terminsgebühr (Nr. 3104 VV RVG), weitere Gebühren wie z. B. die Erhöhungsgebühr (Nr. 1008 VV RVG)
- zzgl. Auslagen nach Teil 7 VV RVG
- beim Erstellen der Kostenrechnung die Vorschriften nach § 10 RVG, § 14 Abs. 4 UStG beachten

Tätigkeit in I. Instanz

- Verfahrensgebühr (1,3 gem. Nr. 3100 VV RVG; ermäßigte 0,8 Gebühr gem. Nr. 3101 VV RVG)
- Terminsgebühr (1,2 gem. Nr. 3104 VV RVG; ermäßigte 0,5 Gebühr gem. Nr. 3105 VV RVG)
- Zusatzgebühr für besonders umfangreiche Beweisaufnahmen: 0,3 Gebühr gem. Nr. 1010 VV RVG
- ggf. weitere Gebühren, wie z. B. die Erhöhungsgebühr (Nr. 1008 VV RVG)
- zzgl. Auslagen nach Teil 7 VV RVG
- beim Erstellen der Kostenrechnung die Vorschriften nach § 10 RVG, § 14 Abs. 4 UStG beachten

Tätigkeit in Rechtsmittel- und Rechtsbehelfsverfahren

- Berufung: 1,6 Verfahrensgebühr gem. Nr. 3200 VV RVG (ermäßigt 1,1 gem. Nr. 3201 VV RVG); 1,2 Terminsgebühr gem. Nr. 3202 VV RVG (ermäßigt 0,5 gem. Nr. 3203 VV RVG)
- Revision: 1,6 Verfahrensgebühr gem. Nr. 3206 VV RVG (ermäßigt 1,1 gem. Nr. 3207 VV RVG); 1,5 Terminsgebühr gem. Nr. 3210 VV RVG (ermäßigt 0,8 gem. Nr. 3211 VV RVG); vor dem BGH erhöhte Verfahrensgebühren, Nrn. 3208, 3209 VV RVG
- Beschwerdeverfahren: Nrn. 3500 ff. VV RVG über Beschwerde/Erinnerung, Rechtsbeschwerde, Nichtzulassungsbeschwerde
- ggf. weitere Gebühren, wie z. B. die Erhöhungsgebühr (Nr. 1008 VV RVG)
- zzgl. Auslagen nach Teil 7 VV RVG
- beim Erstellen der Kostenrechnung die Vorschriften nach § 10 RVG, § 14 Abs. 4 UStG beachten

Anrechnungvorschriften und sog. Mischfälle beachten

Anrechnungsvorschriften

- Die Anrechnung kann nie zu einem negativen Ergebnis führen.
- Bei der Berechnung der Postpauschale sind die gesetzlichen Gebühren vor der Anrechnung heranzuziehen.
- Anrechnung bei vorheriger Beratungstätigkeit: Falls keine abweichende Vereinbarung getroffen wurde, ist die Beratungsgebühr gem. § 34 RVG bzw. Nrn. 2100 ff. VV RVG in voller Höhe auf die nachfolgende Geschäfts- oder Verfahrensgebühr anzurechnen. Im Falle der Beratungshilfe ist die Gebühr gem. Nr. 2501 VV RVG, falls bereits erstattet, in voller Höhe auf die Geschäfts- oder Verfahrensgebühr anzurechnen. Diese Regelung gilt auch im Berufungsverfahren, wenn zuvor nichts angerechnet wurde.
- Anrechnung bei vorheriger außergerichtlicher Tätigkeit: Geschäftsgebühr gem. Nr. 2300 VV RVG ist zur Hälfte, höchstens in Höhe von 0,75 anzurechnen. Im Falle der Beratungshilfe ist die Gebühr gem. Nr. 2503 VV RVG, falls bereits erstattet, zur Hälfte auf die Verfahrensgebühr anzurechnen.
- Anrechnung bei vorheriger Tätigkeit im gerichtlichen Mahnverfahren: Verfahrensgebühren gem. Nrn. 3305, 3307 VV RVG sind jeweils in voller Höhe auf die im zivilrechtlichen Verfahren entstehende Verfahrensgebühr gem. Nr. 3100 VV RVG anzurechnen; ebenfalls die ggf. entstandene 1,2 Terminsgebühr gem. Nr. 3104 VV RVG.
- Anrechnung bei Tätigkeit im Säumnisverfahren: 0,5 Terminsgebühr gem. Nr. 3105 VV RVG wird nach erfolgreichem Einspruch und erneutem Termin auf die dann entstehende 1,2 Terminsgebühr gem. Nrn. 3104, 3105 VV RVG in voller Höhe angerechnet.
- Sofern das Berufungsgericht den Rechtsstreit an das erstinstanzliche Gericht zurückverweist, muss die Verfahrensgebühr aus dem vorangegangenen erstinstanzlichen Verfahren in voller Höhe angerechnet werden.
- Sofern dem Revisionsverfahren eine erfolgreiche Nichtzulassungsbeschwerde vorangegangen ist, wird die dort entstehende Verfahrensgebühr gem. Nr. 3506 VV RVG auf die Verfahrensgebühr des Revisionsverfahrens angerechnet.
- Wertveränderungen bei der Anrechnung beachten:
  - Wenn der Wert der vorhergehenden Tätigkeit niedriger war als derjenige im zivilrechtlichen Verfahren, erfolgt die Anrechnung nach dem Wert der vorhergehenden Tätigkeit.
  - Wenn der Wert der vorhergehenden Tätigkeit höher war als derjenige im zivilrechtlichen Verfahren, erfolgt die Anrechnung nach dem Wert, der auch Gegenstand des zivilrechtlichen Verfahrens ist.
  - Hat sich die Gebühr aufgrund mehrerer Auftraggeber erhöht, ist die nach Nr. 1008 VV RVG erhöhte Gebühr auf die im zivilrechtlichen Verfahren anfallende Verfahrensgebühr anzurechnen.

Mischfälle

- Anwendung von § 15 Abs. 3 RVG:
  - Teilgebühren bei unterschiedlichen Gebührensätzen nach den jeweiligen Gebührensätzen berechnen
  - abgerechnet werden darf nicht mehr als eine Gebühr aus dem höchsten Gebührensatz nach dem gesamten Wert
- Unterscheidung:
  - anhängige und nicht anhängige Ansprüche
  - anhängige und weitergehende Ansprüche in einem erstinstanzlichen Verfahren
  - anhängige und weitergehende Ansprüche in einem Berufungs- oder Revisionsverfahren

Zwangsvollstreckungsverfahren unter Berücksichtigung besonderer Angelegenheiten abrechnen

Grundsatz
§ 19 Abs. 1 RVG
- zum Verfahren gehören auch alle Vorbereitungs-, Neben- und Abwicklungstätigkeiten
- diese sind nicht gesondert abrechenbar

Voraussetzungen der Zwangsvollstreckung schaffen
- Erteilung der Vollstreckungsklausel,
  außer: Klage auf Klauselerteilung, erneute Klauselerteilung (z. B. qualifizierte)
- Zustellung

Einwendungen/Schutzanträge
- Erinnerung nach § 766 ZPO
- Schuldnerschutzantrag nach § 758 a ZPO

einstweilige Einstellung, Beschränkung oder Aufhebung der Zwangsvollstreckung oder einer Vollstreckungsmaßnahme,
außer: abgesonderte mündliche Verhandlung findet statt

sonstige Leistungsansprüche
einer Verurteilung vorausgehende Androhung von Ordnungsgeld

Besondere Angelegenheiten, § 18 RVG
können gesondert abgerechnet werden

Sachpfändung
- Sachpfändung (bis Befriedigung des Gläubigers/Scheitern)
- Antrag auf Austauschpfändung

Forderungspfändung
Antrag auf PfÜB zusammen mit Vorpfändung eine Angelegenheit

Immobiliarvollstreckung
- Sachpfändung (bis Verwertung/Scheitern einer Angelegenheit)
- Antrag auf Austauschpfändung

Vermögensauskunft
- Antrag auf Erzwingungshaft nicht gesondert nach Antrag auf Vermögensauskunft abrechenbar
- Antrag auf Löschung im Schuldnerverzeichnis

Gegenstandswerte für Vollstreckungsmaßnahmen ermitteln

Abnahme der Vermögensauskunft
höchstens 2000,00 €,
§ 25 Abs. 1 Nr. 4 RVG

Vollstreckung wegen Geldforderungen
Grundsatz: Betrag der zu vollstreckenden Geldforderung einschließlich Nebenforderungen und Zinsen
§ 25 Abs. 1 Nr. 1 RVG
Aber: Höchstwerte in den einzelnen Verfahren sind zu beachten.

Vollstreckung in bewegliche, körperliche Sachen
- bei Pfändung in bestimmte Vermögenswerte stellt dieser (Verkehrs-)Wert das Maximum dar, § 25 Abs. 1 Nr. 1 RVG
- im Regelfall erfolgt die Sachpfändung eher generell in alle Vermögenswerte des Schuldners
- bei Austauschpfändung von Bedeutung

Vollstreckung in Forderungen und Rechte des Schuldners
bei Pfändung in bestimmte Forderungen ist deren Wert das Maximum, § 25 Abs. 1 Nr. 1 RVG; eher Pfändung generell von Vermögenswerten und daher keine Begrenzung

Vollstreckung in unbewegliche Sachen
- je nach Beteiligter, § 26 RVG
- Gläubigervertreter: nach Höhe des zu vollstreckenden Betrags, § 26 Nr. 1 RVG

Zahlungsvereinbarung
20 % des (Gesamt-)Anspruchs, § 31 b RVG

Vollstreckung wegen sonstiger Forderungen

Herausgabeanspruch
Wert der herauszugebenden Sachen,
§ 25 Abs. 1 Nr. 2 RVG

Anspruch auf Handlung, Duldung oder Unterlassung
Interesse des Gläubigers an diesem Anspruch,
§ 25 Abs. 1 Nr. 3 RVG

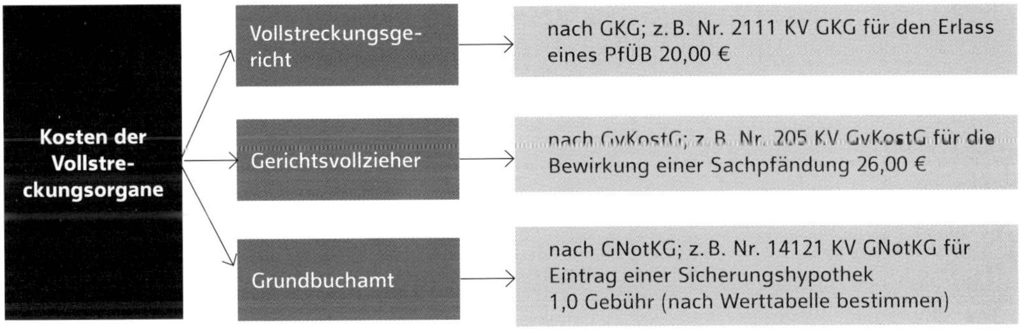

Ausführlichere Informationen zu dem in den Schemata zusammengefassten Themenbereich „Kostenberechnungen und Vergütungsrechnungen im außergerichtlichen und gerichtlichen Bereich sowie im Zwangsvollstreckungsverfahren erstellen" finden Sie im Lehrbuch:

- Lernfeld 4 (Re, ReNo), Kapitel 5 (Außergerichtliche Tätigkeiten des Rechtsanwalts abrechnen)
- Lernfeld 9 (Re), Kapitel 4 (Tätigkeit des Rechtsanwalts im Mahnverfahren abrechnen)
- Lernfeld 9 (ReNo), Kapitel 6 (Kostenrecht)
- Lernfeld 10 (Re, ReNo), Kapitel 5 (Gerichtliche Tätigkeiten des Rechtsanwalts abrechnen)
- Lernfeld 11 (Re, ReNo), Kapitel 2 (Rechtsbehelfs- und Rechtsmittelverfahren abrechnen)
- Lernfeld 12 (Re, ReNo), Kapitel 4.1 (Gegenstandswerte ermitteln)
- Lernfeld 12 (Re, ReNo), Kapitel 4.2 (Abrechnung der zwangsvollstreckungsrechtlichen Angelegenheit)
- Lernfeld 12 (Re), Kapitel 5.1 (Zahlungsausgänge an Vollstreckungsorgane)
- Lernfeld 13 (ReNo), Kapitel 7 (Kosten)
- Lernfeld 14 (ReNo), Kapitel 3 (Notar- und Gerichtsgebühren in erbrechtlichen Angelegenheiten)
- Lernfeld 15 (ReNo), Kapitel 9 (Notar- und Gerichtskosten)
- Lernfeld 16 (ReNo), Kapitel 4 (Notar- und Gerichtsgebühren im Gesellschafts- und Vereinsrecht)

Hinweis: Zu den Kosten der Vollstreckungsorgane finden Sie auch Ausführungen im Prüfungsbereich 4 zur Abschlussprüfung, vgl. Kapitel d)/e), Seiten 229–232.

Fälle

1. Monika und Wilfried Schade verkaufen an Horst Meesch ein mit einem Wohngebäude bebautes Grundstück. Der Kaufpreis beträgt 500 000,00 €. Horst Meesch wünscht sich ausdrücklich, dass die Kaufpreiszahlung über ein Notaranderkonto abgewickelt wird, weil die Übergabe unverzüglich erfolgen soll. Monika und Wilfried Schade sind damit einverstanden. Horst Meesch übernimmt die für die Notaranderkontoführung anfallenden Gebühren. Der Notar Siegfried Holunder beurkundet den Kaufvertrag und führt auftragsgemäß folgende Vollzugstätigkeiten aus:

- Einholung zweier Löschungsbewilligungen
- Anforderung der Verzichtserklärung der Gemeinde auf das gesetzliche Vorkaufsrecht

Er erhält von der Hamburger Sparkasse zusammen mit der Löschungsbewilligung einen Treuhandauftrag, wonach er über die Urkunde gegen Zahlung von 50 000,00 € verfügen darf. Die Kieler Volksbank macht die Verfügung abhängig von der Zahlung eines Betrags von 100 000,00 €.

In der Hinterlegungsvereinbarung wird der Notar Siegfried Holunder angewiesen, den vereinbarten Kaufpreis in drei Teilbeträgen auszukehren (50 000,00 € an die Hamburger Sparkasse, 100 000,00 € an die Kieler Volksbank, den Rest an Monika und Wilfried Schade). Die Notarfachangestellte Bea Felix soll eine Aufstellung der insgesamt für diesen Vertrag in Rechnung zu stellenden Gebühren nebst Wert, Wertvorschrift und Gebührensatz (ohne Dokumentenpauschale, Porto und Umsatzsteuer) verfassen. Welche Aufstellung muss Bea Felix fertigen?

2. Melanie Ostermann ist Geschäftsführerin der Metallbaufirma Ostermann Metall GmbH. Das Stammkapital der Firma beträgt 200 000,00 € und soll um 600 000,00 € auf 800 000,00 € aufgestockt werden. Melanie Ostermann beauftragt den Notar Johan Kersten, die entsprechende Anmeldung zum Handelsregister vorzubereiten. Nach Unterzeichnung reicht der Notar Johan Kersten die Urkunde in elektronischer Form bei dem zuständigen Handelsregister ein. Welche Gebühren kann der Notar Johan Kersten für diese Tätigkeiten der Metallbaufirma Ostermann Metall GmbH in Rechnung stellen?

3. Selina und Emil Osterndorff unterzeichnen bei der Notarin Nina Schlesinger einen Ehe- und Erbvertrag. Das modifizierte Reinvermögen beträgt insgesamt 150 000,00 €. Wie berechnet die Notarin Nina Schlesinger die Gebühr für die Beurkundung? Welchen Geschäftswert muss sie zugrunde legen?

4. Die Rechtsanwältin Simone Brandtner vertritt Leni Ochnick wegen der Rückzahlung einer Darlehensforderung in Höhe 8 500,00 €. Sie wird außergerichtlich tätig. Die Angelegenheit war durchschnittlich.

a) Welche Gebühren und Auslagen erhält die Rechtsanwältin Simone Brandtner für ihre Tätigkeit?

b) Wie würde die Abrechnung aussehen, wenn die Rechtsanwältin Simone Brandtner neben Leni Ochnick auch deren Ehemann Paul Ochnick vertreten würde?

5. Der Rechtsanwalt Oliver Jobst vertritt das Ehepaar Inge und Reinhard Scheel. Es geht um rückständige Miete in Höhe von 1 250,00 €. Das Ehepaar Scheel hat dem Rechtsanwalt Oliver Jobst einen Berechtigungsschein vorgelegt. Die Parteien einigen sich unter Mithilfe von dem Rechtsanwalt Oliver Jobst.

a) Welche Gebühren und Auslagen erhält der Rechtsanwalt Oliver Jobst für seine Tätigkeit von der Staatskasse?

b) Kann der Rechtsanwalt Oliver Jobst weitere Gebühren fordern? Wenn ja, von wem?

6. In dem Rechtsstreit Ruth Dremel ./. Rick Shaw wegen Schmerzensgeld aus einem Verkehrsunfall geht von der gegnerischen Versicherung eine Vorschusszahlung auf das geltend gemachte Schmerzensgeld in Höhe von 15 300,00 € auf dem Anderkonto von der Rechtsanwältin Dagmar Schön-Risse ein. Dieser Betrag soll umgehend unter Abzug der gesetzlichen Hebegebühr an Ruth Dremel weitergeleitet werden. Ermitteln Sie die Hebegebühr zzgl. Auslagen sowie den Betrag, der an Ruth Dremel überwiesen wird.

7. Romy Liesegang hat ihrer Hausratversicherung einen Schaden in Höhe von 830,00 € gemeldet. Diese weigert sich jedoch, den Betrag zu zahlen.

a) Romy Liesegang sucht Rat bei dem Rechtsanwalt Thomas Schuster. Dieser berät sie und gibt Tipps, um den Anspruch gegenüber der Hausratversicherung durchzusetzen. Welche Gebühren zzgl. Auslagen erhält der Rechtsanwalt Thomas Schuster?

b) Die Hausratversicherung zahlt weiterhin nicht. Romy Liesegang mandatiert deshalb den Rechtsanwalt Thomas Schuster. Dieser wechselt mehrere Schreiben mit der Hausratversicherung und telefoniert mehrfach mit dem zuständigen Sachbearbeiter (= 1,5 Gebühr). Am Ende wird eine Einigung dahingehend geschlossen, dass die Versicherung einen Betrag in Höhe von 750,00 € zahlt. Ermitteln Sie die Gebühren und Auslagen, die der Rechtsanwalt Thomas Schuster erhält.

c) Die Rechtsanwaltsfachangestellte Mona Rossdeutscher erstellt die entsprechende Kostenrechnung. Welche Inhalte muss die Kostenrechnung zwingend haben?

8. Die Rechtsanwältin Selina Roary vertritt Evelyn Schmitz. Es geht um die Zahlung eines monatlichen Kindesunterhalts in Höhe von 150,00 €.

a) Die Rechtsanwältin Selina Roary wird zunächst außergerichtlich tätig. Die Angelegenheit war durchschnittlich. Welche Gebühren zzgl. Auslagen erhält sie für ihre Tätigkeit?

b) Nachdem die außergerichtliche Tätigkeit ohne Erfolg blieb, erhebt die Rechtsanwältin Selina Roary namens und im Auftrag von Evelyn Schmitz Klage. Nach zwei gerichtlichen Terminen einigen sich die Parteien hinsichtlich des zu zahlenden Kindesunterhalts. Portokosten sind in Höhe von 19,80 € entstanden. Weiterhin waren 67 Kopien erforderlich. Welche Gebühren und Auslagen erhält die Rechtsanwältin Selina Roary für die Tätigkeit im gerichtlichen Verfahren der I. Instanz?

9. Paula Bernhardi beauftragt den Rechtsanwalt Maximilian Vetters wegen einer Kaufpreisforderung in Höhe von 3500,00 €.

a) Der Rechtsanwalt Maximilian Vetters beantragt zunächst den Antrag auf Erlass eines Mahnbescheids. Hiergegen legt der Gegner Paul Ritzner Widerspruch ein. Welche Gebühren und Auslagen erhält der Rechtsanwalt Maximilian Vetters?

b) Die Angelegenheit geht in das streitige Verfahren über. Vor dem Amtsgericht Stuttgart finden vier Gerichtstermine statt. Es werden dabei fünf Zeugen vernommen. Am Ende spricht das Gericht Paula Bernhardi die volle Kaufpreisforderung zu. Welche Gebühren zzgl. Auslagen erhält der Rechtsanwalt Maximilian Vetters?

c) Paul Ritzner legt gegen das Urteil Berufung ein. Das Berufungsgericht sieht die Sachlage anders. Nach einem gerichtlichen Termin einigen sich die Parteien. Ermitteln Sie die Gebühren und Auslagen, die der Rechtsanwalt Maximilian Vetters in diesem Fall erhält.

10. Die Rechtsanwältin Milena Ritter vertritt die Geschwister Nele und Rainer Forstner. Es geht um rückständige Pachtzahlungen in Höhe von 2500,00 €.

a) Außergerichtlich konnte keine Einigung getroffen werden, sodass die Rechtsanwältin Milena Ritter einen Antrag auf Erlass eines Mahnbescheids stellt. Welche Gebühren und Auslagen erhält sie, wenn sie außergerichtlich eine 1,3 Geschäftsgebühr zzgl. einer 0,3 Erhöhungsgebühr erhalten hat?

b) Da die Gegenseite Widerspruch gegen den erlassenen Mahnbescheid eingelegt hat, kommt es zur streitigen Verhandlung. Im dortigen Gerichtstermin erscheint die Gegenseite nicht. Es ergeht antragsgemäß Versäumnisurteil. Welche Gebühren und Auslagen erhält die Rechtsanwältin Milena Ritter?

11. Der Rechtsanwalt Chem Ködül wird von Tara Gabinski beauftragt, die Zwangsvollstreckung aus einem Urteil des Landgerichts Bremen wegen einer Kaufpreisforderung nebst des daraufhin ergangenen Kostenfestsetzungsbeschlusses gegen den Schuldner Renè Fouque in die Wege zu leiten. Der Rechtsanwalt Chem Ködül fordert zunächst den Schuldner zur Zahlung der Gesamtforderung in Höhe von 9950,20 € auf. Als keine Zahlung erfolgt, wird eine Vermögensauskunft beantragt (Gesamtforderung zu diesem Zeitpunkt: 9978,72 €) und daraufhin der Erlass eines

Pfändungs- und Überweisungsbeschlusses. Die Gesamtforderung beträgt zu diesem Zeitpunkt 10189,53 €. Zeitgleich wird mit dem Pfändungs- und Überweisungsbeschluss auch eine Vorpfändung veranlasst.
a) Begründen Sie zunächst, welche Maßnahmen abgerechnet werden können.
b) Rechnen Sie die Maßnahmen unter Berücksichtigung zu verauslagender Gerichtskosten ab.

12. Die Rechtsanwältin Erika Heingl betreibt im Auftrag von Nora Svendahl die Zwangsvollstreckung gegen den Schuldner Uwe Klein. Zunächst wird eine Sachpfändung wegen einer Gesamtforderung in Höhe von 4590,34 € veranlasst. Der Gerichtsvollzieher Otto Korfuhl pfändet ein Geschäftsfahrzeug des Schuldners Uwe Klein (Wert laut Schwacke-Liste 12300,00 €) und verweist auf die Möglichkeit einer Austauschpfändung. Die Rechtsanwältin Erika Heingl beantragt daraufhin fristgemäß die Austauschpfändung. Das Amtsgericht – Vollstreckungsgericht – lässt die Austauschpfändung gegen einen Betrag in Höhe von 8600,00 € für eine Ersatzbeschaffung zu. Erstellen Sie die Abrechnung für die Rechtsanwältin Erika Heingl.

13. Die Rechtsanwältin Lara Schowager betreibt für Hannes Estender die Zwangsvollstreckung gegen Olga Grabow wegen einer Gesamtforderung in Höhe von 5634,38 €. Die Rechtsanwältin Lara Schowager hat die Abnahme der Vermögensauskunft von Olga Grabow beantragt. Im Antrag hat die Rechtsanwältin Lara Schowager in Absprache mit Hannes Estender das Einverständnis mit einer Ratenzahlung in Höhe von 600,00 € monatlich erklärt. Die Gerichtsvollzieherin Klara Weiß schließt daraufhin eine Zahlungsvereinbarung dahingehend ab, dass bei Zahlung von Raten in Höhe von 600,00 € monatlich bis zur Begleichung der Gesamtforderung auf weitere Zwangsvollstreckungsmaßnahmen, insbesondere die Abnahme der Vermögensauskunft, verzichtet wird.
a) Begründen Sie, welche Gegenstandswerte in diesem Verfahren zu berücksichtigen sind.
b) Erstellen Sie die Abrechnung für die Rechtsanwältin Lara Schowager.

14. Der Rechtsanwalt Kai Altvogel vollstreckt für Zita und Gregor Pereikis ein Urteil des Amtsgerichts Kassel, wonach ihr Mieter Walter Würtom zur Räumung seiner Mietwohnung verpflichtet ist. Der monatliche Mietzins beträgt 750,00 €. Der Rechtsanwalt Kai Altvogel lässt die Räumungsvollstreckung durchführen. Rechnen Sie die Tätigkeit für den Rechtsanwalt Kai Altvogel ab.

15. Der Rechtsanwalt Günther Wied lässt für Selma Ott wegen einer Gesamtforderung in Höhe von 45000,00 € ein Zwangsversteigerungsverfahren in die Immobilie des Schuldners Roland Frei durchführen. Der Grundstückswert der Immobilie wird durch das Vollstreckungsgericht Köln auf 180000,00 € festgesetzt, für die Claudius GmbH ist noch eine Sicherungshypothek über 60000,00 € eingetragen.
a) Erstellen Sie die Abrechnung für den Rechtsanwalt Günther Wied.
b) Erläutern Sie, welchen Gegenstandswert ein Rechtsanwalt, der den Schuldner Roland Frei vertritt, der Abrechnung seiner Tätigkeit im Zwangsversteigerungsverfahren zugrunde zu legen hat.

c) Kostenfestsetzungsanträge und Anträge auf Vergütung im Prozesskostenhilfeverfahren erstellen (Re, ReNo)

Schemata

Kostenanträge entwerfen

Kostengrundentscheidung
- Wer trägt die Kosten des Verfahrens?
- noch keine Entscheidung über die Höhe der entstandenen Kosten
- Zeitpunkt: mit der Entscheidung über das Verfahren, d. h., als Abschluss des Verfahrens

im Urteil
- nach § 308 Abs. 2 ZPO von Amts wegen zu entscheiden
- Kostenanträge in Klage und Klageerwiderung jedoch üblich

Beendigung des Verfahrens durch Parteihandlung
- Klagerücknahme: Antrag auf Kostengrundentscheidung, § 269 Abs. 4, 3 ZPO (außer bei PKH des Beklagten), Entscheidung durch Beschluss; grundsätzlich Kostentragungspflicht des Klägers, außer bei Wegfall des Klageanlasses vor Rechtshängigkeit
- Erledigung der Hauptsache: Entscheidung durch Beschluss nach bisherigem Sach- und Streitstand
- Vergleich: Kostenfolge, soweit die Parteien nichts vereinbart haben, nach § 98 ZPO, d. h. Kostenaufhebung

Rechtsmittel
- sofortige Beschwerde nach §§ 567 ff. ZPO bei Anerkenntnisurteilen oder Beschlüssen bei Erledigung der Hauptsache oder Klagerücknahme; bei Streitwerten (der Hauptsache) über 600,00 €
- ansonsten: Rechtsmittel (Berufung/Revision) gegen das Urteil insgesamt nötig, § 99 ZPO

Kostentragungspflicht
Wer ist der Erstschuldner?

Verhältnis Siegen – Verlieren
- § 91 ZPO: unterlegene Partei hat die Prozesskosten zu tragen
- bei teilweisem Obsiegen und Verlieren: Kostenquotelung

Kostenaufhebung
- Gerichtskosten: jede Partei trägt die Hälfte
- außergerichtliche Kosten: jede Partei trägt ihre eigenen Kosten

sofortiges Anerkenntnis
- § 93 ZPO: Kläger trägt die Prozesskosten
- Voraussetzung: Beklagter hat keinen Anlass zur Erhebung der Klage gegeben

Kostenfestsetzungs- und Kostenausgleichsanträge erstellen

- **Kostenfestsetzungsantrag nach §§ 104, 105 ZPO**
  - **Zuständigkeit**
    Gericht des ersten Rechtszugs
  - **Anträge**
    - entstandene Prozesskosten festzusetzen
    - Verzinsung: fünf Prozentpunkte über Basiszinssatz ab Antragstellung (Eingang des Antrags bei Gericht)
    - Vollstreckungsklausel
    - Zustellung erfolgt von Amts wegen, § 104 Abs. 1 S. 3 ZPO
  - **vereinfachter Kostenfestsetzungsbeschluss § 105 ZPO**
    auf dem Urteil angebracht, sofern bei Antragstellung noch keine Ausfertigung des Urteils erteilt ist
- **Kostenausgleichsantrag § 106 ZPO**
  - **bei Kostenquotelung**
    durch die Partei, die die höhere Kostenquote fordern kann
  - **Ablauf**
    - Antrag wird vom Gericht an die Gegenseite weitergeleitet
    - Gegenseite erhält eine Frist von einer Woche, die eigenen Kosten hereinzugeben
    - Gericht gleicht Kosten von Antragsteller und Antragsgegner aus
  - **Gegenseite reicht eigene Kosten nicht (fristgerecht) herein**
    - Gericht setzt nur Kosten des Antragstellers fest
    - Gegenseite kann nachträglich Kosten (quotenmäßig) festsetzen lassen, trägt dann aber Kosten dieses Verfahrens
- **Rechtsbehelfe**
  - **sofortige Beschwerde**
    - Wert der Beschwer über 200,00 €
    - Beschwerdeschrift
    - Frist: Notfrist von zwei Wochen, § 569 ZPO
    - Rechtsbeschwerde gegen Beschluss des Beschwerdegerichts
  - **befristete Erinnerung**
    - Wert bis 200,00 €
    - Frist: Notfrist von zwei Wochen
    - Zuständigkeit: Gericht, bei dem KfB erlassen wurde

Festsetzung der Vergütung gegen den eigenen Mandanten

Kostenfestsetzungsverfahren nach § 11 RVG
- vorrangig gegenüber sonstigen Verfahren
- nur, wenn keine Einwendungen vorliegen, die nicht im Gebührenrecht ihren Grund haben

antragsberechtigt
- Regelfall: Rechtsanwalt
- auch Mandant: z. B. bei Leistung eines (zu) hohen Vorschusses

Zuständigkeit

Gericht des ersten Rechtszugs, § 11 Abs. 2 S. 1 RVG

Rechtsbehelfe
- sofortige Beschwerde nach §§ 567 ff. ZPO
- befristete Erinnerung bei Werten der Beschwerde bis zu 200,00 €

bei Einwendungen, die nicht im Gebührenrecht ihren Grund haben
- (Gebühren-)Klage bei AG oder LG, je nach Höhe der Rechtsanwaltsvergütung
- gerichtliches Mahnverfahren

Anträge auf Vergütung im PKH/VKH-Verfahren

Vergütung
- Gebühren gem. §§ 49, 50 RVG (bis zu einem Streitwert von 4 000,00 €, die Regelgebühren nach der Tabelle zu § 13 Abs. 1 RVG, anschließend ein geringerer Anspruch nach der Tabelle zu § 49 RVG) zzgl. Auslagen nach Teil 7 VV RVG
- ggf. weitere Vergütung (Differenz-Wahlanwaltsvergütung)
- Anrechnung der im Bewilligungsverfahren entstandenen Verfahrensgebühr; ggf. weitere Anrechnungsvorschriften bzgl. vorgerichtlicher Tätigkeit beachten

Abrechnung
- kein Formularzwang
- die zu gewährende Vergütung wird auf Antrag vom Gericht des I. Rechtszugs festgesetzt und durch die Landes-/Bundeskasse ausgezahlt
- Gebühren nach § 49 RVG und § 13 RVG sollten direkt gegenübergestellt werden, sodass sich die Differenz-Wahlanwaltsgebühr ergibt, die der Rechtsanwalt gem. § 50 Abs. 2 RVG rechtzeitig zur Prozessakte mitteilen muss, um den Anspruch hierauf nicht zu verlieren

Rechtsmittel
- gegen die Festsetzung der Vergütung, die Erinnerung; Frist von zwei Wochen (§ 11 Abs. 2 RPflG)
- gegen die Entscheidung über die Erinnerung, die Beschwerde zum nächsthöheren Gericht, wenn der Wert 200,00 € übersteigt oder die Beschwerde zugelassen wurde; Frist von zwei Wochen (§ 569 Abs. 1 ZPO)
- gegen die Beschwerdeentscheidung, die weitere Beschwerde, nur zulässig, wenn das Landgericht als Beschwerdegericht entschieden hat und sie wegen grundsätzlicher Bedeutung zugelassen wurde; Frist von zwei Wochen
- Rechtsmittelverfahren gebührenfrei, d. h., der RA erhält keine Gebühren für seine Tätigkeit

→ **Kostenfestsetzung** →

- Wenn der Gegner rechtskräftig zur Erstattung der Prozesskosten verurteilt wird, ist der der antragstellenden Partei beigeordnete Rechtsanwalt berechtigt, im eigenen Namen seine Regelvergütung vom Gegner beizutreiben (§ 126 Abs. 1 ZPO), soweit sie noch nicht durch die Staatskasse beglichen wurde.
- Wenn der Antragsteller verliert, trägt die Staatskasse seine Kosten, der Antragsteller muss jedoch die Kosten vom Gegner tragen. Insoweit wird ebenfalls ein Kostenfestsetzungsantrag gestellt werden.

Ausführlichere Informationen zu dem in den Schemata zusammengefassten Themenbereich „Kostenfestsetzungsanträge und Anträge auf Vergütung im Prozesskostenhilfeverfahren erstellen" finden Sie im Lehrbuch:

- Lernfeld 10 (Re, ReNo), Kapitel 4.1 (Kostenanträge entwerfen)
- Lernfeld 10 (Re, ReNo), Kapitel 4.2 (Kostenfestsetzungs- und Kostenausgleichsanträge erstellen)
- Lernfeld 10 (Re, ReNo), Kapitel 4.4 (Festsetzung der Vergütung gegen den eigenen Mandanten)
- Lernfeld 10 (Re, ReNo), Kapitel 6.5 (Vergütung im PKH/VKH-Verfahren abrechnen)
- Lernfeld 11 (Re, ReNo), Kapitel 1.4 (Rechtsmittel gegen Kostengrundentscheidung und Kostenfestsetzung)

Fälle

1. Die Rechtsanwältin Lisa Benito hat für Vanessa Krüger eine Kaufpreisforderung über 10400,00 € gegen Lars Weigand beim Landgericht Ulm eingeklagt. Im ersten Verhandlungstermin schlägt das Gericht einen Vergleich vor, wonach Lars Weigand zur Abgeltung der Klageforderung noch 5200,00 € zahlt. Als Kostenfolge schlägt es die Kostenaufhebung vor, da in diesem Fall kein Unterschied zur Kostenquotelung besteht.
   a) Welche Kostenquotelung wäre bei diesem Vergleichsvorschlag angezeigt?
   b) Was bedeutet im Unterschied zur Kostenquotelung die „Kostenaufhebung"? Weshalb besteht nach Ansicht des Gerichts kein Unterschied zwischen den beiden Kostenfolgen?
   c) Die Parteien lehnen den Vergleichsvorschlag ab. Nach einer umfangreichen Beweisaufnahme ergeht ein Urteil, wonach der Beklagte Lars Weigand zur Zahlung von 7800,00 € verurteilt und im Übrigen die Klage abgewiesen wird. Wie lautet die Kostenentscheidung? Begründen und formulieren Sie den Urteilstenor.
   d) Beide Parteien gehen in Berufung. Vor dem Oberlandesgericht Stuttgart schließen sie dann den Vergleich, dass der Beklagte Lars Weigand zur Abgeltung der Klageforderung 8320,00 € zahlt. Begründen Sie, was die Rechtsanwältin Lisa Benito hinsichtlich der Kostenfolge dringend beachten sollte.
   e) Die Kosten werden nach der Empfehlung von der Rechtsanwältin Lisa Benito berücksichtigt. Diese beantragt die Kostenfestsetzung. Erklären Sie, bei welchem Gericht der Antrag einzureichen ist und erläutern Sie in diesem Fall den Ablauf dieses Verfahrens.

2. Sven Horald hat ohne anwaltliche Vertretung am 08.02.2018 beim Amtsgericht Pforzheim seine Werklohnforderung über 3450,00 € gegen Robert Jorraz eingeklagt. Das Amtsgericht Pforzheim hat das schriftliche Vorverfahren angeordnet. Innerhalb der Frist zur Verteidigungsanzeige erklärt Robert Jorraz, dass er die Werklohnforderung anerkenne. Allerdings sei weder im Werkvertrag vom 04.01.2018 eine Zahlungsfrist vereinbart, noch sei er vor der Klage zur Zahlung aufgefordert worden. Er sehe daher nicht ein, die Kosten für dieses

Klageverfahren zu tragen. Begründen Sie, welche Kostenfolge das Amtsgericht Pforzheim in diesem Fall im Anerkenntnisurteil aussprechen wird.

3. Der Rechtsanwalt Bernd Vossar hat für Kira Miller gegen Olga Pepovic eine Schadenersatzforderung über 8 900,00 € vor dem Landgericht Dresden eingeklagt. Die Klageschrift geht am 09.11.2017 beim Landgericht ein. Am 10.11.2017 erhält der Rechtsanwalt Bernd Vossar eine Überweisung von Olga Pepovic über 8 900,00 €. Der Rechtsanwalt Bernd Vossar nimmt daraufhin die eingereichte Klage, bevor sie an Olga Pepovic zugestellt wurde, zurück.
a) Wer trägt normalerweise bei Klagerücknahme die Kosten des Rechtsstreits?
b) Welchen Antrag wird der Rechtsanwalt Bernd Vossar für seine Mandantin stellen? Womit wird er diesen Antrag begründen?
c) Das Landgericht Dresden entscheidet gegen den Antrag von dem Rechtsanwalt Bernd Vossar. Erläutern Sie, wie der Rechtsanwalt Bernd Vossar gegen diese Entscheidung vorgehen kann, die ihm am 23.11.2017 zugestellt wurde.

4. Norbert Flander beauftragt die Rechtsanwältin Annika Öldik damit, gegen Paul Scholl, Schwerin, eine Darlehensrückforderung über 25 000,00 € einzuklagen. Nach mündlicher Verhandlung trifft das Landgericht Schwerin die Entscheidung, dass der Beklagte Paul Scholl lediglich zur Zahlung von 5 000,00 € zu verurteilen und im Übrigen die Klage abzuweisen sei. Die Kosten werden nach § 92 Abs. 2 ZPO vollumfänglich dem Kläger Norbert Flander auferlegt. Norbert Flander ist weder mit der Kostenfolge noch mit der Entscheidung der Hauptsache einverstanden.
a) Erläutern Sie, ob es eine Möglichkeit gibt, gegen die Kostenfolge in diesem Fall vorzugehen.
b) Die Rechtsanwältin Annika Öldik legt im Auftrag ihres Mandanten Berufung zum Oberlandesgericht Rostock ein. Im ersten Termin ist der Berufungsbeklagte Paul Scholl säumig. Die Rechtsanwältin Annika Öldik möchte noch im Verhandlungstermin die Kosten festsetzen lassen. Prüfen Sie, welche Möglichkeit es hierzu gibt.
c) Nach Einspruch des Berufungsbeklagten ergeht Berufungsurteil, wonach Paul Scholl zur Zahlung von weiteren 15 000,00 € verurteilt und im Übrigen die Forderung abgewiesen wird. Das Berufungsurteil wird rechtskräftig.
aa) Erläutern Sie, wer und in welcher Höhe in Prozent Kostenschuldner (Erstschuldner) der Kosten des Verfahrens ist.
bb) Die Rechtsanwältin Annika Öldik beantragt die Kostenfestsetzung gegen Paul Scholl. Welchen Antrag stellt sie? Bei welchem Gericht ist dieser einzureichen?
cc) Bei der Kostenfestsetzung werden Reisekosten in der 1. Klasse von der Rechtsanwältin Annika Öldik in Höhe von 313,20 € als unbegründet abgewiesen, da ein Ticket in der 2. Klasse ausreichend gewesen sei. Erklären Sie, wie die Rechtsanwältin Annika Öldik für Norbert Flander gegen diese Entscheidung vorgehen kann.

5. Der Rechtsanwalt Aldan O'Sullivan hat Fred Polt, Greifswald, in einer Kündigungsschutzklage vor dem Arbeitsgericht Stralsund gegen dessen Arbeitgeber, die Uldiban KG, vertreten. Das Arbeitsgericht Stralsund entscheidet jedoch, dass die Kündigung wirksam ist und weist die Kündigungsschutzklage ab. Fred Polt kündigt daraufhin das Mandatsverhältnis und weigert sich, die entstandenen Rechtsanwaltsgebühren über 1 890,50 € zu bezahlen. Offen ist auch noch die Vergütung für ein außergerichtliches Aufforderungsschreiben zur Rücknahme der Kündigung an die Uldiban KG.
a) Erläutern Sie das Verfahren, in dem der Rechtsanwalt Aldan O'Sullivan seine Vergütung festsetzen lassen wird.

b) Fred Polt wendet im Lauf des Verfahrens ein, dass der Rechtsanwalt O'Sullivan fehlerhaft nicht erkannt habe, dass die Möglichkeit bestanden habe, für Fred Polt Prozesskostenhilfe zu beantragen. Erklären Sie, welche Auswirkungen dieser Einwand für das eingeleitete Verfahren haben wird.

6. Die Rechtsanwältin Gisela Kümmerer vertritt die Hoffmann GmbH wegen einer Kaufpreisforderung in Höhe von 12 400,00 € gegen die Klinker KG vor dem Landgericht – Kammer für Handelssachen – Nürnberg-Fürth. Die Klinker KG wird zur Zahlung von 7 500,00 € verurteilt und im Übrigen die Klage abgewiesen. Dagegen legt die Rechtsanwältin Gisela Kümmerer Berufung ein. Das Oberlandesgericht Nürnberg entscheidet, dass der Berufung vollumfänglich stattgegeben wird. Die Rechtsanwältin Gisela Kümmerer beantragt daher die Kostenfestsetzung gegen die Klinker KG.

a) Bei welchem Gericht ist der Antrag auf Kostenfestsetzung zu stellen?

b) Begründen Sie, welche beiden Anträge die Rechtsanwältin Gisela Kümmerer noch mit aufnehmen wird.

c) Erläutern Sie, weshalb die Rechtsanwältin Gisela Kümmerer keine Umsatzsteuer im Festsetzungsantrag geltend macht.

d) Im Kostenfestsetzungsbeschluss werden geltend gemachte Übernachtungskosten in Höhe von 120,00 € nicht zuerkannt, da eine Übernachtung nicht erforderlich gewesen sei. Prüfen Sie, wie hiergegen vorgegangen werden kann.

7. Der Rechtsanwalt Rudolf Kaminski vertritt Oliver Neschtag. Es geht um eine Darlehensforderung in Höhe von 6 500,00 € gegen Olivia Rossmann. Oliver Neschtag wurde vom Landgericht Dresden Prozesskostenhilfe für diesen Rechtsstreit bewilligt. Er muss monatliche Raten in Höhe von 20,00 € zahlen.

a) Nach welcher gesetzlichen Grundlage erhält der Rechtsanwalt Rudolf Kaminski die ihm entstehenden Gebühren und Auslagen?

b) Das Gericht lehnt die Klage nach einer mündlichen Verhandlung ab. Der Rechtsanwalt Rudolf Kaminski rechnet daher die Angelegenheit ab. Was muss er bei der Abrechnung berücksichtigen?

c) Ermitteln Sie die Gebühren und Auslagen, die der Rechtsanwalt Rudolf Kaminski dem Gericht mitteilt.

d) Wohin muss der Rechtsanwalt Rudolf Kaminski die Abrechnung schicken?

e) Wann und von wem erhält der Rechtsanwalt Rudolf Kaminski die Gebühren und Auslagen ausbezahlt?

8. Das Amtsgericht Hannover hat bei der Abrechnung der Prozesskostenhilfevergütung die von der Rechtsanwältin Nina Kuntze-Hein geltend gemachten Fahrtkosten in Höhe von 62,00 € zum Ortstermin nicht anerkannt. Die Rechtsanwältin Nina Kuntze-Hein möchte hiergegen vorgehen. Ist dies möglich?

9. Die Rechtsanwältin Loreen Schneider vertritt Lisa Barthel. Dieser wurde Verfahrenskostenhilfe in der Unterhaltssache gegen ihren Ex-Ehemann Matthias Barthel bewilligt. Das Gericht hat Lisa Barthel den geltend gemachten Betrag in voller Höhe zugestanden und die Kosten Matthias Barthel auferlegt. Gegenüber wem rechnet die Rechtsanwältin Loreen Schneider, die von der Staatskasse noch keine Zahlungen erhalten hat, ab?

d) Kosteneinziehung vorbereiten und kontrollieren (ReNo)

Schema

Kosteneinziehung vorbereiten und kontrollieren

Zahlungsarten
- Betrag wird in bar mittels Geldscheinen/Münzen bezahlt.
- Betrag wird durch einen Zahlschein oder Barscheck bezahlt (= halbbare Zahlung).
- Bargeldlos kann der Betrag per Verrechnungsscheck, Überweisung, Lastschrift, Dauerauftrag, Kreditkarte oder Onlinebanking bezahlt werden.

Verwaltung
- Die eingegangenen bzw. die ausgehenden Beträge müssen auf dem Kostenblatt der Akte notiert werden.
- Weiterhin müssen die Beträge auf den entsprechenden Konten gebucht werden.

Kontrolle
- Akten auf Wiedervorlage legen
- Überprüfung anhand von Kontoauszügen, Kassenbuch o. Ä., ob die Zahlung erfolgt ist
- ggf. Mahnung erstellen
- ggf. nachforschen, warum der Betrag nicht überwiesen wurde o. Ä.

Verjährung von Kostenzahlungen
- § 6 GNotKG
- Ansprüche auf Zahlung von Kosten der Notare verjähren in vier Jahren nach Ablauf des Kalenderjahrs, in dem die Kosten fällig geworden sind.
- Rückzahlungsansprüche von Kosten verjähren in vier Jahren nach Ablauf des Kalenderjahrs, in dem die Zahlung erfolgt ist. Die Verjährung beginnt jedoch nicht, bevor die Verjährung des Kostenanspruchs eingetreten ist.
- Die Verjährung der Ansprüche auf Zahlung von Kosten beginnt erneut durch die Aufforderung zur Zahlung oder durch eine dem Schuldner mitgeteilte Stundung. Dies gilt jedoch nicht für Kostenbeträge unter 25,00 €, deren Verjährung auch nicht erneut beginnt/gehemmt wird.

Ausführlichere Informationen zu dem in dem Schema zusammengefassten Themenbereich „Kosteneinziehung vorbereiten und kontrollieren“ finden Sie im Lehrbuch:
- Lernfeld 6 (Re, ReNo), Kapitel 5.3 (Buchen auf Konten)
- Lernfeld 6 (Re, ReNo), Kapitel 6 (Zahlungsverkehr)
- Lernfeld 9 (ReNo), Kapitel 6.3.5 (Verjährung von Kostenrechnungen)

Fälle

1. Günther Ries hat bei dem Notar Thorsten Schemionek einen Kaufvertrag über den Erwerb einer Immobilie unterzeichnet. Er erhält zusammen mit der für ihn bestimmten beglaubigten Ablichtung des Vertrags eine Kostenrechnung des Notars über die Beurkundung und den (auftragsgemäßen) Vollzug des Vertrags. In der Kostenrechnung sind ferner Auslagen für den Abruf eines aktuellen Grundbuchauszugs enthalten. Günther Ries ist nicht sicher, ob

die Abrechnung zu diesem Zeitpunkt korrekt erfolgt ist und ruft daher im Notariat des Notars Thorsten Schemionek an. Er spricht mit der Notarfachangestellten Stephanie Albers.

a) Was wird ihm Stephanie Albers zur Fälligkeit von Notarkosten (im Allgemeinen) sagen? Wie kann sie ihm dies an dem genannten Fall zur besseren Veranschaulichung erklären?

b) Was erläutert Stephanie Albers in Bezug auf die Auslagen? In welchem Paragrafen hat sie vorsorglich nachgelesen, um die Frage des Günther Ries richtig beantworten zu können?

2. Werner Rohlfink hat vor drei Jahren eine Grundschuld bestellt. Die Notarin Dörte Seide hat nach Unterzeichnung der Grundschuld ihre Kostenrechnung an Werner Rohlfink versandt, der diese nicht bezahlt hat. Der Vorgang ist im Notariat der Notarin Dörte Seide vergessen worden; Werner Rohlfink hat die Kostenrechnung nicht beglichen. Er wartet grundsätzlich auf die erste Mahnung, vorher zahlt er keine seiner Rechnungen. Werner Rohlfink hofft, dass die Rechnung bei der Notarin Dörte Seide in Vergessenheit gerät und er diese überhaupt nicht zahlen muss. Die Grundschuldakte fällt der Rechtsanwalts- und Notarfachangestellte Kerstin Sordel in die Hände. Sie sieht den Aktenschrank kurz vor dem Jahreswechsel nach unabgeschlossenen Fällen durch und stellt fest, dass Werner Rohlfing die Kostenrechnung bislang nicht bezahlt hat, obwohl ihm diese schon sehr lange vorliegt. Sie mahnt ihn an. Werner Rohlfink wundert sich über die Mahnung zu der längst vergessenen Kostenrechnung. Er fragt die Notarin Dörte Seide, ob er die Rechnung überhaupt noch zahlen muss.

a) Was wird die Notarin Dörte Seide Werner Rohlfink antworten? Wie wird sie ihre Antwort begründen?

b) Wann beginnt die Verjährung von Notarkosten?

c) Wann verjährt eine Notarkostenrechnung, die nicht sofort nach Abschluss eines Verfahrens, sondern erst zwei Jahre später an den Kostenschuldner verschickt wird?

d) Worum wird die Notarin Dörte Seide Kerstin Sordel bitten, wenn Werner Rohlfink die Kosten auch nach der Mahnung nicht (innerhalb einer angemessenen Frist) zahlt?

e) Wie kann die Notarin Dörte Seide bei Nichtzahlung ihre Kosten einbringlich machen?

f) Wodurch hätte Kerstin Sordel verhindern können, dass die Nichtzahlung der Kostenrechnung unbemerkt bleibt?

d)/e) Gerichtskostenvorschüsse berechnen und Gerichtskostenrechnungen kontrollieren (Re, ReNo)

Schema

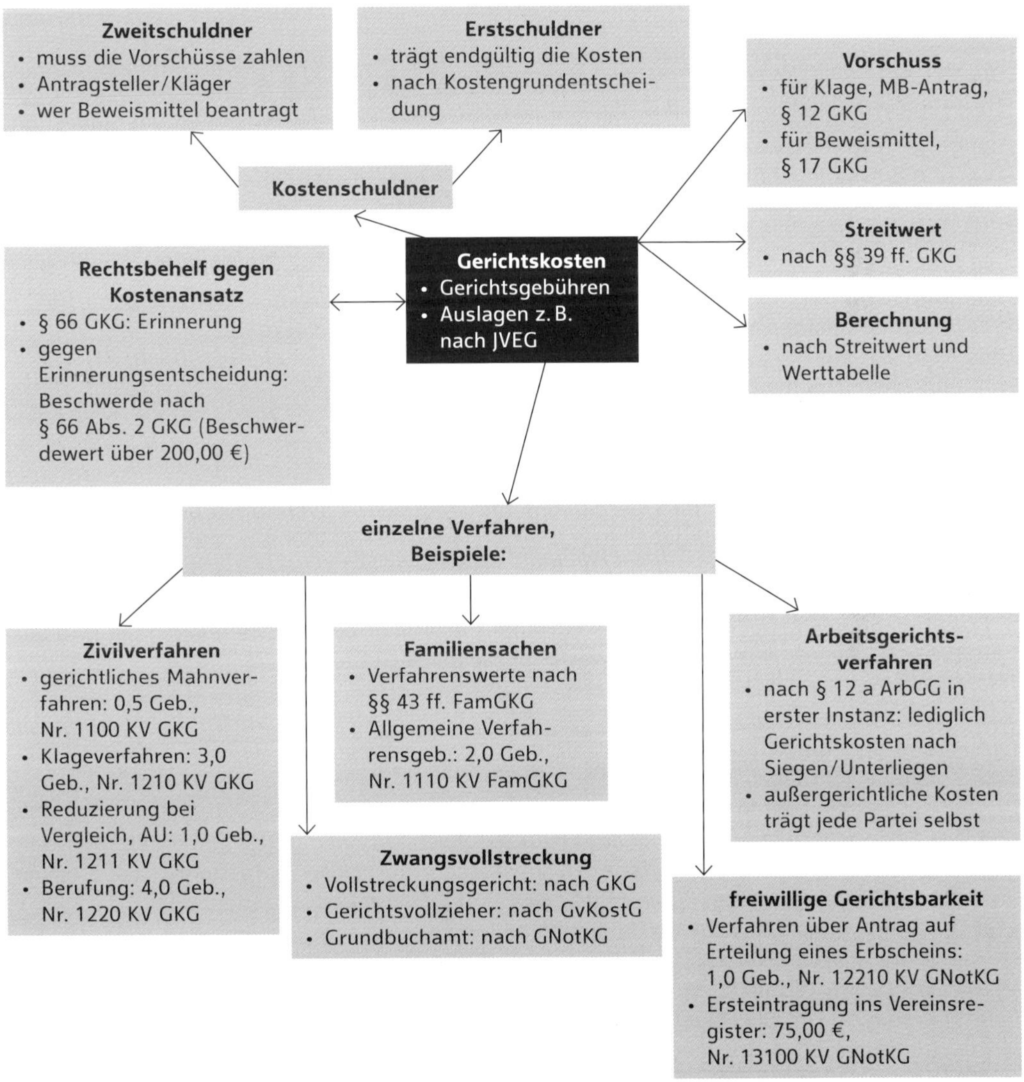

Ausführlichere Informationen zu dem in dem Schema zusammengefassten Themenbereich „Gerichtskostenvorschüsse berechnen und Gerichtskostenrechnungen kontrollieren" finden Sie im Lehrbuch:

- Lernfeld 4 (Re, ReNo), Kapitel 5.2 (Ermittlung des Gegenstandswerts)
- Lernfeld 10 (Re, ReNo), Kapitel 3.1 und 3.2 (Berechnung der Gerichtskosten und Zahlung des Gerichtskostenvorschusses)

- Lernfeld 10 (Re, ReNo), Kapitel 3.3 (Die Kontrolle der Gerichtskostenrechnung)
- Lernfeld 12 (Re), Kapitel 5 (Kosten des Vollstreckungsgerichts)
- Lernfeld 13 (Re), Kapitel 5 (Verfahrenswerte in Familien- und Erbsachen)

Hinweis: Zu dem Themenbereich der Kostengrundentscheidung finden Sie auch Ausführungen im Prüfungsbereich 4 zur Abschlussprüfung, vgl. Kapitel c), Seiten 221 – 226.

Fälle

1. Der Rechtsanwalt Henning Kolmar vertritt Evelina Perra wegen einer Kaufpreisforderung über 2995,00 € nebst Zinsen in Höhe von fünf Prozentpunkten über dem Basiszins seit 13.02.2017 gegen Udo Beller. Zunächst veranlasst der Rechtsanwalt Henning Kolmar ein außergerichtliches Aufforderungsschreiben sowie eine Einwohnermeldeauskunft, für welche ein Betrag in Höhe von 10,60 € zu zahlen ist. Da keinerlei Zahlung erfolgt, beantragt der Rechtsanwalt Henning Kolmar den Erlass eines Mahnbescheids sowie eines Vollstreckungsbescheids.

a) Erläutern Sie, welche Kostenarten in diesem Verfahren entstanden sind.
b) Begründen Sie, wie hoch der Streitwert in diesem Verfahren ist.
c) Berechnen Sie die in diesem Verfahren entstandenen Gerichtskosten.
d) Wer trägt die Kosten für dieses Verfahren? Klären Sie hierbei die Begrifflichkeiten Erst- und Zweitschuldner.
e) Udo Beller legt gegen den erlassenen Vollstreckungsbescheid Einspruch ein. In welcher Höhe entstehen nunmehr Gerichtskosten für das nachfolgende streitige Verfahren?

2. Die Rechtsanwältin Dr. Katinka Geroldstein reicht für Helga Svendovski beim Amtsgericht Passau Räumungsklage gegen deren Mieter Hannes Ergunder ein. Zugleich wird noch rückständige Miete in Höhe von 800,00 € für September 2017 geltend gemacht. Im Verfahren vor dem Amtsgericht Passau beantragt die Rechtsanwältin Dr. Katinka Geroldstein die Vernehmung des Zeugen Gerold Kaiser. Hannes Ergunder benennt die Zeugin Lore Nonno.

a) Ermitteln Sie die Höhe des Streitwerts für dieses Verfahren.
b) Berechnen Sie die Gerichtsgebühren.
c) Wer ist Kostenschuldner für
- den Gerichtskostenvorschuss,
- einen eventuellen Zeugenauslagenvorschuss,
- die Prozesskosten bei Beendigung des Verfahrens.

d) Die Parteien schließen vor Gericht einen Vergleich, wonach gegen Räumung innerhalb von zwei Wochen die noch offene Mietzinsforderung erlassen wird. Begründen Sie, was dieser Vergleichsschluss für die Ermittlung der Gerichtskosten bedeutet.
e) Die Zeugen machen folgende Auslagen geltend:
- Gerold Kaiser: Er führt den Haushalt für seine vierköpfige Familie und ist nicht berufstätig. Zum Termin ist er mit seinem eigenen Pkw gefahren, die einfache Fahrtstrecke betrug 56 km. Die Dauer für Termin und Fahrt betrug insgesamt dreieinhalb Stunden.
- Lore Nonno: Ihr Bruttoverdienst beträgt pro Stunde 16,50 €. Sie ist ebenfalls mit dem eigenen Pkw die Entfernung (einfach) von 25 km gefahren. Die Dauer für Termin und Fahrt betrug insgesamt drei Stunden.

Ermitteln Sie die Höhe der zu zahlenden Zeugenauslagen.

3. Die Rechtsanwältin Vanessa Opal fertigt für ihre Mandantin Bettina Schuster eine Klage wegen einer Schadenersatzforderung über 6800,00 € sowie einer Schmerzensgeldforderung über 3500,00 € nebst Zinsen in Höhe von fünf Prozentpunkten über dem Basiszins gegen Ludwig Sörensen zum Landgericht Magdeburg. Die Rechtsanwaltsfachangestellte Vera Londik bereitet die Klage für die Einreichung beim Landgericht vor.

a) Ermitteln Sie die Höhe des Gerichtskostenvorschusses.

b) Nennen Sie drei Arten, wie die Zahlung des Gerichtskostenvorschusses erfolgen kann.

c) Erläutern Sie, welche Folge es hat, wenn der Gerichtskostenvorschuss nicht beglichen wird.

d) Bettina Schuster gewinnt den Prozess. Sie erkundigt sich, ob sie nun von der Staatskasse den geleisteten Vorschuss zurückbekommt. Geben Sie ihr hierzu Auskunft.

e) Die Rechtsanwältin Vanessa Opal hat vor Einreichung der Klage noch Akteneinsicht in die Ermittlungsakten der Staatsanwaltschaft genommen. Welche Gerichtskosten sind dadurch entstanden?

4. Der Rechtsanwalt Daniel Füller hat für Tobias Umran eine Werklohnforderung über 4 500,00 € nebst 6 % Zinsen hieraus gegen Ilona Silver beim Amtsgericht Hamm eingeklagt. Das Amtsgericht Hamm entscheidet, dass Ilona Silver zur Zahlung von 3 000,00 € verpflichtet ist, die Klage im Übrigen aber abzuweisen sei. Sowohl Tobias Umran wie auch Ilona Silver überlegen, ob sie in Berufung gehen.

a) Berechnen Sie den Gerichtskostenvorschuss für die Klage zum Amtsgericht Hamm.

b) Bestimmen Sie den Gerichtskostenvorschuss für den Fall, dass

aa) Tobias Umran Berufung einlegt.

bb) Ilona Silver Berufung einlegt.

c) Ermitteln Sie die Höhe der Gerichtsgebühren, wenn beide Parteien Berufung einlegen.

5. Die Rechtsanwältin Karoline Tabor reicht für Ulrike Gracher den Scheidungsantrag beim Familiengericht Itzehoe ein. Ulrike Gracher hat einen monatlichen Nettoverdienst von 2 150,00 €, ihr Mann Anton Gracher erhält monatlich 1 980,00 € netto. Beide sind gesetzlich rentenversichert, Ulrike Gracher hat zusätzlich noch eine Betriebsrente. Das Ehepaar ist kinderlos.

a) Ermitteln Sie den Verfahrenswert für das Scheidungsverfahren.

b) Bestimmen Sie den Gerichtskostenvorschuss für das Scheidungsverfahren.

c) Ermitteln Sie den Gerichtskostenvorschuss, wenn noch Trennungsunterhalt über 350,00 € monatlich ab Antragstellung mit einbezogen wird.

6. Die Rechtsanwältin Dr. Ilse Rundberg führt für Petra Meran eine Kündigungsschutzklage gegen die Siriander KG vor dem Arbeitsgericht Köln. Das Arbeitsgericht Köln gibt der Klage vollumfänglich statt. Begründen Sie, wer welche Kosten des Verfahrens zu tragen hat.

7. Der Rechtsanwalt Frank Scheuger vertritt Shona Murray in einem Zwangsvollstreckungsverfahren gegen Ian Reid. Nach Einholung einer Vermögensauskunft soll nun eine Forderungspfändung veranlasst werden. Die Gesamtforderung beläuft sich zu diesem Zeitpunkt auf 5 800,00 € Hauptforderung zuzüglich 168,43 € Zinsen, 1 215,31 € Kosten sowie 75,69 € bisherige Vollstreckungskosten.

a) Ermitteln Sie den zu leistenden Gerichtskostenvorschuss.

b) Welche weiteren Vollstreckungskosten können im Zusammenhang mit einer Forderungspfändung entstehen? Benennen Sie die Gesetze, nach denen die Höhe bestimmt wird.

8. Der Rechtsanwalt Dr. Karl Buchner hat für Juliette Maes eine Kaufpreisforderung über 8 350,00 € gegen Liam Peeters beim Landgericht Ulm eingeklagt. Liam Peeters erkennt im zweiten Verhandlungstermin die Forderung an.
   a) Bestimmen Sie die Kostenschuld des Zweitschuldners. Geben Sie an, wer Zweitschuldner in diesem Fall ist.
   b) Ermitteln Sie die Kostenschuld des Erstschuldners. Geben Sie an, wer Erstschuldner ist.
   c) Wie wird das Landgericht Ulm in kostenrechtlicher Hinsicht nach dem Anerkenntnisurteil verfahren?

9. Der Rechtsanwalt Robin Aebischer hat Elise Lambert wegen einer Schadenersatzforderung in Höhe von 12 500,00 € gegen Noah Dupont vor dem Landgericht Freiburg vertreten. Im Termin wurde die von Elise Lambert benannte Alina Baran aus Röschenz (CH) als Zeugin vernommen. Das Gericht ermittelt die Zeugenauslagen mit 356,00 €. Der Rechtsanwalt Robin Aebischer kommt jedoch zu dem Schluss, dass allenfalls 134,00 € an Zeugenauslagen angesetzt werden können. Im Urteil wird der Klage voll umfänglich stattgegeben.
   a) Wem gegenüber werden die Zeugenauslagen geltend gemacht?
   b) Wie kann der Rechtsanwalt Robin Aebischer gegen den Ansatz der Zeugenauslagen vorgehen? Beschreiben Sie den Verfahrensablauf.

10. Die Rechtsanwältin Amber Hermanns vertritt Fabian Gössele in der Zwangsvollstreckung gegen Milan Willems, Lübeck, wegen einer Gesamtforderung in Höhe von 62 350,00 €. Zur Sicherung der Forderung beantragt die Rechtsanwältin Amber Hermanns die Eintragung einer Sicherungshypothek im Grundbuch der Immobilie des Milan Willems beim Grundbuchamt Lübeck. Berechnen Sie die Gebühr, die das Grundbuchamt Lübeck erheben wird.

11. Rudolf Lautner, der Ehemann von Mira Lautner, ist verstorben. Er hat drei Testamente beim Amtsgericht – Nachlassgericht – Kaiserslautern hinterlegt. Nach der Eröffnung der drei Testamente steht fest, dass Mira Lautner ihren Ehemann Rudolf Lautner allein beerbt. Mira Lautner erhält von der Landeskasse die Gerichtskostenrechnung über die Eröffnung der Verfügungen von Todes wegen. Welche Gerichtskosten fallen in diesem Fall an?

12. Leo Buresch ist verstorben. Er wurde von seiner Nichte Gitta Reusch und seinen zwei Neffen Moritz Buresch und Richard Buresch zu je 1/3 beerbt. Die drei Miterben benötigen zur Abwicklung des Nachlasses (Wert: 350 000,00 €) einen Erbschein. Der Notar Dr. Jens Hummel stellt den entsprechenden Antrag. Das zuständige Amtsgericht – Nachlassgericht – Dresden erteilt den Erbschein wie beantragt. Den Miterben geht sodann die Kostenrechnung der Landeskasse zu.
   a) Welchen Geschäftswert legt die Landeskasse der Kostenberechnung zugrunde?
   b) Ermitteln Sie die entstehenden Gerichtskosten.

13. Das Ehepaar Nina und Volker Cäsar hat einen Ehevertrag geschlossen. Dieser wurde auf Wunsch des Ehepaars im Güterrechtsregister eingetragen. Kurz nach der Eintragung erstellt die Landeskasse die Kostenrechnung. Welche Gerichtskosten muss das Ehepaar Cäsar für die Eintragung des Ehevertrags zahlen?

Prüfungsbereich 5: Wirtschafts- und Sozialkunde

Allgemeine wirtschaftliche und gesellschaftliche Zusammenhänge der Berufs- und Arbeitswelt darstellen und beurteilen (Re, ReNo)

Schema

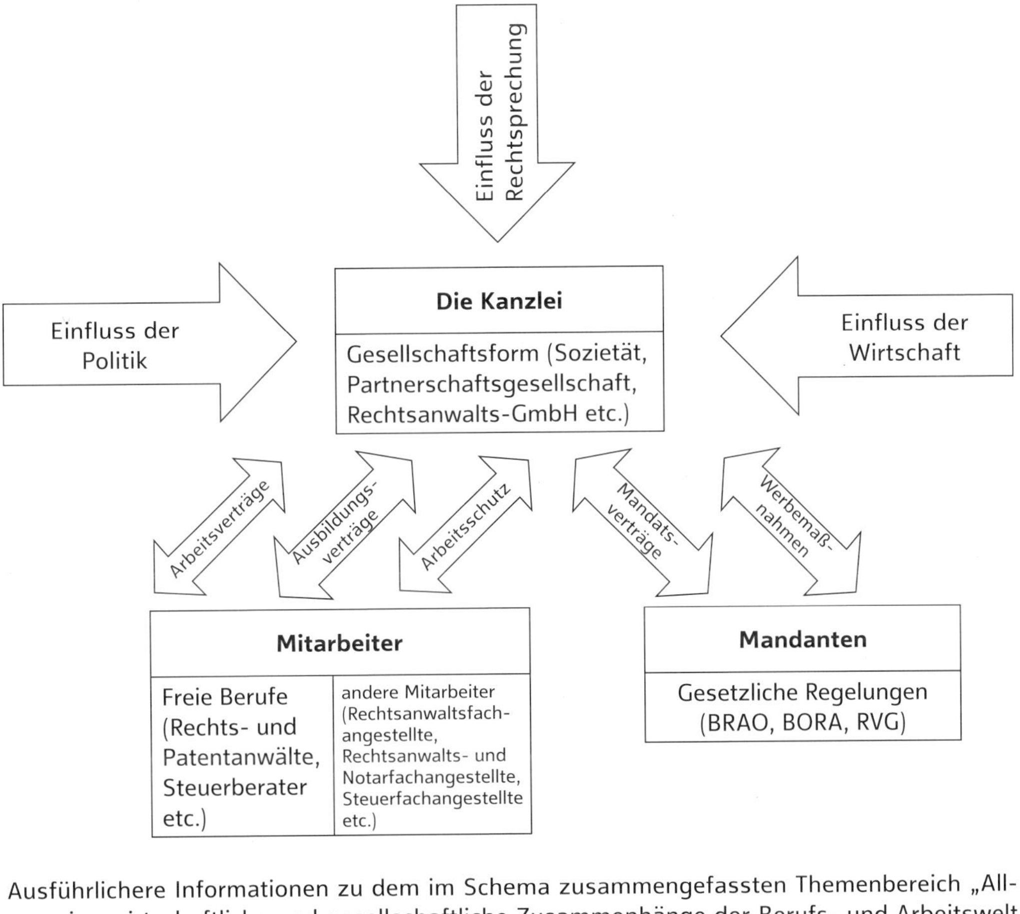

Ausführlichere Informationen zu dem im Schema zusammengefassten Themenbereich „Allgemeine wirtschaftliche und gesellschaftliche Zusammenhänge der Berufs- und Arbeitswelt darstellen und beurteilen“ finden Sie im Lehrbuch:

- Lernfeld 1 (Re, ReNo), Kapitel 1 und 2 (Aufbau des Rechtssystems)
- Lernfeld 1 (Re, ReNo), Kapitel 4 und 5 (Stellung und Bedeutung von Rechtsanwälten, Notaren und Patentanwälten in der Rechtspflege)
- Lernfeld 1 (Re, ReNo), Kapitel 6 und Lernfeld 2, Kapitel 6 (Aufbau, Struktur und Rechtsform des Ausbildungsbetriebs)
- Lernfeld 1 (Re, ReNo), Kapitel 7 und 8 und Lernfeld 5, Kapitel 2, 4 und 5 (Arbeits-, Sozial- und Tarifrecht)
- Lernfeld 7 (Re, ReNo; Wirtschaftliche Einflüsse auf betriebliche Entscheidungen beurteilen)

Hinweis: Detailliertere Ausführungen zu einem Teil dieser Bereiche finden Sie auch im Prüfungsbereich 1 zur Zwischenprüfung, vgl. die Schemata in Kapitel 2 a) und b), Seiten 39 – 40 und 43 – 45.

Fälle

1. Die Rechtsanwalts- und Notarfachangestellte Britta Roscher verfolgt in der Presse aufmerksam die Bundestagswahl, da sie dieses Jahr zum ersten Mal wählen darf. In einem Artikel wird das Prinzip der Gewaltenteilung erwähnt.
a) Was bedeutet das Prinzip der Gewaltenteilung?
b) Nennen Sie die Gewalten und geben Sie für jede ein Beispiel.

2. Die Rechtsanwaltskanzlei Mertens und Partner betreut den bekannten Schauspieler Wilhelm Haselrieder in einer erbrechtlichen Angelegenheit. Am 03.04.2017 ruft der Bruder von Wilhelm Haselrieder, Geltmar Haselrieder, in der Kanzlei an. Er fragt den Auszubildenden zum Rechtsanwaltsfachangestellten, Caspar Frerichs, ob sein Bruder dort Mandant sei und ob er vorhabe das Testament des Vaters anzugreifen.
a) Darf Caspar Frerichs die gewünschte Auskunft erteilen?
b) Da Caspar Frerichs es so aufregend findet einem „echten Star" zu begegnen, schreibt er seinem Freund Sergej Ivanov gleich eine WhatsApp-Nachricht darüber. Ist dies erlaubt?
c) Würde es einen Unterschied machen, wenn Caspar Frerichs bei einem Notar angestellt wäre?

3. Die Rechtsanwältin Marta Alcerrera Huerta wird in einem Zivilverfahren gegen den inzwischen verstorbenen Mandanten Sönke Vollenweider als Zeugin geladen.
a) Muss sie als Zeugin aussagen?
b) Macht es einen Unterschied, wenn die Erben von Sönke Vollenweider der Rechtsanwältin Marta Alcerrera Huerta erlauben auszusagen?
c) Gilt die Verschwiegenheitspflicht auch für andere Verfahren? Nennen Sie die entsprechenden Regelungen.

4. Die Rechtsanwältin Milena Kaczmarek hat Noemi Bartjen in einer strafrechtlichen Angelegenheit vertreten. Trotz mehrfacher Aufforderung begleicht Noemi Bartjen nach Beendigung des Verfahrens jedoch nicht die Honorarforderung. Verhindert die anwaltliche Schweigepflicht die Geltendmachung der Honorarforderung?

5. Die Rechtsanwaltsfachangestellte Cara Uphoff ist mit ihrem Job unzufrieden. Sie möchte gerne „ein Organ der Rechtspflege" sein und Mandanten vertreten.
a) Sind Rechtsanwaltsfachangestellte Organe der Rechtspflege? Nennen Sie drei Beispiele für Organe der Rechtspflege.
b) Was müsste Cara Uphoff tun, um als Rechtsanwältin arbeiten zu können?
c) Was müsste sie tun, um als Notarin arbeiten zu können?

6. Der Einzelanwalt Herbert Gödecke möchte neue Mandanten gewinnen. Dazu entwirft er ein Plakat, auf dem ein misshandelter Kriegsgefangener aus dem Abu-Ghuraib-Gefängnis zu sehen ist. Darauf prangt in großen Buchstaben die Aufschrift „Wenn Sie nicht so enden wollen – Rechtsanwalt Gödecke hilft!". Die Plakate sollen an Bushaltestellen auf gemieteten Werbeflächen angebracht werden.
a) Ist diese Art der Werbung zulässig?
b) Der Rechtsanwalt Herbert Gödecke überlegt sich zudem, im örtlichen Jobcenter wartende Personen anzusprechen und ihnen seine Dienste anzubieten. Beurteilen Sie die Situation.
c) Um seriöser zu wirken, möchte er zudem die Bezeichnung „Gödecke Rechtsanwälte und Notare" oder „Gödecke und Partner" führen. Ist das zulässig?

7. Die Rechtsanwältin Inga Holleboom ist bereits Fachanwältin für Erbrecht und ebenso für Familienrecht. Nun hat sie auch noch den Fachanwaltslehrgang für Arbeitsrecht absolviert.
   a) Wie viele Fachanwaltsbezeichnungen darf sie maximal führen?
   b) Darf sie mit der Bezeichnung „Fachanwaltsausbildung Arbeitsrecht“ werben?

8. Konrad Giersch sucht auf der Website des Rechtsanwalts Klaus-Dieter Hansche nach dessen Faxnummer. Welche Angaben müssen in der Anbieterkennzeichnung, dem sog. Impressum, auf der Website einer Rechtsanwaltskanzlei gem. § 5 TMG (Telemediengesetz) enthalten sein?

9. Die Rechtsanwaltskanzlei Neidert Neelmeier Rechtsanwälte ist der Meinung, dass in Zukunft die Nachfrage nach anwaltlicher Beratung zu Firmengründungen in Litauen steigen wird und möchte daher eine zusätzliche Mitarbeiterin einstellen.
   a) Was bedeutet der Begriff „Nachfrage“? Wie entsteht Nachfrage?
   b) Nennen Sie zwei Beispiele für mögliche Einflussfaktoren, die die Nachfrage nach anwaltlichen Dienstleistungen verändern können.

10. Die Rechtsanwaltsfachangestellte Luzie Mertens soll für die Kanzlei eine neue Kaffeemaschine für maximal 300,00 € kaufen. Wie wirkt es sich aus, wenn sie dabei nach dem Maximal-, Minimal- oder Optimalprinzip oder dem ökologischen Prinzip vorgeht?

11. Die Rechtsanwälte Reemt Niehoegen und Wassim Abdelaziz überlegen gemeinsam mit der Steuerberaterin Sabrina Moullion eine Kanzlei zu gründen.
   a) Nennen Sie zwei in der Praxis verbreitete Arten, wie der Zusammenschluss von Rechtsanwälten und Steuerberatern organisiert sein kann. Benennen Sie die jeweiligen Vor- und Nachteile.
   b) Dürfen sie die Bezeichnung „Rechtsanwälte und Steuerberater“ führen?

12. Der 17-jährige Necdal Karahan und die 19-jährige Eurydice Weller beginnen eine Ausbildung zum bzw. zur Rechtsanwaltsfachangestellten in der Kanzlei Dr. Hegewald und Partner.
   a) Welche Mindestangaben müssen in ihren Ausbildungsverträgen enthalten sein?
   b) Wie viele Arbeitstage Urlaub stehen ihnen jeweils bei einer Fünftagewoche mindestens zu?

13. Im Arbeitsvertrag von Anne Ackenhausen wird auf einen geltenden Tarifvertrag und auf eine Betriebsvereinbarung Bezug genommen. Nennen Sie die Vertragsparteien bei folgenden Verträgen und für wen die Regelungen jeweils Wirkung entfalten:
   a) Arbeitsvertrag
   b) Tarifvertrag
   c) Betriebsvereinbarung

14. Die Rechtsanwalts- und Notarfachangestellte Heidemarie Thyme ist mit dem Gehalt und den Arbeitsbedingungen in der Kanzlei, in der sie angestellt ist, unzufrieden. Sie hat bei Gesprächen mit Kollegen erfahren, dass es vielen anderen ähnlich geht.
   a) Dürfen Rechtsanwaltsfachangestellte bzw. Rechtsanwalts- und Notarfachangestellte streiken?
   b) Dürfen Richter streiken?

15. Da die Postzusteller gerade streiken, werden alle Mitarbeiter des Notariats Große Bergstraße darauf hingewiesen, dringende Schriftstücke zur Sicherheit per Kurier zu verschicken.
a) Wann darf eine Gewerkschaft zum Streik aufrufen?
b) Nennen Sie ein Beispiel für eine Streikart, die unzulässig ist.

Hinweis: Weitere Fälle zur Stellung des Rechtsanwalts, des Notars und des Patentanwalts im Rechtssystem sowie zur Handhabung von Gesetzen und Verordnungen finden Sie bei den Übungsfällen zur Zwischenprüfung, vgl. Prüfungsbereich 2, Kapitel a) und b), Seiten 41 – 42 und 45 – 47.

Teil II: Lösungen zu den Fällen aus Teil I

Prüfungsbereich 1: Geschäfts- und Leistungsprozesse

a) Arbeitsorganisatorische Prozesse planen, durchführen und kontrollieren (Re, ReNo)

1. a) Vanessa Wegner könnte hier z. B. Stehsammler einsetzen. In ihnen können die einzelnen Ausgaben der Fachzeitschrift gesammelt werden bis sie zum Buchbinder gebracht werden. Die Stehsammler sollten anschließend mithilfe von Rückenschildern beschriftet werden.

b) Die Auszubildende sollte die Ordner mithilfe von Rückenschildern mit der Bezeichnung der Handakte o. Ä. beschriften, sodass diese eindeutig dem Fall zugeordnet werden können.

c) Hier eignet sich z. B. der Einsatz von externen Festplatten. Auf ihnen kann Vanessa Wegner die gesamten Dateien zur Sicherheit abspeichern.

d) Vanessa Wegner könnte z. B. mithilfe von Trennstreifen oder Registern die Rechnungen sortieren: 1. Teil = Umbau Einfamilienhaus, 2. Teil = Errichtung Carport. Anschließend werden die Rechnungen z. B. noch nach Datum sortiert. Zuletzt sollte die Auszubildende den Ordner mit der Bezeichnung der Akte o. Ä. beschriften, damit dieser eindeutig der Mandantin zugeordnet werden kann.

2. Alexandra Oldenburg benötigt für das Anlegen einer Handakte folgende Arbeitsmittel: Aktendeckel mit Abheftvorrichtung, Formulare (Handaktenbogen, Mandatsaufnahmebogen), Locher. Weiterhin benötigt sie Aktenreiter aus Metall oder Kunststoff (= Ordnungsmittel).

3. a) Der Rechtsanwaltsfachangestellte wird den Fristenkalender einsetzen, um die Frist von zwei Wochen einzutragen.

b) Daniel Wilhelmi wird das Formular „Antrag auf Erlass eines Pfändungs- und Überweisungsbeschlusses“ einsetzen.

c) Diese Mitteilung wird der Rechtsanwaltsfachangestellte mithilfe eines Telefonnotizzettels in der Akte vermerken.

d) Der Rechtsanwaltsfachangestellte Daniel Wilhelmi wird Kai Haase das Formular „Erklärung über die persönlichen und wirtschaftlichen Verhältnisse“ aushändigen, das für den Antrag auf Prozesskostenhilfe benötigt wird.

4. a) Die Ablauforganisation hilft, betriebliche Abläufe (standardisierte Arbeitsabläufe) sinnvoll zu gestalten.

b) Es gibt drei Arten der Ablauforganisation:
- Bei der **funktionsorientierten** Ablauforganisation wird der Arbeitsablauf in einzelne Arbeitsschritte unterteilt, damit diese optimal ausgeführt werden können.
- Bei der **zeitorientierten** Ablauforganisation wird Beginn/Ende/Dauer eines Arbeitsschritts erläutert. Der Ablauf wird zeitlich optimiert abgestimmt auf personelle, maschinelle und technische Gegebenheiten.
- Die **raumorientierte** Ablauforganisation ist die Grundlage der Arbeitsplatzgestaltung. Stellen, die häufig zusammenarbeiten, sollten möglichst nahe beieinander liegen.

5. a) In kleinen Betrieben eignet sich das Einliniensystem.

b) Das Einliniensystem hat folgende Vor- und Nachteile:
Vorteile: klare Anordnungen und Entscheidungen, keine Kompetenzschwierigkeiten, sehr gute Kontrollmöglichkeiten durch den Vorgesetzten, Vorgesetzter ist über alles informiert
Nachteile: Konzentration der Arbeit beim Vorgesetzten, keine Spezialisierung des Vorgesetzten möglich, Vorgesetzter wird über jede Kleinigkeit informiert. Es wird immer nur der nächste Vorgesetzte informiert, der die Information wiederum an seinen Vorgesetzten weiterleitet, wodurch die Bearbeitung zeit- und arbeitsintensiv wird.

6. Lösungsbeispiel:

Arten von Fristen:
- Ereignisfrist: Für den Beginn der Frist ist ein Ereignis entscheidend. Der Tag der Fälligkeit wird bei der Berechnung der Frist nicht mitgerechnet (§ 187 Abs. 1 BGB).
- Verlaufsfrist: Der Beginn eines Tags ist entscheidend. Der Tag wird mitgerechnet (§ 187 Abs. 2 S. 1 BGB).

Fristberechnung:
Die Fristenberechnung hängt davon ab, für welchen Zeitraum sie festgelegt wurde:
- Die Tagesfrist endet am letzten Tag der Frist (§ 188 Abs. 1 BGB).
- Die Wochenfrist endet am gleichen Wochentag (§ 188 Abs. 2 BGB).
- Die Monatsfrist endet am Tag mit derselben Zahl (§ 188 Abs. 2 BGB). Die Monatsfrist ist nicht gleichzusetzen mit vier Wochen. Falls es den berechneten Tag in dem Monat nicht gibt, endet die Frist mit dem Ablauf des letzten Tags dieses Monats (§ 188 Abs. 3 BGB).
- Die Jahresfrist endet am letzten Tag des entsprechenden Jahrs.

Besonderheiten:
Fällt das Ende der Frist auf einen Samstag, Sonntag oder Feiertag, endet die Frist am darauffolgenden Werktag (§ 193 BGB).

7. Da hier eine Dopplung von Gerichtsterminen vorliegt, muss die Rechtsanwaltsfachangestellte Celina Jürgensmeyer den Termin vor dem Landgericht Nürnberg verlegen lassen. Denn bei einer Dopplung von Gerichtsterminen hat in der Regel der Termin Bestand, der schon seit längerer Zeit feststeht, hier also der Termin beim Amtsgericht Bamberg.

8. a) Vorliegend eignet sich der Einsatz einer Zeitmanagement-Methode.

b) Zunächst müsste die Rechtsanwaltsfachangestellte Stephanie Hartlaub die ihr zu erledigenden Aufgaben und Termine notieren:

Aufgaben und Termine notieren

Aufgabe		Termin
1. Johannes Neubauer ./. Jonas Schiffer	Schriftsatz nach Diktat	Frist: morgen
2. Emanuela Gantke ./. Björn Walther	Fristverlängerungsantrag	Frist: heute
3. Jonathan Rumpel ./. Denise Papke	Schreiben an RA-Gegner	Frist: eine Woche
4. Angebot Firma Kaffeegut GmbH	Angebotsvergleich vornehmen	keine Frist

Stephanie Hartlaub muss anschließend aufgrund von Erfahrungswerten den Zeitaufwand schätzen. Dieser wurde im geschilderten Fall bereits angegeben:

Länge/Zeitaufwand schätzen

Aufgabe		Termin	Zeitaufwand
1. Neubauer ./. Schiffer	Schriftsatz nach Diktat	Frist: morgen	ca. 80 Min.
2. Gantke ./. Walther	Fristverlängerungsantrag	Frist: heute	ca. 15 Min.
3. Rumpel ./. Papke	Schreiben an RA-Gegner	Frist: eine Woche	ca. 50 Min.
4. Firma Kaffeegut GmbH	Angebotsvergleich vornehmen	keine Frist	ca. 20 Min.

Anschließend muss Stephanie Hartlaub für jede Aufgabe Pufferzeiten einplanen, da immer etwas Unvorhergesehenes dazwischenkommen kann. Je länger eine Aufgabe in etwa dauert, desto mehr Pufferzeiten sollten eingeplant werden:

Pufferzeiten einplanen

Aufgabe		Termin	Zeitaufwand	Pufferzeiten
1. Neubauer ./. Schiffer	Schriftsatz	Frist: morgen	ca. 80 Min.	ca. 20 Min.
2. Gantke ./. Walther	Fristverlängerung	Frist: heute	ca. 15 Min.	ca. 5 Min.
3. Rumpel ./. Papke	Schreiben	Frist: eine Woche	ca. 50 Min.	ca. 15 Min.
4. Firma Kaffeegut GmbH	Angebotsvergleich	keine Frist	ca. 20 Min.	ca. 5 Min.

Nachdem die Pufferzeiten eingeplant wurden, muss Stephanie Hartlaub entscheiden, in welcher Reihenfolge die zu erledigenden Aufgaben zu bearbeiten sind. Da im vorliegenden Fall die Termine eindeutig sind, können die Prioritäten einfach gesetzt werden:

Entscheidungen treffen

Aufgabe		Termin	Zeitaufwand	Pufferzeiten
1. Gantke ./. Walther	Fristverlängerung	Frist: heute	ca. 15 Min.	ca. 5 Min.
2. Neubauer ./. Schiffer	Schriftsatz	Frist: morgen	ca. 80 Min.	ca. 20 Min.
3. Rumpel ./. Papke	Schreiben	Frist: eine Woche	ca. 50 Min.	ca. 15 Min.
4. Firma Kaffeegut GmbH	Angebotsvergleich	keine Frist	ca. 20 Min.	ca. 5 Min.

Spätestens am Ende des Arbeitstags sollte die Rechtsanwaltsfachangestellte kontrollieren, ob die Aufgaben erledigt werden konnten. Gegebenenfalls noch zu erledigende Aufgaben müssen in die Planung für den nächsten Tag übernommen werden.

c) Da es sich bei Fristverlängerungsanträgen um Standardformulierungen handelt, eignet sich hier z. B. der Einsatz von Schnellbausteinen oder vorbereiteten Formularen. Wenn Schnellbausteine oder Formulare verwendet werden, muss der Schriftsatz nach Anfertigung besonders gründlich durchgelesen werden, ob die Anschrift, die Bezeichnung der Sache sowie der Grund der Fristverlängerung korrekt angegeben wurden.

9. a) Bei der ABC-Methode werden die Arbeiten in drei Kategorien eingeteilt:
- A-Aufgaben = sehr wichtig und dringend, sofort erledigen
- B-Aufgaben = wichtig, nicht so dringend, Termin setzen oder delegieren
- C-Aufgaben = nicht wichtig, Routineaufgaben

Alle Aufgaben werden in eine Tabelle übernommen, die Akten entsprechend sortiert. Wenn eine Aufgabe erledigt wurde, ist ein Erledigungsvermerk zu setzen. Die Aufgaben, die am Ende des Tags keinen Erledigungsvermerk tragen, werden auf den nächsten Tag übertragen. Damit wird ein Überblick über alle zu erledigenden Aufgaben gewährleistet, insbesondere über die Aufgaben, die wichtig sind und dringend erledigt werden müssen.

b) Die Aufteilung nach der ABC-Methode könnte wie folgt aussehen:

A-Aufgaben
- Druckerpapier bestellen, spätestens am 10.11.2017
- Michael Issing ./. Olivia Seufert, Aufstellung über Nachlassverbindlichkeiten, Frist: 13.11.2017

B-Aufgaben
- Georg Wagner ./. Vera Klier, Anforderung von Unterlagen vom Mandanten, Frist: 21.11.2017
- Georg Wagner ./. Vera Klier, Berufungsbegründung (nach Diktat), Frist: 28.11.2017
- Weihnachtskarten bestellen, spätestens am 29.11.2017
- Roman Hübner ./. Heidrun Mangold, Kopie der Ermittlungsakte, Frist: 01.12.2017
- Sven Röll ./. Thomas Haupt, Klageerwiderung, Frist: 05.12.2017

C-Aufgabe
Akten, deren Aufbewahrungszeit abgelaufen ist, der Vernichtung zuführen

10. a) Stress kann vermieden werden, indem
- realistische Zielvorgaben gesetzt werden,
- maximal fünf klare Zeile täglich formuliert werden, damit der Fokus auf diesen Aufgaben liegt,
- die Zielführung durch ständiges Feedback von den Teammitgliedern erleichtert wird,
- in sinnvoll zusammengestellten Teams gearbeitet wird und
- das Gemeinschaftsgefühl gestärkt wird.

b) Wird Stress vermieden, tritt automatisch eine Leistungssteigerung ein.

11. Damit die Arbeit ordnungsgemäß erledigt werden kann, sollten sich Milena Gruber, Lea Borowski und Brenda Johannson gegenseitig unterstützen. Das gemeinsame Ziel der drei Mitarbeiter ist es, die anfallende und dringend zu erledigende Arbeit abzuarbeiten.

12. a) Der Rechtsanwalt Xaver Riedel kann z. B. wählen zwischen einem Handout in Papierform für die Teilnehmer, dem Einsatz eines Beamers zur Darstellung einer PowerPoint-Präsentation oder der Verwendung eines Flipcharts.

b) Linda Meringer muss z. B. vor dem Vortrag prüfen, ob
- im Falle des Einsatzes eines Handouts alles korrekt kopiert wurde.
- im Falle des Einsatzes eines Beamers dieser und die zugehörige Fernbedienung funktionieren.
- im Falle der Verwendung eines Flipcharts genug Papier und Stifte vorhanden sind und ob die Stifte schreiben.

c) Folgende Feedbackregeln sollte der Feedback-Geber beachten:
- Das Feedback sollte zeitnah und auf Wunsch erfolgen.
- Das Feedback sollte immer positiv beginnen und auf das Wesentliche bezogen sein.
- Im Feedback sollte die konkrete Situation durch präzise Darstellung der Wahrnehmung beschrieben werden, ohne eigene Interpretation.
- Im Feedback sollte das beschrieben werden, was das Beobachtete für einen selbst bedeutet oder wie dieses interpretiert wurde.
- Im Feedback sollten Anregungen, Wünsche und Ideen formuliert werden.
- Das Feedback sollte mit der Sicherstellung abgeschlossen werden, dass der Empfänger etwas damit anfangen kann.

13. a) Relevante gesetzliche Regelungen zur Arbeitsplatzgestaltung finden sich z. B. im Arbeitsschutzgesetz (ArbSchG) oder in der Arbeitsstättenverordnung (ArbStättV).

b) Beschwerden, die bei den Mitarbeitern auftreten können, sind Kopfschmerzen, Augenirritationen wie trockene Augen, Schmerzen in Schultern und Armen oder Nacken- und Rückenschmerzen.

c) Der Büroarbeitsplatz muss möglichst ausreichend Tageslicht erhalten. Er sollte sich daher in der Nähe eines Fensters befinden. Dabei ist jedoch darauf zu achten, dass der Arbeitsplatz in möglichst paralleler Blickrichtung zum Fenster angeordnet ist, sodass Spiegelungen vermieden werden. Darüber hinaus ist zusätzlich eine künstliche Beleuchtung erforderlich. Ideal ist dabei ein Lichtkonzept, das aus Decken- und Arbeitsplatzleuchten besteht. Die Deckenbeleuchtungen sorgen für eine ausreichende Grundhelligkeit im Raum. Mithilfe der Arbeitsplatzleuchte können Mitarbeiter zudem die Beleuchtung individuell an ihre Bedürfnisse anpassen. Ein ausreichendes Beleuchtungsniveau erfordert einen Mindestwert der Beleuchtungsstärke von 500 Lux.

14. Unterschieden werden zum einen die Vermeidung von Gesundheitsschäden und zum anderen die Förderung der Gesundheit. Gesundheitsschäden können z. B. durch eine ergonomische Gestaltung des Arbeitsplatzes vermieden werden. Die Gesundheit der Mitarbeiter kann z. B. dadurch gefördert werden, dass unnötiger Stress vermieden wird, etwa durch eine klare Aufgabenverteilung oder die Vermeidung monotoner und unterfordernder Aufgaben.

15. Folgende Vorschläge sind denkbar
- Akten elektronisch führen
- nur noch Recycling-Papier verwenden
- nur wichtige Dinge (z. B. Fachaufsätze) ausdrucken
- beidseitig drucken
- Fehldrucke als Schmierpapier verwenden
- Schmierpapier Kindergärten als Mal- und Bastelpapier zur Verfügung stellen
- bei Druckerpatronen und sonstigem Büromaterial nachfüllbare Produkte kaufen
- wieder aufladbare Batterien (Akkus) kaufen
- Geräte kaufen, die ohne Batterien funktionieren (z. B. Maus)
- Geräte nicht im Standby-Modus belassen
- neue, energieeffiziente Elektrogeräte kaufen
- sinnvoll heizen und lüften
- die Beleuchtung nur bei Bedarf einschalten
- beim Einkauf für die Kaffeeküche auf wenig Verpackungsmaterial und lokale Produkte achten
- Mitarbeiter werden dabei unterstützt mit dem Fahrrad oder dem öffentlichen Nahverkehr zur Arbeit zu kommen

b) Zur Qualitätsverbesserung betrieblicher Prozesse beitragen (Re, ReNo)

1. a) Lösungsbeispiel:

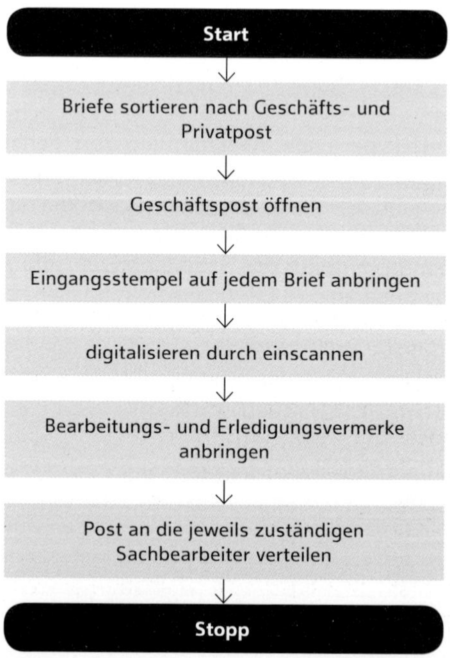

b) Der Prozessablaufplan „Bearbeitung des Posteingangs“ sollte deshalb erstellt werden, damit Fehler, wie z. B. der fehlende Eingangsstempel, in Zukunft vermieden werden. Damit wird sichergestellt, dass zukünftig nachgewiesen werden kann, wann Briefe in der Kanzlei eingegangen sind.

c) Lösungsbeispiel:

Prozessablauf	**Arbeitsanweisungen**
Briefe sortieren nach Geschäfts- und Privatpost	• auf Anschrift achten • Irrläufer ungeöffnet an die Post zurückgeben
Geschäftspost öffnen	• Brieföffner zum Öffnen der Briefe verwenden • Brief an der Längsseite aufschlitzen • aufpassen, dass der Brief sowie ggf. beiliegende Anlagen nicht mit aufgeschlitzt werden • Kontrolle, ob alle angegebenen Anlagen beiliegen
Eingangsstempel auf jedem Brief anbringen	• überprüfen, ob das Tagesdatum beim Stempel eingestellt ist • Stempel anbringen • bei Privatpost auf den Briefumschlag stempeln
digitalisieren durch einscannen	• Heftklammern o. Ä. entfernen • Schreiben einscannen • Schreiben verschlagworten, eindeutig benennen und entsprechend abspeichern
Bearbeitungs- und Erledigungsvermerke anbringen	• Schreiben durchsehen • Fristen und/oder Termine im Kalender entsprechend notieren • Vermerk auf dem Schreiben anbringen
Post an die jeweils zuständigen Sachbearbeiter verteilen	• Briefe der entsprechenden Akte zuordnen • Akten entsprechend an die Sachbearbeiter verteilen

2. a) Im Prozessablaufplan fehlt zum einen, dass über das Telefonat eine Telefonnotiz angefertigt werden muss, die in der Akte abzuheften ist. Zum anderen muss der zuständige Sachbearbeiter über das Telefonat und damit über den Sachstand informiert werden, bevor die Akte auf Wiedervorlage gelegt wird.

b) Uwe Lewandowski passt noch die zum Prozessablaufplan gehörenden Arbeitsanweisungen an. Sodann gibt er den Prozessablaufplan nebst den dazu gehörenden Arbeitsanweisungen allen Mitarbeitern zur Kenntnisnahme. Anschließend heftet er die Unterlagen im Kanzleihandbuch ab bzw. speichert die entsprechenden Daten.

3. a) Dadurch, dass die Rechtsfachwirtin das Kanzleihandbuch mit allen Prozessablaufplänen und Arbeitsanweisungen an die neue Angestellte übergibt, ist eine schnellere Einarbeitung möglich.

b) Lösungsbeispiel:

Das Kanzleihandbuch – bestehend aus 68 Seiten – wurde der Rechtsanwaltsfachangestellten Natascha Weiser am 01.10.2017 von der Rechtsfachwirtin Annalena Tenuta übergeben. Natascha Weiser wurde darauf hingewiesen, dass diese Prozessablaufpläne nebst Arbeitsanweisungen ohne Einschränkungen gelten. Sie gelten so lange, bis sie aufgehoben oder ggf. ersetzt werden. Natascha Weiser wurde weiterhin über die Haftungsfrage bei Fristversäumnissen oder falsch ausgeführten Tätigkeiten belehrt.

c) Büro- und Verwaltungsaufgaben planen, durchführen und kontrollieren (Re, ReNo)

1. a) Die Rechtsanwaltsfachangestellte sollte wie folgt vorgehen:
- Eingangsstempel anbringen
- Gerichtstermin im Kalender eintragen
- auf dem gerichtlichen Schreiben einen Erledigungsvermerk mit dem Handzeichen anbringen
- zuständigen Sachbearbeiter über den Termin informieren
- Mandanten anschreiben und über den Termin informieren sowie darüber, ob das persönliche Erscheinen angeordnet wurde

b) Beim Anschreiben an den Mandanten reicht es aus, wenn Inken Jörgenssen es mithilfe eines Standardbriefs versendet, frankiert mit einer Briefmarke à 0,70 € (Stand: 01.01.2017). Die Briefsendung beinhaltet lediglich das Anschreiben sowie das Schreiben des Gerichts, also nicht mehr als drei Seiten. Eine besondere Versendungsform ist nicht notwendig, da kein besonderer Nachweis über den Zugang des Schreibens erforderlich ist.

2. Paul Luckert hat mit dem Eintragen in die Teilnehmerliste darin eingewilligt, seine Daten zu speichern und ihn über weitere Vorträge zu informieren (§ 4 a BDSG). Nun möchte er keine Informationen über weitere Vorträge mehr erhalten. Der Rechtsanwalt Dr. Markus Willacker ist daher verpflichtet die Daten von Paul Luckert zu löschen (§ 6 BDSG).

3. Der Rechtsanwaltsfachangestellte Tim Kick wird Jutta Martinez erklären, dass sie das Kündigungsschreiben mithilfe der besonderen Versendungsform „Einschreiben“ in Kombination mit „Rückschein“ versenden muss. Durch das Einschreiben wird dokumentiert, dass der Brief bei der Deutschen Post AG aufgegeben wurde. Auf dem Rückschein (= vorbereitete Empfangsbestätigung) quittiert der Empfänger den Erhalt des Briefs. Über die Deutsche Post AG erhält der Absender den Rückschein zurückgesandt.

4. a) Die Rechtsanwaltsfachangestellte sollte, ggf. mithilfe des Anwaltsprogramms, wie folgt vorgehen:
- Eingabe der Stammdaten der Mandantin, des Gegners usw. in das Formular „Handaktenbogen"
- Vergabe eines Aktenzeichens
- Eintrag in das Prozessregister unter Angabe des Aktenzeichens, der Sache und des Anlegedatums
- sortieren der von der Mandantin übergebenen Unterlagen
- einordnen der Unterlagen in den Aktendeckel, wobei darauf zu achten ist, dass der Handaktenbogen oben aufgeheftet ist
- beschriften der Akte

b) Carolin Haas recherchiert im Internet über www.insolvenzbekanntmachungen.de, ob Raphael Laurin Insolvenz angemeldet hat. Hierfür benötigt sie den Namen, das Geburtsdatum u. a. Die genauen Daten entnimmt sie den von der Mandantin übergebenen Unterlagen. Die ermittelten Informationen sollte Carolin Haas ausdrucken und an den Rechtsanwalt Björn Simmons weiterleiten.

c) Die Auszubildende Karin Rettner muss beim Archivieren der Akte beachten, dass diese in eindeutig beschrifteten Schachteln/Boxen aufbewahrt wird, damit sie jederzeit einfach herausgesucht werden kann. Die entsprechende Ablagenummer muss in der Anwaltssoftware und/oder im Prozessregister notiert werden. Nach einer gesetzlich festgeschriebenen Zeit kann die Akte vernichtet werden (sofern alle erforderlichen Unterlagen, wie z. B. Titel, an den Mandanten übergeben wurden):
- Nach fünf Jahren kann die Handakte des Rechtsanwalts gem. § 50 BRAO vernichtet werden. Die Aufbewahrungsfrist erlischt jedoch bereits vor diesem Zeitraum, wenn die Mandantschaft sechs Monate lang der Aufforderung durch den Rechtsanwalt nicht nachgekommen ist, die Handakten in Empfang zu nehmen.
- Nach sechs Jahren kann die Rechtsanwaltsakte gem. § 147 AO vernichtet werden. Es empfiehlt sich jedoch, die Akte erst nach zehn Jahren der Vernichtung zuzuführen, da etwaige Haftungsansprüche ggf. erst nach zehn Jahren verjähren.

d) Bei der Aktenvernichtung muss darauf geachtet werden, dass die Akten mittels eines Aktenvernichters unleserlich gemacht werden. Bei größeren Mengen an Akten empfiehlt es sich, eine Firma mit der Aktenvernichtung zu beauftragen.

5. a) Es müssen folgende Bestimmungen beachtet werden:
- Nach § 3 a BDSG gilt der Grundsatz der Datenvermeidung und Datensparsamkeit, d. h., es sollen möglichst wenige personenbezogene Daten erhoben und verarbeitet werden bzw. nicht mehr benötigte Daten gelöscht oder unkenntlich gemacht werden.
- Gemäß § 4 BDSG dürfen Daten nur erhoben, verarbeitet oder genutzt werden, soweit das Bundesdatenschutzgesetz oder eine andere Rechtsvorschrift dies erlaubt bzw. anordnet.
- Nach § 9 BDSG müssen technische und organisatorische Maßnahmen ergriffen werden, um Daten vor Verlust, Verfälschung oder unerlaubter Kenntnisnahme zu schützen, d. h., es müssen Firewall und Antivirenprogramme u. a. eingesetzt werden.

b) Tina Aufhausser muss bei der Aktenvernichtung der elektronischen Akten darauf achten, dass sämtliche Dateien unwiderruflich gelöscht werden (§ 3 a BDSG).

6. a) Der Rechtsfachwirt könnte über www.google.de oder über frei zugängliche spezialisierte Portale (z. B. www.dejure.org) nach der neuesten Rechtsprechung suchen. Die benötigten Informationen wird er jedoch am einfachsten und schnellsten über fachspezifische kostenpflichtige Datenbanken erhalten, z. B. über www.juris.de.

b) Der Rechtsfachwirt André Mallon sollte darauf achten, dass er nur seriöse Seiten verwendet und die Quellenangaben überprüft.

c) André Mallon könnte das Ergebnis der Internetrecherche in Form eines Aktenvermerks festhalten, in dem die entsprechenden Urteile zitiert und ggf. beigelegt werden. Es besteht auch die Möglichkeit, die Urteile auszudrucken oder elektronisch abzuspeichern.

d) Der Rechtsfachwirt muss die Ergebnisse der Recherche in jedem Fall dem zuständigen Sachbearbeiter, also dem Rechtsanwalt Dr. Achim Braun, vorlegen bzw. zur Verfügung stellen. Dies kann z. B. durch die Übermittlung einer elektronischen Datei per E-Mail geschehen oder mittels eines USB-Sticks.

7. Nora Greene sollte wie folgt vorgehen:
- Akte anlegen
- Frist errechnen (06.10.2017) und im Kalender eintragen
- Wiedervorlage in drei Tagen notieren, also am 28.09.2017
- Mandant ggf. anrufen, falls die Unterlagen noch nicht da sind

8. a) Bevor Barbara Scholz die auf der SD-Karte gespeicherten Dateien auf ihrem Rechner speichert, muss sie überprüfen, ob diese Viren enthalten. Erst wenn das Antivirenprogramm bestätigt, dass die Dateien virenfrei sind, sollten diese auf dem Rechner abgespeichert werden.

b) In diesem Fall sollte die Auszubildende die Mandantin kontaktieren (telefonisch, per E-Mail) und sie bitten, die Dateien auf einem anderen Weg zur Verfügung zu stellen, z. B. per E-Mail, mittels eines USB-Sticks oder einer gebrannten CD-ROM.

9. a) Der Begriff „Schriftgut“ umfasst Dokumente, Unterlagen und Schreiben aller Art. Die „vertikal-hängende Registratur“ ist eine Hängeregistratur, die als Zwischenablage verwendet wird bzw. der Aufbewahrung der Akten im Schreibtisch dient. Die Akten werden hierin „abgehängt“ bis sie wieder benötigt werden.

b) Es bietet sich die alphabetische Ordnung nach DIN 5007 an.

10. a) Eine Datensicherung sollte regelmäßig erfolgen, um den Verlust von Daten zu verhindern.

b) Daten können gesichert werden, indem sie beispielsweise auf einen externen Datenträger (z. B. Festplatte) kopiert werden.

11. a) Bei der Ermittlung des Materialbedarfs spielen verschiedene Kriterien eine Rolle:
- Alexandra Kleinschrod muss von dem angenommenen Verbrauch ausgehen. Erfahrungswerte sind hier von Vorteil.
- Weiterhin ist der Lagerplatz maßgeblich, der zur Verfügung steht.
- Es muss berücksichtigt werden, ob sich die Ware gut lagern lässt oder ob durch eine längere Lagerzeit ein Qualitätsverlust eintreten kann.

b) Beim Angebotsvergleich sollten folgende Kriterien berücksichtigt werden:
- Preis, einschließlich der Nebenkosten
- Wareneigenschaften
- Preisnachlässe, Rabatt oder Boni
- Skonto
- Zahlungsfristen

c) Alexandra Kleinschrod sollte zunächst kontrollieren, ob so geliefert wurde wie bestellt. Die Ware muss hinsichtlich Qualität und Quantität stimmen. Anschließend muss das Büromaterial korrekt eingelagert werden. Dies bedeutet, dass es trocken in einem Materialraum oder -schrank gelagert wird. Innerhalb des Materialraums/-schranks sollte die Ware systematisch aufbewahrt werden. Beispielsweise sollte Papier gut greifbar sein, weil es am häufigsten benötigt wird.

12. a) Der Rechtsanwaltsfachangestellte sollte zunächst verschiedene Angebote bei Schreinereien und Büromaterialherstellern einholen. Diese Angebote müssen anschließend verglichen werden. Dabei spielen folgende Kriterien eine Rolle: Preis, Wareneigenschaften, Preisnachlässe, Skonto, Zahlungsfristen.

b) Der Einstandspreis wird anhand der sog. Vorwärtskalkulation ermittelt:

Preis je Einheit
+ evtl. Mindermengenzuschlag
– Vorsteuer
– Preisabschläge
+ Transportkosten
+ Bezugsnebenkosten (z. B. Zölle)
= Einstandspreis

d) Elektronischen Rechtsverkehr nutzen (Re, ReNo)

1. a) Erforderlich sind die Installation und Einrichtung des EGVP-Clients, eine Signaturkarte, ein Kartenlesegerät sowie ein Internetanschluss.

b) Wenn der Schriftsatz erfolgreich übermittelt wurde, erhält die Rechtsanwaltskanzlei Dr. Schön, Leyer & Kollegen GbR eine automatisch generierte elektronische Zugangsnachricht. Hiermit gelten die übermittelten Daten als rechtswirksam bei Gericht eingegangen.

c) Nein, dies ist nicht möglich, da nicht alle Gerichte und Behörden in Deutschland daran teilnehmen.

d) Der elektronische Rechtsverkehr soll zur Verfahrensbeschleunigung und zur Effizienzsteigerung bei der Bearbeitung führen sowie den Zugang zu Gerichten und Behörden unter Wahrung der Rechtssicherheit erleichtern. Zudem bietet der elektronische Rechtsverkehr den Kanzleien eine sichere und zuverlässige Übertragung von Dokumenten und Schriftsätzen mittels Authentifizierungs- und Verschlüsselungstechniken.

2. Mit dem ERV-Gesetz soll stufenweise eine flächendeckende Einführung des elektronischen Rechtsverkehrs für alle Gerichtsbarkeiten erreicht werden.

3. Die Rechtsanwaltsfachangestellte muss wie folgt vorgehen:

- Klageschrift in der elektronischen Akte bzw. in dem entsprechenden elektronischen Verzeichnis abspeichern
- Unterlagen, die der Klageschrift als Anlagen beizufügen sind, einscannen und als PDF-Datei in der elektronischen Akte bzw. in dem entsprechenden elektronischen Verzeichnis abspeichern
- Klageschrift von dem zuständigen Sachbearbeiter prüfen und freigeben lassen
- Klageschrift und Anlagen zusammenfügen

- Signatur von dem zuständigen Sachbearbeiter einholen
- Dateien an das zuständige Landgericht Hannover versenden
- Sendeprotokoll in der elektronischen Akte bzw. in dem entsprechenden elektronischen Verzeichnis abspeichern

4. a) Lilo Markmann benötigt
- den Geburtsnamen und das Geburtsdatum der Marina Nörhaus,
- das Geburtsdatum des Gerd Nörhaus,
- die aktuelle Anschrift und den Geburtsort von Marina und Gerd Nörhaus sowie
- das Geburtsdatum, der Geburtsname und die aktuelle Anschrift der Karin Nörhaus.

b) Lilo Markmann erklärt, dass die **Vorsorgevollmacht** in Notfällen zum Tragen kommt. Der Vollmachtgeber bevollmächtigt eine von ihm ausgewählte Vertrauensperson (Vollmachtnehmer), die im Falle einer Notsituation für diesen handeln kann. Der Vollmachtnehmer vertritt den Vollmachtgeber in bestimmten Angelegenheiten, die sich aus der Vollmacht ergeben, wenn dieser selbst keine Willenserklärungen mehr abgeben kann. Das kann im Krankheitsfall dauerhaft oder nach einem Unfall vorübergehend nötig werden. Die in der Vollmacht enthaltene **Patientenverfügung** zielt auf die Behandlung im Krankheitsfall ab. In ihr wird möglichst detailliert aufgeführt, wie die Behandlung erfolgen soll. Sie enthält häufig die Verweigerung von lebensverlängernden Maßnahmen. Der Vollmachtgeber bestimmt beispielsweise, dass er nicht künstlich am Leben erhalten werden möchte, wenn keine hinreichende Aussicht auf Besserung des Gesundheitszustands besteht.
Die **Betreuungsverfügung** enthält meist im Kern einen Personenvorschlag in Bezug auf die Einrichtung einer möglichen Betreuung und einen Vorschlag zum späteren Aufenthalt des Betreuten (Vollmachtgebers). Das Betreuungsgericht wird von ihm gebeten, eine Person seines Vertrauens als Betreuer einzusetzen. Dies sollte möglichst keine fremde Person sein. Das Gericht muss dieser Bitte nicht zwingend nachkommen.

c) Lilo Markmann wird Marina Nörhaus erklären, dass eine Vorsorgevollmacht mit Patienten- und Betreuungsverfügung auch privatschriftlich erteilt werden kann. Wenn die Vorsorgevollmacht auch in Bezug auf die Verfügung über Immobilien erteilt wird, ist sie in jedem Fall beurkundungspflichtig, da das Grundbuchamt sie sonst nicht akzeptieren würde.

d) Marina Nörhaus kann die Registrierung selbst vornehmen. Sie braucht keine speziellen Zugangsdaten, wenn sie ihre Vorsorgevollmacht über die Internetseite der Bundesnotarkammer eingeben möchte. Ferner hat Marina Nörhaus die Möglichkeit, die Vollmacht postalisch registrieren zu lassen. Dies löst allerdings wegen des Mehraufwands bei der Registrierungsstelle Mehrkosten aus, die ihr in Rechnung gestellt werden. Sollte sie Fragen zum Ausfüllen der vorgegebenen Maske haben, kann sie sich über die Service-Hotline oder per E-Mail an die Bundesnotarkammer wenden. Da Marina Nörhaus die Vollmacht jedoch heute durch einen Notar beurkunden lässt, übernimmt dieser bzw. dessen Mitarbeiter automatisch die Registrierung (ohne Mehrkosten).

e) Lilo Markmann geht auf die Internetseite www.vorsorgeregister.de. Dort loggt sie sich in den Bereich „Institutionelle Nutzer" mittels der für den Notar Karsten Katzenberger relevanten Zugangsdaten (Kennung/Passwort) ein.

f) Lilo Markmann hat insgesamt vier Vollmachten zu registrieren:
- Marina Nörhaus auf Gerd Nörhaus
- Gerd Nörhaus auf Marina Nörhaus
- Marina Nörhaus auf Karin Nörhaus
- Gerd Nörhaus auf Karin Nörhaus

g) Der Notar Karsten Katzenberger erklärt Marina Nörhaus, dass die Onlineregistrierung **einer** Vollmacht 15,50 € und je weiterer Vollmacht zusätzlich 2,50 € kostet, sodass für diesen Fall konkret 36,00 € Gebühren anfallen. Der Notar Karsten Katzenberger informiert Marina Nörhaus ferner darüber, dass er nicht an dem von der Bundesnotarkammer angebotenen Lastschriftverfahren teilnimmt

h) aa) Der Notar Karsten Katzenberger erklärt Marina Nörhaus, dass sich die Bundesnotarkammer direkt an sie wenden und ihr eine Kostenrechnung zusenden wird, die sie zu begleichen hat, da er nicht am Lastschriftverfahren teilnimmt.

bb) Es fallen keine weiteren Kosten für spätere Korrekturen an.

cc) Die ZVR-Card dokumentiert das Bestehen und die Registrierung einer Vorsorgevollmacht. Sie enthält Name/-n und Telefonnummer/-n von bis zu zwei Bevollmächtigten. Die ZVR-Card soll ermöglichen, einen Bevollmächtigten im Notfall schnell zu erreichen. Sie sollte daher umgehend nach Erhalt ausgefüllt und stets vom Vollmachtgeber mitgeführt werden. Sie kann wegen des Formats (Scheckkarte) gut im Portemonnaie verwahrt werden.

5. a) Rosalie Kullin trägt die Urkunde in die Urkundenrolle ein, überarbeitet den Text in der EDV und druckt ihn aus, um eine beglaubigte Ablichtung für Edward Müller zu fertigen, die keinen handschriftlichen Text mehr enthält und daher für jeden gut lesbar ist, und eine beglaubigte Abschrift zur Urkundensammlung der Notarin Bella Schwan zu nehmen. Sie geht ins Internet und ruft die Seite www.testamentsregister.de des Zentralen Testamentsregisters der Bundesnotarkammer auf. Mittels dem ihr bekannten Benutzernamen und Passwort der Notarin loggt sie sich in den geschützten Onlinebereich ein. Sie trägt folgende Daten in die vorgegebene Maske ein: Vor- und Nachname, Geburtsdatum und -ort sowie die Anschrift des Erblassers, Urkundenrollennummer und Jahrgang sowie das Beurkundungsdatum des Testaments und den Vor- und Nachnamen der Notarin. Sie überprüft die Eingaben noch einmal sorgfältig auf Korrektheit, indem Sie diese mit den Angaben im Testament vergleicht. Dann bestätigt sie die Registrierung.
Das Zentrale Testamentsregister bietet ihr eine Reihe von Dokumenten an, die sie gern verwendet, um die Sache effektiv bearbeiten zu können: Vermerkblatt, Schreiben an die Verwahrstelle des Nachlassgerichts, Eintragungsbestätigung, Datenblatt für den Testamentsumschlag. Sie druckt die Dokumente aus und erstellt im Anschluss die Kostenrechnung für die Beurkundung des Testaments. Diese fügt sie dem Schreiben an Edward Müller bei und notiert eine Wiedervorlage, um den Eingang der Zahlung zu kontrollieren. Edward Müller erhält ferner eine Abschrift der Registrierungsbestätigung.
Das Testament (Original) wird gesiegelt (in der Regel mit einem Prägesiegel, da mehrseitig), in einen Umschlag gelegt und verschlossen. Der Umschlag wird mit dem Datenblatt versehen, von der Notarin Bella Schwan unterzeichnet und mit dem Präge- oder Lacksiegel gesiegelt. Es wird mittels des vom Zentralen Testamentsregister angebotenen Schreibens an die Verwahrstelle des Nachlassgerichts geschickt, in dessen Bezirk die Notarin Bella Schwan ihren Amtssitz hat.
Von allen Dokumenten wird eine Ablichtung in die Akte der Notarin geheftet. Die Kostenrechnung wird darüber hinaus zusätzlich in einem separaten Rechnungsordner (nach Kostenregisternummern sortiert) abgelegt.

b) Das Datenblatt beinhaltet die persönlichen Daten des Erblassers (Vor-, Nach- und Geburtsname, Geburtsort und -datum) und die Angaben zu dem Testament (Datum der Urkunde, Name und Amtssitz der Notarin, Urkundenrollennummer und -jahr).

c) Die Bundesnotarkammer erhebt für Eintragungen im Zentralen Testamentsregister eine Gebühr von 15,00 € pro Registrierung, sofern die Notarin Bella Schwan an dem Lastschriftverfahren der Bundesnotarkammer teilnimmt. Die Bundesnotarkammer stellt eine Sammelrechnung an die Notarin und zieht die Gebühren von dieser ein. Die Notarin Bella Schwan kann die Gebühr als Auslage an Edward Müller weitergeben. Erfolgt die Teilnahme am Lastschriftverfahren nicht, stellt die Bundesnotarkammer die Gebühr direkt bei dem Erblasser in Rechnung, erhebt dafür aber einen Betrag von 18,00 € pro Registrierung.
d) Die Gebühr betrüge 30,00 €, da zwei Registrierungen erforderlich gewesen wären.
e) Nein, die Notarin Bella Schwan hat die Gebühr der Bundesnotarkammer ohne Umsatzsteuer an Edward Müller weiterzugeben.
f) Edward Müller ist alleiniger Kostenschuldner.
g) Die Notarin Bella Schwan kann die Bundesnotarkammer um Erstattung des Betrags bitten, denn sie schuldet die Gebühr nicht. Die Bundesnotarkammer wird im Anschluss die Gebühr Edward Müller in Rechnung stellen.
h) Ja, Edward Müller kann sein Testament privatschriftlich errichten und selbst zur Inverwahrnahme an das Nachlassgericht senden. In diesem Fall nimmt das Nachlassgericht eine Registrierung im Zentralen Testamentsregister vor.
i) Rosalie Kullin kann durch erneutes Aufrufen der Daten im geschützten Onlinebereich prüfen, ob das Nachlassgericht die Inverwahrnahme dort bereits bestätigt hat.

e) Auskünfte aus Registern einholen und verarbeiten (Re, ReNo)

1. a) Die Rechtsanwaltsfachangestellte sollte im Internet eine fachspezifische Datenbank aufrufen, z. B. www.handelsregister.de.
   b) Stefanie Durandt wählt zunächst das zuständige Register aus, nämlich das Handelsregister, Abteilung B (HRB). Anschließend gibt sie in die Suchmaske die bekannten Firmendaten ein.
   c) Die Rechtsanwaltsfachangestellte erhält folgende Informationen:
      - die Firmenbezeichnung
      - den Sitz der Firma
      - die Information, ob die Gesellschaft noch besteht bzw. gelöscht wurde
      - das Bundesland, in dem die Gesellschaft ihren Sitz hat
      - das zuständige Registergericht
      - die Registernummer
   d) Stefanie Durandt kann zwischen folgenden Möglichkeiten wählen:
      - AD = aktueller Registerauszug
      - CD = chronologischer Ausdruck über alle Eintragungen in zeitlicher Reihenfolge
      - HD = historischer Abdruck = in elektronische Bilddateien umgewandelte frühere Handelsregisterblätter in Papierform
      - DK = Dokumentenansicht, z. B. Liste der Gesellschafter
      - UT = Unternehmensträgerdaten, z. B. hinterlegte Unternehmensanschrift
      - VÖ = Veröffentlichungen, die über diese Gesellschaft erfolgten

e) Der Rechtsanwalt Sascha Memmel muss sich registrieren. Er bekommt dann quartalsweise eine Abrechnung über die von ihm erfragten Informationen. Stefanie Durandt muss darauf achten, dass sie das korrekte Aktenzeichen angibt, damit bei der Quartalsabrechnung die Kosten der Akte korrekt zugeordnet werden können.

f) Es besteht die Möglichkeit, der Mandantin eine Kopie des Registerauszugs per Post zu übersenden. Weiterhin gibt es die Möglichkeit, den Registerauszug einzuscannen und per E-Mail an Mira Rothaupt zu schicken.

2. Ingelore Rosinski hat beispielsweise die Möglichkeit, über die fachspezifische Datenbank www.handelsregister.de die Daten zu erfragen. Sie muss dabei wie folgt vorgehen:
- Auswahl des entsprechenden Registers (hier PR)
- Eingabe der bekannten Firmendaten in die Suchmaske
- Auswahl der Firma
- über den Button VÖ erhält sie kostenfrei die von ihr gewünschten Informationen

3. a) Bernd Kinsy nutzt eine mündliche Art der Telekommunikation – das Telefongespräch.

b) Die Rechtsanwaltsfachangestellte Ines Wardanjan kann beispielsweise wie folgt vorgehen.

über eine fachspezifische Datenbank die Firma suchen, z. B. über www.handelsregister.de

↓

Auswahl des entsprechenden Registers (HRB)

↓

Eingabe der bekannten Firmendaten in die Suchmaske

↓

über den Button DK erhält sie kostenpflichtig die Liste der Gesellschafter

c) Es besteht die Möglichkeit, die Daten auf einen USB-Stick zu speichern oder auf eine CD-ROM zu brennen. Der USB-Stick bzw. die CD-ROM können anschließend dem Mandanten übergeben werden.

4. Melanie Weiß sollte die Daten im Handaktenbogen notieren bzw. im Anwaltsprogramm eingeben/ergänzen und den Rechtsanwalt Dr. Jens Schubert informieren. Nach Rücksprache mit diesem sollte die Rechtsanwaltsfachangestellte die Mandantin über die Rechercheergebnisse informieren. Dies kann z. B. per E-Mail oder telefonisch erfolgen.

5. a) Luisa Thein geht wie folgt vor:
- Sie gibt auf der Startseite den Namen der GmbH ein und wählt „Veröffentlichungen".
- Nach dem Auswählen von „Suche starten" erscheint eine erste Übersicht.

- Hier wählt sie sodann das gewünschte Unternehmen aus (ggf. besteht die Möglichkeit, die Suche weiter einzugrenzen).
- Anschließend kann Luisa Thein den entsprechenden Jahresabschlussbericht auswählen.
- Bevor sie den Jahresabschlussbericht lesen kann, muss sie eine Zeichenabfolge eingeben (= Sicherheitsabfrage).

b) Nein, dieser Dienst ist kostenfrei.

f) Aktenbuchhaltung führen (Re, ReNo)

1. a) Jana Seidel muss das Verwahrungsbuch wie folgt vervollständigen:

Auszug Verwahrungsbuch						
Nr.	**Datum**	**Auftraggeber/ Empfänger**	**Einzahlung**	**Auszahlung**	**Wertpapiere Kostbarkeiten Eingang Ausgang**	**Masse Nr.**
1	01.07.2017	L. Hansen	20000,00 €		–	1/2017
2	30.07.2017	L. Hansen		8000,00 €	–	1/2017
3	20.08.2017	M. Klein	50000,00 €		–	2/2017
4	15.09.2017	J. Grassig	15000,00 €		–	3/2017
5	03.11.2017	J. Schwerze	3450,00 €		–	4/2017
6	06.11.2017	A. Notte	10500,00 €		–	5/2017
7	10.11.2017	G. Vogel			7830,00 €	6/2017
8	14.11.2017	G. Vogel	235,00 €		–	6/2017
9	20.11.2017	G. Vogel		5000,00 €	–	6/2017
10	27.11.2017	J. Schwerze		2400,00 €	–	4/2017

b) Jana Seidel erstellt die Massenbücher wie folgt:

Massenbuch						
Urkundenrolle: 236/2017 **Anderkonto Nr. 8373391**						**Massen Nr. 4/2017** **Seite 1**
Anderkontenbezeichnung: Mündelgeld Joachim Schwerze						
Nr.	Datum	Auftraggeber/ Empfänger	Einzahlung	Auszahlung	Wertpapiere Kostbarkeiten Eingang Ausgang	lfd. Nr. Verwahrungsbuch
1	03.11.2017	J. Schwerze	3450,00 €			5
2	27.11.2017	J. Schwerze		2400,00 €		10

Massenbuch						
Urkundenrolle: 241/2017 **Anderkonto Nr. 6341947**						**Massen Nr. 5/2017** **Seite 1**
Anderkontenbezeichnung: Unterhaltsgeld Angela Notte						
Nr.	Datum	Auftraggeber/ Empfänger	Einzahlung	Auszahlung	Wertpapiere Kostbarkeiten Eingang Ausgang	lfd. Nr. Verwahrungsbuch
1	06.11.2017	A. Notte	10500,00 €			6

Massenbuch						
Urkundenrolle: 248/2017 **Anderkonto Nr. 5143912**						**Massen Nr. 6/2017** **Seite 1**
Anderkontenbezeichnung: Wertpapiere Gina Vogel						
Nr.	Datum	Auftraggeber/ Empfänger	Einzahlung	Auszahlung	Wertpapiere Kostbarkeiten Eingang Ausgang	lfd. Nr. Verwahrungsbuch
1	10.11.2017	G. Vogel			7830,00 €	7
2	14.11.2017	Zinsen	235,00 €			8
3	20.11.2017	G. Vogel		5000,00 €		9

c) Jana Seidel erstellt die Anderkontenliste wie folgt:

Anderkontenliste des Anwaltsnotariats Katharina Marschner					
Masse Nr.	**Urkundennr.**	**Name und Anschrift der Bank**	**Kontonummer**	**Beginn**	**Ende**
4/2017	236/2017	Commerzbank Darmstadt	8373391	03.11.2017	
5/2017	241/2017	Commerzbank Darmstadt	6341947	06.11.2017	
6/2017	248/2017	Commerzbank Darmstadt	5143912	10.11.2017	

2. Die Auszubildende Alicia Grey vervollständigt das Kostenblatt der Akte Ronald Booth wie folgt:

Kostenblatt Ronald Booth									
Datum	**Geschäftsfall**	**Einnahmen in Euro**				**Ausgaben in Euro**			
		verausl. Kosten	**Hon.**	**USt**	**FG**	**verausl. Kosten**	**Hon.**	**USt**	**FG**
03.11.2017	Kto. Auszug Nr. 75, 03.11.2017	499,80							
30.11.2017	Kto. Auszug Nr. 81, 30.11.2017		560,00	106,40					
15.12.2017	Kto. Auszug Nr. 97, 15.12.2017				50000,00				
16.12.2017	Kto. Auszug Nr. 98, 16.12.2017								6000,00

3. a) Die Rechtsanwaltsfachangestellte geht hier wie folgt vor:

- Melina Mendez stellt zunächst fest, dass die Geldforderung in voller Höhe beglichen wurde, ebenso wie die entstandenen Rechtsanwaltskosten.
- Es kann daher nur noch die Hebegebühr gegenüber der Mandantin Celine Koch abgerechnet werden:

Hebegebühr, Nr. 1009 VV RVG	87,50 €
Pauschale Post und Telekommunikation, Nr. 7002 VV RVG	17,50 €
Zwischensumme	105,00 €
19 % Umsatzsteuer, Nr. 7008 VV RVG	19,95 €
Summe	124,95 €

- Der Sachverhalt ist Celine Koch mittels eines Schreibens mitzuteilen.
- Der verbleibende Guthabenbetrag in Höhe von 19875,05 € (20000,00 € abzgl. 124,95 €) wird sodann an die Mandantin überwiesen.
- Sofern der Fremdgeldbetrag nicht unverzüglich binnen eines Monats weitergeleitet werden kann, muss ein Einzelanderkonto angelegt werden, da der Betrag von 15000,00 € überschritten wird (§ 4 Abs. 2 BORA).

b) Die Rechtsanwaltsfachangestellte geht hier wie folgt vor:

- Melina Mendez stellt zunächst fest, dass bis auf die Anwaltskosten alle geltend gemachten Beträge bezahlt wurden.
- Die noch ausstehenden Anwaltskosten mahnt sie mit einem Schreiben an die gegnerische Versicherung an.
- Da der Sachverständige noch nicht bezahlt wurde, muss sie den Betrag von 500,00 € direkt an den Sachverständigen weiterleiten.
- Der Betrag von 4300,00 € steht der Mandantin zu. Insoweit rechnet sie die gesetzliche Hebegebühr wie folgt ab:

Hebegebühr, Nr. 1009 VV RVG	34,00 €
Pauschale Post und Telekommunikation, Nr. 7002 VV RVG	6,80 €
Zwischensumme	40,80 €
19 % Umsatzsteuer, Nr. 7008 VV RVG	7,75 €
Summe	48,55 €

- Der Sachverhalt ist der Mandantin mittels eines Schreibens mitzuteilen.
- Der verbleibende Guthabenbetrag von 4251,45 € (4300,00 € abzgl. 48,55 €) wird sodann an die Mandantin überwiesen.
- Die Abrechnung des Fremdgelds muss unverzüglich erfolgen, spätestens jedoch mit Beendigung der Angelegenheit, also dann, wenn die gegnerische Versicherung die ausstehenden Anwaltskosten beglichen hat (§ 4 Abs. 2 BORA).

c) Die Rechtsanwaltsfachangestellte geht hier wie folgt vor:

- Melina Mendez stellt den korrekten Zahlungseingang von 9630,00 € fest.
- Da die Kostenrechnung von dem Mandanten noch nicht beglichen wurde, wird Melina Mendez eine berichtigte Kostenendabrechnung erstellen:

1,3 Geschäftsgebühr aus 9630,00 €, Nr. 2300 VV RVG	725,40 €
Pauschale Post und Telekommunikation, Nr. 7002 VV RVG	20,00 €
Zwischensumme	745,40 €
19 % Umsatzsteuer, Nr. 7008 VV RVG	141,63 €
Summe	887,03 €
Hebegebühr aus 8742,97 €, Nr. 1009 VV RVG	56,21 €
Pauschale Post und Telekommunikation, Nr. 7002 VV RVG	11,24 €
Zwischensumme	67,45 €
19 % Umsatzsteuer, Nr. 7008 VV RVG	12,82 €
Summe	80,27 €
Gesamtsumme	967,30 €

- Die Kostenrechnung muss dem Mandanten übermittelt werden.
- Der Betrag von 8662,70 € (9630,00 € abzgl. 967,30 €) muss an den Mandanten überwiesen werden.
- Die Abrechnung des Fremdgelds muss hier sofort erfolgen, da die Angelegenheit mit der Zahlung des Pflichtteilsanspruchs beendet ist (§ 4 Abs. 2 BORA).

g) Aufgaben im Bereich des Rechnungs- und Finanzwesens ausführen (Re, ReNo)

1. Berechnung des Bruttoskontos:

$$\frac{150 \times 2}{100} = 3{,}00\ €$$

Berechnung des Überweisungsbetrags:

$$\frac{150 \times 98}{100} = 147{,}00\ €$$

2. Berechnung des Nettoskontos:

$$\frac{3 \times 100}{119} = 2{,}52\ €$$

Berechnung des Betrags, um den die Vorsteuer korrigiert werden muss:

$$\frac{3 \times 19}{119} = 0{,}48\ €$$

3. Ermittlung des Vorsteuerbetrags:

223,63 €
– 209,00 €
14,63 €

Ermittlung des Umsatzsteuersatzes:

$$\frac{14{,}63 \times 100}{209{,}00} = 7\,\%$$

4. Berechnung der Umsatzhöhe:

$$\frac{10\,640{,}00 \times 100}{19} = 56\,000{,}00\ €$$

5. Berechnung des ursprünglichen Preises:

$$\frac{302{,}40 \times 100}{80} = 378{,}00\ €$$

6. Berechnung der Zinsen für drei Monate:

$$\frac{5\,000{,}00 \times 13{,}5 \times 3}{100 \times 12} = 168{,}75\ €$$

7. Zunächst Ermittlung der Zinsen:

$$\begin{array}{r} 45\,225{,}00\ € \\ -\ 45\,000{,}00\ € \\ \hline 225{,}00\ € \end{array}$$

Berechnung des Zinssatzes:

$$\frac{225{,}00 \times 100}{45\,000{,}00} = 0{,}5\,\%$$

8. Ermittlung der Einkommensteuererstattung:

6 % Jahreszinsen -> 4 % für acht Monate

$$\frac{2\,505{,}36 \times 100}{104} = 2\,409{,}00\ €$$

Berechnung der Zinsen:

$$\begin{array}{r} 2\,505{,}36\ € \\ -\ 2\,409{,}00\ € \\ \hline 96{,}36\ € \end{array}$$ für acht Monate

9. Berechnung der Verzugszinsen

$$\frac{6\,194{,}00 \times 9 \times 26}{100 \times 360} = 40{,}26\ €$$

10.

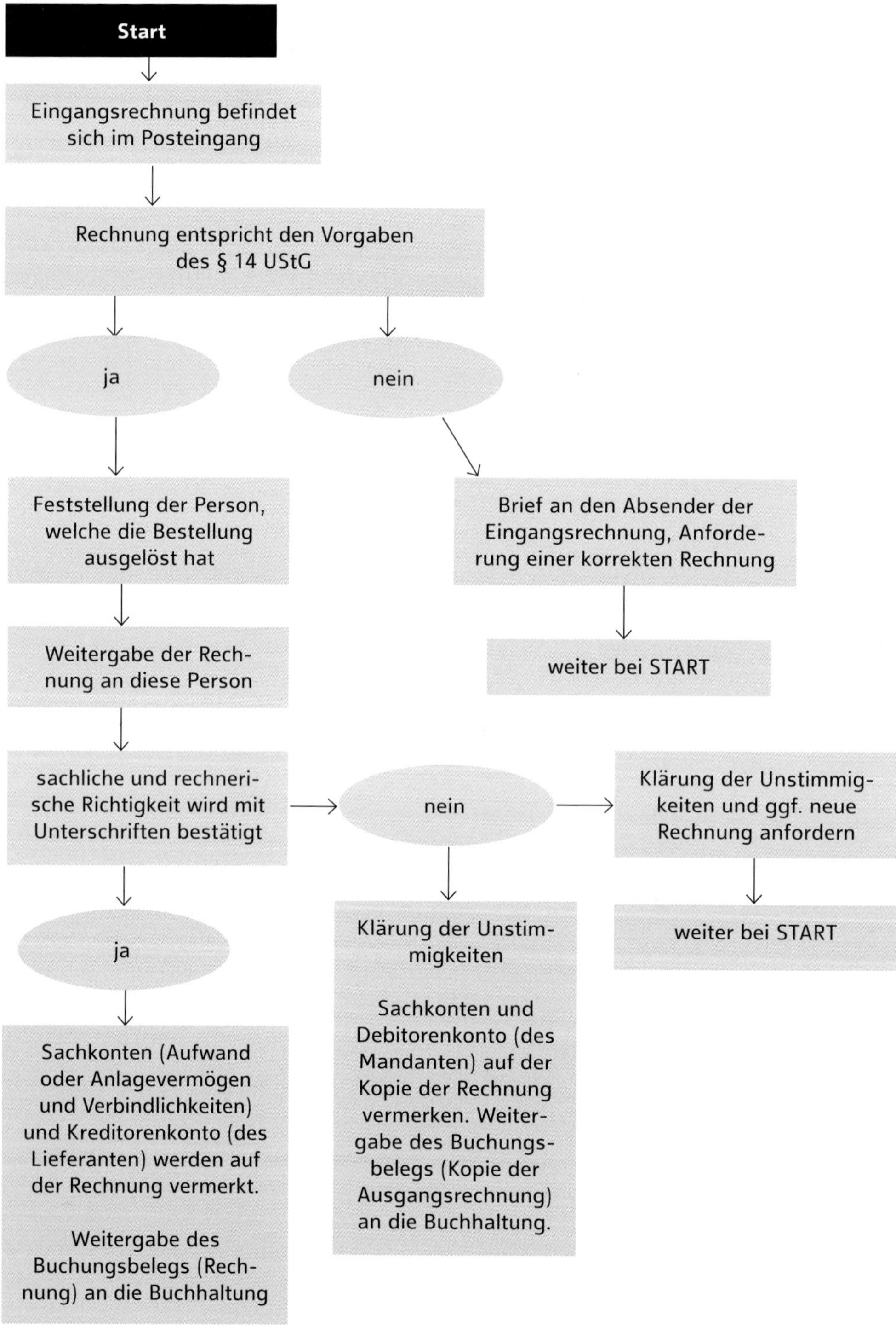
Start
Eingangsrechnung befindet sich im Posteingang
Rechnung entspricht den Vorgaben des § 14 UStG
ja
nein
Feststellung der Person, welche die Bestellung ausgelöst hat
Brief an den Absender der Eingangsrechnung, Anforderung einer korrekten Rechnung
Weitergabe der Rechnung an diese Person
weiter bei START
sachliche und rechnerische Richtigkeit wird mit Unterschriften bestätigt
nein
Klärung der Unstimmigkeiten und ggf. neue Rechnung anfordern
ja
Klärung der Unstimmigkeiten
Sachkonten und Debitorenkonto (des Mandanten) auf der Kopie der Rechnung vermerken. Weitergabe des Buchungsbelegs (Kopie der Ausgangsrechnung) an die Buchhaltung.
weiter bei START
Sachkonten (Aufwand oder Anlagevermögen und Verbindlichkeiten) und Kreditorenkonto (des Lieferanten) werden auf der Rechnung vermerkt.
Weitergabe des Buchungsbelegs (Rechnung) an die Buchhaltung

11.

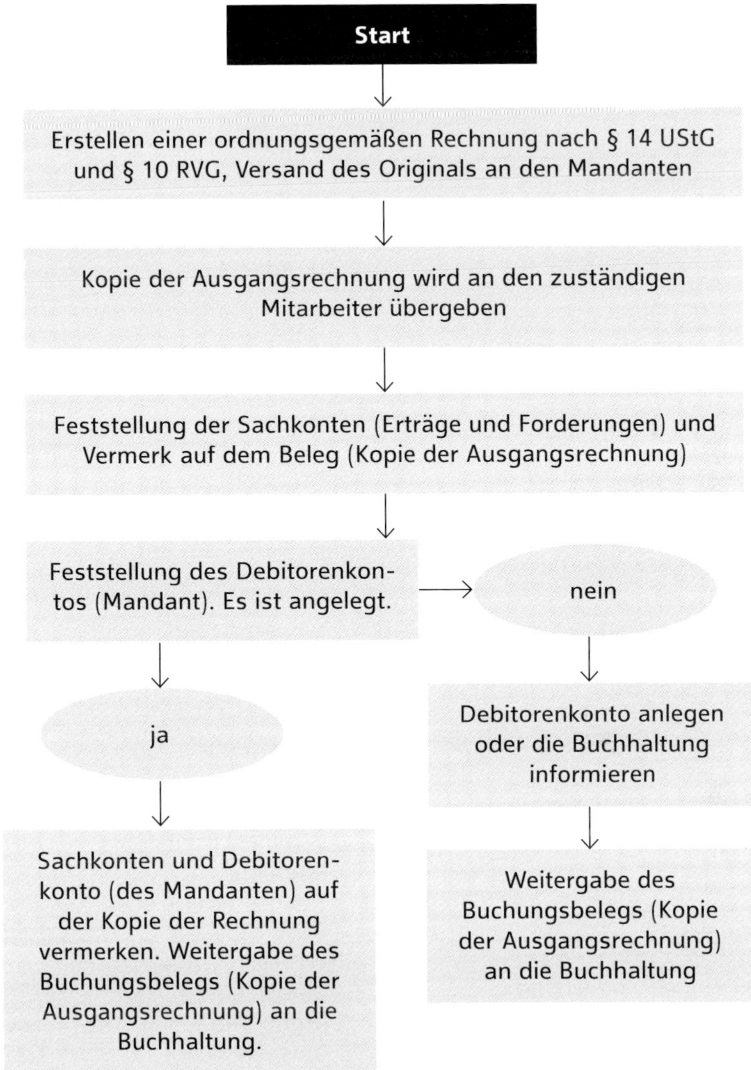

12. Bestandteile einer Ausgangsrechnung:

§ 14 UStG:
- Name und Anschrift des Rechnungsempfängers
- Rechnungssumme
- Rechnungsdatum
- Steuersatz
- Name und Anschrift des Rechnungsausstellers
- Leistungsbeschreibung
- Rechnungsnummer
- Leistungszeitraum

§ 10 RVG:
- Beträge der einzelnen Gebühren, Auslagen und Vorschüsse
- Gebührentatbestand, bei Auslagen die angewandten Nummern des Vergütungsverzeichnisses

13.

	Soll			Haben	
A	Kasse		an	Mieterträge	300.00 €
B	Software Vorsteuer	1,600.00 € 304.00 €	an	Verbindlichkeiten a.LL. (Kreditor)	1,904.00 €
C	Zinsaufwand		an	Bank	482.00 €
D	Verbindlichkeiten a.LL. (Kreditor)		an	Bank	1,904.00 €
E	Personalaufwand		an	Verbindlichkeiten gegenüber Mitarbeitern	5,837.00 €
F	Forderungen (Debitor)	32.10 €	an	Sonstige Erträge Umsatzsteuer	30.00 € 2.10 €
G	Abschreibungen		an	BGA	2,593.00 €
H	Bank		an	Zinserträge	52.00 €
I	Reparaturen Vorsteuer	2,200.00 € 418.00 €	an	Verbindlichkeiten aLL (Kreditor)	2,618.00 €
J	Mietaufwand		an	Bank	1,500.00 €
K	Forderungen (Debitor)	7,616.00 €	an	Umsatzerlöse (Honorare) Umsatzsteuer	6,400.00 € 1,216.00 €
L	Verbindlichkeiten gegenüber Mitarbeitern		an	Bank	5,837.00 €
M	Bank		an	Forderungen (Debitor)	32.10 €
N	Verbindlichkeiten aLL (Kreditor)		an	Bank	2,618.00 €
O	Bank		an	Forderungen (Debitor)	7,616.00 €

Ermittlung der Umsatzsteuer:	2,10 €	+	1 216,00 €	=	1 218,10 €
Ermittlung der Vorsteuer:	304,00 €	+	418,00 €	=	722,00 €
Berechnung der Zahllast:	1 218,00 €	–	722,00 €	=	496,10 €

(Verbindlichkeit gegenüber dem Finanzamt)

14. 2016:

Ermittlung der Zahllast

Umsatzsteuer:

$$\frac{280\,000{,}00 \times 19}{119} = 44\,705{,}88\ €$$

Vorsteuer:

$$\frac{195\,000{,}00 \times 19}{100} = 37\,050{,}00\ €$$

	Umsatzsteuer	44 705,88 €
–	Vorsteuer	37 050,00 €
=	Zahllast	7 655,88 €

2017:

Ermittlung des Vorsteuerüberhangs

Vorsteuer:

$$\frac{378\,500{,}00 \times 19}{119} = 60\,432{,}77\ €$$

Umsatzsteuer:

$$\frac{247\,000{,}00 \times 19}{100} = 46\,930{,}00\ €$$

	Vorsteuer	60 432,77 €
–	Umsatzsteuer	46 930,00 €
=	Vorsteuerüberhang	13 502,77 €

15. KONTENDARSTELLUNG

AKTIVA	ERÖFFNUNGSBILANZ 01.01.2018		PASSIVA
	€		€
Software	5 800,00	Eigenkapital	406 320,00
Gebäude	328 500,00	Verb. g. Kreditinstituten	36 700,00
Fahrzeuge	64 200,00	Verb. a. LL.	1 330,00
BGA	35 100,00	Verb. g. d. FA	7 600,00
Bank	15 900,00		
Forderungen a. LL.	2 300,00		
Kasse	150,00		
	451 950,00		451 950,00

Buchungssätze zu den Geschäftsfällen:

A	Betriebs- und Geschäftsausstattung		2 800,00 €
	Vorsteuer		532,00 €
	an	Kreditor Büromöbel GmbH (Verb. a. LL.)	3 332,00 €
B	Debitor Gregor Kunst (Ford. a. LL.)		714,00 €
	an	Honorare	600,00 €
		Umsatzsteuer	114,00 €
C	Verbindlichkeiten g. d. Finanzamt (USt)		7 600,00 €
	an	Bank	7 600,00 €
D	Debitor Luise Brettenberg (Forderungen)		
	an	Fremdgeld	3 000,00 €
E	Bank		
	an Debitor Luise Brettenberg		3 000,00 €
F	Fremdgeld		
	an	Anderkonto Luise Brettenberg	3 000,00 €
G	Bücher und Zeitschriften		1 300,00 €
	Vorsteuer		91,00 €
	an	Kreditor Bock Verlag (Verb. a. LL.)	1 391,00 €
H	Bank		
	an	Debitor Gregor Kunst (Ford. a. LL.)	714,00 €
I	Debitor Schnurr Verlag GmbH		1 284,00 €
	an	Honorare	1 200,00 €
		Umsatzsteuer	84,00 €
J	Büromaterial		100,00 €
	Vorsteuer		19,00 €
	an	Kasse	119,00 €

KONTENDARSTELLUNG

Bilanzkonten

S	Software		H
AB	5 800	SB	5 800

S	Fahrzeuge		H
AB	64 200	SB	64 200

S	Kasse		H
AB	150	J	119
		SB	31
	150		150

S	Bank		H
AB	15 900	C	7 600
E	3000	SB	12014
H	714		
	19614		19614

S	Gebäude		H
AB	328 500	SB	328 500

S	BGA		H
AB	35 100	SB	37 900
A	2 800		
	37 900		37 900

S	Fremdgeld		H
F	3 000	D	3 000

S	Anderkonto Brettenberg		H
SB	3 000	F	3 000

S	Vorsteuer		H
A	532	Ust	198
G	91	SB	444
J	19		
	642		642

S	Umsatzsteuer		H
C	7600	AB	7600
Vorst.	198	B	114
		I	84
	7798		7798

S	Forderungen a. LL.		H
AB	2300	SB	3584
Schnurr	1284		
	3584		3584

S	***Debitor*** *Kunst*		H
B	714	H	714

S	***Debitor*** *Brettenberg*		H
D	3000	E	3000

S	***Debitor*** *Schnurr GmbH*		*H*
I	1284	Ford.	1284

S	Eigenkapital		H
SB	406720	AB	406320
		G+V	400
	406720		406720

S	Verb. g. Kreditinstituten		H
SB	36700	SB	36700

S	Verbindlichk. a. LL.		H
SB	6053	AB	1330
		Bock	1391
		BüMö	3332
	6053		6053

S	***Kreditor*** *Bock Verlag*		H
Verb. a.LL.	1391	G	1391

S	***Kreditor*** *Büromöbel GmbH*		H
Verb. a.LL.	3332	A	3332

KONTENDARSTELLUNG G+V Konten

S	Honorare		H
G+V	1800	B	600
		I	1200
	1800		1800

S	Bücher + Zeitschriften		H
G	1300	G+V	1300

S	Büromaterial		H
J	100	G+V	100

S	Gewinn- und Verlustkonto		H
Bücher + Zeitschriften	1 300,00	Honorare	1 800,00
Büromaterial	100.00		
Eigenkapital (Gewinn)	400.00		
	1 800,00		1 800,00

AKTIVA	Schlussbilanz		Passiva
Software	5 800,00	Eigenkapital	406 720,00
Gebäude	328 500,00	Verb. g. Kreditinstituten	36 700,00
Fahrzeuge	64 200,00	Verbindlichkeiten a. LL.	6 053,00
BGA	37 900,00	Anderkonto Brettenberg	3 000,00
Forderungen a. LL.	3 584,00		
Ford. g. Finanzamt	444.00		
Bank	12 014,00		
Kasse	31.00		
	452 473,00		452 473,00

Entwurf einer Debitorenliste:

DEBITORENLISTE				
Debitorennr.	**Name des Schuldners**	**Wertstellungs-datum**	**Forderung**	**Zahlungseingänge**
1	Kunst	00.00.0000	714,00 €	
1	Kunst	00.00.0000		714,00 €
2	Brettenberg	00.00.0000	3 000,00 €	
2	Brettenberg	00.00.0000		3 000,00 €
3	Schnurr	00.00.0000	1 284,00 €	

Entwurf einer Kreditorenliste:

KREDITORENLISTE				
Kreditorennr.	**Name des Gläubigers**	**Wertstel-lungsdatum**	**Verbindlichkeit**	**Zahlungsausgänge**
7	Bock	00.00.0000	1 391,00 €	
7	Büromöbel GmbH	00.00.0000	3 332,00 €	

16. Die folgenden Sachverhalte werden dem Steuerberatungsbüro mitgeteilt:

- Die Rechnung über die Kosten für die Erstellung des Jahresabschlusses liegt am 31.12. noch nicht in der Rechtsanwaltskanzlei vor (sonstige Rückstellung).
- Der Jahresbeitrag für die Rechtsanwaltskammer ist am 31.12. noch nicht überwiesen worden (sonstige Verbindlichkeiten).
- Die Miete für einen von der Rechtsanwaltskanzlei im Dezember untervermieteten Raum wird erst im Januar überwiesen werden (sonstige Forderungen).
- Reparaturen, die im Dezember wirtschaftlich verursacht wurden, können erst im Folgejahr durchgeführt werden (sonstige Rückstellung).
- Im Juli ist die Versicherungsprämie für ein Jahr vom Bankkonto abgebucht worden (aktive Rechnungsabgrenzung).
- Ein Geschäftsfreund wird im Januar einen Raum in der Rechtsanwaltskanzlei Alex Kusten für eine Veranstaltung nutzen. Er überweist die Miete bereits im Dezember (passive Rechnungsabgrenzung).

17. Gegenstand der Einnahmenüberschussrechnung sind folgende Geschäftsfälle:

A	Einzahlung in die Kasse: Miete für untervermieteten Raum (Quittung)	300,00 €
C	Abbuchung der Darlehenszinsen (Kontoauszug)	482,00 €
D	Überweisung der Eingangsrechnung für Software Vorsteuer	304,00 €
G	Buchung der Abschreibungen auf BGA (Eigenbeleg)	2 593,00 €
H	Gutschrift der Zinsen auf Sparguthaben (Kontoauszug)	52,00 €
J	Dezember-Gehalt eines seit vielen Jahren beschäftigten Mitarbeiters, Überweisung im Januar (10-Tages-Frist)	1 500,00 €
L	Überweisung der Gehälter (Fall E) (Kontoauszug)	5 837,00 €
M	Zahlungseingang für die Ausgangsrechnung (Fall F) (Kontoauszug)	32,10 €
N	Überweisung der Handwerkerrechnung (Fall I) (Kontoauszug)	2 618,00 €
O	Zahlungseingang für Honorar (Fall K) (Kontoauszug)	7 616,00 €
P	Dezember-Miete für die Praxisräume, Überweisung im Januar	1 569,00 €
R	Betriebs-Pkw wird vom Kanzleiinhaber im Dezember auch für private Fahrten genutzt, Bruttolistenpreis: 27 800,00 €	278,00 €
T	Der Betriebs-Pkw wird zwei Jahre nach der Anschaffung in das Privatvermögen überführt. Anschaffungskosten 23 362,00 €, Nutzungsdauer laut AfA-Tabelle sechs Jahre netto 15 574,67 € USt 2 959,19 €	

Berechnung:

Abschreibung für zwei Jahre:	$\frac{23\,362{,}00 \times 2}{6}$	=	7 787,33 €
Ermittlung der Betriebseinnahme:	23 362,00 – 7 787,33	=	15 574,67 €
Ermittlung der Umsatzsteuer:	$\frac{15\,574{,}67 \times 19}{100}$	=	2 959,19 €
außerplanmäßige Abschreibung des Restbuchwerts			15 574,67 €

Vereinfachte Darstellung einer Einnahmenüberschussrechnung:

1. Betriebseinnahmen	
1.1 umsatzsteuerpflichtige Betriebseinnahmen	22 252,67 €
1.2 sonstige Betriebseinnahmen	382,00 €
1.3 vereinnahmte Umsatzsteuer	4 230,11 €
Summe Betriebseinnahmen	26 864,78 €
2. Betriebsausgaben	
2.1 Ausgaben für eigenes Personal	7 337,00 €
2.2 Abschreibungen	25 955,00 €
2.3 Raumkosten	1 569,00 €
2.4 sonstige Betriebsausgaben	2 682,00 €
2.5 gezahlte Vorsteuerbeträge	722,00 €
Summe Betriebsausgaben	38 265,00 €
3. Ermittlung des Gewinns/Verlusts	
Summe Betriebseinnahmen	26 864,78 €
– Summe Betriebsausgaben	38 265,00 €
= Verlust	11 400,22 €

18. Umsatzsteuervoranmeldung

Vorsteuer:
h) 146,00 €
i) 3,42 €

Umsatzsteuer:
j) 482,60 €
l) 1873,97 €

Einkommensteuererklärung/Einnahmenüberschussrechnung

Erträge:
a) 100,00 €
c) 57,00 €
j) 2 540,00 €
l) 9 863,00 €

Aufwendungen:
e) 1 320,00 €
g) 6 825,00 €
i) 18,00 €
k) 1 350,00 €
l) 9 863,00 €

19. 2015:

Vorsteuer:	4 094,10 €
Umsatzsteuer:	20 413,66 €
Zahllast:	16 319,56 €

Umsatzsteuervoranmeldungszeitraum/Zahlungstermine
für 2016: monatlich

Abgabetermin	Zahlungstermin
11.01.2016	14.01.2016
10.02.2016	15.02.2016
10.03.2016	14.03.2016
11.04.2016	14.04.2016
10.05.2016	13.05.2016
10.06.2016	13.06.2016
11.07.2016	14.07.2016
10.08.2016	15.08.2016
12.09.2016	15.09.2016
10.10.2016	13.10.2016
10.11.2016	14.11.2016
12.12.2016	15.12.2016

2016:

Vorsteuer:	37 494,66 €
Umsatzsteuer	37 185,23 €
Vorsteuerüberhang:	309,43 €

Umsatzsteuervoranmeldungszeitraum für 2017:
jährlich, bis zum 10.01.2017, Erstattung vom Finanzamt

2017:

Vorsteuer:	8 296,61 €
Umsatzsteuer	10 795,99 €
Zahllast:	2 499,38 €

Umsatzsteuervoranmeldungszeitraum für 2018:
vierteljährlich, bis 10.01.,10.04., 10.07. und 10.10.2018
Zahlungstermine: 15.01., 13.04., 13.07. und 15.10.2018

20. Es muss die Differenz zwischen Erträgen und Aufwendungen in Höhe von 198 000,00 € (Gewinn) bis zum 31.05.2018 dem Finanzamt mitgeteilt werden.

Prüfungsbereich 3: Rechtsanwendung

a) Sachverhalte, insbesondere in den Bereichen des bürgerlichen Rechts sowie des Gesellschafts-, Wirtschafts- und Europarechts, rechtlich erfassen und beurteilen (Re)

1. a) Zwischen Heiko Sendrowski und der Möbelhaus Luxx GmbH wurde ein Kaufvertrag geschlossen. Der Fleck an dem gelieferten Sofa stellt einen Sachmangel i. S. d. § 434 Abs. 1 S. 2 Nr. 2 BGB dar. Nachdem die Möbelhaus Luxx GmbH auf die Fristsetzung zur Mängelbeseitigung nicht reagiert hat, kann Heiko Sendrowski gem. §§ 437 Nr. 2, 323 Abs. 1 BGB den Rücktritt vom Kaufvertrag erklären. Er bekommt dann den Kaufpreis erstattet und muss im Gegenzug das mangelhafte Sofa zurückgeben.

b) Der geltend gemachte Anspruch hat eine Geldforderung in Euro zum Gegenstand. Gemäß § 688 Abs. 2 Nr. 2 ZPO ist ein Mahnverfahren unstatthaft, wenn der Anspruch von einer Gegenleistung abhängt. Beim Rücktritt muss die gelieferte Kaufsache wieder zurückgegeben werden, und zwar Zug um Zug gegen Rückzahlung des Kaufpreises. Heiko Sendrowski kann daher erst das Mahnverfahren einleiten, wenn er das Sofa zurückgesandt hat.

2. a) Aufgrund des am 20.04.2018 geschlossenen Mietvertrags hat Patricia Wiedemeyer grundsätzlich einen Anspruch auf Entrichtung der Miete für den Monat Mai in Höhe von 380,00 € gem. § 535 Abs. 2 BGB. Der Anspruch ist jedoch gem. § 536 Abs. 1 S. 1 Alt. 1 BGB erloschen, da die Sache bereits bei der Übergabe einen Sachmangel hatte. Durch die poröse Decke kann Alessio Del Piero die Wohnung nicht zum vertraglich vereinbarten Gebrauch als Wohnraum verwenden, da er durch das Herabfallen verletzt werden könnte. Dieser Sachmangel ist gem. § 536 Abs. 1 S. 3 BGB nicht unerheblich. Da Alessio del Piero bei Vertragsschluss keine Kenntnis von der Mangelhaftigkeit der Decke gehabt hat oder ihm diese infolge grober Fahrlässigkeit unbekannt geblieben ist, ist das Minderungsrecht auch nicht gem. § 536 b S. 1 1. Alt. S. 2 BGB ausgeschlossen. Alessio Del Piero hat die Mietsache auch nicht in Kenntnis des Mangels gem. § 536 b S. 3 BGB angenommen. Zudem hat er den Mangel angezeigt und gem. § 536 c Abs. 2 S. 2 Nr. 1 i.V.m. Abs. 1 S. 1 1. Alt. BGB Abhilfe verlangt.

b) Sachlich zuständig ist gem. § 23 Nr. 2 GVG das Amtsgericht. Ausschließlich örtlich zuständig ist gem. § 29 a ZPO das Gericht, in dessen Bezirk sich die Räume befinden, also das Amtsgericht Chemnitz.

3. Georg Pfeiffer hat einen Schadeneratzanspruch gegen Ulf Kleber aus § 536 a Abs. 1 2. Alt. BGB. Er hatte die Schadenursache zu vertreten. Zwar hat er nicht selbst die Kabel verlegt, die zu dem Feuer geführt haben, aber er muss sich das Verschulden des Installateurs gem. § 278 BGB zurechnen lassen. Dieser hat als sein Erfüllungsgehilfe in Erfüllung der Verbindlichkeit gehandelt und war dabei i. S. v. § 276 BGB zumindest fahrlässig.

4. a) Zwischen Elisa Basan und Otto Riemschneider wurde ein Werkvertrag gem. § 631 BGB geschlossen. Otto Riemschneider schuldet ihr somit den Erfolg des Werks, also die Reparatur des Laptops. Bleibt der Erfolg aus, hat Otto Riemschneider keinen Vergütungsanspruch.

b) Zwischen Otto Riemschneider und Denise Beck-Rühlicke wurde ein Dienstvertrag gem. § 611 BGB geschlossen. Denise Beck-Rühlicke schuldet nur ihr Tätigwerden im Rahmen des bestehenden Arbeitsverhältnisses (Dauerschuldverhältnis). Sie hat somit auch dann einen Lohnanspruch, wenn der angestrebte Erfolg nicht eintritt.

5. Diana Karrer hat einen Schadenersatzanspruch gegen Ivana Bittermann gem. § 823 Abs. 1 BGB. Durch das verkehrswidrige Überqueren der Straße hat Ivana Bittermann rechtswidrig und zumindest fahrlässig gehandelt. Sie hat dadurch das Rechtsgut der Diana Karrer (Eigentum an Fahrrad und Hose) verletzt. Auch ein Anspruch nach § 823 Abs. 2 BGB kommt in Betracht, da Ivana Bittermann gegen die StVG und somit gegen ein Schutzgesetz verstoßen hat.

6. Das Eigentum an einer beweglichen Sache wird durch Einigung und Übergabe übertragen. Christoph Jamrath-Kriebel und Maya Thieme haben sich über den Eigentumsübergang geeinigt. Übergeben wurde der Wohnwagen jedoch nicht. Maya Thieme hat daher keinen unmittelbaren Besitz daran erlangt. Sie hat jedoch mittelbaren Besitz gem. § 868 BGB erlangt, da Christoph Jamrath-Kriebel ihr seinen Herausgabeanspruch aus dem Mietvertrag mit Murat Mojadedi gem. § 398 BGB abgetreten hat. Sie ist somit gem. §§ 929, 931 BGB Eigentümerin des Wohnwagens geworden. Die Kenntnis oder Zustimmung des Mieters und unmittelbaren Besitzers Murat Mojadedi ist dazu nicht erforderlich.

7. a) Lukas Obermayer kann die Herausgabe des Fahrrads gem. § 985 BGB verlangen, da er immer noch Eigentümer des Fahrrads ist und Sven Föster kein Recht zum Besitz hat. Sven Föster hat das Eigentum an dem Fahrrad nicht gem. § 932 BGB gutgläubig erworben, da der gutgläubige Erwerb gem. § 935 Abs. 1 S. 1 BGB ausgeschlossen ist, wenn die Sache dem Eigentümer gestohlen worden war.
   b) Da das Fahrrad nicht abhandengekommen ist, sondern von Lukas Obermayer willentlich weggegeben wurde, ist ein gutgläubiger Erwerb gem. § 932 BGB möglich und Sven Föster ist neuer Eigentümer des Fahrrads. Lukas Obermayer kann es folglich nicht gem. § 985 BGB von ihm herausverlangen. Er hat jedoch einen Anspruch gem. § 816 Abs. 1 S. 1 BGB auf Herausgabe des von Katharina Weißhaupt erlangten Gelds.

8. a) Ursprünglich war Sandro Matti Eigentümer des Raupenbaggers. Gemäß § 929 S. 1 BGB wird das Eigentum an einer beweglichen Sache durch Einigung und Übergabe übertragen. Durch die Auslieferung des Baggers hat Sandro Matti sein Eigentum nicht verloren, da die Übereignung unter Eigentumsvorbehalt erfolgte. Die Einigung stand also gem. § 449 Abs. 1 BGB unter der aufschiebenden Bedingung der vollständigen Kaufpreiszahlung. Da diese Bedingung am 15.06.2017 nicht eingetreten ist, hat Sandro Matti sein Eigentum nicht durch Übereignung an die Gartenbau Blütenstil OHG verloren.
   b) Vereinbart wurde eine Sicherungsübereignung, die eine Form der Realsicherheit ist. Bei der Sicherungsübereignung überträgt der Kreditnehmer das Eigentum an einer beweglichen Sache an den Kreditgeber zur Sicherung eines Darlehens. Zahlt er das Darlehen zurück, wird ihm das Eigentum zurückübertragen. Zahlt er das Darlehen hingegen nicht zurück, kann der Darlehensgeber die Sache zur Befriedigung der Forderung verwerten. Dazu schließen Kreditgeber und Kreditnehmer neben dem Darlehensvertrag noch einen (schuldrechtlichen) Sicherungsvertrag. Darin wird vereinbart, was der Sicherungszweck (Sicherung einer Kreditforderung) ist, dass die Sache bei Kreditzahlung rückübereignet wird (entweder automatisch oder auf Verlangen) und, dass der bisherigen Eigentümer

ein Recht zum Besitz hat und der Kreditgeber mittelbarer Besitzer gem. § 868 BGB ist. Danach erfolgt die Übereignung der Sache an den Kreditgeber. Da der Kreditgeber nur mittelbarer Besitzer werden soll, erfolgt die Übereignung mithilfe eines Besitzkonstituts gem. §§ 929 S. 1, 930 BGB.

c) Sandro Matti kann die Herausgabe des Raupenbaggers gem. § 985 BGB verlangen, da er immer noch Eigentümer des Baggers ist und die Gartenbau Blütenstil OHG kein Recht zum Besitz hat. Das Eigentum ist durch die Sicherungsübereignung nicht auf die Creditfast Bank übergegangen. Zur Übertragung des Eigentums bedarf es der Einigung, der Übergabe und der Berechtigung zur Eigentumsübertragung. Eine Einigung zwischen der Gartenbau Blütenstil OHG und der Creditfast Bank kam zustande und es wurde ein Besitzkonstitut als Übergabesurrogat gem. § 930 BGB vereinbart. Die Gartenbau Blütenstil OHG war jedoch nicht zur Eigentumsübertragung berechtigt. Ein gutgläubiger Erwerb vom Nichtberechtigten bei einem Besitzkonstitut gem. § 933 BGB (die Creditfast Bank war gutgläubig, da sie nichts von dem Eigentumsvorbehalt wusste) ist nicht möglich, wenn die Sache nicht übergeben wird. Der Erwerber, also die Bank, muss somit den (unmittelbaren oder mittelbaren) Besitz erlangen und der Veräußerer, also die Gartenbau Blütenstil OHG, darf keinen Besitzrest zurückbehalten. Da die Gartenbau Blütenstil OHG hier jedoch Besitzerin des Raupenbaggers blieb, erfolgte keine Eigentumsübertragung durch gutgläubigen Erwerb und Sandro Matti ist weiterhin Eigentümer des Baggers.

9. Die Naturholz Heidewald GmbH hat die Holzbretter unter Eigentumsvorbehalt nach §§ 433, 449 BGB geliefert, sodass sie bis zur vollständigen Kaufpreiszahlung Eigentümerin der Bretter bleibt. Gemäß § 950 BGB erwirbt der Hersteller durch die Verarbeitung der Bretter jedoch das Eigentum daran. Bei einem Verarbeitungseigentumsvorbehalt wird vereinbart, dass sich der Eigentumsvorbehalt auch auf hergestellte Sachen bezieht. Die Naturholz Heidewald GmbH wird somit automatisch (Mit-)Eigentümerin der Treppen. Sie kann diese bei einem Ausbleiben der Kaufpreiszahlung verwerten.

10. a) Fabian Cisek ist Eigentümer des Grundstücks geworden, da alle Voraussetzungen der §§ 873, 925 BGB erfüllt sind. Fabian Cisek und Oscar Herold haben sich über den Eigentumsübergang geeinigt und Fabian Cisek wurde gem. § 873 BGB in das Grundbuch eingetragen. Die Verfügungsbefugnis von Oscar Herold war auch nicht aufgrund der Vormerkung der Auflassung beschränkt.

b) Rayk Fürstenberg hat gegen Oscar Herold einen Anspruch auf Auflassung des Grundstücks gem. § 433 Abs. 1 BGB. Zwischen Rayk Fürstenberg und Oscar Herold wurde am 14.07.2017 ein wirksamer Kaufvertrag gem. §§ 433 Abs. 1, 311 b S. 1 BGB geschlossen. Rayk Fürstenberg hat daraus einen (schuldrechtlichen) Anspruch auf Eigentumsübertragung gegen Oscar Herold. Da dieser das Eigentum jedoch bereits am 25.07.2017 gem. §§ 873, 925 BGB wirksam an Fabian Cisek übertragen hat, ist es ihm eigentlich nicht möglich, das Eigentum an Rayk Fürstenberg erneut zu übertragen (subjektive nachträgliche Unmöglichkeit, § 275 Abs. 1 BGB). Es besteht jedoch eine wirksame Auflassungsvormerkung zugunsten von Rayk Fürstenberg gem. §§ 883 Abs. 1, 885 Abs. 1 BGB. Gemäß § 883 Abs. 2 BGB folgt daraus, dass Zwischenverfügungen, welche die Erfüllung eines durch eine Vormerkung gesicherten Anspruchs vereiteln oder beeinträchtigen würden, dem Vormerkungsberechtigten gegenüber unwirksam sind. Die Eigentumsübertragung an Fabian Cisek ist somit gegenüber Rayk Fürstenberg (relativ) unwirksam. Es ist Oscar Herold folglich nicht unmöglich, das Eigentum an Rayk Fürstenberg zu übertragen.

Um Eigentümer des Grundstücks zu werden, muss Rayk Fürstenberg in das Grundbuch eingetragen werden. Die dazu erforderliche Bewilligung gem. § 19 GBO müsste Fabian Cisek als Voreingetragener erteilen. Rayk Fürstenberg hat gem. § 888 Abs. 1 BGB einen Anspruch auf Zustimmung zu seiner Eintragung als Eigentümer im Grundbuch gegen Fabian Cisek.

11. a) Den Kaufpreis schuldet gem. § 433 Abs. 2 BGB der Käufer. Da Michael Satzer gem. § 164 BGB, § 35 GmbHG namens und (als Geschäftsführer) mit Vertretungsmacht der HeavenSeven GmbH handelte, ist die GmbH Vertragspartei geworden. Sie ist gem. § 13 Abs. 1 GmbHG als juristische Person rechtsfähig.

b) Die Bezeichnung müsste lauten: „HeavenSeven GmbH, vertreten durch ihren Geschäftsführer Michael Satzer“

12. Nele Daub haftet gem. § 25 Abs. 1 HGB als Erwerberin des Unternehmens für alle im Betrieb des Geschäfts begründeten Verbindlichkeiten des früheren Inhabers, wenn sie die bisherige Firma mit oder ohne Beifügung eines das Nachfolgeverhältnis andeutenden Zusatzes fortführt. Ein Haftungsausschluss gem. § 25 Abs. 2 HGB wurde laut Sachverhalt nicht vereinbart und im Handelsregister eingetragen. Sie muss somit die Rechnung von Henri Lüdekke bezahlen.

13. a) Wirksamkeit der Geschäfte:

- Gemäß § 49 Abs. 1 HGB ist der Prokurist ermächtigt, alle Geschäfte abzuschließen, die der Betrieb eines Handelsgewerbes mit sich bringt. Die Zugehörigkeit des Geschäfts zu der Branche, in der das Unternehmen tätig ist, ist nicht erforderlich. Daher ist der Kauf der Fliesen wirksam.
- Es gibt keine Beschränkung, die einem Prokuristen die Aufnahme eines Darlehens verbietet. Daher ist der Darlehensvertrag wirksam. Die aufgenommene Darlehenssumme überschreitet auch nicht die im Arbeitsvertrag vereinbarte Höchstgrenze.
- Die Beschränkung der Prokura im Innenverhältnis (zwischen der Solutions GmbH und Carlotta Haruna) ist gegenüber Dritten, also auch gegenüber dem Verkäufer der Computer, gem. § 50 Abs. 1 HGB unwirksam. War der Verkäufer gutgläubig, so ist ein wirksamer Kaufvertrag zwischen dem Verkäufer und der Solutions GmbH zustande gekommen.
- Gemäß § 49 Abs. 2 HGB ist ein Prokurist nicht zur Belastung von Grundstücken ermächtigt. Die Aufnahme einer Grundschuld stellt eine solche Belastung dar, weshalb das Geschäft unwirksam ist.

b) An der Wirksamkeit der Geschäfte ändert sich nichts. Die Prokura ist zwar gem. § 52 HGB durch Widerruf erloschen, sodass Carlotta Haruna eigentlich keine Vertretungsmacht nach § 164 BGB hatte. Der Widerruf muss jedoch gem. § 53 Abs. 3 HGB im Handelsregister eingetragen werden. Sofern Dritte keine anderweitige Kenntnis vom Widerruf haben, dürfen sie gem. § 15 Abs. 1 HGB darauf vertrauen, dass die Prokura noch besteht.

c) Da die Eintragung der Prokura ins Handelsregister gem. § 52 HGB nur deklaratorische Wirkung hat, hatte Carlotta Haruna keine Prokura. Sie handelte somit als Vertreterin ohne Vertretungsmacht gem. § 177 BGB. Die Wirksamkeit der Verträge hängt somit von Jerrit Schwanebergs Genehmigung ab.

14. Nabil Chamaon hat keinen Anspruch gegen Zoe Dorrendorf auf Erfüllung der Bürgenschuld gem. § 765 BGB, da kein wirksamer Bürgschaftsvertrag zwischen ihnen zustande gekommen ist. Gemäß § 766 BGB ist für die Bürgschaftserklärung die Schriftform erforderlich, also nach § 126 Abs. 1 BGB eine eigenhändige Unterschrift auf der Originalurkunde. Nabil Chamaon hat jedoch nur ein Fax erhalten. Dies genügt nicht dem Schriftformerfordernis. § 350 HGB greift hier auch nicht. Nach dieser Vorschrift findet die Formvorschrift des § 766 BGB keine Anwendung, wenn der Bürge Kaufmann ist. Die Veritas GmbH hat zwar kraft Gesetzes (§ 6 HGB) die Kaufmannseigenschaft, da eine GmbH eine Handelsgesellschaft ist, gebürgt hat aber Zoe Dorrendorf in eigenem Namen und sie ist keine Kauffrau. Das Handelsgeschäft betreibt die GmbH, nicht der Geschäftsführer einer GmbH.

15. Sigrid Kettner und Gabriele Eichelbaum haben keinen Anspruch gegen die Naturwolle GmbH auf Nachlieferung gem. §§ 433, 437, 439 BGB. Zwar ist ein wirksamer Kaufvertrag gem. § 433 BGB zustande gekommen und die Sache weist offensichtlich einen Sachmangel auf, da eine andere Farbe als die vereinbarte geliefert wurde (§ 434 Abs. 3 1. Alt. BGB). Sigrid Kettner und Gabriele Eichelbaum hätten den Mangel jedoch gem. § 377 HGB unverzüglich rügen müssen. Nach dieser Vorschrift hat der Käufer bei einem Handelsgeschäft die Ware unverzüglich nach der Ablieferung durch den Verkäufer zu untersuchen und, wenn sich ein Mangel zeigt, dem Verkäufer unverzüglich Anzeige zu machen. Hier lag ein beiderseitiges Handelsgeschäft vor, da beide Vertragsparteien als Kaufleute anzusehen sind und das Geschäft zu ihrem Handelsgewerbe gehört (§ 343 HGB). Die Naturwolle GmbH ist Formkaufmann gem. § 6 HGB. Sigrid Kettner und Gabriele Eichelbaum sind zwar keine Ist-kaufleute nach § 1 HGB, da Art und Umfang ihres Unternehmens keinen in kaufmännischer Weise eingerichteten Betrieb erfordern und sie sind auch keine Formkaufleute gem. § 6 HGB, da sie tatsächlich keine oHG gegründet haben. Sie sind jedoch Scheinkaufleute und müssen sich daher (trotz fehlender Eintragung ins Handelsregister) als Kaufleute behandeln lassen. Sie haben durch die Verwendung der Bezeichnung „oHG“ auf Geschäftsbriefen und auf ihrer Website den Rechtsschein einer Handelsgesellschaft i. S. v. § 6 HGB in zurechenbarer Weise erweckt. Die Naturwolle GmbH war zudem gutgläubig.

16. Die Zauser KG hat gegen Ruben Niering einen Anspruch auf Begleichung des Restkaufpreises in Höhe von 200,00 € aus § 433 Abs. 2 BGB. Zwischen ihnen wurde ein wirksamer Kaufvertrag gem. § 433 BGB geschlossen. Ruben Niering befand sich im Annahmeverzug gem. § 293 BGB, da er die Ware zum vereinbarten Liefertermin nicht angenommen hat. Gemäß § 373 Abs. 2 HGB war die Zauser KG zur Versteigerung berechtigt, da es sich um einen Handelskauf handelte (Ruben Niering ist gem. § 1 Abs. 1 HGB Kaufmann und die KG gem. § 6 HGB, das Geschäft gehört gem. § 343 HGB zu ihrem Handelsgewerbe). Die Versteigerung war ohne vorherige Androhung möglich, da die Ware dem Verderb ausgesetzt war (§ 373 Abs. 2 S. 2 HGB). Die Versteigerung erfolgte für Rechnung des säumigen Käufers gem. § 373 Abs. 3 HGB, sodass der Versteigerungserlös gem. § 667 BGB an Ruben Niering herauszugeben ist, die Kaufpreisforderung bleibt aber im Übrigen bestehen.

17. **a)** Ja. Der Antragsgegner Markku Tähtinen hat seinen Wohnsitz in Finnland, also einem Mitgliedsstaat der Europäischen Union. Eingefordert werden soll zudem eine fällige Geldforderung.

b) Ein Europäisches Mahnverfahren wäre nicht möglich, da Norwegen kein Mitgliedsstaat der Europäischen Union ist. Die einzige Möglichkeit zur Durchsetzung der Forderung wäre ein grenzüberschreitendes deutsches Mahnverfahren.

c) Die Zuständigkeit im Europäischen Mahnverfahren richtet sich nach Art. 6 Abs. 1 EuMahnVO in Verbindung mit der EuGVVO (Verordnung (EU) Nr. 1215/2012 des Europäischen Parlaments und des Rats vom 12.12.2012 über die gerichtliche Zuständigkeit und die Anerkennung und Vollstreckung von Entscheidungen in Zivil- und Handelssachen) und somit grundsätzlich gem. Art. 4 EuGVVO nach dem Wohnsitz des Antragsgegners. Ist der Antragsgegner jedoch Verbraucher, wie hier Markku Tähtinen, der den Vertrag zu einem Zweck geschlossen hat, der nicht seiner beruflichen oder gewerblichen Tätigkeit zugerechnet werden kann, so ist gem. Art. 6 Abs. 2 EuMahnVO das Gericht an seinem Wohnort zuständig.
d) Nein, der Antrag auf Erlass eines Europäischen Zahlungsbefehls ist unter Verwendung des Formblatts A gem. Art. 7 Abs. 1 EuMahnVO zu stellen.
e) Ist der Antrag vollständig und nicht offensichtlich unbegründet, erlässt das Gericht in der Regel innerhalb von 30 Tagen nach Antragstellung gem. Art. 12 Abs. 1 EuMahnVo einen europäischen Zahlungsbefehl („Formblatt E") und stellt diesen dem Schuldner zu. Fehlt es an diesen Voraussetzungen, so kann das Gericht den Antrag auf Erlass eines Europäischen Zahlungsbefehls unter den Voraussetzungen des Art. 11 EuMahnVO unter Verwendung des Formblatts D zurückweisen.
f) Der Antragsgegner kann Einspruch einlegen. Der Einspruch muss beim Ursprungsgericht, also dem Gericht, das den Zahlungsbefehl erlassen hat, eingelegt werden (vgl. Art. 16 Abs. 1 EuMahnVO). Die Einspruchsfrist im Europäischen Mahnverfahren beträgt 30 Tage ab Zustellung des Zahlungsbefehls.
g) Gemäß Art. 6 Abs. 1 EuMahnVO i. V. m. Art. 63 Abs. 1, Art. 4 Abs. 1 EuGVVO sind die Gerichte am Sitz des beklagten Unternehmens zuständig, also die Gerichte in Deutschland. In Deutschland ist das Amtsgericht Berlin-Wedding als Europäisches Mahngericht für Deutschland zuständig (§ 689 Abs. 2 S. 2 ZPO).
h) Die Gerichtsgebühren des Europäischen Mahnverfahrens richten sich nach dem nationalen Recht (Art. 25 EuMahnVO). Da das Amtsgericht Berlin-Wedding in diesem Fall zuständig ist, entsteht eine 0,5 Gerichtsgebühr Nr. 1100 KV GKG in Höhe von 32,00 € (Mindestgebühr bei einem Streitwert von 860,00 €) sowie eventuelle Übersetzungs- und Zustellungskosten.

18. a) Die Anspruchsgrundlage ist in § 12 LPartG geregelt.
b) Die Anspruchsgrundlage ist in § 16 LPartG geregelt.

19. a) Die Anspruchsgrundlage ist in § 1601 BGB geregelt.
b) Der Unterhaltsbedarf von Tim ist in der Düsseldorfer Tabelle geregelt.

20. a) Die Anspruchsgrundlage ist in § 1378 BGB geregelt.
b) Zugewinnausgleichsanspruch von Resi Meier:

Zugewinn Mann:	
Endvermögen:	254 679,45 €
Anfangsvermögen:	102 735,23 €
Zugewinn:	151 944,22 €

Zugewinn Frau:	
Endvermögen:	65 968,23 €
Anfangsvermögen:	0,00 €
Zugewinn:	65 968,23 €
Differenz Zugewinn Mann und Frau:	85 975,99 €
hiervon die Hälfte:	42 988,00 €

Der Zugewinnausgleichsanspruch von Resi Meier beträgt 42 988,00 €.

21. a) Gemäß § 23 a Abs. 1 Nr. 1 GVG ist das Amtsgericht für Familiensachen sachlich zuständig. Gemäß § 152 Abs. 2 FamFG ist das Amtsgericht – Familiengericht – Freiburg örtlich zuständig.

b) Da bei Umgangsrechtsverfahren der Amtsermittlungsgrundsatz gilt, reicht es aus, dass Christian Menzel den Umgang beantragt, den er gerne möchte. Er muss nicht vollstreckungsfähig formuliert sein, da das Gericht von Amts wegen den Umgang beschließen wird, der dem Wohle des Kinds am besten entspricht.

22. Die Fundstelle ist in § 1626 a BGB. Voraussetzung für die Einräumung des Mitsorgerechts durch das Familiengericht ist, dass die Übertragung dem Kindeswohl nicht widerspricht.

23. a) Die Anspruchsgrundlage für den Trennungsunterhalt ist in § 1361 BGB geregelt. Die Anspruchsgrundlagen für den nachehelichen Unterhalt sind in §§ 1570 ff. BGB geregelt. Für Kira Bernd kommen folgende Anspruchsgrundlagen in Betracht:
- § 1571 BGB: Unterhalt wegen Alters
- § 1572 BGB: Unterhalt wegen Krankheit oder Gebrechen
- § 1573 Abs. 1 BGB: Unterhalt wegen Erwerbslosigkeit
- § 1573 Abs. 2 BGB: Aufstockungsunterhalt

b) Kira Bernd hat im Falle einer Ehescheidung Anspruch auf eine Durchführung des Versorgungsausgleichs. Beim Versorgungsausgleich werden die Rentenanwartschaften, die während der Ehe von den Ehegatten erworben wurden, hälftig geteilt. Der Versorgungsausgleich ist im Versorgungsausgleichsgesetz geregelt.

24. a) Gesetzliche Erbfolge beim gesetzlichen Güterstand:
- Ehefrau Elvira: ½ (§ 1931 Abs. 1 BGB i. V. m. § 1371 Abs. 1 BGB)
- Tochter Maja: ½ (§ 1924 Abs. 1 BGB)
- Das Enkelkind erbt wegen § 1924 Abs. 2 BGB nicht.

b) Gesetzliche Erbfolge bei Gütertrennung:
- Ehefrau Elvira: ¼ (§ 1931 Abs. 1 BGB)
- Tochter Maja: ¾ (§ 1924 Abs. 1 BGB)
- Das Enkelkind erbt wegen § 1924 Abs. 2 BGB nicht.

25. a) Gesetzliche Erbfolge:
- Lea und Hendrik erben zu je ½ (§ 1924 Abs. 4 BGB).
- Die Ehefrau erbt nichts (vgl. § 1933 BGB).

b) Lea hat einen Pflichtteilsanspruch gegen Hendrik gem. § 2303 BGB. Dieser beträgt die Hälfte des gesetzlichen Erbteils.

26. a) Die Anspruchsgrundlage ist § 2303 BGB.
b) Berechnung des Pflichtteils:
Aktivvermögen: 349 956,94 € ./. Schulden in Höhe von 3 475,98 € und Beerdigungskosten in Höhe von 10 496,35 € = 335 984,61 €

gesetzlicher Erbteil der Tochter gem. § 1924 Abs. 4 BGB: ½; Pflichtteil somit ¼
Die Höhe des Pflichtteils beträgt daher 83.996,15 €.

27. Ein Testament muss eigenhändig geschrieben und unterschrieben sein, um wirksam zu sein (§ 2247 BGB). Sinnvoll, aber keine zwingende Voraussetzung für die Wirksamkeit ist die Angabe, zu welcher Zeit (Tag, Monat und Jahr) und an welchem Ort das Testament geschrieben wurde. Die Unterschrift soll den Vornamen und den Familiennamen des Erblassers enthalten.

28. Es reicht nicht aus, wenn er das Testament mit zur Bank bringt. Er braucht einen Erbschein. Diesen kann er beim Nachlassgericht beantragen:
- § 2365 BGB: Vermutung der Richtigkeit des Erbscheins
- § 352 FamFG: Angaben im Antrag auf Erteilung des Erbscheins

29. Der Rechtsanwalt Peter Huber empfiehlt den Eheleuten ein gemeinschaftliches Testament, in dem sie sich gegenseitig als Alleinerben einsetzen und bestimmen, dass nach dem Tode des Überlebenden der beiderseitige Nachlass an einen Dritten fallen soll (sog. Berliner Testament) (§§ 2267, 2269 BGB).

a) Sachverhalte, insbesondere in den Bereichen des bürgerlichen Rechts sowie des Handels-, Gesellschafts- und Registerrechts, rechtlich erfassen und beurteilen (ReNo)

1. Der Kaufvertrag ist nicht zustande gekommen. Der Antrag des Frederik Fialski hätte sofort angenommen werden müssen. 35 Minuten Wartezeit ist einem Käufer nicht zumutbar, § 147 Abs. 1 BGB (Antrag unter Anwesenden muss sofort angenommen werden).

2. Bernd Kalthoff ist während der gesamten Zeit Eigentümer und bis zur Übergabe des Fahrrads an seinen Bruder auch Besitzer. Patrick Kalthoff ist Besitzer des Mountainbikes vom Zeitpunkt der Verleihe durch seinen Bruder und bis zur Übergabe an seine Mitschülerin. Er ist zu keinem Zeitpunkt Eigentümer und darf das Rad nicht veräußern. Nadine wird durch den Erhalt des Rads Besitzerin, Eigentümerin wird sie nicht (§§ 854, 903 BGB: Besitz und Eigentum; § 435 BGB: Rechtsmangel bei Verkauf des Fahrrads).

3. a) Lars Wendler und Frank Wiens haften uneingeschränkt, direkt und solidarisch (auch) mit ihrem Privatvermögen für Schulden der Gesellschaft. Es ist unbedeutend, ob einer der beiden eine unternehmerisch falsche Entscheidung getroffen hat, die zu den hohen Schulden geführt hat (§ 105 HGB).

b) Der Gewinn nach § 121 Abs. 1 und 3 HGB von 32000,00 € würde wie folgt verteilt:

	Kapitalanteil	**4%**	**Rest nach Köpfen**	**gesamt**
Frank Wiens	110000,00 €	4400,00 €	12000,00 €	16400,00 €
Lars Wendler	90000,00 €	3600,00 €	12000,00 €	15600,00 €
gesamter zu verteilender Gewinn				32000,00 €

4. Für die Verbindlichkeiten seines Fachgeschäfts haftet Maik Hansen unbeschränkt mit seinem Privatvermögen. Eine Haftungsbeschränkung gibt es für ihn nicht. Maik Hansen wird also für die 16800,00 € persönlich aufkommen müssen. Für die Verbindlichkeiten seines Versandunternehmens haftet nur seine GmbH und zwar mit ihrem Gesellschaftsvermögen. Da dieses Vermögen aufgebraucht ist, werden die Gläubiger leer ausgehen. Sollten aber die Einrichtungsgegenstände und etwaige vorhandene Kleidungsstücke noch verkauft werden können, müsste der damit erzielte Veräußerungserlös für die Begleichung der Schulden verwendet werden (§ 13 Abs. 2 GmbHG).

5. Die Einstellung einer Teilzeitkraft ist Heike Kemper als Geschäftsführerin erlaubt, da diese Befugnis sich auf alle Handlungen erstreckt, die der gewöhnliche Betrieb eines Handelsgewerbes mit sich bringt (§ 116 HGB). Die Geschäftsführungsbefugnis darf ihr im Übrigen gesellschaftsvertraglich eingeräumt werden (§ 163 HGB). Der Erwerb eines Grundstücks ist ihr jedoch nicht erlaubt.

6. Gegen die Einstellung des Christian Budde durch Gerold Geller können die Gesellschafter Michael Behling und Uwe Bloch nichts unternehmen. Eine Beschränkung der Geschäftsführungsbefugnis hat dritten Personen gegenüber keine rechtliche Wirkung (§ 37 Abs. 2 GmbHG). Die Gesellschafter können aber Gerold Geller sofort („jederzeit“) die Befugnis zur Geschäftsführung entziehen (§ 38 Abs. 1 GmbHG).

7. Die Anmeldung darf erst erfolgen, wenn auf jeden Geschäftsanteil ein Viertel des Nennbetrags und insgesamt mindestens die Hälfte des Mindeststammkapitals (25000,00 €), also 12500,00 €, eingezahlt ist (§ 7 Abs. 2 GmbHG). Konkret: Stefan Hagedorn muss mindestens 2625,00 € und Bogdan Erhardt mindestens 3625,00 € eingezahlt haben. Dies reicht aber zusammengenommen noch nicht, sodass von einem der beiden oder von beiden zusätzliche Einzahlungen in Höhe von 6500,00 € (12500,00 € – 2625,00 € – 3625,00 € = 6500,00 €) geleistet werden müssen. Erst dann kann eine Anmeldung zum Handelsregister erfolgen. Der Anmeldung sind beizufügen: Gesellschaftsvertrag, Liste der Gesellschafter mit Namen, Vornamen, Geburtsdatum, Wohnort und Nennbeträge der Geschäftsanteile (§ 8 GmbHG).

8. Die Anmeldung ist von allen Gesellschaftern zu bewirken (§ 108 HGB i.V.m. § 161 Abs. 2 HGB). Die Anmeldung hat nach § 106 Abs. 2 HGB i.V.m. § 161 Abs. 2 HGB folgende Angaben zu enthalten:
- die Namen und Vornamen, das Geburtsdatum und den Wohnort jedes Gesellschafters
- die Firma der Gesellschaft, den Ort des Sitzes und die Geschäftsadresse
- die Vertretungsmacht der Gesellschafter

Zusätzlich müssen die Bezeichnung des Kommanditisten (Marcel Grabe) und der Betrag seiner Einlage (12000,00 €) angemeldet werden

9. a) Carina Dons muss den Antrag bei dem Amtsgericht – Nachlassgericht – einreichen, in dessen Bereich der Erblasser seinen letzten gewöhnlichen Aufenthalt zum Zeitpunkt seines Tods hatte. Gemäß § 343 FamFG ist dies nicht immer der letzte Wohnsitz oder der Sterbeort. Es kann sich z. B. auch um einen Ort handeln (z. B. Krankenhaus, Pflegeheim), an dem der Erblasser sich bereits seit mehr als sechs Monaten vor seinem Tod (also gewöhnlich) aufgehalten hat.

b) Neben dem Notar ist auch das Amtsgericht – Nachlassgericht – zur Aufnahme eines Erbscheinsantrags zuständig.

c) Der Erbe, ein gesetzlicher Vertreter des Erben (z. B. bei Minderjährigen), ein Nachlassverwalter und ein Insolvenzverwalter sind beispielsweise berechtigt einen Erbschein zu beantragen.

d) Die Rechtsanwalts- und Notarfachangestellte muss die Sterbeurkunde des Erblassers, die Heiratsurkunde der Eheleute Müller, die Abstammungsurkunde der Kinder sowie die Heiratsurkunde der Tochter vorlegen. Die Urkunden sind jeweils in beglaubigter Ablichtung bzw. im Original dem Nachlassgericht einzureichen.

e) aa) Ehegatte ¼ (§ 1931 BGB) + ¼ (§§ 1931 Abs. 3, 1371 Abs. 1 BGB), jeder Abkömmling der Tochter (Tim und Julia) ⅛ und der Sohn ¼

bb) Ehegatte, Tochter und Sohn je ⅓ (§ 1931 Abs. 4 BGB)

f) Die Erben haben nach Erhalt der Erbscheinsausfertigung die Berichtigung des Grundbuchs beim zuständigen Amtsgericht – Grundbuchamt – zu beantragen.

10. a) Die Erbausschlagung muss in öffentlich beglaubigter Form abgegeben werden.

b) Jessica Hopp sendet die Urkunde zu dem Amtsgericht – Nachlassgericht –, in dessen Bezirk der Erblasser seinen letzten gewöhnlichen Aufenthalt hatte (§ 343 FamFG).

c) Die Rechtsanwalts- und Notarfachangestellte muss folgende gesetzliche Fristen zur Ausschlagung einer Erbschaft beachten:

- sechs Wochen ab Kenntnis des Erbfalls durch die gesetzliche Erbin, Anna Weber, wenn es keine Verfügung von Todes wegen gibt, bzw. ab Eröffnung der Verfügung von Todes wegen oder
- sechs Monate, wenn der Erblasser oder der Erbe im Ausland wohnt.

Zur Wahrung der Frist ist der Eingang der Erbausschlagung beim Nachlassgericht notwendig.

d) Jessica Hopp kann der Erbin erklären, dass der Lauf der Ausschlagungsfrist wegen Irrtums angefochten werden kann. Die Anfechtung ist innerhalb von sechs Wochen nach Kenntnis des Fristablaufs möglich und wird wie eine Ausschlagung in öffentlich beglaubigter Form gegenüber dem Nachlassgericht erklärt.

b) Maßnahmen im Zivilprozess- und Zwangsvollstreckungsrecht vorbereiten, durchführen und kontrollieren (Re, ReNo)

1. Es handelt sich um eine familienrechtliche Angelegenheit, sodass gem. §§ 23 a, 23 b, 119 Abs. 1 Nr. 1 a GVG in nächster Instanz das Oberlandesgericht sachlich zuständig ist. Örtlich zuständig ist das Saarländische Oberlandesgericht.

2. a) Sachlich zuständig ist bei Mietstreitigkeiten über Wohnräume ausschließlich das Amtsgericht ohne Rücksicht auf den Streitwert gem. § 23 Nr. 2 a GVG. Vor dem Amtsgericht besteht kein Anwaltszwang, sodass Julius Ammermüller die Klage selbst einreichen kann.

b) Bei Streitigkeiten aus Miet- und Pachtverhältnissen über andere Räume als Wohnraum richtet sich die sachliche Zuständigkeit nach der Höhe des Streitwerts. Hier wäre also das Landgericht zuständig, da der Streitwert über 5 000,00 € liegt (§§ 23 Abs. 1 S. 1, 71 GVG). Vor dem Landgericht besteht gem. § 78 Abs. 1 S. 1 ZPO Anwaltszwang, sodass Julius Ammermüller sich vor Gericht nicht selbst vertreten kann.

c) Örtlich zuständig ist gem. § 29 a ZPO (sowohl für Wohn- als auch für sonstige Räume) das Gericht, in dessen Bezirk die Räume liegen. Dabei handelt es sich um eine ausschließliche Zuständigkeit, sodass Julius Ammermüller kein Wahlrecht gem. § 35 ZPO hat, wo er die Klage erheben möchte. Das Landgericht Fulda ist somit ausschließlich zuständig.

3. Das Landgericht ist gem. §§ 23 Nr. 1, 71 GVG sachlich zuständig, da der Streitwert über 5 000,00 € liegt. Die örtliche Zuständigkeit ergibt sich nicht aus der Gerichtsstandsvereinbarung in den AGB, da diese gegenüber Andreas Dürhaupt gem. § 38 Abs. 1 ZPO unwirksam ist, weil er kein Kaufmann ist. Die Zuständigkeit des Landgerichts Leipzig ergibt sich auch nicht aus § 39 S. 1 ZPO, da Vincent Erdinger die örtliche Zuständigkeit ausdrücklich gerügt hat. Gemäß §§ 12, 17 ZPO wäre grundsätzlich das Landgericht in München zuständig, weil der Beklagte seinen Sitz dort hat. Die Zuständigkeit des Landgerichts Leipzig ergibt sich jedoch aus § 29 ZPO, wonach das Gericht am Erfüllungsort ebenfalls zuständig ist. Erfüllungsort der Rückzahlung des Kaufpreises bei einem Mangel der Kaufsache ist nach der Rechtsprechung der Ort, an dem sich die Kaufsache vertragsgemäß befindet, hier also Leipzig.

4. a) Oliver Nolte kann gegen den Mahnbescheid gem. § 694 Abs. 1 ZPO Widerspruch einlegen.

b) Die Widerspruchsfrist beträgt gem. § 694 Abs. 1 ZPO zwei Wochen. Der Mahnbescheid wurde Oliver Nolte am Dienstag, den 14.11.2017 zugestellt. Die Widerspruchsfrist läuft somit am Dienstag, den 28.11.2017 ab. Da der Vollstreckungsbescheid jedoch noch nicht verfügt ist, kann Oliver Nolte auch noch am 29.11.2017 erfolgreich Widerspruch einlegen.

c) Ein verspäteter Widerspruch wird gem. § 694 Abs. 2 ZPO als Einspruch gegen den Vollstreckungsbescheid behandelt. Das Gericht, das den Vollstreckungsbescheid erlassen hat, gibt in diesem Fall den Rechtsstreit von Amts wegen gem. § 700 Abs. 3 ZPO an das Hauptsachegericht ab. Es wird ein streitiges Verfahren durchgeführt.

d) Der Vollstreckungsbescheid kann frühestens nach Ablauf der zweiwöchigen Widerspruchsfrist gem. § 699 ZPO beantragt werden. Der Mahnbescheid wurde am Dienstag, den 14.11.2017 zugestellt. Die Widerspruchsfrist läuft somit am Dienstag, den 28.11.2017 ab. Der Vollstreckungsbescheid kann also frühestens ab Mittwoch, den 29.11.2017 beantragt werden.

e) Der Vollstreckungsbescheid muss gem. § 701 ZPO innerhalb von sechs Monaten ab Zustellung des Mahnbescheids beantragt werden, da die Wirkung des Mahnbescheids sonst wegfällt. Der Mahnbescheid wurde am 14.11.2017 zugestellt. Die Frist endet somit am 14.05.2018. Der Vollstreckungsbescheid muss also bis spätestens zu diesem Tag beantragt werden.

5. a) Die Forderung kann sowohl gegen die OHG geltend gemacht werden, da sie rechts- und parteifähig ist (§ 124 Abs. 1 HGB, § 50 Abs. 1 ZPO), als auch gegen jeden der Gesellschafter, da sie gem. § 128 HGB für die Verbindlichkeiten der Gesellschaft als Gesamtschuldner persönlich haften (also jeder für die gesamte Summe und nicht nur anteilig).

b) Nein, die Anträge können in einem Formular zusammengefasst werden.

c) Ein Mahnbescheid muss gem. § 689 Abs. 2 ZPO bei dem Amtsgericht beantragt werden, in dessen Bezirk der Antragsteller seinen Sitz hat. Die Antragstellerin hat ihren Sitz in Gera. Das zuständige zentrale Mahngericht für Gera bzw. ganz Thüringen ist das Amtsgericht Aschersleben.

d) Sachlich zuständig ist bei Streitigkeiten über 5 000,00 € das Landgericht gem. §§ 23 Abs. 1 S. 1, 71 GVG. Örtlich zuständig wäre zunächst gem. §§ 12, 13, 17 ZPO das Gericht am Sitz bzw. Wohnsitz des Beklagten, hier also das Landgericht Köln. Infrage kommt jedoch auch der Erfüllungsort als besonderer Gerichtsstand gem. § 29 ZPO. Bei Geldschulden ist der Erfüllungsort nach § 29 ZPO, §§ 270, 269 BGB jedoch ebenfalls der Wohnsitz bzw. Sitz des Schuldners, also des Beklagten. Damit ist die Zuständigkeit des Landgerichts Gera nicht gegeben.

e) Gesellschaft und Gesellschafter sind verschiedene Prozessparteien, jedoch Streitgenossen. Da ein Urteil gegen die Gesellschaft und die Gesellschafter weder aus prozessualen noch aus materiell-rechtlichen Gründen zwingend einheitlich ergehen muss, handelt es sich nicht um eine notwendige Streitgenossenschaft gem. § 62 ZPO, sondern um eine einfache Streitgenossenschaft gem. § 59 1. Fall ZPO.

6. Da der Streitwert 5 000,00 € übersteigt, ist gem. §§ 23, 71 GVG das Landgericht sachlich zuständig. Die Klage kann am allgemeinen Gerichtsstand der Beklagten, also dem Wohnsitz, erhoben werden (§§ 12, 13 ZPO). Dies wäre hier Schweinfurt. Zuständig ist somit das Landgericht Schweinfurt. Als weiterer Gerichtsstand kommt der Aufenthaltsort der Beklagten gem. § 20 ZPO in Betracht. Dies wäre hier München und somit wäre auch das Landgericht München I zuständig. Schließlich kommt auch der Ort der unerlaubten Handlung gem. § 32 ZPO als Gerichtsstand in Betracht. Dies wäre hier für Greding das Landgericht Nürnberg-Fürth. Gesine Walsdorff kann gem. § 35 ZPO wählen, an welches Gericht sie sich wenden möchte.

7. a) Wurde das schriftliche Vorverfahren angeordnet, so muss Jella Glume die Notfrist von zwei Wochen ab Zustellung der Klageschrift zur Anzeige der Verteidigungsabsicht gem. § 276 Abs. 1 ZPO einhalten und die daran anschließende Frist zur Klageerwiderung von mindestens zwei weiteren Wochen, die vom Gericht festgesetzt wird. Wurde ein früher erster Termin angeordnet, so setzt das Gericht eine Frist zur Klageerwiderung gem. § 275 Abs. 1 ZPO, die sie beachten muss.

b) Eine Verlängerung von Notfristen ist nicht möglich (§ 224 ZPO). Richterliche Fristen können hingegen auf Antrag verlängert werden.

8. a) Der Rechtsanwalt Vassilis Vastakas kann gem. § 127 Abs. 2 ZPO sofortige Beschwerde einlegen, wenn der Streitwert der Hauptsache 600,00 € übersteigt. Das ist hier der Fall.
b) Die sofortige Beschwerde ist gem. § 127 Abs. 2 S. 3 ZPO innerhalb einer Notfrist von einem Monat ab der Bekanntgabe des Beschlusses einzulegen. Die Frist endet somit am 18.09.2017 (der 17.09.2017 ist ein Sonntag).

9. a) Beweis muss nur über strittige Tatsachen erhoben werden. Jede Partei ist dabei für die für sie vorteilhaften Tatsachen beweispflichtig. Da sich die Parteien einig sind, dass ein Werkvertrag geschlossen wurde, muss darüber nicht Beweis erhoben werden. Strittig ist jedoch, ob die Vergütung fällig ist. Die Voraussetzung dafür ist gem. § 641 Abs. 1 BGB die Abnahme des Werks. Carl-Christian Eichenburg bestreitet diese Abnahme bei dem Treffen am 10.09.2017. Da dies eine für Valentin Severidt günstige Tatsache ist, muss er sie beweisen. Carl-Christian Eichenburg möchte zudem ein Leistungsverweigerungsrecht gem. § 641 Abs. 3 BGB geltend machen. Hiernach könnte er gem. §§ 634 Nr. 1, 635 Abs. 1 BGB die Zahlung eines Teils der Vergütung (in Höhe der doppelten Auswechslungskosten der fehlerhaften Treppenstufen) verweigern, sofern er Mängelbeseitigung bzw. Nacherfüllung verlangen kann. Dazu muss er das Vorliegen eines Sachmangels bei Gefahrübergang gem. § 633 BGB beweisen.
b) Da bei dem Treffen am 10.09.2017 kein Dritter anwesend war, kommt für die Frage, ob eine Abnahme stattgefunden hat, nur eine Parteivernehmung gem. § 447 ZPO in Betracht. Der Sachmangel könnte durch ein Sachverständigengutachten gem. §§ 402 ff. ZPO bewiesen werden.
c) In diesem Fall bietet sich ein selbstständiges Beweisverfahren gem. §§ 485 ff. ZPO an, da unklar ist, ob ein Sachmangel vorliegt und Beweise gesichert werden müssen. Die Vorteile dieses Verfahrens sind

- Vermeidung eines Rechtsstreits (und dadurch Zeit- und Kostenersparnis), da auf der Grundlage des Sachverständigengutachtens ein Vergleich geschlossen werden kann,
- Hemmung der Verjährung gem. § 204 Abs. 1 Nr. 7 BGB und
- unmittelbare Verwertbarkeit der Ergebnisse im Hauptsacheverfahren gem. § 493 Abs. 1 ZPO.

10. a) Toralf Bludau kann entweder die Klage gem. § 269 ZPO zurücknehmen (da noch nicht zur Hauptsache verhandelt wurde, auch ohne Zustimmung der Beklagten) oder die Sache durch einseitige Erledigungserklärung beenden. Da die Sache schon rechtshängig war, ist der Anlass zur Einreichung der Klage nicht vor Rechtshängigkeit weggefallen. Somit müsste Toralf Bludau bei einer Klagerücknahme die Kosten tragen (vgl. § 269 Abs. 3 S. 3 ZPO). Bei einer Erledigungserklärung entscheidet das Gericht hingegen gem. § 91 a ZPO aufgrund der Erfolgsaussichten der Klage über die Kosten, sodass sie hier Augustine Reinhold auferlegt würden.
b) Wird die Klage zurückgenommen, ist der Rechtsstreit gem. § 269 Abs. 3 S. 1 ZPO als nicht anhängig geworden anzusehen. Dies hat die gleiche Wirkung als wäre die Klage nie erhoben worden. Toralf Bludau behält somit die Möglichkeit, die Klage zu einem späteren Zeitpunkt (vor Eintritt der Verjährung) erneut zu erheben, etwa zu einem Zeitpunkt, wenn Augustine Reinhold wieder über ausreichend finanzielle Mittel verfügt, um die Forderung zu begleichen bzw. eine Zwangsvollstreckung aussichtsreicher erscheint.
c) Weitere Möglichkeiten sind der Klageverzicht, das Anerkenntnis und der Prozessvergleich. Durch einen **Klageverzicht** gem. § 306 ZPO erklärt der Kläger ausdrücklich den streitgegenständlichen Anspruch gar nicht mehr (gerichtlich) geltend machen zu

wollen. Im Gegensatz zur Klagerücknahme verzichtet der Kläger also nicht nur darauf, seinen Anspruch im vorliegenden Verfahren geltend zu machen, sondern auch zukünftig. Beim **Anerkenntnis** erklärt der Beklagte gem. § 307 ZPO den geltend gemachten Anspruch anzuerkennen. Das Gericht erlässt daraufhin ein Anerkenntnisurteil, das ein Sachurteil darstellt. Die Kosten beim Anerkenntnis trägt gem. §§ 91 ff. ZPO der Beklagte. Wenn der Beklagte keine Veranlassung zur Klage gegeben hat und sofort anerkennt (sog. sofortiges Anerkenntnis), trägt hingegen gem. § 93 ZPO der Kläger die Kosten. Beim **Prozessvergleich** können sich die Parteien über die Kostentragung einigen. Unterbleibt eine solche Einigung, gelten die Kosten gem. § 98 ZPO als gegeneinander aufgehoben, die Gerichtskosten werden also geteilt, während die Anwaltskosten jede Partei selbst trägt.

11. **a)** Ein Versäumnisurteil kann gem. §§ 330, 331, 333 ZPO ergehen, wenn eine der Parteien nicht erscheint oder nicht zur Sache verhandelt. Bei einem Streitwert von 10 500,00 € findet der Rechtsstreit vor einem Landgericht statt, wo gem. § 78 Abs. 1 ZPO Anwaltszwang herrscht. Da die Klägerin somit nicht ordnungsgemäß vertreten ist, gilt sie als säumig. Gegen sie kann ein Versäumnisurteil ergehen.

b) Die Beweisaufnahme ist nicht Teil der mündlichen Verhandlung. Daher kann kein Versäumnisurteil ergehen, wenn eine Partei nicht anwesend oder im Anwaltsprozess nicht anwaltlich vertreten ist.

c) Geprüft werden müssen die allgemeinen Prozessvoraussetzungen (Partei- und Prozessfähigkeit etc.) und, ob die säumige Partei frist- und formgerecht geladen wurde. Die Schlüssigkeit der Klage muss nicht geprüft werden, da das Versäumnisurteil gegen die Klägerin ergeht.

d) Die Rechtsanwältin Frauke Täufert kann gegen das Versäumnisurteil gem. § 338 ZPO innerhalb einer Notfrist von zwei Wochen Einspruch einlegen. Ist der Einspruch zulässig, wird das Verfahren gem. § 342 ZPO in die Lage vor Eintritt der Säumnis zurückversetzt und im normalen Verfahren fortgesetzt.

12. In diesem Fall bietet sich ein Urkundenprozess an. Nach § 592 ZPO müssen sämtliche zur Begründung des Anspruchs erforderlichen Tatsachen durch Urkunden bewiesen werden. Ole Poloczek kann seine Forderung durch Vorlage des Bürgschaftsvertrags beweisen. Jorge Bruckner kann hingegen seine Einrede der Stundung nicht durch Urkunden beweisen, sondern nur durch Zeugenaussagen. Das Gericht wird diese Einwendungen gem. § 598 ZPO als unstatthaft zurückweisen. Es wird daher der Klage im Urkundenprozess durch Vorbehaltsurteil gem. § 599 ZPO stattgeben und Jorge Bruckner hinsichtlich seiner Einwendungen auf das Nachverfahren gem. § 600 ZPO verweisen. Aus dem Vorbehaltsurteil kann Ole Poloczek gem. § 708 Ziff. 4 ZPO jedoch schon (ohne Sicherheitsleistung) vorläufig vollstrecken. Er muss nicht das Ergebnis des Nachverfahrens abwarten. Sollte er später im Nachverfahren unterliegen, haftet er allerdings nach §§ 600 Abs. 2, 304 Abs. 4 S. 2–4 ZPO Jorge Bruckner im Falle erfolgter Vollstreckung auf Schadenersatz.

13. **a)** Da die Berufung vom Gericht nicht zugelassen wurde, ist sie gem. § 511 Abs. 2 Nr. 1 ZPO nur zulässig, wenn der Wert des jeweiligen Beschwerdegegenstands 600,00 € übersteigt. Bogdan Ionescu ist in Höhe der Verurteilung, also in Höhe von 800,00 €, beschwert. Norman Gehrbrandt ist mit dem Betrag beschwert, in dessen Höhe seine Klage abgewiesen wurde, also mit 1 000,00 €. Beide Parteien können somit Berufung einlegen.

b) Zuständig ist gem. § 72 GVG das Landgericht Magdeburg.

c) Die Berufungsfrist beträgt gem. § 517 ZPO einen Monat ab Zustellung des in vollständiger Form abgefassten Urteils. Die Berufungsfrist für Bogdan Ionescu endet somit am 26.05.2017 und die für Norman Gehrbrandt am 29.05.2017 (da der 28.05.2017 ein Sonntag ist). Es handelt sich dabei um eine (nicht verlängerbare) Notfrist.
d) Die Frist zur Berufungsbegründung beträgt gem. § 520 Abs. 2 ZPO zwei Monate ab Zustellung des in vollständiger Form abgefassten Urteils. Sie endet somit am 26.06.2017 für Bogdan Ionescu und am 28.06.2017 für Norman Gehrbrandt. Diese Frist kann aber gem. § 520 Abs. 2 S. 2, 3 ZPO auf Antrag verlängert werden.
e) Die Berufung kann auf einen Teil der Klageforderung beschränkt werden. Dieser Teilbetrag muss jedoch den Betrag von 600,00 € überschreiten, weil davon die Zulässigkeit der Berufung abhängt. Somit kann Bogdan Ionescu die Berufung nicht auf den Differenzbetrag beschränken.
f) Bogdan Ionescu kann sich gem. § 524 ZPO der Berufung des Klägers anschließen, auch wenn er sich nur auf den Differenzbetrag von 250,00 € beschränken will.
g) Bogdan Ionescu kann sich nach § 524 Abs. 2 S. 1 ZPO der Berufung anschließen, auch wenn er die Berufungsfrist versäumt oder auf die Berufung verzichtet hat. Gemäß § 524 Abs. 2 S. 2 ZPO kann die Anschlussberufung bis zum Ablauf eines Monats nach Zustellung der Berufungsbegründungsschrift erfolgen.

14. a) Die Rechtsanwältin Hilda Bartjen kann in diesem Fall gem. § 522 Abs. 1 S. 4 ZPO Rechtsbeschwerde einlegen.
b) Zuständig für die Rechtsbeschwerde ist gem. § 133 GVG der Bundesgerichtshof.
c) Die Rechtsbeschwerde muss gem. § 575 Abs. 1 S. 1 ZPO binnen einer Notfrist von einem Monat nach Zustellung des Beschlusses eingelegt werden. Die Frist endet somit am 18.12.2017, da der 16.12.2017 ein Samstag ist. Das Schreiben geht also fristgerecht ein. Allerdings muss die Rechtsbeschwerde von einem beim BGH zugelassenen Rechtsanwalt unterschrieben sein. Laut Sachverhalt ist dies bei der Rechtsanwältin Hilda Bartjen nicht der Fall. (Es ist nicht ausdrücklich erwähnt, dass sie beim BGH zugelassen ist. Als Indiz kommt hinzu, dass sie ihren Kanzleisitz in Greifswald hat, wohingegen alle beim BGH zugelassenen Rechtsanwälte ihren Kanzleisitz im Stadt- oder Landkreis Karlsruhe haben.)

15. a) Gül Mercan kann gegen die Kündigung Kündigungsschutzklage gem. § 4 S. 1 KSchG erheben.
b) Die Klage ist drei Wochen ab Zugang der Kündigung einzureichen. Die Frist endet somit am 03.10.2017. Da dies jedoch ein Feiertag ist (Tag der Deutschen Einheit), endet die Frist am 04.10.2017.
c) Sachlich zuständig für alle arbeitsrechtlichen Klagen in der ersten Instanz sind gem. § 8 Abs. 1 ArbGG die Arbeitsgerichte. Die örtliche Zuständigkeit bestimmt sich grundsätzlich nach dem allgemeinen Gerichtsstand des Beklagten gem. §§ 12, 13, 17 ZPO i. V. m. § 46 Abs. 2 ArbGG. Da die beklagte Mayer AG ihren Sitz in Leverkusen hat, wäre somit das Arbeitsgericht Solingen zuständig. Gemäß § 48 Abs. 1 a ArbGG ist jedoch auch das Arbeitsgericht zuständig, in dessen Bezirk der Arbeitnehmer gewöhnlich seine Arbeit verrichtet. Dies wäre hier das Arbeitsgericht Koblenz. Gül Mercan hat somit gem. § 35 ZPO die Wahl, wo sie Klage einreichen möchte.
d) Gül Mercan kann gegen das Urteil gem. § 64 Abs. 1 ArbGG Berufung einlegen. Gemäß § 64 Abs. 2 c ArbGG ist diese (unabhängig vom Beschwerdewert) statthaft, wenn über die Kündigung eines Arbeitsverhältnisses gestritten wird. Für Berufungen gegen Urteile

des Arbeitsgerichts sind gem. § 8 Abs. 2 ArbGG die Landesarbeitsgerichte zuständig. Je nachdem wie sich Gül Mercan in der I. Instanz entschieden hat, wäre dies das Landesarbeitsgericht Düsseldorf (für Leverkusen) oder das Landesarbeitsgericht Rheinland-Pfalz (für Koblenz).

16. a) Für die Durchführung einer Zwangsvollstreckung müssen generell die Voraussetzungen (Vollstreckungs-)Titel, (Vollstreckungs-)Klausel und Zustellung des Titels an den Schuldner vorliegen. Nach § 704 ZPO ist die Vollstreckung aus einem Urteil dann möglich, wenn dieses (formell) rechtskräftig oder vorläufig vollstreckbar ist. Das Urteil des Landgerichts Ulm ist am 15.03.2018 noch nicht formell rechtskräftig, da noch Rechtsmittel möglich sind. Das Urteil ist jedoch vorläufig vollstreckbar. Sofern Walter Uttalt die Sicherheit in Höhe von 110 % leistet, also 13 574,00 €, kann mit der Zwangsvollstreckung begonnen werden. Dabei ist die Sicherheitsleistung z. B. durch Vorlage des Hinterlegungsscheins nachzuweisen. Ohne Sicherheitsleistung besteht die Möglichkeit, eine Sicherungsvollstreckung nach § 720 a ZPO in die Wege zu leiten. Hierbei können Vermögenswerte des Schuldners zwar gepfändet werden, eine Verwertung erfolgt jedoch erst dann, wenn das Urteil entweder rechtskräftig wird oder Sicherheit geleistet wurde. Zu beachten ist jedoch, dass die Sicherungsvollstreckung nach § 750 Abs. 2 ZPO frühestens zwei Wochen nach Zustellung des Urteils beginnen kann.

b) Sicherheit ist lediglich bei vorläufig vollstreckbaren Urteilen zu leisten. Zu diesem Zeitpunkt kann das Urteil noch mit Rechtsmitteln angegriffen und ggf. durch die nächsthöhere Instanz aufgehoben werden. Wenn also das erstinstanzliche Urteil des Landgerichts Ulm durch das Oberlandesgericht Stuttgart aufgehoben werden sollte, läuft Ulrike Kaiser Gefahr, dass Walter Uttalt bereits vollstreckt hat und sie diese Gelder wieder zurückfordern muss. Bei Zahlungsunfähigkeit von Walter Uttalt besteht also das Risiko, dass Ulrike Kaiser das vollstreckte Geld nicht mehr zurückerhält. Da die Vollstreckung nicht nur die Hauptforderung umfasst, sondern auch Nebenforderung und Zinsen sowie die Kosten der Zwangsvollstreckung, ist die Sicherheitsleistung im Regelfall zwischen 110 % und 120 % angesetzt. Sie wird gem. § 108 Abs. 1 ZPO vom Prozessgericht, also hier dem Landgericht Ulm, nach freiem Ermessen festgesetzt.

c) Sofern das Prozessgericht die Art der Sicherheitsleistung nicht bestimmt hat, kann der Gläubiger die Sicherheit nach § 108 Abs.1 ZPO auf drei Arten leisten, nämlich durch
- schriftliche, unwiderrufliche, unbedingte und unbefristete Bankbürgschaft,
- die Hinterlegung von Geld oder
- die Hinterlegung von Wertpapieren nach § 234 Abs. 1 und 3 BGB.

Im Übrigen kann das Gericht jedoch nach § 108 Abs. 1 ZPO die Art der Sicherheitsleistung ebenfalls nach freiem Ermessen bestimmen. In Betracht kommt z. B. die Hinterlegung von Kostbarkeiten oder Geld in fremdländischer Währung oder andere Wertpapiere als die in § 234 Abs. 1, 3 ZPO genannten.

d) Bei dem Kostenfestsetzungsbeschluss handelt es sich um einen weiteren Vollstreckungstitel nach § 794 Abs. 1 Nr. 2 ZPO. Für die Vollstreckung ist ebenfalls eine Vollstreckungsklausel erforderlich, sofern sich der Kostenfestsetzungsbeschluss nicht auf dem Urteil befindet, § 795 a ZPO. Nach § 798 ZPO ist ebenfalls eine Wartefrist von zwei Wochen zwischen Zustellung des Kostenfestsetzungsbeschlusses und dem Beginn der Zwangsvollstreckung zu beachten.

e) Der Vollstreckungsbescheid weist für die Zwangsvollstreckung mehrere Vorteile auf. Im Vollstreckungsbescheid sind bereits die Kosten des Verfahrens festgesetzt, sodass kein Kostenfestsetzungsbeschluss mehr beantragt werden muss. Weiterhin ist der

Vollstreckungsbescheid auch ohne Sicherheitsleistung sofort vollstreckbar und bedarf keiner Vollstreckungsklausel. Hinsichtlich der Zustellung bestehen keine Besonderheiten, sodass nach § 750 Abs. 1 ZPO mit der Zustellung des Vollstreckungsbescheids, die im Idealfall bereits durch das Zentrale Mahngericht durchgeführt wurde, mit der Zwangsvollstreckung begonnen werden kann.

17. a) Nach § 709 ZPO sind generell alle Urteile nur gegen Sicherheitsleistung durch den Gläubiger für vorläufig vollstreckbar zu erklären. Ausnahmen bestimmt § 708 ZPO, wonach bestimmte Arten von Urteilen ohne Sicherheitsleistung für vorläufig vollstreckbar zu erklären sind. Nach § 711 ZPO hat das Gericht bei Urteilen gem. § 708 Nr. 4–11 ZPO dem Schuldner eine Abwendungsbefugnis einzuräumen. Hierbei handelt es sich z. B. um Berufungsurteile vermögensrechtlicher Art (§ 708 Nr. 10 ZPO) – wie im Fall Gabi Band ./. Volker Buffon –, Urteile mit einem Streitwert bis höchstens 1 250,00 € (§ 708 Nr. 11 ZPO), Räumungsurteile (§ 708 Nr. 7 ZPO) oder Urteile im Urkunden-, Wechsel- oder Scheckprozess (§ 708 Nr. 4 ZPO).

b) Der Schuldner erhält zwar eine Abwendungsbefugnis, der Gläubiger kann jedoch durch eigene Sicherheitsleistung dennoch die Zwangsvollstreckung betreiben. Sofern also nur Volker Buffon Sicherheit leistet, ist eine Zwangsvollstreckung nicht möglich. Falls aber auch Gabi Band Sicherheit leistet, kann sie die Zwangsvollstreckung betreiben.

18. a) Der Rechtsanwalt Ludwig Mohngau wird über die Internetseite www.insolvenzbekanntmachungen.de abklären, ob das Insolvenzverfahren über das Vermögen der Wegener KG bereits eröffnet wurde.

b) Mit Eröffnungsbeschluss besteht ein Vollstreckungsverbot nach § 89 InsO. Dadurch soll die Gesamtvollstreckung durch das Insolvenzverfahren vor Einzel-Vollstreckungsmaßnahmen eines einzelnen Gläubigers geschützt werden. Im Insolvenzverfahren erfolgt eine Verwertung aller Vermögenswerte für alle Gläubiger. Generell werden die Gläubiger quotenmäßig aus der Insolvenzmasse befriedigt. Im Unterschied dazu gilt im Zwangsvollstreckungsverfahren das Prioritätsprinzip. Der Gläubiger, der zuerst auf einen Vermögensgegenstand zugreift, geht im Rang den nach ihm vollstreckenden Gläubigern vor. Dies bedeutet, dass der erstrangige Gläubiger auch zuerst aus dem Versteigerungserlös befriedigt wird.

19. a) Paul Nehring wird beim Gerichtsvollzieher am Wohnsitz des Schuldners, also Ravensburg, den Antrag auf Abnahme der Vermögensauskunft stellen. Für den Antrag besteht Formularzwang nach der Gerichtsvollzieherformular-Verordnung. Der Gerichtsvollzieher wird nach § 802 f Abs. 1 ZPO Bernd Klaubold zunächst eine Zahlungsfrist von zwei Wochen setzen und ihn gleichzeitig zur Abgabe der Vermögensauskunft in seine Geschäftsräume laden. Sofern keine Zahlung erfolgt, wird der Gerichtsvollzieher die Vermögensauskunft des Schuldners abnehmen. Hierzu errichtet der Gerichtsvollzieher gem. § 802 f Abs. 5 ZPO eine Aufstellung der Angaben des Schuldners zu seinem Vermögen als elektronisches Dokument. Der Schuldner muss nach § 802 c Abs. 3 ZPO die Richtigkeit und Vollständigkeit seiner Angaben an Eides statt versichern. Der Gerichtsvollzieher hinterlegt dieses Vermögensverzeichnis beim Zentralen Vollstreckungsgericht. In Baden-Württemberg befindet sich das Zentrale Vollstreckungsgericht in Karlsruhe. Sofern Bernd Klaubold dem Termin zur Abnahme der Vermögensauskunft unentschuldigt fernbleibt oder grundlos die Abgabe verweigert, besteht für Elsa Fuchs die Möglichkeit, beim Vollstreckungsgericht Ravensburg den Erlass eines Haftbefehls zu beantragen, um die Abgabe der Vermögensauskunft zu erzwingen.

b) Nach § 840 ZPO muss die Sarinus GmbH innerhalb von zwei Wochen seit Zustellung des Pfändungs- und Überweisungsbeschlusses, also bis zum 05.04.2018, die Drittschuldnererklärung nach § 840 Abs. 1 ZPO abgeben. Hierin erklärt die Sarinus GmbH als Drittschuldnerin, ob sie die Forderung anerkennt, zu Zahlungen bereit ist, weitere Pfändungen bestehen und ob weitere Ansprüche an die Lohnforderungen geltend gemacht werden. Sofern die Drittschuldnererklärung nicht fristgemäß erfolgt, besteht die Möglichkeit Drittschuldnerklage zu erheben. Diese ist beim Arbeitsgericht Ulm, Kammer Ravensburg, zu erheben, da Elsa Fuchs gegen die Sarinus GmbH auf Auszahlung der Lohnforderung des Bernd Klaubold klagt. Nach § 841 ZPO ist Bernd Klaubold der Streit zu verkünden.

c) Im April 2018 errechnet sich der pfändbare Betrag aus dem Nettoeinkommen in Höhe von 1 700,00 € zuzüglich der Hälfte der Überstundenvergütung nach § 850 a Nr. 1 ZPO, demnach aus 1 810,00 €. Zu berücksichtigen sind zwei Unterhaltsberechtigte, nämlich die Ehefrau und ein Kind. Nach der Pfändungstabelle gem. § 850 c ZPO i. V. m. der Pfändungsfreigrenzenbekanntmachung vom 28.03.2017 ist ein Betrag in Höhe von 4,70 € pfändbar. In diesem Fall ist jedoch die Ehefrau Meritta Klaubold selbst berufstätig und erzielt voraussichtlich eigene Einnahmen. Daher wäre es ratsam, nach § 850 c Abs. 4 ZPO zu beantragen, dass die Ehefrau als Unterhaltsberechtigte unberücksichtigt bleibt. Bei nur einem Unterhaltsberechtigten erhöht sich der pfändbare Betrag auf 124,75 €.

d) Hier kommt eine Sachpfändung in Betracht, für deren Durchführung der Gerichtsvollzieher am Wohnort des Schuldners gem. §§ 753, 802 a Abs. 1 Nr. 4 ZPO zuständig ist. Der Antrag auf Durchführung einer Sachpfändung ist ebenfalls auf einem Formular nach der Gerichtsvollzieherformular-Verordnung zu stellen. Für eine Sachpfändung beim Schuldner muss dieser jedoch Gewahrsam an dem zu pfändenden Gegenstand haben, § 808 Abs. 1 ZPO. Dabei bedeutet Gewahrsam, dass der Schuldner unmittelbarer Besitzer ist. Da Bernd Klaubold die Digitalkamera seiner Schwester verliehen hat, ist er zum Zeitpunkt der Pfändung nicht unmittelbarer Besitzer. Es kommt jedoch die Pfändung bei Damaris Scheffel gem. § 809 ZPO in Betracht. Damaris Scheffel müsste dann jedoch zur Herausgabe bereit sein. Ist sie dies nicht, verbleibt lediglich die Möglichkeit, beim Vollstreckungsgericht (§ 828 Abs. 1 ZPO) einen Antrag auf Erlass eines Pfändungs- und Überweisungsbeschlusses zu stellen, um den Herausgabeanspruch von Bernd Klaubold gegenüber seiner Schwester zu pfänden.

e) Nach § 802 l Abs. 1 ZPO kommt die Einholung einer Auskunft bei Dritten, wie z. B. der Rentenversicherungsanstalt, nur dann in Betracht, wenn der Schuldner seiner Verpflichtung zur Abgabe der Vermögensauskunft nicht nachkommt oder nach dem Vermögensverzeichnis eine vollständige Befriedigung des Gläubigers nicht zu erwarten ist. Bei Bernd Klaubold sind jedoch sowohl das Gehalt als auch die Digitalkamera pfändbar. Für weitergehende Auskünfte besteht daher kein Bedarf.

20. a) Die Immobiliarvollstreckung kann durch Zwangsverwaltung, Zwangsversteigerung oder durch die Eintragung einer Sicherungshypothek erfolgen. Für die Zwangsverwaltung und die Zwangsversteigerung ist das Vollstreckungsgericht zuständig, für die Eintragung der Sicherungshypothek das Grundbuchamt. Die Eintragung einer Sicherungshypothek ist nur bei einer Forderungshöhe von mehr als 750,00 € zulässig. Zinsen und Nebenforderungen werden dabei nicht berücksichtigt.

b) Bei der Versteigerung sind zunächst die Regelungen zum geringsten Gebot nach § 44 ZVG zu beachten. Danach müssen durch das Gebot mindestens die dem Anspruch des vollstreckenden Gläubigers vorgehenden Rechte sowie die Kosten gedeckt sein. Hier beträgt das geringste Gebot also mindestens 40000,00 € (Hypothek) zuzüglich der Kosten für das Zwangsversteigerungsverfahren. Nach § 74 a Abs. 1 ZVG kann jedoch ein Gläubiger, dessen Forderung ganz oder teilweise durch das Meistgebot nicht gedeckt ist, im ersten Termin die Versagung des Zuschlags beantragen, wenn durch das Meistgebot nicht 70% des Verkehrswerts gedeckt sind. Bei einem Verkehrswert von 180000,00 € kann also bei einem Meistgebot unter 126000,00 € (70%) Evelina Fernando im ersten Termin die Versagung des Zuschlags beantragen.

21. Der Umbau des Balkons in einen Wintergarten stellt eine Handlung dar. Es handelt sich um eine vertretbare Handlung, da auch ein Dritter den Umbau vornehmen könnte und dieser Umbau nicht notwendigerweise ausschließlich von Ernst Alderer durchgeführt werden muss. Der Rechtsanwalt Rolf Schnaider kann daher nach § 887 Abs. 1 ZPO für seine Mandantin Tilda Pfrung beantragen, dass der Umbau durch einen Dritten auf Kosten des Schuldners Ernst Alderer durchgeführt wird. Zuständig ist nach § 887 Abs. 1 ZPO das Prozessgericht I. Instanz, hier also das Amtsgericht Kassel. Zur Berücksichtigung der Vorschusspflicht von Tilda Pfrung an den neuen Handwerker kann zugleich mit dem Antrag auf Ersatzvornahme beantragt werden, den Schuldner Ernst Alderer zur Vorauszahlung der Kosten des Dritten zu verurteilen. Der Kostenanspruch kann dann wie jede Geldforderung beim Schuldner vollstreckt werden, also z.B. durch Sach- oder Forderungspfändung.

22. a) Die Rechtsanwältin Unna Fadson wird Ingo Clondeik empfehlen, Antrag auf Erlass eines Arrestbefehls zu stellen. Zuständig für das Arrestverfahren ist nach § 919 ZPO entweder das Gericht der Hauptsache, also das Landgericht Heidelberg, oder das Amtsgericht, in dessen Bezirk sich der mit Arrest zu belegende Gegenstand befindet. Hier wäre das das Amtsgericht Mannheim, da sich dort das Konto befindet. Voraussetzungen für den Erlass des Arrestbefehls sind:

- **Arrestanspruch**: Nach § 916 ZPO ist ein Arrest dann möglich, wenn eine Geldforderung vorliegt. Dieses ist bei der Kaufpreisforderung über 6800,00 € der Fall.
- **Arrestgrund**: Für einen dinglichen Arrest, z.B. die Kontopfändung, ist nach § 917 ZPO erforderlich, dass ohne einen Arrestbefehl die Gefahr besteht, dass eine Vollstreckung des Urteils (des Landgerichts Heidelberg) vereitelt oder wesentlich erschwert wird. Sofern Gerhard Thousand nach England ausreist, ist eine Zwangsvollstreckung zumindest wesentlich erschwert, sodass ein Arrestgrund vorliegt.
- **Glaubhaftmachung**: Sowohl Arrestanspruch als auch Arrestgrund müssen gem. § 920 Abs. 2 ZPO glaubhaft gemacht werden. Der Arrestanspruch kann mittels Abschrift der Klage auf Kaufpreiszahlung zum Landgericht Heidelberg glaubhaft gemacht werden. Für die Glaubhaftmachung des Arrestgrunds bietet sich eine eidesstattliche Versicherung der Zeugin an.

b) Bei der Vollziehung des Arrestbefehls sind zwei Fristen zu beachten. Nach § 929 Abs. 2 ZPO muss der Arrestbefehl innerhalb einer Vollziehungsfrist von einem Monat seit Zustellung am 19.04.2018 vollzogen werden. Da es sich beim eigentlichen Fristende vom 19.05.2018 um einen Samstag handelt, endet die Vollziehungsfrist am darauffolgenden Montag, den 21.05.2018. Gemäß § 929 Abs. 3 ZPO ist die Vollziehung vor der Zustellung des Arrestbefehls an den Schuldner zulässig. Allerdings muss die Zustellung innerhalb der Vollziehungsfrist bis zum 21.05.2018 erfolgen. Wenn also die Vollziehung beispielsweise am 02.05.2018 erfolgt, muss der Arrestbefehl bis spätestens zum 09.05.2018 zugestellt werden. Sollte der Arrestbefehl jedoch erst am 17.05.2018 vollzogen werden, verbleibt für die Zustellung nur noch Zeit bis zum 21.05.2018.

23. a) Die Zulassung der Austauschpfändung erfolgt durch das Vollstreckungsgericht und zwar durch den Richter in Form einer Vollstreckungsentscheidung. Im Unterschied zur Vollstreckungsmaßnahme von Gerichtsvollzieher oder Rechtspfleger beim Vollstreckungsgericht erfolgt hier im Regelfall eine Anhörung des Schuldners. Der richtige Rechtsbehelf gegen eine Vollstreckungsentscheidung, die im Zwangsvollstreckungsverfahren auch ohne mündliche Verhandlung ergehen kann, ist nach § 793 ZPO die sofortige Beschwerde. Da es sich um keine Kostenentscheidung handelt, ist ein Beschwerdewert nach § 567 Abs. 2 ZPO nicht zu beachten.

b) Das Verfahren der sofortigen Beschwerde ist in den §§ 567 ff. ZPO geregelt. Nach § 569 Abs. 1 ZPO ist die sofortige Beschwerde innerhalb einer Notfrist von zwei Wochen einzulegen, hier also bis zum 28.03.2018. Die Beschwerde kann sowohl beim Amtsgericht – Vollstreckungsgericht – Pforzheim als Gericht, das die Entscheidung erlassen hat, als auch beim Landgericht Karlsruhe als Beschwerdegericht eingelegt werden. Nach § 569 Abs. 2 ZPO wird die Beschwerde durch Einreichung einer Beschwerdeschrift eingelegt. Da kein Anwaltszwang im Zwangsvollstreckungsverfahren und bei der Beantragung einer Austauschpfändung besteht, kann nach § 569 Abs. 3 ZPO die Beschwerde auch durch Erklärung zu Protokoll der Geschäftsstelle eingelegt werden.

24. a) Der Gerichtsvollzieher prüft bei Durchführung einer Sachpfändung nicht die Eigentumsverhältnisse an den gepfändeten Gegenständen. Es kommt nach § 808 ZPO lediglich auf den Gewahrsam des Schuldners an. Da Min Wan Tai die Standuhr in die von Helge Casmar bewohnten Räumlichkeiten eingebracht hat, hat der Schuldner Helge Casmar hieran unmittelbaren Besitz. Eine Pfändung kommt nur dann nicht in Betracht, wenn der gepfändete Gegenstand eindeutig im Eigentum eines Dritten steht. Bei einer Standuhr kann dieses jedoch nicht angenommen werden. Die Pfändung war daher rechtmäßig und eine Erinnerung nach § 766 ZPO scheidet damit aus.

b) Min Wan Tai könnte mittels Drittwiderspruchsklage nach § 771 ZPO gegen die Zwangsvollstreckung in ihr Eigentum vorgehen. Zuständig ist nach § 771 Abs. 1 ZPO das Gericht, in dessen Bezirk die Zwangsvollstreckung erfolgt. Die sachliche Zuständigkeit richtet sich nach dem Streitwert, hier dem Verkehrswert der Standuhr. Es klagt Min Wan Tai als Eigentümerin gegen die vollstreckende Gläubigerin Sigrid Gravier. Die Klage kann zugleich auch gegen den Schuldner als Streitgenossen gerichtet werden, § 771 Abs. 2 ZPO. Der Antrag lautet wie folgt: „Die Zwangsvollstreckung in die (näher zu bezeichnende) Standuhr wird aufgehoben."

c) Der Rechtsanwalt Kurt Gurtel wird dazu raten, vor Einreichung der Drittwiderspruchsklage eine Freigabeaufforderung an die Gläubigerin Sigrid Gravier zu richten. Dieses außergerichtliche Vorgehen ist sinnvoll, um ein sofortiges Anerkenntnis der Gläubigerin Sigrid Gravier in der Drittwiderspruchsklage zu verhindern. Ein solches hätte zur Folge, dass gem. § 93 ZPO die Kosten der Drittwiderspruchsklage Min Wan Tai trotz Obsiegens aufgelegt werden. Im Übrigen besteht hierdurch die Chance, eine schnellere Freigabe des Eigentums zu erreichen.

25. a) Gregor Basdekis behauptet hier, dass der Anspruch, der vollstreckt wird, durch Aufrechnung erloschen ist. Er wendet sich also gegen den titulierten Anspruch an sich, Fehler der Vollstreckungsorgane werden nicht behauptet. Das korrekte Vorgehen ist hier die Erhebung einer Vollstreckungsabwehrklage nach § 767 ZPO.

b) Zuständig ist gem. § 767 Abs. 1 ZPO das Prozessgericht des ersten Rechtszug, also das Landgericht Frankfurt am Main. Geklagt wird durch den Schuldner, also Gregor Basdekis, gegen den Gläubiger Jens Jessen. Der Antrag lautet auf Aufhebung der Zwangsvollstreckung aus dem Titel insgesamt: „Die Zwangsvollstreckung aus dem Prozessvergleich vom ..., Az.: ..., wird für unzulässig erklärt."

c) Vorsorglich sollte nach § 769 Abs. 1 ZPO zugleich mit beantragt werden, dass die Zwangsvollstreckung eingestellt wird oder nur gegen Sicherheitsleistung fortgesetzt werden darf. Andernfalls besteht das Risiko, dass trotz anhängiger Vollstreckungsabwehrklage die Zwangsvollstreckung weiter betrieben wird.

c) Notariatsgeschäfte unter Berücksichtigung des Beurkundungs- und Berufsrechts einschließlich des dazugehörigen materiellen Rechts vorbereiten, durchführen und kontrollieren (ReNo)

1. a) Jutta Scholmann geht auf die Internetseite www.grundbuch-sh.de und loggt sich mittels ihrer Zugangsdaten beim elektronischen Grundbuch des zuständigen Bundeslands ein. Sie gibt das dieser Sache zugeordnete Aktenzeichen sowie den Ort, an dem sich das Grundstück befindet, und die Blattnummer in die Suchmaske ein. Anschließend wählt Jutta Scholmann das elektronische Dokument aus, lässt es sich auf dem Bildschirm anzeigen und druckt es aus. Jutta Scholmann speichert den elektronischen Grundbuchauszug ferner in einem separaten Ordner für Grundbuchabrufe, um ihn auch als Datei (PDF) stets griffbereit zu haben.

   b) Deckblatt (Aufschrift), Bestandsverzeichnis, Abteilung I, Abteilung II, Abteilung III

   c) Auflassungsvormerkung, Grunddienstbarkeit, beschränkt persönliche Dienstbarkeit, Nießbrauch, Reallast, Erbbaurecht, Vorkaufsrecht

   d) Unter den Lasten und Beschränkungen ist Folgendes zu verstehen:
   - Eine **Auflassungsvormerkung** ist die Belastung eines Grundstücks zugunsten eines Dritten. Sie ist ein Sicherungsmittel zum Schutz eines schuldrechtlichen Anspruchs auf dingliche Rechtsänderung (= Eigentumsänderung), wird meist in einem Immobilienkaufvertrag vom Eigentümer (= Verkäufer) bewilligt und zum Schutz des Anspruchs des Käufers in das kaufgegenständliche Grundbuch eingetragen.
   - Eine **Grunddienstbarkeit** ist die Belastung eines Grundstücks zugunsten des jeweiligen Eigentümers eines anderen Grundstücks in der Weise, dass dieser das Grundstück in einzelnen Beziehungen benutzen darf oder auf dem Grundstück gewisse Handlungen nicht vorgenommen werden dürfen oder die Ausübung eines Rechts ausgeschlossen ist, das sich aus dem Eigentum an dem belasteten Grundstück dem anderen Grundstück gegenüber ergibt. Sie entsteht durch Einigung (der Beteiligten = Eigentümer des dienenden und Eigentümer des herrschenden Grundstücks) und Eintragung im Grundbuch.

Beispiel Wegerecht, Leitungsrecht, Baubeschränkung, Duldung von Immissionen, Garagenrecht, Kanalrecht, Kraftfahrzeugabstellplatzrecht, Mastenrecht, Zaunerrichtungsverbot

- **Eine beschränkt persönliche Dienstbarkeit** ist die Belastung eines Grundstücks in der Weise, dass derjenige, zu dessen Gunsten die Belastung erfolgt, berechtigt ist, das Grundstück in einzelnen Beziehungen zu benutzen oder eine sonstige Befugnis hat, die den Inhalt einer Grunddienstbarkeit bilden kann. Sie entsteht durch Einigung (der Beteiligten = Eigentümer und Berechtigter) und Eintragung im Grundbuch.

Wohnungsrecht, Wasserleitungsrecht **Beispiel**

- Der **Nießbrauch** gewährt das dingliche Recht, die gesamten Nutzungen des belasteten Grundstücks zu ziehen. Es entsteht durch Einigung (der Beteiligten = Eigentümer und Nießbrauchsberechtigter) und Eintragung im Grundbuch.
- Die **Reallast** ist die Belastung eines Grundstücks in der Weise, dass an den Berechtigten wiederkehrende Leistungen aus dem Grundstück zu entrichten sind. Sie entsteht durch Einigung (der Beteiligten = Eigentümer und Rechtsinhaber) und Eintragung im Grundbuch.

Leibrente, Sach- und Pflegeleistungen **Beispiel**

- Durch das Erbbaurecht kann ein Grundstück in der Weise belastet werden, dass demjenigen, zu dessen Gunsten die Belastung erfolgt, das veräußerliche und vererbliche Recht zusteht, auf oder unter der Oberfläche des Grundstücks ein Bauwerk zu haben. Das Erbbaurecht entsteht durch Einigung (von Erbbauberechtigtem und Grundstückseigentümer) und Eintragung im Grundbuch.

Wohnungserbbaurecht **Beispiel**

- Das **Vorkaufsrecht** gibt dem Berechtigten die Befugnis, das vorkaufsbelastete Grundstück zu denselben Bedingungen zu kaufen, zu denen ihn der Verpflichtete (= Eigentümer) rechtswirksam an einen Dritten verkauft hat. Es entsteht durch Einigung (der Beteiligten = Eigentümer und Berechtigter) und Eintragung im Grundbuch.

e) Eine Grundschuld ist die Belastung eines Grundstücks in der Weise, dass an den Gläubiger eine bestimmte Geldsumme aus dem Grundstück zu zahlen ist. Die Grundschuld ist nicht akzessorisch (Bedeutung: ist nicht an eine Forderung gebunden). Eine Hypothek ist die Belastung eines Grundstücks in der Weise, dass an den Gläubiger eine bestimmte Geldsumme zur Befriedigung einer ihm zustehenden Forderung aus dem Grundstück zu zahlen ist. Die Hypothek ist akzessorisch (Bedeutung: ist an eine Forderung gebunden).

f) Im Rechtssinn ist unter einem Grundstück ein räumlich abgegrenzter Teil der Erdoberfläche zu verstehen, der auf einem besonderen Grundbuchblatt (Grundbuch) allein oder auf einem gemeinschaftlichen Grundbuchblatt unter einer besonderen Nummer im Verzeichnis der Grundstücke gebucht ist. Im katastertechnischen Sinn ist es möglich, mehrere Flurstücke (Grundstücke) in der Weise zu vereinigen, dass sie zum Bestandteil eines anderen Grundstücks gemacht werden, sodass sie (gemeinsam) als ein Grundstück im Rechtssinne gelten.

2. a) Die Abtretungserklärung über einen Teilbetrag (Teilabtretung) von der Rechtsinhaberin (Sparkasse) an die Commerzbank.
   b) Die Abtretung ist die Übertragung einer Forderung auf einen neuen Gläubiger durch Rechtsgeschäft. Mit Wirksamwerden der Abtretung tritt der neue Gläubiger (Zessionar) an die Stelle des bisherigen Gläubigers (§ 398 BGB).
   c) Die Übertragung (Abtretung) erfolgt durch den Abtretungsvertrag des bisherigen (Sparkasse) und des neuen (Commerzbank) Gläubigers und die Grundbucheintragung.
   d) Die Eintragungsbewilligung der Abtretungserklärung bedarf der öffentlich beglaubigten Form (§ 29 GBO).
   e) Den Antrag kann sowohl die neue als auch die alte Gläubigerin stellen. Die Bewilligung erfolgt durch die bisherige Gläubigerin. Der Grundstückseigentümer hat hier kein Antragsrecht.
   f) Die neue Gläubigerin würde die Löschung des vorrangigen Rechts im Grundbuch erwarten.
   g) Stephan Kind hat eine Löschungsbewilligung der vorrangigen Gläubigerin zu beschaffen, falls sie ihm nicht bereits nach vollständiger Rückzahlung des Darlehens zugesandt wurde, den Löschungsantrag zu erklären und beide Unterlagen dem zuständigen Grundbuchamt zum Vollzug vorzulegen.
   h) Sowohl Löschungsbewilligung als auch Löschungsantrag müssen öffentlich beglaubigt werden (§ 29 GBO).
   i) Das neue Grundpfandrecht erhält mit Löschung des vorrangigen Rechts den ersten Rang im Grundbuch. Das bessere Rangverhältnis hat eine Bedeutung für die Sicherheit des Rechts. Bei einer Zwangsversteigerung hat der rangerste Gläubiger bessere Befriedigungsaussichten als der Rangletzte.
   j) Durch Rangänderung (Einräumung von Vorrang/Rangrücktritt). Die Rangänderung erfolgt durch Einigung des zurücktretenden und des vortretenden Berechtigten und die Eintragung der Änderung in das Grundbuch. Ferner ist die Zustimmung des Eigentümers erforderlich.

3. a) Erica Radecke hat eine Pfandhaftentlassungserklärung beizubringen.
   b) Erica Radecke muss sich an die Gläubigerin des eingetragenen Rechts wenden.
   c) Die Pfandhaftentlassungserklärung muss öffentlich beglaubigt werden (§ 29 GBO).
   d) Erica Radecke hat folgende Unterlagen zu beschaffen: Abschreibungsunterlage des Katasteramts, Verzichtserklärung der Stadt/Gemeinde auf das gesetzliche Vorkaufsrecht, steuerliche Unbedenklichkeitsbescheinigung.
   e) Die Hamburger Sparkasse würde die Nachverpfändung des neu erworbenen Grundstücks (= die nachträgliche Mitbelastung eines weiteren Grundstücks) verlangen. Es ist möglich, ein bereits im Grundbuch eingetragenes Grundpfandrecht nachträglich auf ein weiteres Grundstück (oder mehrere) zu erstrecken (Nachverpfändung, Pfandunterstellung, Mitbelastung, Nachbelastung oder Hafterstreckung).
   f) Der Eigentümer des mitzubelastenden Grundstücks gibt die Erklärung ab. Der Gläubiger braucht, wie auch bei einer Neubestellung, nicht mitzuwirken.
   g) Es entsteht eine Gesamtgrundschuld. Diese lastet auf mehreren Grundstücken desselben Eigentümers und wird als solche in Abteilung III der Grundbücher mit dem wechselseitigen Zusatz – zur Gesamthaft mit ... – eingetragen.
   h) Antrag auf Eintragung einer Auflassungsvormerkung.

4. a) Leibrente, Vorbehaltsnießbrauch und/oder Wohnungsrecht am überlassenen Grundbesitz, Verpflichtung zur Pflege und Verköstigung des Überlassers, Pflicht zur Übernahme aller Kosten (Verbrauchskosten) der mit dem Wohnungsrecht belasteten Immobilie, Übernahme der (künftigen) Kosten des Begräbnisses des Überlassers inkl. Grabpflege, Abfindungszahlung an (weichende) Geschwister, Weiterveräußerungsverbot zu Lebzeiten des Überlassers, Rückfallklausel (an den Überlasser in bestimmten Fällen), Schuldübernahme
   b) Die Vereinbarungen werden durch Eintragung (Verdinglichung) des jeweils vereinbarten Rechts im überlassungsgegenständlichen Grundbuch gesichert.

5. a) Urkundenrolle, Verwahrungsbuch, Massenbuch
   b) Aufbau der Urkundenrolle (fortlaufendes Register über alle eines Notars errichteten Urkunden, nach Jahren zusammengefasst):
   - Spalte 1: Laufende Nummer des Urkundengeschäfts (z. B. 350)
   - Spalte 2: Tag der Beurkundung (z. B. 30.12.2017)
   - Spalte 2a: Ort des Amtsgeschäfts (z. B. Anschrift bei Auswärtstermin)
   - Spalte 3: Name und Anschrift der Erschienenen (z. B. Kerstin Kasten, geborene Kurt, geb. am 05.03.1980, wohnhaft in 23701 Eutin, Kantstraße 4)
   - Spalte 4: Gegenstand des Geschäfts (z. B. Kaufvertrag über bebauten Grundbesitz)
   - Spalte 5: Bemerkungen (z. B. wechselseitiger Vermerk bei Nachtragsurkunde, vgl. auch UR 140/16)

   c) Die weiteren Bücher kann Carina Priel wie folgt erklären:
   - **Verwahrungsbuch**: Hier werden alle Ein- und Ausgänge von durch den Notar auf Notaranderkonten verwahrten Geldern in chronologischer Reihenfolge ohne Gliederung nach konkreter Sache gebucht. Das Verwahrungsbuch ist ein Kassenbuch, aus dem jederzeit der Gesamtbestand aller durch einen Notar verwahrten Gelder zu entnehmen ist.
   - **Massenbuch**: Hier werden Ein- und Ausgänge zu einem Konto (Masse) in chronologischer Reihenfolge gebucht. Das Massenbuch ist ein Kontenbuch, aus dem der Bestand zu einem Konto ersichtlich ist.

6. a) Verzeichnisse und deren Inhalt:
   - **Erbvertragsverzeichnis**: Verzeichnis aller von einem Notar in Verwahrung genommener Erbverträge. Die Erbverträge wurden auf ausdrücklichen Wunsch des Erblassers nicht bei Gericht hinterlegt, sondern werden durch den Notar verwahrt. Das Verzeichnis wird, wie auch die Urkundenrolle, mit laufenden Nummern versehen und nach Jahren gegliedert. Es hat den Namen und das Geburtsdatum des Erblassers sowie das Beurkundungsdatum und die Urkundenrollennummer zu enthalten. Es wird meist bei der Urkundenrolle verwahrt.
   - **Anderkontenliste**: Auflistung der Kreditinstitute (mit Anschrift), bei denen Anderkonten geführt werden inklusive Konto- und Massennummer.
   - **Namensverzeichnisse**: Sowohl zur Urkundenrolle als auch zum Massenbuch hat ein Notar ein alphabetisch geordnetes Verzeichnis zu führen, das die Namen der beteiligten Personen enthält. Das Verzeichnis wird bei dem jeweiligen Buch verwahrt.
   - **Kostenregister** (nur im Bereich der Notarkasse München und der Ländernotarkasse Leipzig)
   - Dokumentationen zur Einhaltung von Mitwirkungsverboten

b) Sie kann folgende Akten benennen:
- **Urkundensammlung**: Sie enthält die Urschriften aller notariellen Urkunden. Ausnahmen: Testamente, da das jeweilige Original in einem verschlossenen Umschlag beim Nachlassgericht verwahrt wird, und unterschriftsbeglaubigte Dokumente, die dem Unterzeichner ausgehändigt oder im Original dem Gericht (z. B. Grundbuchamt) eingereicht wurden. Von diesen Urkunden wird eine beglaubigte Abschrift zurückbehalten und zur Sammlung genommen. Die Urkundensammlung enthält auch Vermerkblätter über Verfügungen von Todes wegen, die in die amtliche Verwahrung gegeben wurden.
- **Sammelband für Wechsel- und Scheckproteste**: Er enthält beglaubigte Abschriften der Protesturkunden, die Vermerke über den Inhalt des Wechsels/Schecks sowie die Kostenrechnung. In der Praxis ist der Wechsel- und Scheckprotest weitgehend nicht mehr zu finden.
- **Nebenakten**: Für jeden Vorgang hat der Notar eine Akte anzulegen, wenn es zur Abwicklung und Vorbereitung des Geschäfts geboten ist. Soll ein Notar Geldbeträge verwahren, ist dies zwingend erforderlich. Die Nebenakte enthält alle Schriftstücke, die nicht zur Urkundensammlung zu nehmen sind, die ein einzelnes Geschäft (z. B. einen Grundstückskaufvertrag) betreffen. In der Nebenakte ist (in gesonderter Sammlung z. B. auf einer zusätzlichen Heftlasche) die Verwahrungsanweisung der Vertragsbeteiligten inklusive der Annahmeerklärung des Notars, Treuhandaufträge der Ablöse- und Finanzierungsgläubiger, Kontoauszüge des Notaranderkontos, Abrechnungen über das Notaranderkonto und die Gebührenrechnung des Notars für das Verwahrungsgeschäft abzulegen.
- **Generalakte**: Sie beinhaltet allgemeinen Schriftverkehr, der im Rahmen der Amtsführung eines Notars vorgenommen wird. In ihr enthalten sind beispielsweise die Berichte des Notarprüfers, der Schriftverkehr mit der Notarkammer, Kammerrundschreiben, Unterlagen über die Berufshaftpflichtversicherung (Kopie der Police über das Notarrisiko und Prämienzahlungsnachweis) und die Zertifizierung des Notars, Abschriften der Verpflichtungen aller Mitarbeiter des Notars zur Verschwiegenheit.

c) Die folgenden Aufbewahrungsfristen sind in § 5 DONot geregelt:
- Erbvertragsverzeichnis, Namensverzeichnis zur Urkundenrolle, Urkundensammlung = 100 Jahre
- Nebenakten = 7 Jahre
- Generalakte, Anderkontenliste, Namensverzeichnis zum Massenbuch (inkl. Massen- und Verwahrungsbuch), Kostenregister (nur im Bereich der Notarkasse München und der Ländernotarkasse Leipzig) = 30 Jahre
- Sammelband für Wechsel- und Scheckproteste = 5 Jahre

7. a) Die Ausfertigung vertritt die Urschrift im Rechtsverkehr. Demgegenüber bescheinigt die beglaubigte Ablichtung lediglich die Übereinstimmung der Ablichtung mit der Urschrift.

b) Beglaubigte Ablichtung (Beglaubigungsvermerk): *Vorstehende Abschrift stimmt mit der mir vorliegenden Urschrift wörtlich überein, was ich hiermit beglaubige. Ort, Datum, Unterschrift des Notars + Siegel*

Ausfertigung (Ausfertigungsvermerk): *Vorstehende Ausfertigung stimmt mit der mir vorliegenden Urschrift wörtlich überein, wird zum 1. Male ausgefertigt und (Name. Anschrift) erteilt. Ort, Datum, Unterschrift des Notars + Siegel*

c) Beurkundungsgesetz (BeurkG)

8. **a)** Nr. ... der Urkundenrolle Jahrgang 2017
Vorstehende, heute vor mir gefertigte/geleistete Unterschrift des mir persönlich bekannten Ulrich Rieckinger, geb. am 18.04.1960, Waschgrabenstraße 15, 23730 Neustadt in Holstein, beglaubige ich hiermit.
Der Notar fragte nach einer Vorbefassung. Diese wurde von dem Unterzeichner verneint.
Ort (der Beglaubigung), Datum (der Beglaubigung)
Unterschrift der Notarin + Siegel

b) Nr. ... der Urkundenrolle Jahrgang 2017
Vorstehende, heute vor mir anerkannte Unterschrift des mir durch Bundespersonalausweis ausgewiesenen Ulrich Rieckinger, geb. am 18.04.1960, Waschgrabenstraße 15, 23730 Neustadt in Holstein, beglaubige ich hiermit.
Der Notar fragte nach einer Vorbefassung. Diese wurde von dem Unterzeichner verneint.
Ort (der Beglaubigung), Datum (der Beglaubigung)
Unterschrift der Notarin + Siegel

c) § 3 Abs. 1 Nr. 7 BeurkG

d) Nein. Ein Notar hat stets neutral zu sein. Er darf nicht in eigener Sache oder einer Sache naher Familienangehöriger beurkunden (§ 3 BeurkG)

9. Mohamed Acar notiert: Bundesnotarordnung (BNotO), Beurkundungsgesetz (BeurkG), Dienstordnung für Notare (DONot), Berufsrechtliche Richtlinien der zuständigen Notarkammer.

c)/d) Fachkundliche Texte formulieren und gestalten (Re, ReNo)

1. Lösungsvorschlag:

Sehr geehrte Damen und Herren,

hiermit **kündige** ich meinen Handyvertrag fristgerecht zum 31.10.2017.

Ich bitte um Ihre Bestätigung.

Freundliche Grüße

Leonie Seiffert

2. Lösungsvorschlag:

In der Sache

Harald Nowotny, Eichstraße 1, 67434 Neustadt an der Weinstraße

– Kläger –

Prozessbevollmächtigte: Dr. Neumann & Huber, Rechtsanwälte, Partnerschaft, Grainstraße 101, 67434 Neustadt an der Weinstraße

gegen

Nicole Illgner, Breitenweg 14, 67435 Neustadt an der Weinstraße

– Beklagte –

wegen Forderung

wird beantragt, die Beklagte zu verurteilen, an den Kläger einen Betrag in Höhe von 2.500,00 € nebst Zinsen in Höhe von fünf Prozentpunkten über dem Basiszinssatz seit dem 25.10.2014 zu zahlen.

Des Weiteren wird beantragt

- dem Kläger für die erste Instanz Prozesskostenhilfe zu bewilligen und
- ihm zur vorläufig unentgeltlichen Wahrnehmung seiner Rechte die Rechtsanwaltskanzlei Dr. Neumann & Huber, Partnerschaft, beizuordnen.

Begründung:

1. *(Ausführungen zum Streitverhältnis mit Darlegung der Beweismittel)*

2. Der Kläger ist nach seinen persönlichen und wirtschaftlichen Verhältnissen nicht in der Lage, die Kosten des beabsichtigten Rechtsstreits zu tragen. In der Anlage überreichen wir insoweit die Erklärung über die persönlichen und wirtschaftlichen Verhältnisse nebst den dazugehörenden Belegen.

Dr. Annette Neumann
Rechtsanwältin

Anlagen

3. Lösungsvorschlag:

Dr. Neumann & Huber
Rechtsanwälte Partnerschaft

RAe Dr. Neumann & Huber, Grainstr. 101, 67434 Neustadt a. d. Wstr.
Einschreiben Rückschein
Frau
Sophia Renninger
Bebelstraße 55
67549 Worms

Ihr Zeichen:	
Ihre Nachricht vom:	
Unser Zeichen:	222/2017
Unsere Nachricht vom:	
Name:	RAin Katharina Schuh
Sekretariat:	Annika Sauer
Telefon:	+49 6321 5632-12
Telefax:	+49 6321 5632-15
Datum:	18.10.2017

Raul Gonzales ./. Sophia Renninger
wegen Darlehensrückzahlung

Sehr geehrte Frau Renninger,

Herr Raul Gonzales, Bruchstraße 70, 67098 Bad Dürkheim, hat uns mit der Wahrnehmung seiner Interessen beauftragt. Eine uns legitimierende Vollmacht füge ich bei.

Grund unserer Inanspruchnahme ist folgender Sachverhalt:

Unser Mandant hat Ihnen ein Darlehen in Höhe von 3.500,00 € gewährt. Dieser Betrag sollte nach dem von Ihnen unterzeichneten Darlehensvertrag vom 15.06.2015 zinslos bis zum 31.08.2017 zurückgezahlt werden.

Da Sie den Darlehensbetrag nicht fristgerecht zurückgezahlt haben, hat Sie unser Mandant mit Schreiben vom 11.09.2017 nochmals zur Rückzahlung aufgefordert. Die von unserem Mandanten gesetzte Frist zum 05.10.2017 ignorierten Sie jedoch.

Gemäß § 286 Abs. 1 BGB befinden Sie sich daher seit dem 06.10.2017 in Verzug und haben gem. § 280 Abs. 1 BGB den Verzugsschaden unseres Mandanten zu tragen. Hierzu gehören auch die Kosten unserer Inanspruchnahme.

Seite 1 von 2

RAin Dr. Annette Neumann Fachanwältin für Verkehrsrecht · **RA Peter Huber** Fachanwalt für Erbrecht
In Zusammenarbeit mit **RAin Katharina Schuh** Fachanwältin für Familienrecht

RAe Dr. Neumann & Huber · Grainstr. 101 · 67434 Neustadt a. d. Wstr. · Telefon +49 6321 5632-0 · Fax +49 6321 5632-15
info@rae-neumann-huber.de · www.rae-neumann-huber.de
Registernummer PR 956 · Amtsgericht Neustadt a. d. Wstr. · USt-IdNr.: DE 573 964 122

Commerzbank Neustadt a. d. Wstr. · IBAN DE41 5464 0035 0012 5832 19 · BIC COBADEFFXXX
Deutsche Bank Neustadt a. d. Wstr. · IBAN DE52 5467 0095 0096 7844 58 · BIC DEUTDESM546

Die Forderung unseres Mandanten errechnet sich wie folgt:

1. Forderung gem. Darlehensvertrag vom 15.06.2015		3.500,00 €
2. Mahnkosten unseres Mandanten		5,00 €
3. Kosten unserer Inanspruchnahme:		
Gegenstandswert: 3.500,00 € (§ 43 Abs. 1 GKG, § 4 ZPO)		
1,3 Geschäftsgebühr, Nr. 2300 VV RVG	327,60 €	
Pauschale Post und Telekommunikation, Nr. 7002 VV RVG	20,00 €	
Zwischensumme	347,60 €	
19 % Umsatzsteuer, Nr. 7008 VV RVG	66,04 €	
Summe	413,64 €	413,64 €
Summe		3.918,64 €

zzgl. Verzugszinsen in Höhe von fünf Prozentpunkten über dem Basiszinssatz seit 06.10.2017

Wir fordern Sie auf, diesen Betrag bis spätestens zum

03.11.2017

auf eines unserer im Briefbogen genannten Kanzleikonten zu überweisen.

Sofern Sie den Betrag von 3.918,64 € nicht fristgerecht begleichen, werde ich unserem Mandanten empfehlen, das Mahnverfahren einzuleiten. Dadurch entstehen Ihnen weitere erhebliche Kosten, die Sie durch eine fristgerechte Zahlung vermeiden können.

Freundliche Grüße

Katharina Schuh
Rechtsanwältin

Anlage
Vollmacht

Seite 2 von 2

4. Lösungsvorschlag:

Dr. Neumann & Huber
Rechtsanwälte Partnerschaft

RAe Dr. Neumann & Huber, Grainstr. 101, 67434 Neustadt a. d. Wstr.
Mister
Richard Brown-Fellow
43 Featherstone Street
LONDON
EC1Y 8SY
VEREINIGTES KÖNIGREICH

Ihr Zeichen:
Ihre Nachricht vom:
Unser Zeichen: 156/2017
Unsere Nachricht vom:

Name: RAin Dr. Annette Neumann
Sekretariat: Annika Sauer
Telefon: +49 6321 5632-12
Telefax: +49 6321 5632-15

Datum: 25.09.2017

Richard Brown-Fellow ./. Ruth Rentwinn
regarding purchase price claim

Dear Mr Brown-Fellow,

Enclosed you will find a copy of the claim for your information.

The court will now first serve the claim to Ruth Rentwinn. She must notify us within a period of two weeks whether she intends to defend herself against the claim. Within a further two weeks, she must then issue a response to the content of the complaint.

The court will then send the statement by Ruth Rentwinn to us, with a request for a response where applicable. However, if the court is of the opinion that all of the facts have already been presented, it will set a date for a conciliation hearing and – where no agreement is reached – the subsequent verbal negotiations.

We will keep you apprised of the proceedings.

I will be very happy to answer any questions you may have at any time.

Yours sincerely,

Enclosure
Copy of the claim

Dr. Annette Neumann
Lawyer

RAin Dr. Annette Neumann Fachanwältin für Verkehrsrecht · **RA Peter Huber** Fachanwalt für Erbrecht
In Zusammenarbeit mit **RAin Katharina Schuh** Fachanwältin für Familienrecht

RAe Dr. Neumann & Huber · Grainstr. 101 · 67434 Neustadt a. d. Wstr. · Telefon +49 6321 5632-0 · Fax +49 6321 5632-15
info@rae-neumann-huber.de · www.rae-neumann-huber.de
Registernummer PR 956 · Amtsgericht Neustadt a. d. Wstr. · USt-IdNr.: DE 573 964 122

Commerzbank Neustadt a. d. Wstr. · IBAN DE41 5464 0035 0012 5832 19 · BIC COBADEFFXXX
Deutsche Bank Neustadt a. d. Wstr. · IBAN DE52 5467 0095 0096 7844 58 · BIC DEUTDESM546

5. Lösungsvorschlag:

In dem Rechtsstreit
Linus Rothschild ./. Marlene Heinrichs
Az.: 4 C 300/2017

beantragen wir, die Frist zur Stellungnahme auf das Vorbringen der Beklagten bis zum 05.10.2017 zu verlängern.

Begründung:

Um zum Vorbringen der Beklagten mit Schriftsatz vom 18.08.2017 Stellung nehmen zu können, werden weitere Informationen von dem Kläger benötigt. Dieser befindet sich jedoch noch bis zum 19.09.2017 im Urlaub, sodass eine Besprechung mit ihm erst danach möglich ist.

Peter Huber
Rechtsanwalt

6. Lösungsvorschlag:

Dr. Neumann & Huber
Rechtsanwälte Partnerschaft

RAe Dr. Neumann & Huber, Grainstr. 101, 67434 Neustadt a. d. Wstr.
Landgericht Frankenthal in der Pfalz
Bahnhofstraße 33
67227 Frankenthal in der Pfalz

Ihr Zeichen:
Ihre Nachricht vom:
Unser Zeichen: 25/2017
Unsere Nachricht vom:

Name: RAin Katharina Schuh
Sekretariat: Annika Sauer
Telefon: +49 6321 5632-12
Telefax: +49 6321 5632-15

Datum: 20.10.2017

Berufung

In dem Rechtsstreit

Manuel Köpke, Nachtweide 9, 67433 Neustadt an der Weinstraße

– Kläger und Berufungskläger –

Prozessbevollmächtigte: RAe Dr. Neumann & Huber, Grainstraße 101, 67434 Neustadt a. d. Wstr.

gegen

Lukas Neuhoff, Waldstraße 21, 67434 Neustadt an der Weinstraße

– Beklagter und Berufungsbeklagter –

Prozessbevollmächtigter: RA Rainer Kurtze, Luitpoldstraße 35, 67480 Edenkoben

wegen rückständiger Miete

Beschwerwert: 900,00 €

legen wir namens und im Auftrag des Klägers und Berufungsklägers gegen das Urteil des Amtsgerichts Neustadt an der Weinstraße vom 10.10.2017, Az.: 15 C 134/2017, zugestellt am 13.10.2017,

Berufung

ein.

Seite 1 von 2

Rain Dr. Annette Neumann Fachanwältin für Verkehrsrecht · **RA Peter Huber** Fachanwalt für Erbrecht
In Zusammenarbeit mit **RAin Katharina Schuh** Fachanwältin für Familienrecht

RAe Dr. Neumann & Huber · Grainstr. 101 · 67434 Neustadt a. d. Wstr. · Telefon +49 6321 5632-0 · Fax +49 6321 5632-15
info@rae-neumann-huber.de · www.rae-neumann-huber.de
Registernummer PR 956 · Amtsgericht Neustadt a. d. Wstr. · USt-IdNr.: DE 573 964 122

Commerzbank Neustadt a. d. Wstr. · IBAN DE41 5464 0035 0012 5832 19 · BIC COBADEFFXXX
Deutsche Bank Neustadt a. d. Wstr. · IBAN DE52 5467 0095 0096 7844 58 · BIC DEUTDESM546

In der mündlichen Verhandlung werden wir beantragen, zu erkennen:

Das Urteil des Amtsgerichts Neustadt an der Weinstraße wird wie folgt abgeändert:

1. Der Beklagte und Berufungsbeklagte wird zur Zahlung in Höhe von 900,00 € nebst Zinsen in Höhe von fünf Prozentpunkten über dem Basiszinssatz seit 31.01.2017 verurteilt.

2. Der Beklagte und Berufungsbeklagte trägt die Kosten des Rechtsstreits.

3. Das Urteil ist ohne Sicherheitsleistung vorläufig vollstreckbar.

Die Berufungsbegründung bleibt einem gesonderten Schriftsatz vorbehalten.

Katharina Schuh
Rechtsanwältin

Anlage
Urteilsabschrift

Seite 2 von 2

7. Lösungsvorschlag:

Dr. Neumann & Huber
Rechtsanwälte Partnerschaft

RAe Dr. Neumann & Huber, Grainstr. 101, 67434 Neustadt a. d. Wstr.
Amtsgericht Köln
Luxemburger Straße 101
50939 Köln

Ihr Zeichen:	
Ihre Nachricht vom:	
Unser Zeichen:	56/2018
Unsere Nachricht vom:	
Name:	RAin Dr. Annette Neumann
Sekretariat:	Annika Sauer
Telefon:	+49 6321 5632-12
Telefax:	+49 6321 5632-15
Datum:	14.02.2018

Antrag auf dinglichen Arrest und Arrestpfändung

der Vera Junker, Sorbenweg 3, 44149 Dortmund

– Antragstellerin –

Verfahrensbevollmächtigte: Dr. Neumann & Huber, Rechtsanwälte, Partnerschaft, Grainstraße 101, 67434 Neustadt an der Weinstraße

gegen

Konrad Goldblume, Mengenicher Straße 14, 50676 Köln

– Antragsgegner –

wegen Arrest und Arrestpfändung

Namens und in Vollmacht der Antragstellerin beantragen wir, gegen den Antragsgegner – wegen der Dringlichkeit ausschließlich ohne mündliche Verhandlung – folgenden Arrestbefehl und Arrestbeschluss zu erlassen:

1. Wegen einer Kaufpreisforderung des Antragstellers in Höhe von 3.600,00 € zuzüglich Zinsen in Höhe von fünf Prozentpunkten über dem Basiszinssatz seit dem 28.12.2017 gegen den Antragsgegner wird der dingliche Arrest in das Vermögen des Antragsgegners angeordnet.
2. Die Kosten des Arrestverfahrens trägt der Antragsgegner.
3. Die Vollziehung des Arrest wird durch Hinterlegung in Höhe von 4.000,00 € durch den Antragsgegner gehemmt.

Seite 1 von 2

RAin Dr. Annette Neumann Fachanwältin für Verkehrsrecht · **RA Peter Huber** Fachanwalt für Erbrecht
In Zusammenarbeit mit **RAin Katharina Schuh** Fachanwältin für Familienrecht

RAe Dr. Neumann & Huber · Grainstr. 101 · 67434 Neustadt a. d. Wstr. · Telefon +49 6321 5632-0 · Fax +49 6321 5632-15
info@rae-neumann-huber.de · www.rae-neumann-huber.de
Registernummer PR 956 · Amtsgericht Neustadt a. d. Wstr. · USt-IdNr.: DE 573 964 122

Commerzbank Neustadt a. d. Wstr. · IBAN DE41 5464 0035 0012 5832 19 · BIC COBADEFFXXX
Deutsche Bank Neustadt a. d. Wstr. · IBAN DE52 5467 0095 0096 7844 58 · BIC DEUTDESM546

4. In Vollziehung des Arrests wird die Geschäftsbeziehung des Antragsgegners zur Postbank Köln bis zum Höchstbetrag von 4.000,00 € gepfändet. Der Antragsgegner hat sich jeder Verfügung über die Forderung zu enthalten, die Sparkasse darf an den Antragsgegner nicht mehr leisten.

Begründung:

Die Antragstellerin hat am 12.12.2017 dem Antragsgegner einen gebrauchten Pkw (Renault Clio 17G) zum Betrag in Höhe von 3.600,00 € verkauft. Am 17.01.2018 hat die Antragstellerin Klage vor dem Amtsgericht Köln auf Kaufpreiszahlung in Höhe von 3.600,00 € gegen den Antragsgegner erhoben, da keinerlei Zahlungen erfolgten. Die Klage wird unter dem Aktenzeichen 28/2018 geführt.

Glaubhaftmachung: Kopie der Klageschrift vom 12.12.2017 mit weiteren Nachweisen
- Anlagenkonvolut A1 -

Am 10.02.2018 teilte der Antragsgegner der Antragstellerin im Beisein deren Bruders, Stefan Junker, mit, dass er lieber sein Geld verspiele, als die Kaufpreisforderung zu zahlen. Noch am selben Abend des 10.02.2018 sah Stefan Junker, dass der Antragsgegner die Spielbank „Casino" in Bonn besuchte.

Glaubhaftmachung: Eidesstattliche Versicherung des Stefan Junker vom 14.02.2018
- Anlage A2 -

Dieses Verhalten des Antragsgegners gibt zu befürchten, dass er sein Vermögen verspielen wird und dadurch die Vollstreckung der Antragstellerin vereitelt.

Dr. Annette Neumann
Rechtsanwältin

Anlagen
Kopie der Klageschrift
Eidesstattliche Versicherung

Seite 2 von 2

8. Lösungsvorschlag:
Das ausgefüllte Lösungsformular finden Sie unter BuchPlusWeb.

9. Lösungsvorschlag:

Dr. Neumann & Huber
Rechtsanwälte Partnerschaft

RAe Dr. Neumann & Huber, Grainstr. 101, 67434 Neustadt a. d. Wstr.
Amtsgericht Neustadt an der Weinstraße
Grundbuchamt
Robert-Stotz-Straße 20
67433 Neustadt an der Weinstraße

Ihr Zeichen:	
Ihre Nachricht vom:	
Unser Zeichen:	419/2017
Unsere Nachricht vom:	
Name:	RA Peter Huber
Sekretariat:	Annika Sauer
Telefon:	+49 6321 5632-12
Telefax:	+49 6321 5632-15
Datum:	22.11.2017

Antrag auf Eintragung einer Zwangssicherungshypothek

In der Zwangsvollstreckungssache

Leo Preifall, Neumarkt 5, 67547 Worms

– Gläubiger –

Verfahrensbevollmächtigte: Dr. Neumann & Huber, Rechtsanwälte, Partnerschaft, Grainstraße 101, 67434 Neustadt an der Weinstraße

gegen

Katja Koldson, Mandelring 140, 67433 Neustadt an der Weinstraße

– Schuldnerin –

überreichen wir namens und in Vollmacht des Gläubigers den Vollstreckungsbescheid des Amtsgerichts - Mahnabteilung - Hünfeld vom 25.08.2017 (Az.: 17-4217449-0-2) nebst Zustellungsurkunde und beantragen

wegen der in der beigefügten Forderungsaufstellung enthaltenen Forderung in Höhe von 5.817,23 € auf dem Grundbesitz der Schuldnerin im Grundbuch zu Neustadt, Band 1, Blatt 37, Flur-Nr. 278/11, zugunsten des Gläubigers verzinslich eine Zwangssicherungshypothek einzutragen.

Peter Huber
Rechtsanwalt

Anlagen

RAin Dr. Annette Neumann Fachanwältin für Verkehrsrecht · **RA Peter Huber** Fachanwalt für Erbrecht
In Zusammenarbeit mit **RAin Katharina Schuh** Fachanwältin für Familienrecht

RAe Dr. Neumann & Huber · Grainstr. 101 · 67434 Neustadt a. d. Wstr. · Telefon +49 6321 5632-0 · Fax +49 6321 5632-15
info@rae-neumann-huber.de · www.rae-neumann-huber.de
Registernummer PR 956 · Amtsgericht Neustadt a. d. Wstr. · USt-IdNr.: DE 573 964 122

Commerzbank Neustadt a. d. Wstr. · IBAN DE41 5464 0035 0012 5832 19 · BIC COBADEFFXXX
Deutsche Bank Neustadt a. d. Wstr. · IBAN DE52 5467 0095 0096 7844 58 · BIC DEUTDESM546

10. Lösungsvorschlag:

Dr. Neumann & Huber
Rechtsanwälte Partnerschaft

RAe Dr. Neumann & Huber, Grainstr. 101, 67434 Neustadt a. d. Wstr.
Amtsgericht Landau in der Pfalz
Vollstreckungsgericht
Marienring 13
76829 Landau in der Pfalz

Ihr Zeichen:
Ihre Nachricht vom:
Unser Zeichen: 526/2017
Unsere Nachricht vom:

Name: RAin Katharina Schuh
Sekretariat: Annika Sauer
Telefon: +49 6321 5632-12
Telefax: +49 6321 5632-15

Datum: 29.11.2017

Erinnerung gem. § 766 ZPO

In der Zwangsvollstreckungssache

Paul Wildig ./. Miranda Schanker

zeigen wir die Vertretung der Schuldnerin an. Namens und im Auftrag von

Miranda Schanker

– Erinnerungsführerin –

legen wir gegen die Art und Weise der Zwangsvollstreckung

Erinnerung

ein und beantragen:

1. Die von Herrn Gerichtsvollzieher Olaf Ewald unter dem Az.: DR I 279/17 bei dem Schuldner durchgeführte Pfändung in den Laptop Serano DB-T2 wird für unzulässig erklärt.
2. Die Zwangsvollstreckung gem. § 766 Abs. 1 S. 2 ZPO aus dem Vollstreckungsbescheid des Amtsgerichts – Mahnabteilung – Stuttgart, Az.: 17-023893301-0-6, vom 19.05.2017, in den Laptop ist bis zur Entscheidung über diesen Antrag einstweilen einzustellen.

Seite 1 von 2

RAin Dr. Annette Neumann Fachanwältin für Verkehrsrecht · **RA Peter Huber** Fachanwalt für Erbrecht
In Zusammenarbeit mit **RAin Katharina Schuh** Fachanwältin für Familienrecht

RAe Dr. Neumann & Huber · Grainstr. 101 · 67434 Neustadt a. d. Wstr. · Telefon +49 6321 5632-0 · Fax +49 6321 5632-15
info@rae-neumann-huber.de · www.rae-neumann-huber.de
Registernummer PR 956 · Amtsgericht Neustadt a. d. Wstr. · USt-IdNr.: DE 573 964 122

Commerzbank Neustadt a. d. Wstr. · IBAN DE41 5464 0035 0012 5832 19 · BIC COBADEFFXXX
Deutsche Bank Neustadt a. d. Wstr. · IBAN DE52 5467 0095 0096 7844 58 · BIC DEUTDESM546

Begründung:

Der Gläubiger hat aufgrund des Vollstreckungsbescheids des Amtsgerichts – Mahnabteilung – Stuttgart, Az.: 17-023893301-0-6, vom 19.05.2017, Herrn Gerichtsvollzieher Olaf Ewald am 31.10.2017 mit der Sachpfändung beauftragt. Gepfändet wurde laut Vollstreckungsprotokoll vom 21.11.2017 u. a. auch ein Laptop Serano DB-T2.

Beweis: Vollstreckungsprotokoll vom 21.11.2017 (Anlage E1)

Die Pfändung des Laptops ist jedoch unzulässig. Der Laptop ist drei Jahre alt und hat aktuell allenfalls einen Verkehrswert von 50,00 €.

Beweis: Sachverständigengutachten

Damit erbringt eine Versteigerung noch nicht einmal die durch die Sachpfändung entstehenden Vollstreckungskosten. Es liegt demnach ein Verstoß gegen das Verbot der zwecklosen Pfändung nach § 803 Abs. 2 ZPO vor.

Die einstweilige Einstellung der Zwangsvollstreckung ist angesichts des unmittelbar bevorstehenden Versteigerungstermins am 05.12.2018 anzuordnen.

Peter Huber
Rechtsanwalt

Anlage
Vollstreckungsprotokoll vom 21.11.2017

Seite 2 von 2

11. Lösungsvorschlag:

Sofortige Beschwerde gem. § 793 ZPO

In der Zwangsvollstreckungssache

Sigrid Stotz, Mühlturmstraße 17, 67346 Speyer

– Gläubigerin und Beschwerdeführerin –

gegen

Marga Balgner, Kleingemünder Str. 3, 69118 Heidelberg

– Schuldnerin und Beschwerdegegnerin –

legen wir namens und in Vollmacht der Gläubigerin gegen die Entscheidung des Amtsgerichts – Vollstreckungsgericht – Heidelberg vom 11.12.2017, Az.: 1 K 461/2017,

sofortige Beschwerde

ein und beantragen

die angefochtene Entscheidung aufzuheben und der Schuldnerin die Kosten des Beschwerdeverfahrens aufzuerlegen.

Begründung:

(Ausführungen zur Zulässigkeit der Austauschpfändung mit Darlegung der Beweismittel)

Es wird gebeten, der Beschwerde durch die Aufhebung des angefochtenen Beschlusses abzuhelfen. Andernfalls wird gebeten, die sofortige Beschwerde dem Landgericht Heidelberg als Beschwerdegericht vorzulegen und die Nichtabhilfegründe mitzuteilen.

Dr. Annette Neumann
Rechtsanwältin

Anlage
Beschluss vom 11.12.2017, Az.: 1 K 461/2017

12. Lösungsvorschlag:

Herr Frank Wiens, geb. am 19.06.1992, wohnhaft Löwentorstraße 11 in 70376 Stuttgart, und Herr Lars Wendler, geb. am 30.08.1991, wohnhaft Rheinburgstraße 13 in 70197 Stuttgart (im Folgenden „Gesellschafter“ genannt), kommen hiermit überein, sich zur „Wiens und Wendler EDV-Team OHG“ zu verbinden. Im Einzelnen beschließen sie:

Gesellschaftsvertrag

§ 1 Zweck der Gesellschaft

1. Die Gesellschafter gründen eine offene Handelsgesellschaft.
2. Zweck der Gesellschaft ist der Betrieb eines Fachhandels mit Computern und entsprechendem Zubehör.

§ 2 Firma und Sitz der Gesellschaft

1. Die Gesellschaft führt die Firma „Wiens und Wendler EDV-Team OHG“.
2. Der Sitz der Gesellschaft ist Stuttgart.

§ 3 Beginn und Dauer

1. Die Gesellschaft beginnt am 01.12.2018.
2. Die Gesellschaft wird auf unbestimmte Zeit gegründet.

§ 4 Gesellschaftereinlagen und Gewinnbeteiligungen

1. Die Einlagen der Gesellschafter betragen 30.000,00 € (Frank Wiens) und 50.000,00 € (Lars Wendler). Die durch den Geschäftsbetrieb erwirtschafteten Gewinne werden entsprechend dem Verhältnis dieser Gesellschaftereinlagen verteilt.
2. Erwirtschaftete Verluste werden den Gesellschaftern nach Köpfen zugewiesen.
3. Für jeden Gesellschafter wird ein Kapitalkonto geführt, über das laufende Entnahmen und Einlagen sowie Gewinn- und Verlustanteile gebucht werden.

§ 5 Geschäftsführung und Vertretung

Hinsichtlich der Geschäftsführungsbefugnis wird auf die §§ 114 – 117 HGB verwiesen, hinsichtlich der Vertretungsmacht auf die §§ 123 – 130 a HGB.

§ 6 Kündigung

Jeder Gesellschafter kann die Gesellschaft mit einer Frist von drei Monaten zum Jahresende mit eingeschriebenem Brief kündigen. Für die Rechtzeitigkeit der Kündigung ist der Tag der Zustellung maßgebend. Die Kündigung aus wichtigem Grunde ohne Einhaltung der in Absatz 1 genannten Frist bleibt hiervon unberührt.

§ 7 Schlussbestimmungen

1. Änderungen und Ergänzungen dieses Vertrags bedürfen der Schriftform.
2. Sollten einzelne Bestimmungen dieses Gesellschaftsvertrags unwirksam sein, wird hierdurch die Wirksamkeit des Vertrags im Übrigen nicht berührt.

Stuttgart, 17.10.2018

Frank Wiens | Lars Wendler

13. Lösungsvorschlag:

Gesellschaftsvertrag

§ 1 Firma und Sitz der Gesellschaft

1. Die Firma der Gesellschaft lautet „Trendy-Fashion-GmbH Heilbronn“.
2. Sitz der Gesellschaft ist Heilbronn.

§ 2 Gegenstand der Gesellschaft

Gegenstand des Unternehmens ist die Gründung und der Betrieb eines Fachgeschäfts für ausgefallene und hochpreisige Damenmoden.

§ 3 Beginn und Dauer der Gesellschaft

Die Gesellschaft beginnt mit der Eintragung in das Handelsregister und wird auf unbestimmte Zeit errichtet.

§ 4 Stammkapital, Stammeinlagen

1. Das Stammkapital der Gesellschaft beträgt 25.000,00 €.
2. Als Stammeinlagen übernehmen auf das Stammkapital:

   - Franziska Ott eine Stammeinlage in Höhe von 10.000,00 €
   - Roswitha Kappel eine Stammeinlage in Höhe von 10.000,00 €
   - Meike Lehmann eine Stammeinlage in Höhe von 5.000,00 €

§ 5 Geschäftsführung und Vertretung

1. Gleichberechtigte und einzeln berechtigte Geschäftsführer der Gesellschaft sind Franziska Ott, Roswitha Kappel und Meike Lehmann.
2. Die Bestellung eines oder mehrerer weiterer Geschäftsführer bedarf der Zustimmung sämtlicher Gesellschafter auf einer Gesellschafterversammlung. Ein Gleiches gilt für die Abberufung der Geschäftsführer.
3. Sind mehrere Geschäftsführer bestellt, so wird die Gesellschaft durch zwei Geschäftsführer gemeinsam vertreten.
4. Die Geschäftsführer sind von den Beschränkungen des § 181 BGB befreit.

§ 6 Gesellschafterbeschlüsse und -versammlung

1. Soweit nicht das Gesetz oder der Gesellschaftsvertrag anderes vorsehen, entscheiden die Gesellschafter in allen Angelegenheiten der Gesellschaft durch Beschlussfassung mit der Mehrheit der Stimmen aller Gesellschafter. Jeder Gesellschafter hat dabei eine Stimme. Eine Änderung des Gesellschaftsvertrags kann nur mit der Zustimmung sämtlicher Gesellschafter beschlossen werden.
2. Beschlüsse der Gesellschafter, die über den Umfang der Geschäftsführungsbefugnis hinausgehen, werden in Gesellschafterversammlungen gefasst. Die Einberufung einer Gesellschafterversammlung hat mit einer Frist zwei Wochen durch einen Geschäftsführer zu erfolgen.
3. Versammlungsort ist der Sitz der Gesellschaft.

§ 7 Geschäftsjahr und Jahresabschluss

Geschäftsjahr ist das Kalenderjahr. Der Jahresabschluss ist von den Geschäftsführern in den ersten drei Monaten des neuen Geschäftsjahrs für das abgelaufene Geschäftsjahr aufzustellen.

§ 8 Verteilung von Gewinn und Verlust

Die Verteilung des Gewinns erfolgt nach dem Verhältnis der Stammeinlagen. Die Verteilung eines Verlusts erfolgt nach Köpfen.

§ 9 Gesellschafterveränderungen

1. Geschäftsanteile können ganz oder teilweise von einem Gesellschafter veräußert werden. Dazu bedarf es der Zustimmung der Mehrheit der Gesellschafter. Der betroffene Gesellschafter ist dabei stimmberechtigt.
2. Jeder Gesellschafter kann bei Vorliegen eines wichtigen Grunds den Austritt aus der Gesellschaft sofort erklären, im Übrigen nur mit einer Frist von drei Monaten. Die Austrittserklärung hat durch eingeschriebenen Brief zu erfolgen.

§ 10 Schlussbestimmungen

Durch die Unwirksamkeit einzelner Bestimmungen dieses Vertrags wird die Wirksamkeit der übrigen Bestimmungen nicht berührt. Der Gründungsaufwand (Kosten der notariellen Beurkundung, der Handelsregistereintragung und sonstige Steuern und Gebühren der Gründung) wird von der Gesellschaft getragen.

Heilbronn, 05.06.2018

Franziska Ott   Roswitha Kappel   Meike Lehmann

14. Lösungsvorschlag:

Der Gesellschaftsvertrag der „Trendy-Fashion-GmbH Heilbronn" wird durch Neufassung des § 4 wie folgt geändert:

§ 4 Stammkapital, Stammeinlagen

1. Das Stammkapital der Gesellschaft beträgt 30.000,00 €.
2. Als Stammeinlagen übernehmen auf das Stammkapital:

   - Franziska Ott eine Stammeinlage in Höhe von 10.000,00 €
   - Roswitha Kappel eine Stammeinlage in Höhe von 10.000,00 €
   - Meike Lehmann eine Stammeinlage in Höhe von 10.000,00 €

Heilbronn, 25.09.2018

Franziska Ott Roswitha Kappel Meike Lehmann

15. a) Lösungsvorschlag:

Vertrag

Frau Franziska Ott scheidet mit Wirkung vom 20.12.2018 aus der „Trendy-Fashion-GmbH Heilbronn" als Gesellschafterin aus. Ihren Anteil erwerben zu gleichen Teilen Frau Roswitha Kappel und Frau Meike Lehmann durch separaten Vertrag am selben Tag (20.12.2018).

Der Gesellschaftsvertrag der „Trendy-Fashion-GmbH Heilbronn" wird durch Neufassung des § 4 wie folgt geändert:

§ 4 Stammkapital, Stammeinlagen

1. Das Stammkapital der Gesellschaft beträgt 30.000,00 €.
2. Als Stammeinlagen übernehmen auf das Stammkapital:

   - Roswitha Kappel eine Stammeinlage in Höhe von 15.000,00 €
   - Meike Lehmann eine Stammeinlage in Höhe von 15.000,00 €

Heilbronn, 04.12.2018

Franziska Ott Roswitha Kappel Meike Lehmann

b) Lösungsvorschlag:

Veräußerung und Abtretung von Geschäftsanteilen an der GmbH

1 Veräußerung und Stichtag

Frau Franziska Ott, im Folgenden „Veräußerer" genannt, veräußert hiermit ihren Geschäftsanteil an der „Trendy-Fashion-GmbH Heilbronn", Stammeinlage in Höhe von 10.000,00 €, an die beiden verbleibenden Gesellschafter Frau Roswitha Kappel und Frau Meike Lehmann, im Folgenden „Erwerber" genannt. Von dem zu veräußernden Geschäftsanteil übernehmen sie jeweils die Hälfte. Im Verhältnis der Gesellschafter untereinander gilt als Übertragungsstichtag der 20.12.2018. Alle Rechte und Pflichten aus den veräußerten Geschäftsanteilen gelten im Verhältnis zum Veräußerer zu diesem Tag als auf die Erwerber übergegangen.

2. Kaufpreis und Fälligkeit

Der Geschäftsanteil wird zum Preis von insgesamt 12.000,00 € veräußert. Davon haben die beiden Erwerber bis zum 31.01.2019 jeweils die Hälfte auf das Konto der Veräußerin zu überweisen.

3. Abtretung

Veräußerer und Erwerber sind sich einig, dass die veräußerten Geschäftsanteile vom Veräußerer auf die Erwerber übergehen. Ihnen ist überdies bekannt, dass die Erwerber ihre aus der Veräußerung resultierenden Gesellschafterrechte erst wirksam ausüben können, wenn die Änderung im Handelsregister eingetragen ist.

Heilbronn, 04.12.2018

Franziska Ott — Roswitha Kappel — Meike Lehmann

16. Lösungsvorschlag:

> Zur Eintragung in das Handelsregister melden wir,
>
> Heiko Saarstadt, geb. am 17.02.1982, wohnhaft Mardergasse 71 a in 55116 Mainz, und Raphael König, geb. am 04.12.1979, wohnhaft Kolpingstraße 24 in 64283 Darmstadt,
>
> die Saarstadt & König Schreibwaren OHG an.
>
> Gegenstand des Unternehmens ist der Betrieb eines Fachgeschäfts für Schreibwaren. Die Geschäftsräume befinden sich in der Bahnhofstraße 102 a in 55116 Mainz.
>
> Die Vertretung der Gesellschaft steht uneingeschränkt Heiko Saarstadt und Raphael König zu (jeweils Einzelvertretungsmacht).
>
> Unter Angabe unserer Firma zeichnen wir unsere Unterschrift wie folgt:
>
> Heiko Saarstadt Raphael König

17. Lösungsvorschlag:

> Namens und im Auftrag der „Elternnothilfe Leukämie Darmstadt e. V." zeigen wir hiermit an:
>
> Die Mitgliederversammlung des Vereins „Elternnothilfe Leukämie Darmstadt e. V." hat am 13.06.2018 die Änderung des § 6 Abs. 1 seiner Satzung beschlossen. Die Wahl der Vorstandsmitglieder und ihre Amtsperioden bestimmen sich nun wie folgt:
>
> § 6 Vorstand
>
> Der Vorstand besteht aus einer Vorsitzenden/einem Vorsitzenden und sechs Stellvertretern oder Stellvertreterinnen. Die Amtszeit des Vorstands beträgt drei Jahre, der Vorstand bleibt jedoch bis zur Neuwahl im Amt. Eine Wiederwahl ist zulässig.
>
> Unterschrift der Vorstandsmitglieder Katharina Marschner, Notarin
>
> **Anlagen**
>
> Einladung zur Mitgliederversammlung vom 23.05.2018
> Protokoll der Mitgliederversammlung vom 12.06.2018

18. Lösungsvorschlag:

Namens und im Auftrag der Hüllenkamp & Co. Getränke KG Landau weise ich darauf hin, dass in dem mir vorliegenden Auszug aus dem Handelsregister die gesellschaftsvertraglich festgelegten Haftungsregelungen der Gesellschafter Alwin Ackermann und Björn Beller fehlerhaft notiert sind.

Korrekt müssen die Angaben gemäß den gesellschaftsvertraglichen Regelungen zu den Kommanditeinlagen wie folgt lauten:

1. Der Gesellschafter Alwin Ackermann hat eine Einlage in Höhe von 30.000,00 € übernommen.
2. Der Gesellschafter Björn Beller hat eine Einlage in Höhe von 25.000,00 € übernommen.

Wir erwarten eine umgehende Korrektur der Eintragungen und Benachrichtigung über den Vollzug der Änderung.

Katharina Marschner
Notarin

19. Lösungsvorschlag:

Nr. *** der Urkundenrolle Jahrgang 20**

Verhandelt
zu Schönwalde
am ***

Vor mir, dem unterzeichnenden Notar

Hubert Krüger
mit dem Amtssitz in Schönwalde

erschienen heute:

Stefanie Rovenhagen, geb. Mark, geb. am 16.12.1946, und Manfred Rovenhagen, geb. am 22.01.1944, beide wohnhaft in 23744 Heiligenhafen, Zum Schlossberg 5.

Die Erschienenen sind dem Notar von Person bekannt.

– nachstehend „Testierer" genannt –

Der Notar fragte nach einer Vorbefassung i. S. d. § 3 Abs. 1 Nr. 7 BeurkG; die Frage wurde von den Testierern verneint.

Manfred Rovenhagen ist nach eigenen Angaben in Würzburg geboren und deutscher Staatsbürger. Die Geburt wurde von dem Geburtsstandesamt in Würzburg unter der Geburtenregisternummer: 0815/1944 beurkundet.

Stefanie Rovenhagen ist nach eigenen Angaben in München geboren und deutsche Staatsbürgerin. Die Geburt wurde von dem Geburtsstandesamt in München unter der Geburtenregisternummer: 123/1946 beurkundet.

Der Notar überzeugte sich durch die Unterhaltung von der erforderlichen Geschäfts- und Testierfähigkeit der Testierer.

Die Testierer wünschten die Errichtung eines

gemeinschaftlichen Testaments

und erklärten dem Notar Folgendes mündlich als Ihren letzten Willen:

Familienverhältnisse

Wir sind miteinander in erster Ehe verheiratet und haben drei gemeinsame Abkömmlinge: Colin Schulz, geb. Rovenhagen, geb. am 16.02.1969, Maximilian Rovenhagen, geb. am 19.03.1973, und Daniela Koglinski, geb. Rovenhagen, geb. am 23.05.1977.

§ 1 Erster Erbfall

Wir, die Eheleute Stefanie Rovenhagen, geb. Mark, geb. am 16.12.1946 und Manfred Rovenhagen, geb. am 22.01.1944, setzen uns hiermit gegenseitig zu alleinigen und ausschließlichen Vollerben ein. Eine Nacherbfolge findet nicht statt.

§ 2 Zweiter Erbfall

Schlusserben beim Tod des Überlebenden von uns und Erben von uns beiden im Falle unseres gleichzeitigen Versterbens sind unsere gemeinschaftlichen Abkömmlinge.

§ 3 Schlussbestimmungen

Den Wert ihres reinen Vermögens geben die Testierer zwecks Berechnung der Kosten mit 120.000,00 € an.

Die Testierer beantragen die Erteilung einer beglaubigten Abschrift des Testaments.

Sie sind mit einer offenen Verwahrung des Testaments bei der Urkundensammlung des beurkundenden Notars einverstanden.

Das Protokoll wurde vorgelesen, genehmigt und eigenhändig unterschrieben.

20. Lösungsvorschlag:

Nr. *** der Urkundenrolle Jahrgang 20**

Verhandelt
zu Oldenburg in Holstein
am ***

Vor mir, dem unterzeichnenden Notar

Dr. Sven Ameos
mit dem Amtssitz in Oldenburg in Holstein

erschien heute:

Lisa-Maria Weidemann, geb. Bohne, geb. am 26.01.1967
wohnhaft in 23758 Oldenburg i. H., Göhler Straße 14,
dem Notar ausgewiesen durch Bundespersonalausweis

– nachstehend „Antragsteller“ genannt –

Der Notar fragte nach einer Vorbefassung i. S. d. § 3 Abs. 1 Nr. 7 BeurkG; die Frage wurde von dem Antragsteller verneint.

Der Antragsteller ersuchte mich um Beurkundung einer eidesstattlichen Versicherung und eines Antrags auf Erteilung eines

Erbscheins

und erklärte:

Finn Weidemann, geb. am 04.04.1959,

– nachstehend „Erblasser“ genannt –

ist am 03.05.2016 verstorben. Er hatte seinen gewöhnlichen Aufenthalt im Zeitpunkt seines Tods gem. § 343 FamFG in 23758 Oldenburg i. H.

Der Erblasser hat keine Verfügung von Todes wegen hinterlassen.

Der Erblasser war zur Zeit seines Tods verheiratet und hat im gesetzlichen Güterstand der Zugewinngemeinschaft gelebt. Es ist keine Ehesache anhängig.

Somit ist der Erblasser nach gesetzlicher Erbfolge beerbt worden von:

- der Erschienenen, seiner Ehefrau, zu ½ des Nachlasses,
- den Kindern Lea und Ole Weidemann, beide geboren am 01.09.1989, zu je ¼ des Nachlasses.

Weggefallen sind keine Personen, durch welche die vorbezeichneten Erben von der Erbfolge ausgeschlossen würden oder durch welche ihr Erbteil gemindert werden würde, und zwar durch Tode vor dem Erblasser.

Andere Personen, durch die die oben bezeichneten Erben von der Erbfolge ausgeschlossen würden oder durch die ihr Erbteil gemindert werden würde, sind und waren nicht vorhanden. Der Erblasser hat keine ehelichen, nichtehelichen und keine an Kindes statt angenommenen Kinder hinterlassen.

Ein Rechtsstreit über das Erbrecht der oben bezeichneten Erben ist nicht anhängig.

Die Erben haben die Erbschaft angenommen.

Über die Bedeutung einer eidesstattlichen Versicherung und über die Strafbarkeit unrichtiger eidesstattlich versicherter Angaben belehrt, versichere ich, der Antragsteller, hierdurch an Eides statt, dass mir nichts bekannt ist, was der Richtigkeit meiner Angaben entgegensteht.

Der Antragsteller beantragt bei dem zuständigen Amtsgericht die Erteilung eines gemeinschaftlichen Erbscheins vorstehenden Inhalts zu Händen des Antragstellers.

Der Wert des Reinnachlasses zum Zeitpunkt des Erbfalls beträgt 30.000,00 €. Die Kosten des Erbscheins sind vom Antragsteller zu erheben.

Das Protokoll wurde vorgelesen, genehmigt und unterschrieben.

21. Lösungsvorschlag:

Amtsgericht Oldenburg i. H.
Nachlassgericht
23758 Oldenburg i. H.

In der Nachlasssache nach dem am 01.07.2016
in Neustadt i. H. verstorbenen
Dieter Zünder, geb. am 13.12.1959

schlage ich die mir zugefallene Erbschaft aus.

Ich schlage die Erbschaft ferner für meinen Sohn, Thomas Passau, geb. am 17.02.2012, als dessen alleinige gesetzliche Vertreterin aus.

Ort: Neustadt i. H.
Datum: ***

Ute Passau

Nr. *** der Urkundenrolle Jahrgang 20**

Vorstehende, heute vor mir gefertigte Unterschrift der mir persönlich bekannten Ute Passau, geb. Zünder, geb. am 03.05.1972, wohnhaft in 23730 Altenkrempe, Kremper Straße 1, beglaubige ich hiermit.

Der Notar fragte nach einer Vorbefassung i. S. d. § 3 Abs. 1 Nr. 7 BeurkG; die Frage wurde von der Unterzeichnenden verneint.

Ort: Neustadt i. H.
Datum: ***

Siegel – Unterschrift des Notars –

22. Lösungsvorschlag:

Löschungsantrag

Im Grundbuch von Hamburg, Blatt 6789 in Abteilung III unter Nr. 4 ist für die Hamburger Sparkasse eine Buchgrundschuld in Höhe von 500.000,00 € eingetragen.

Der Eigentümer, Dr. Claus Walter, geb. am 01.02.1958, beantragt – unter Bezugnahme auf die Löschungsbewilligung der Gläubigerin – die Löschung des Rechts im Grundbuch.

Ort: Hamburg
Datum: ***

Dr. Claus Walter

Nr. *** der Urkundenrolle Jahrgang 20**

Vorstehende, heute vor mir gefertigte Unterschrift des mir durch Bundespersonalausweis ausgewiesenen Dr. Claus Walter, geb. am 01.02.1958, wohnhaft in 20146 Hamburg, Sandberger Weg 80, beglaubige ich hiermit.

Der Notar fragte nach einer Vorbefassung i. S. d. § 3 Abs. 1 Nr. 7 BeurkG; die Frage wurde von dem Unterzeichnenden verneint.

Ort: Hamburg
Datum: ***

Siegel – Unterschrift des Notars –

23. Lösungsvorschlag:

Nr. *** der Urkundenrolle Jahrgang 20**

Verhandelt
zu Großenbrode
am ***

Vor mir, dem unterzeichnenden Notar

Fritz Hillinghaus
mit dem Amtssitz in Großenbrode

erschien heute:

Dr. Susanne Struck, geb. Kühlinger, geb. am 08.12.1961,
wohnhaft Friedenseichenstraße 7 in 23769 Burg auf Fehmarn,
dem Notar ausgewiesen durch Reisepass

Der Notar fragte nach einer Vorbefassung i. S. d. § 3 Abs. 1 Nr. 7 BeurkG; die Frage wurde von der Erschienenen verneint.

Die Erschienene erklärte:

Ich bin Alleineigentümerin des Grundbesitzes, eingetragen im Grundbuch von Burg a. F., Blatt 4567.

Ich bestellte hiermit an diesem Grundbesitz zu meinen Gunsten eine

Grundschuld mit Brief

in Höhe von 230.000,00 € (in Worten: zweihundertdreißigtausend Euro) nebst 18 % Zinsen seit heute. Die Zinsen sind am Ende eines jeden Kalenderjahrs zur Zahlung fällig.

Ich unterwerfe mich in Ansehung der vorstehend bestellten Grundschuld nebst Zinsen hinsichtlich des belasteten Grundbesitzes der sofortigen Zwangsvollstreckung in der Weise, dass die Zwangsvollstreckung gegen den jeweiligen Eigentümer zulässig ist.

Ich bewillige und beantrage die Eintragung der Grundschuld nebst Zinsen und Unterwerfung des jeweiligen Eigentümers unter die sofortige Zwangsvollstreckung in das Grundbuch von Burg a. F., Blatt 4567.

Der jeweilige Gläubiger der Grundschuld ist berechtigt, sich Ausfertigungen dieser Urkunde erteilen zu lassen.

Das Protokoll wurde vorgelesen, genehmigt und unterschrieben.

24. Lösungsvorschlag:

Nr. *** der Urkundenrolle Jahrgang 20**

Verhandelt
zu Ludwigsburg
am ***

Vor mir, dem unterzeichnenden Notar

Gerd Lüthke
mit dem Amtssitz in Ludwigsburg

erschienen heute:

1. Eheleute Lydia Evinger, geb. Siedenkrog, geb. am 07.04.1968, und Berd Evinger, geb. am 09.03.1966, beide wohnhaft in 70168 Stuttgart, Pelzer Straße 9, beide dem Notar ausgewiesen durch Bundespersonalausweis

– nachstehend „Verkäufer" genannt –

2. Herr Thomas Leister, geb. am 09.05.1972, geschäftsansässig in 70499 Stuttgart, Giebelstraße 1, dem Notar ausgewiesen durch Bundespersonalausweis, nachstehend handelnd nicht für sich persönlich sondern als alleinvertretungsberechtigter und von den Beschränkungen des § 181 BGB befreiter Geschäftsführer der

Thomas Leister GmbH
in 70499 Stuttgart, Giebelstraße 1,
eingetragen im Handelsregister des Amtsgerichts Stuttgart unter HR B 4267

– nachstehend „Käufer" genannt –

Der Notar fragte nach einer Vorbefassung i. S. d. § 3 Abs. 1 Nr. 7 BeurkG; die Frage wurde von den Erschienenen verneint.

Der Notar bescheinigt aufgrund der heutigen Einsicht des elektronischen Handelsregisters des Amtsgerichts Stuttgart, dass Thomas Leister, geb. am 09.05.1972, zur alleinigen Vertretung der Thomas Leister GmbH (HR B 4267) berechtigt und von den Beschränkungen des § 181 BGB befreit ist.

Vorbemerkung

Die Erschienenen erklären, dass ihnen der Entwurf des Kaufvertrags unter Einhaltung der Vorschriften des § 17 BeurkG (14-tägige Wartezeit) zugegangen ist. Insbesondere der Verkäufer erklärt, dass er ausreichend Gelegenheit hatte, sich mit dem Gegenstand der heutigen Beurkundung auseinanderzusetzen.

§ 1 Grundbuchstand

Der Notar hat das elektronische Grundbuch des Amtsgerichts Stuttgart für Stuttgart, Blatt 250672, am **.**.2017 eingesehen.

Es ergibt sich folgender Stand:

Bestand: lfd. Nr. 1 Gemarkung Ludwigsburg, Flur 50, Flurstück 3/7, Gebäude- und Freifläche, Pelzer Straße, 630 qm.

Eigentümer: Lydia Evinger, geb. Siedenkrog, geb. am 07.04.1968,
Berd Evinger, geb. am 09.03.1966,
zu je ½ Anteil.

Abteilung II: lastenfrei.

Abteilung III: Nr. 1 280.000,00 € Buchgrundschuld nebst 18 % Zinsen und Nebenleistung für die Bausparkasse Schwäbisch Hall in Schwäbisch Hall.

§ 2 Verkauf

Das in § 1 bezeichnete Vertragsobjekt mit allen damit zusammenhängenden Rechten und dem Zubehör (§ 97 BGB) – nachstehend „Vertragsgegenstand" genannt – verkauft der Verkäufer hiermit an den Käufer zu den nachfolgenden Bedingungen.

§ 3 Kaufpreis/Hinterlegungsanweisung/Verzug

1. Der Kaufpreis beträgt

450.000,00 €
(in Worten: vierhundertfünfzigtausend Euro).

2. Der Kaufpreis ist unverzüglich nach Beurkundung dieses Vertrags zur Zahlung auf das nachfolgend angeführte Notaranderkonto des beurkundenden Notars fällig:

Empfänger: Notar Gerd Lüthke
IBAN: DE78 0000 4215 1234 4567 89

Der Notar wird von den Vertragsparteien unwiderruflich angewiesen, aus dem Kaufpreis die der im kaufgegenständlichen Grundbuch eingetragenen Belastung zugrunde liegende Verbindlichkeit abzulösen und den weiteren Betrag an den Verkäufer auf ein von diesem anzugebendes Konto weiterzuleiten, wenn sämtliche Voraussetzungen für die vertragsgemäße Eigentumsänderung auf den Käufer vorliegen.

Etwaige Zinsen auf dem Notaranderkonto stehen vor Übergabe dem Käufer, danach dem Verkäufer zu.

Das Sicherungsinteresse für die Einrichtung des Notaranderkontos ist gegeben, weil die Übergabe erfolgen soll, bevor alle zur Vertragsdurchführung erforderlichen Unterlagen vorliegen.

3. Sorgt der Käufer nicht für die Gutschrift des Kaufpreises zum Fälligkeitszeitpunkt, befindet er sich ohne weitere Mahnung in Verzug.

   Er hat dann den betreffenden Betrag vom Fälligkeitstag an mit fünf Prozentpunkten über dem Basiszins gem. § 288 Abs. 1 S. 2 BGB zu verzinsen. Der Notar weist darauf hin, dass sich dieser Zinssatz gesetzlich zum 01.01. und 01.07. eines jeden Jahrs verändern kann.

§ 4 Auflassungsvormerkung

Der Verkäufer bewilligt und die Erschienenen beantragen die Eintragung einer Vormerkung zur Sicherung des Anspruchs des Käufers auf Eigentumsverschaffung am Kaufgegenstand.

Der Käufer bewilligt und beantragt bereits heute die Löschung dieser Auflassungsvormerkung bei Eigentumsumschreibung auf ihn, sofern keine Zwischenrechte ohne seine Zustimmung erfolgt sind.

§ 5 Auflassung

Verkäufer und Käufer sind darüber einig, dass das Eigentum an dem Kaufgegenstand auf den Käufer übergeht. Der Verkäufer bewilligt und der Käufer beantragt, die Eintragung der Eigentumsänderung im kaufgegenständlichen Grundbuch.

Der Notar wird von den Vertragsparteien unwiderruflich angewiesen, die Eigentumsänderung auf den Käufer erst zu beantragen, wenn der Kaufpreis auf dem Notaranderkonto eingegangen ist.

Der Notar darf die Auflassung enthaltende Ausfertigungen und beglaubigte Ablichtungen dieses Vertrags vorher nicht erteilen.

§ 6 Sachmängel

Alle Rechte des Käufers wegen eines Sachmangels des Grund und Bodens, Gebäudes und etwa mitverkaufter beweglicher Sachen sind ausgeschlossen, allerdings mit Ausnahme

- ggf. in dieser Urkunde enthaltener Beschaffenheitsvereinbarungen und Garantien,
- vorsätzlich zu vertretender oder arglistig verschwiegener Mängel. Der Verkäufer erklärt, er habe keine ihm bekannten Mängel, schädliche Bodenveränderungen oder Altlasten arglistig verschwiegen, auf die der Käufer angesichts ihrer Bedeutung und des sonstigen Zustands des Objekts einen Hinweis erwarten durfte,
- solcher Sachmängel, die zwischen Vertragsschluss und Übergabe entstehen und über die gewöhnliche Abnutzung hinausgehen; hierfür wird jedoch – außer bei Vorsatz – die Verjährungsfrist auf drei Monate verkürzt.

§ 7 Rechtsmängel

Der Verkäufer ist verpflichtet, dem Käufer ungehinderten Besitz und lastenfreies Eigentum zu verschaffen, soweit in dieser Urkunde nichts anderes vereinbart ist.

Rechte in Abteilung III des Grundbuchs sind zu löschen. Allen zur Lastenfreistellung bewilligten Löschungen oder Rangänderungen wird mit dem Antrag auf Vollzug zugestimmt.

§ 8 Übergabe

Nutzen und Lasten gehen mit Eingang des vollständigen Kaufpreises auf dem Notaranderkonto des beurkundenden Notars auf den Käufer über.

§ 9 Vollzugsauftrag

Die Beteiligten beauftragen den beurkundenden Notar, die mit ihm in der Sozietät verbundenen Notare, sowie deren jeweilige Vertreter und Nachfolger im Amt – je einzeln – mit der Abwicklung dieses Vertrags.

Ihnen wird Vollmacht erteilt, für sie Anträge beim Grundbuchamt zu stellen, zurückzunehmen – auch getrennt oder eingeschränkt – sowie ergänzende Erklärungen abzugeben und entgegenzunehmen.

Ihnen sind sämtliche für die Abwicklung erforderlichen Unterlagen zuzustellen. Genehmigungserklärungen gelten mit Zugang beim Notar als allen Beteiligten zugegangen.

§ 10 Mitarbeitervollmacht

Die Erschienenen erteilen hiermit den Notarfachangestellten

1. Frau ***
2. Frau ***
   Geschäftsadresse Ludwigsburg
   – und zwar jeder für sich allein –

Vollmacht, alle zur Durchführung dieses Vertrags erforderlichen oder dienlichen Erklärungen abzugeben und entgegenzunehmen. Die Bevollmächtigten sind insbesondere befugt, die Auflassung zu erklären bzw. zu berichtigen, Grundbucheintragungen und -löschungen aller Art zu bewilligen und zu beantragen sowie Grundbuchanträge zurückzunehmen.

Die Vollmacht ist unwiderruflich und gilt auch für Rechtsnachfolger. Die Bevollmächtigten sind von den Beschränkungen des § 181 BGB befreit und zur Erteilung von Untervollmachten berechtigt.

Die Vollmacht erlischt mit der vertragsgemäßen Umschreibung des Eigentums. Sie gilt unabhängig von der Erteilung zur Wirksamkeit dieses Vertrags eventuell erforderlichen Genehmigungen.

§ 11 Abschriften/Kosten

1. Der Notar wird angewiesen, von diesem Vertrag folgende Exemplare zu erteilen:

   - dem Amtsgericht – Grundbuchamt –. eine Ausfertigung (ohne Auflassung)
   - den Vertragsparteien: je zwei beglaubigte Abschriften (ohne Auflassung)
   - der Ablösegläubigerin: eine Abschrift
   - der Finanzierungsgläubigerin: eine Abschrift
   - der zuständigen Gemeinde: eine Abschrift
   - dem zuständigen Finanzamt – Grunderwerbsteuerstelle –: eine Abschrift

2. Der Verkäufer trägt die Kosten der Lastenfreistellung (Löschungskosten bei Gericht und Treuhandgebühr) des Kaufgegenstands sowie die hälftige Hinterlegungsgebühr für die Führung des Notaranderkontos. Alle übrigen Kosten (für z. B. den Vollzug des Vertrags und die Finanzierung des Kaufpreises) trägt der Käufer.

§ 12 Teilunwirksamkeit

Sollten eine oder mehrere Bestimmungen dieser Urkunde unwirksam sein oder werden, so wird hiervon die Gültigkeit der übrigen Bestimmungen nicht berührt.

Die Beteiligten sind verpflichtet, eine dem Sinn und Zweck der unwirksamen Bestimmungen entsprechende gültige Regelung zu vereinbaren.

§ 13 Hinweise des Notars

Der Notar hat die Vertragsbestimmungen erläutert und abschließend auf Folgendes hingewiesen:

- Alle Erklärungen müssen vollständig und richtig abgegeben sein, da ansonsten der gesamte Vertrag nichtig sein könnte.
- Die Einwirkung des Steuerrechts hat der Notar nicht zu prüfen; ein entsprechender Beratungsauftrag wurde weder erteilt noch wahrgenommen.
- Die in § 6 enthaltene Sachmängelhaftung weicht von der gesetzlichen Regelung ab, entspricht aber der Üblichkeit, da es sich hier um einen Kaufvertrag über eine gebrauchte Immobilie handelt.
- Das Eigentum geht nicht schon heute, sondern erst mit der Umschreibung im Grundbuch auf den Käufer über.
- Hierzu sind die Unbedenklichkeitsbescheinigung des Finanzamts (nach Zahlung der Grunderwerbsteuer) und die Verzichtserklärung der Gemeinde auf gesetzliche Vorkaufsrechte erforderlich.
- Unabhängig von den internen Vereinbarungen in dieser Urkunde haften beide Vertragsparteien kraft Gesetzes für die Kosten und die Grunderwerbsteuer gesamtschuldnerisch.
- Eine Einsicht des Baulastenverzeichnisses ist nicht erfolgt.

Das Protokoll wurde vorgelesen, genehmigt und unterschrieben.

Prüfungsbereich 4: Vergütung und Kosten

a) Werte, Gebühren und Auslagen für Vergütungsrechnungen und Kostenberechnungen ermitteln (Re, ReNo)

1. a) Da sich die Angelegenheit bereits über drei Jahre hinzieht und der Wert des Nachlasses mit 32 000,00 € recht niedrig ist (und damit auch der Miterbenanteil von Michael Zollner), wäre es sinnvoll, eine Vergütungsvereinbarung zu schließen.

b) Die Rechtsanwältin Vera Jaguczak wird Milena Endres-Leitner bitten, ein Zeithonorar in Höhe von 190,00 € pro Stunde in die Vergütungsvereinbarung aufzunehmen, da die Angelegenheit wahrscheinlich sehr zeitaufwendig werden wird und der Gegenstandswert lediglich 8 000,00 € (= Miterbenanteil von Michael Zollner) beträgt.

c) Der Passus könnte wie folgt lauten: *Die Gebühr für die außergerichtliche Vertretung in der Angelegenheit Michael Zollner wegen Erbauseinandersetzung nach Rudolf Zollner berechnet sich nach dem Zeitaufwand des Rechtsanwalts. Er erhält hierfür eine Vergütung in Höhe von 190,00 € pro Stunde. Die Abrechnung erfolgt pro angefangener ¼ Stunde.*

d) Die Rechtsanwältin Vera Jaguzcak erhält folgende Gebühren und Auslagen:

Honorar gem. Vergütungsvereinbarung: 12,75 Std. à 190,00 €	2 422,50 €
Entgelte Post und Telekommunikation, Nr. 7001 VV RVG	23,25 €
Zwischensumme	2 445,75 €
19 % Umsatzsteuer, Nr. 7008 VV RVG	464,69 €
Summe	2 910,44 €

2. a) Gemäß § 3 a RVG muss die Vergütungsvereinbarung in Textform geschlossen werden. Sie muss
- die Bezeichnung „Vergütungsvereinbarung“ o. Ä. enthalten,
- von anderen Vereinbarungen deutlich abgesetzt sein und
- darf nicht in der Vollmacht enthalten sein.

Zudem muss die Vergütungsvereinbarung den Hinweis enthalten, dass der Gegner, die Staatskasse oder andere Verfahrensbeteiligte im Falle der Kostenerstattung nicht mehr als die gesetzliche Vergütung erstatten muss.

b) Der Passus könnte wie folgt lauten: *Der Rechtsanwalt erhält für die außergerichtliche Vertretung in der Angelegenheit Martin Vaustmann wegen der Herausgabe eines Grundstücks eine pauschale Vergütung in Höhe von 5 000,00 € zzgl. Auslagen nach Teil 7 des Vergütungsverzeichnisses zum RVG.*

c) Die Formulierungen könnten wie folgt lauten:
- Vorschuss: *Der Rechtsanwalt ist berechtigt, einen Vorschuss in Höhe von 2 500,00 € zzgl. Auslagen zu verlangen.*
- Fälligkeit: *Der Rechtsanwalt wird dem Auftraggeber am 25.09.2017 eine Abrechnung über den vereinbarten Vorschuss übersenden. Die abgerechnete Vergütung wird mit Zugang der Rechnung fällig.*

d) Der Vorschuss errechnet sich wie folgt:

Vorschuss gem. Vergütungsvereinbarung	2500,00 €
Pauschale Post und Telekommunikation, Nr. 7002 VV RVG	20,00 €
Zwischensumme	2520,00 €
19 % Umsatzsteuer, Nr. 7008 VV RVG	478,80 €
Summe	2998,80 €

e) Der noch von Martin Vaustmann zu zahlende Betrag errechnet sich wie folgt:

Vergütung gem. Vereinbarung	5000,00 €
Pauschale Post und Telekommunikation, Nr. 7002 VV RVG	20,00 €
Zwischensumme	5020,00 €
19 % Umsatzsteuer, Nr. 7008 VV RVG	953,80 €
Summe	5973,80 €
abzgl. der geleisteten Vorschusszahlung	2998,80 €
Restforderung	2975,00 €

3. Nach Teil 7 des Vergütungsverzeichnisses zum RVG kann sie folgende Auslagen für die Teilnahme an dem Ortstermin abrechnen: Reisekosten gem. Nr. 7003 VV RVG, Abwesenheitsgeld gem. Nr. 7005 VV RVG und 19 % Umsatzsteuer gem. Nr. 7008 VV RVG.

4. a) In Bußgeldverfahren entstehen Festgebühren.
b) Hier entstehen Wertgebühren, d. h., die Gebühren richten sich nach dem Gegenstandswert und nach der Gebührentabelle zu § 13 RVG.
c) Hier entstehen Betragsrahmengebühren. In der Regel wird die Mittelgebühr abgerechnet. Diese errechnet sich wie folgt: Mittelgebühr = Höchstgebühr + Mindestgebühr : 2
d) Vorliegend entstehen Satzrahmengebühren. In der Regel wird der Mittelsatz abgerechnet. Der Mittelsatz errechnet sich wie folgt: Mittelsatz = Höchstsatz + Mindestsatz : 2

5. a) Der Gegenstandswert ist der Eurobetrag, also 3610,00 € (§ 43 Abs. 1 GKG, § 4 ZPO).
b) Gegenstandswert ist der Verkehrswert der Sache, also der Wert des Gartengrundstücks, somit 15000,00 € (§ 6 ZPO).
c) Der Gegenstandswert errechnet sich mit 350,00 € x 12 Monate = 4200,00 € (§ 51 FamGKG, §§ 33 ff. FamGKG).
d) Gegenstandswert ist nach §§ 3, 9 ZPO der 3,5-fache Jahresbetrag, somit 100,00 € x 42 Monate = 4200,00 €.
e) Nach § 43 Abs. 1 GKG, § 4 ZPO beläuft sich der Gegenstandswert auf 2450,00 €, also den rückständigen Eurobetrag.
f) Der Gegenstandswert errechnet sich mit 20500,00 € (§ 43 Abs. 1 GKG, § 4 ZPO). Nebenforderungen, also Zinsen, erhöhen die Hauptforderung nicht, wenn sie zusammen mit der Hauptforderung geltend gemacht werden (§ 4 ZPO, § 43 GKG).
g) Der Gegenstandswert beläuft sich auf 5000,00 € (§ 23 Abs. 3 RVG).

6.

Höchstwerte	Betrag	GNotKG
allgemeiner Höchstwert	60 000 000,00 €	§ 35 Abs. 2
Zustimmungserklärung/ Vollmacht	1 000 000,00 €	§ 98 Abs. 4
Anmeldungen zum Handels-, Vereins- oder Partnerschaftsregister	1 000 000,00 €	§ 106
Anmeldungen zum Schiffsregister	60 000 000,00 €	§ 35 Abs. 2
Satzungen und Gesellschaftsverträge	10 000 000,00 €	§ 107
Veräußerung von Geschäftsanteilen zwischen verbundenen Unternehmen	10 000 000,00 €	§ 107
Beschlüsse von Organen (z. B. Gesellschafterversammlung)	5 000 000,00 €	§ 108 Abs. 5
Mindestwerte	./.	./.
Anmeldungen zum Register	30 000,00 €	§ 105 Abs. 1
Beschlüsse von Organen	30 000,00 €	§ 108 Abs. 4
Regelwert		./.
bei nicht vermögensrechtlichen Angelegenheiten, wenn nicht anderweitig nach billigem Ermessen bestimmt werden kann	5 000,00 €	§ 36 Abs. 1

7. Die Notarin Gisela Keller teilt Karsten Krause mit, dass für die Beurkundung eines notariellen Kaufvertrags (= Beurkundungsverfahren) eine 2,0 Verfahrensgebühr gem. KV Nr. 21100 GNotKG und zusätzlich für den auftragsgemäßen Vollzug (= hier Anforderung der Verwalterzustimmung) eine 0,5 Vollzugsgebühr gem. KV Nr. 22110 GNotKG korrekt abgerechnet wurden. Der Geschäftswert der Vollzugsgebühr ist nach dem Geschäftswert des gesamten Beurkundungsverfahrens zu bestimmen (§ 112 GNotKG). Der Gebührensatz wurde auf 0,5 festgelegt, weil die Gebühr für das zugrundeliegende Verfahren 2,0 beträgt.

8. Der Geschäftswert beträgt 150 000,00 €. Die Geschäftswertbestimmung erfolgt nach dem Aktivvermögen abzüglich der Verbindlichkeiten bis maximal zur Hälfte des Aktivvermögens (§ 102 Abs. 1 S. 2 GNotKG).

9. Der Geschäftswert beträgt 30 000,00 €. Dies ist der Mindestwert einer Anmeldung zum Handelsregister (§ 105 Abs. 1 GNotKG).

b) Kostenberechnungen und Vergütungsrechnungen im außergerichtlichen und gerichtlichen Bereich sowie im Zwangsvollstreckungsverfahren erstellen (Re, ReNo)

1.

Vorgang/Tatbestand/Wertvorschrift	Geschäftswert	Kostenverzeichnisnummer	Satz
Beurkundungsverfahren (Kaufvertrag) §§ 47, 97 Abs. 1 GNotKG	500 000,00 €	21100	2,0
Vollzugsgebühr § 112 GNotKG	500 000,00 €	22110	0,5
Betreuungsgebühr § 113 Abs. 1 GNotKG	500 000,00 €	22200	0,5
Treuhandgebühr § 113 Abs. 2 GNotKG	50 000,00 €	22201	0,5
Treuhandgebühr § 113 Abs. 2 GNotKG	100 000,00 €	22201	0,5
Verwahrungsgebühr § 124 GNotKG	50 000,00 €	25300	1,0
Verwahrungsgebühr § 124 GNotKG	100 000,00 €	25300	1,0
Verwahrungsgebühr § 124 GNotKG	350 000,00 €	25300	1,0

2.

Vorgang/Tatbestand/Wertvorschrift	Geschäftswert	Kostenverzeichnisnummer	Satz
Entwurf einer Anmeldung zum Handelsregister §§ 119 Abs. 1, 105 Abs. 1 Nr. 3 GNotKG	600 000,00 €	24102	0,5
Vollzug (XML-Strukturdaten) § 112 GNotKG	600 000,00 €	22114	0,3 (Maximal 250,00 €)

3.

Vorgang/Tatbestand/Wertvorschrift	Geschäftswert	Kostenverzeichnisnummer	Satz
Beurkundungsverfahren § 35 Abs. 1 GNotKG	300 000,00 €	21100	2,0
Ehevertrag § 100 Abs. 1 GNotKG	150 000,00 €		
Erbvertrag § 102 Abs. 1 GNotKG	150 000,00 €		

4. a) Die Rechtsanwältin Simone Brandtner erhält folgende Gebühren und Auslagen:

Gegenstandswert: 8 500,00 €, § 43 Abs. 1 GKG, § 4 ZPO

1,3 Geschäftsgebühr, Nr. 2300 VV RVG	659,10 €
Pauschale Post und Telekommunikation, Nr. 7002 VV RVG	20,00 €
Zwischensumme	679,10 €
19 % Umsatzsteuer, Nr. 7008 VV RVG	129,03 €
Summe	808,13 €

b) In diesem Fall würde die Abrechnung wie folgt aussehen:

Gegenstandswert: 8 500,00 €, § 43 Abs. 1 GKG, § 4 ZPO

1,6 Geschäftsgebühr, Nrn. 2300, 1008 VV RVG	811,20 €
Pauschale Post und Telekommunikation, Nr. 7002 VV RVG	20,00 €
Zwischensumme	831,20 €
19 % Umsatzsteuer, Nr. 7008 VV RVG	157,93 €
Summe	989,13 €

5. a) Der Rechtsanwalt Oliver Jobst erhält folgende Gebühren und Auslagen von der Staatskasse:

Geschäftsgebühr, Nrn. 2503, 1008 VV RVG	110,50 €
Pauschale Post und Telekommunikation, Nr. 7002 VV RVG	20,00 €
Zwischensumme	130,50 €
19 % Umsatzsteuer, Nr. 7008 VV RVG	24,80 €
Summe	155,30 €

b) Ja, der Rechtsanwalt Oliver Jobst kann vom Ehepaar Scheel weitere Gebühren fordern, nämlich zweimal die Beratungshilfegebühr gem. Nr. 2500 VV RVG in Höhe von jeweils 15,00 €, somit 30,00 €. In diesem Betrag ist die Umsatzsteuer in Höhe von 4,80 € bereits enthalten.

6. Die Hebegebühr errechnet sich wie folgt:

Hebegebühr, Nr. 1009 VV RVG	75,75 €
Pauschale Post und Telekommunikation, Nr. 7002 VV RVG	15,15 €
Zwischensumme	90,90 €
19% Umsatzsteuer, Nr. 7008 VV RVG	17,27 €
Summe	108,17 €

Die Rechtsanwältin Dagmar Schön-Risse wird an Ruth Dremel folgenden Betrag überweisen:

Vorschusszahlung auf das Schmerzensgeld	15300,00 €
abzgl. Hebegebühr zzgl. Auslagen	108,17 €
zu überweisender Betrag	15191,83 €

7. a) Der Rechtsanwalt Thomas Schuster erhält folgende Gebühren und Auslagen:

Beratungsgebühr gem. § 34 RVG	190,00 €
19% Umsatzsteuer, Nr. 7008 VV RVG	36,10 €
Summe	226,10 €

b) Der Rechtsanwalt Thomas Schuster erhält folgende Gebühren und Auslagen:

Gegenstandswert: 830,00 €, § 43 Abs. 1 GKG, § 4 ZPO

1,5 Geschäftsgebühr, Nr. 2300 VV RVG	120,00 €
Pauschale Post und Telekommunikation, Nr. 7002 VV RVG	20,00 €
Zwischensumme	140,00 €
19% Umsatzsteuer, Nr. 7008 VV RVG	26,60 €
Summe	166,60 €

c) Bei der Erstellung der Kostenrechnung muss Mona Rossdeutscher gem. § 10 RVG, § 14 Abs. 4 UStG folgende Punkte beachten:

- vollständiger Name und vollständige Anschrift des Mandanten
- vollständiger Name und vollständige Anschrift des Rechtsanwalts, wobei es ausreichend ist, wenn sich diese Daten aus dem Briefbogen ergeben
- Steuernummer bzw. Umsatzsteuer-Identifikationsnummer des Rechtsanwalts
- Ausstellungsdatum der Rechnung
- fortlaufende, einmalig vergebene Rechnungsnummer
- Art der Leistung
- Bezeichnung des Gebührentatbestands und der Auslagen (unter Angabe der Gebührensätze und der jeweiligen Nummer der Gebühren/Auslagen im Vergütungsverzeichnis)
- Angabe des Gegenstandswerts
- Tätigkeitszeitpunkt (= Zeitpunkt der Leistung)
- Beträge der einzelnen Gebühren und Auslagen sowie etwaige erhaltene Vorschüsse
- nach Steuersätzen aufgeschlüsseltes Entgelt
- jeweiliger Umsatzsteuersatz (derzeit 19%)

8. a) Die Rechtsanwältin Selina Roary erhält folgende Gebühren und Auslagen:

Gegenstandswert: 1 800,00 €, § 51 FamGKG, §§ 33 ff. FamGKG

1,3 Geschäftsgebühr, Nr. 2300 VV RVG	195,00 €
Pauschale Post und Telekommunikation, Nr. 7002 VV RVG	20,00 €
Zwischensumme	215,00 €
19 % Umsatzsteuer, Nr. 7008 VV RVG	40,85 €
Summe	255,85 €

b) Für das gerichtliche Verfahren I. Instanz erhält die Rechtsanwältin Selina Roary folgende Gebühren und Auslagen:

Streitwert: 1 800,00 €, § 51 FamGKG, § 33 ff. FamGKG

1,3 Verfahrensgebühr, Nr. 3100 VV RVG	195,00 €	
abzgl. Anr. gem. Vorbemerkung 3 Abs. 4 VV RVG		
0,65 Geschäftsgebühr gem. Nr. 2300 VV RVG	97,50 €	97,50 €
1,2 Terminsgebühr, Nr. 3104 VV RVG		180,00 €
Pauschale Post und Telekommunikation, Nr. 7002 VV RVG		20,00 €
Zwischensumme		297,50 €
19 % Umsatzsteuer, Nr. 7008 VV RVG		56,53 €
Summe		354,03 €

9. a) Der Rechtsanwalt Maximilian Vetters erhält folgende Gebühren und Auslagen:

Streitwert: 3 500,00 €, § 43 Abs. 1 GKG, § 4 ZPO

1,0 Verfahrensgebühr, Nr. 3305 VV RVG	252,00 €
Pauschale Post und Telekommunikation, Nr. 7002 VV RVG	20,00 €
Zwischensumme	272,00 €
19 % Umsatzsteuer, Nr. 7008 VV RVG	51,68 €
Summe	323,68 €

b) Der Rechtsanwalt Maximilian Vetters erhält folgende Gebühren und Auslagen:

Streitwert: 3 500,00 €, § 43 Abs. 1 GKG, § 4 ZPO

1,3 Verfahrensgebühr, Nr. 3100 VV RVG	327,60 €	
abzgl. Anr. gem. Anmerkung zu Nr. 3305 VV RVG		
1,0 Verfahrensgebühr, Nr. 3305 VV RVG	252,00 €	75,60 €
1,2 Terminsgebühr, Nr. 3104 VV RVG		302,40 €
0,3 Zusatzgebühr, Nr. 1010 VV RVG		75,60 €
Pauschale Post und Telekommunikation, Nr. 7002 VV RVG		20,00 €
Zwischensumme		473,60 €
19 % Umsatzsteuer, Nr. 7008 VV RVG		89,98 €
Summe		563,58 €

c) Der Rechtsanwalt Maximilian Vetters erhält in diesem Fall folgende Gebühren und Auslagen:

Streitwert: 3500,00 €, § 43 Abs. 1 GKG, § 4 ZPO

1,6 Verfahrensgebühr, Nr. 3200 VV RVG	403,20 €
1,2 Terminsgebühr, Nr. 3202 VV RVG	302,40 €
1,3 Einigungsgebühr, Nrn. 1000, 1004 VV RVG	327,60 €
Pauschale Post und Telekommunikation, Nr. 7002 VV RVG	20,00 €
Zwischensumme	1053,20 €
19 % Umsatzsteuer, Nr. 7008 VV RVG	200,11 €
Summe	1253,31 €

10. a) Der Rechtsanwältin Milena Ritter erhält folgende Gebühren und Auslagen:

Streitwert: 2500,00 €, § 43 Abs. 1 GKG, § 4 ZPO

1,3 Verfahrensgebühr, Nrn. 3305, 1008 VV RVG	261,30 €
Pauschale Post und Telekommunikation, Nr. 7002 VV RVG	20,00 €
Zwischensumme	281,30 €
19 % Umsatzsteuer, Nr. 7008 VV RVG	53,45 €
Summe	334,75 €

b) Die Rechtsanwältin Milena Ritter erhält folgende Gebühren und Auslagen:

Streitwert: 2500,00 €, § 43 Abs. 1 GKG, § 4 ZPO

1,6 Verfahrensgebühr, Nrn. 3100, 1008 VV RVG	321,60 €	
abzgl. Anr. gem. Anmerkung zu Nr. 3305 VV RVG		
1,3 Verfahrensgebühr, Nrn. 3305, 1008 VV RVG	261,30 €	60,30 €
0,5 Terminsgebühr, Nrn. 3104, 3102 VV RVG		100,50 €
Pauschale Post und Telekommunikation, Nr. 7002 VV RVG		20,00 €
Zwischensumme		180,80 €
19 % Umsatzsteuer, Nr. 7008 VV RVG		34,35 €
Summe		215,15 €

11. a) In der Zwangsvollstreckungssache können zwei Maßnahmen abgerechnet werden. Das Erstellen eines Aufforderungsschreibens ist eine Vorbereitungshandlung für nachfolgende Vollstreckungsmaßnahmen, also hier der Antrag auf Abnahme der Vermögensauskunft. Der Gegenstandswert für das Aufforderungsschreiben (9950,20 €) ist höher als der Gegenstandswert für den Antrag auf Abnahme der Vermögensauskunft (höchstens 2000,00 €). Zugrunde zu legen ist hier der höhere Gegenstandswert für das Aufforderungsschreiben. Weiterhin stellt die Forderungspfändung eine Maßnahme dar, sodass Vorpfändung und Antrag auf Erlass eines PfÜB nicht gesondert abgerechnet werden können, sondern gebührenrechtlich eine Maßnahme darstellen.

b) Aufforderungsschreiben (Antrag auf Abnahme der Vermögensauskunft daneben nicht gesondert abrechenbar):

Streitwert: 9950,20 €, § 25 Abs. 1 Nr. 1 RVG

0,3 Verfahrensgebühr, Nr. 3309 VV RVG	167,40 €
Pauschale Post und Telekommunikation, Nr. 7002 VV RVG	20,00 €
Zwischensumme	187,40 €
19 % Umsatzsteuer, Nr. 7008 VV RVG	35,61 €
Summe	223,01 €

Antrag auf Erlass eines PfÜB (und Veranlassung einer Vorpfändung):

Streitwert: 10189,53 €, § 25 Abs. 1 Nr. 1 RVG

0,3 Verfahrensgebühr, Nr. 3309 VV RVG	181,20 €
Pauschale Post und Telekommunikation, Nr. 7002 VV RVG	20,00 €
Zwischensumme	201,20 €
19 % Umsatzsteuer, Nr. 7008 VV RVG	38,23 €
Zwischensumme	239,43 €
Gerichtskosten, Nr. 2111 KV GKG	20,00 €
Summe	259,43 €

12. Antrag auf Durchführung der Sachpfändung

Streitwert: 4590,34 €, § 25 Abs. 1 Nr. 1 RVG

0,3 Verfahrensgebühr, Nr. 3309 VV RVG	90,90 €
Pauschale Post und Telekommunikation, Nr. 7002 VV RVG	18,18 €
Zwischensumme	109,08 €
19 % Umsatzsteuer, Nr. 7008 VV RVG	20,73 €
Summe	129,81 €

Antrag auf Durchführung der Austauschpfändung, § 18 Abs. 1 Nr. 7 RVG

Streitwert: 3700,00 €, § 25 Abs. 1 Nr. 1 RVG (Verkehrswert abzgl. Betrag für die Ersatzbeschaffung)

0,3 Verfahrensgebühr, Nr. 3309 VV RVG	75,60 €
Pauschale Post und Telekommunikation, Nr. 7002 VV RVG	15,12 €
Zwischensumme	90,72 €
19 % Umsatzsteuer, Nr. 7008 VV RVG	17,24 €
Summe	107,96 €

13. a) Nach § 25 Abs. 1 Nr. 1 RVG ist grundsätzlich die Gesamtforderung zum Zeitpunkt der Antragstellung als Gegenstandswert für die Zwangsvollstreckungsmaßnahme zugrunde zu legen. Für die Abnahme einer Vermögensauskunft ist jedoch gem. § 25 Abs. 1 Nr. 4 RVG höchstens ein Gegenstandswert in Höhe von 2000,00 € maßgebend. Da dieser Betrag unter dem der Gesamtforderung von 5634,38 € liegt, wird der Gegenstandswert für diese Vollstreckungsmaßnahme auf 2000,00 € begrenzt. Der Abschluss einer Zahlungsvereinbarung unter Mitwirkung der Rechtsanwältin Lara Schowager löst eine 1,5 Einigungsgebühr nach Nr. 1000 VV RVG aus. Der Gegenstandswert hierfür wird jedoch auf 20 % der Gesamtforderung nach § 31 b RVG festgelegt, also 1 126,88 €.

b) Antrag auf Abnahme der Vermögensauskunft mit Zahlungsvereinbarung

Streitwert: 2 000,00 €, § 25 Abs. 1 Nr. 4 RVG (Vermögensauskunft)
1 126,88 €, § 31 b RVG (Zahlungsvereinbarung)

0,3 Verfahrensgebühr, Nr. 3309 VV RVG	45,00 €
1,5 Einigungsgebühr, Nr. 1000 VV RVG	172,50 €
Pauschale Post und Telekommunikation, Nr. 7002 VV RVG	20,00 €
Zwischensumme	237,50 €
19 % Umsatzsteuer, Nr. 7008 VV RVG	45,13 €
Summe	282,63 €

14. Räumungsvollstreckung

Streitwert: 9 000,00 €, § 41 Abs. 1 GKG

0,6 Verfahrensgebühr, Nrn. 3309, 1008 VV RVG	304,20 €
Pauschale Post und Telekommunikation, Nr. 7002 VV RVG	20,00 €
Zwischensumme	324,20 €
19 % Umsatzsteuer, Nr. 7008 VV RVG	61,60 €
Summe	385,80 €

15. a) Zwangsversteigerungsverfahren

Streitwert: 45 000,00 €, § 26 Nr. 1 RVG

0,3 Verfahrensgebühr, Nr. 3309 VV RVG	326,40 €
Pauschale Post und Telekommunikation, Nr. 7002 VV RVG	20,00 €
Zwischensumme	346,40 €
19 % Umsatzsteuer, Nr. 7008 VV RVG	65,82 €
Summe	412,22 €

b) Nach § 26 Nr. 2 RVG ist für den Vertreter des Schuldners als Gegenstandswert der Wert des Gegenstands der Zwangsversteigerung heranzuziehen. Dies ist der durch das Vollstreckungsgericht nach den §§ 66 I, 74 a V ZVG festgesetzte Grundstückswert. Es handelt sich demnach um einen Gegenstandswert in Höhe von 180 000,00 €. Die eingetragene Sicherungshypothek bleibt bei der Gegenstandswertberechnung unberücksichtigt.

c) Kostenfestsetzungsanträge und Anträge auf Vergütung im Prozesskostenhilfeverfahren erstellen (Re, ReNo)

1. a) Die Kosten sind grundsätzlich nach dem Verhältnis von Siegen zu Unterliegen zu verteilen, § 92 ZPO. Die Kostentragungspflicht entspricht daher dem Verhältnis zwischen Verlieren des Beklagten, also nach seiner Zahlungspflicht (5 200,00 €), zum Verlieren des Klägers (5 150,00 €). Daraus ergibt sich eine Kostenquotelung von ca. 50 % zu 50 %.
   b) Kostenaufhebung bedeutet, dass lediglich die Gerichtskosten geteilt werden, die außergerichtlichen Kosten jedoch jede Partei selbst trägt. Hinsichtlich der Gerichtskosten ergibt sich demnach kein Unterschied. Die außergerichtlichen Kosten, insbesondere die Kosten von der Rechtsanwältin Lisa Benito, trägt Vanessa Krüger selbst. Da jedoch vor dem Landgericht auch Lars Weigand anwaltlich vertreten ist, wäre die Höhe der außergerichtlichen Kosten durchaus vergleichbar. Insofern ergeben sich allenfalls geringfügige betragsmäßige Unterschiede zwischen der Kostenquotelung und der Kostenaufhebung. Sofern jedoch auf Seiten von Vanessa Krüger höhere außergerichtliche Kosten entstanden sind, z. B. durch eine weite Anreise von der Rechtsanwältin Lisa Benito oder Vanessa Krüger, wäre eine Kostenquotelung zu bevorzugen.
   c) Das Verhältnis von Siegen zu Unterliegen beträgt in diesem Fall 7 800,00 € (Verurteilung von Lars Weigand) zu 2 600,00 € (Abweisung der Klage). Vanessa Krüger muss also 25 % (2 600,00 € : 10 400,00 €) der Kosten tragen, Lars Weigand 75 % (7 800,00 € : 10 400,00 €). Der Urteilstenor lautet daher wie folgt: „Von den Kosten des Rechtsstreits trägt die Klägerin 25 %, der Beklagte 75 %."
   d) In dem Vergleich verpflichtet sich Lars Weigand dazu, 80 % der Klageforderung zu bezahlen. Es wäre daher angezeigt, die Kostentragungspflicht ebenfalls auf 80 % festzulegen. Nach § 98 ZPO sind die Kosten eines abgeschlossenen Vergleichs als gegeneinander aufgehoben anzusehen. Sofern die Rechtsanwältin Lisa Benito also nicht darauf achtet, dass im Vergleich die Kosten im Verhältnis von 80 % zu 20 % zu Lasten von Lars Weigand aufgeteilt werden, wird die Kostenfolge lauten, dass Lars Weigand zwar zu 80 % hinsichtlich der Hauptforderung verliert, aber nur 50 % der Gerichtskosten und seine eigenen außergerichtlichen Kosten trägt.
   e) Die Rechtsanwältin Lisa Benito wird beim Gericht des ersten Rechtszugs, also beim Landgericht Ulm, den Antrag auf Kostenausgleichung nach § 106 ZPO stellen. Das Landgericht Ulm wird dem Beklagten Gelegenheit geben, binnen einer Frist von einer Woche die Berechnung seiner ihm entstandenen Kosten einzureichen, § 106 Abs. 1 S. 1 ZPO. Sofern diese Berechnung fristgemäß eingereicht wird, nimmt das Landgericht Ulm die Aufteilung der Kosten im Verhältnis von 80 % zu 20 % zu Lasten von Lars Weigand vor. Sollte Lars Weigand die Berechnung der Kosten nicht fristgerecht einreichen, wird das Landgericht Ulm die Kostenfestsetzung ohne Berücksichtigung der Kosten des Beklagten Lars Weigand vornehmen, § 106 Abs. 2 S. 1 ZPO. Festgesetzt werden dann nur 80 % der Gerichtskosten sowie 80 % der außergerichtlichen Kosten von Vanessa Krüger.

2. Robert Jorraz hat die Forderung anerkannt und wird daher in der Hauptsache dazu verurteilt, 3 450,00 € an Sven Horald zu zahlen. Sven Horald hat daher das Verfahren gewonnen und kann damit grundsätzlich auch 100 % seiner ihm entstandenen Kosten verlangen. Vom Grundsatz nach § 91 ZPO, dass die unterlegene Partei die Kosten des Verfahrens zu tragen hat, macht jedoch § 93 ZPO bei einem sofortigen Anerkenntnis eine Ausnahme. Da Robert Jorraz weder aufgrund einer vereinbarten Zahlungsfrist noch durch eine Mahnung in

Verzug war, hat er die Forderung i. S. v. § 93 ZPO sofort anerkannt. Robert Jorraz hat durch sein Verhalten keinen Anlass zur Klageerhebung gegeben. Daher sind die Kosten Sven Horald aufzuerlegen.

3. a) Nach § 269 Abs. 3 S. 2 ZPO trägt bei einer Klagerücknahme grundsätzlich Kira Miller die Kosten des Rechtsstreits, da in diesem Verfahren ein Urteil zu ihren Ungunsten ergeht, sie also insofern den Rechtsstreit verloren hat.

b) Der Rechtsanwalt Bernd Vossar wird beantragen, dass die Kosten des Verfahrens Olga Pepovic aufzuerlegen sind. Diesen Antrag nach § 269 Abs. 4 S. 1 ZPO wird der Rechtsanwalt Bernd Vossar damit begründen, dass die Zahlung am 10.11.2017 noch vor Rechtshängigkeit, also Zustellung der Klage an Olga Pepovic, eingegangen ist. Bei Erledigung vor Rechtshängigkeit bestimmt sich die Kostentragungspflicht unter Berücksichtigung des bisherigen Sach- und Streitstands nach billigem Ermessen, § 269 Abs. 3 S. 3 ZPO. Da Olga Pepovic die Hauptforderung vollumfänglich beglichen hat, ist davon auszugehen, dass diese die Schadenersatzforderung anerkennt. Insofern sind dann auch die Kosten des Verfahrens i. S. v. § 91 ZPO Olga Pepovic aufzuerlegen.

c) Gegen eine Kostengrundentscheidung kann grundsätzlich nicht isoliert vorgegangen werden. Dies gilt jedoch nicht bei einer Kostengrundentscheidung bei Klagerücknahme. Nach § 269 Abs. 5 ZPO kann gegen den Beschluss sofortige Beschwerde gem. §§ 567 ff. ZPO eingelegt werden. Voraussetzung ist jedoch, dass der Streitwert der Hauptsache 600,00 € übersteigt (§ 269 Abs. 5 S. 1 ZPO i. V. m. § 511 ZPO). Dies ist im vorliegenden Fall gegeben. Nach § 569 Abs. 1 S. 1 ZPO ist eine Notfrist von zwei Wochen seit Zustellung des Beschlusses zu beachten, d. h., der Rechtsanwalt Bernd Vossar muss bis zum 07.12.2017 sofortige Beschwerde einlegen. Die Beschwerdeschrift kann beim Landgericht Dresden, das die Entscheidung getroffen hat, oder beim Beschwerdegericht, dem Oberlandesgericht Dresden, eingelegt werden.

4. a) Die Kostengrundentscheidung kann grundsätzlich nicht selbstständig angefochten werden. Ausnahmen bestehen nur bei Anerkenntnisurteilen sowie Beschlüssen bei Klagerücknahme und Erledigungserklärung. Diese Ausnahmen liegen hier nicht vor. Die Rechtsanwältin Annika Öldik kann daher nur im Rahmen eines Rechtsmittels gegen das Urteil des Landgerichts Schwerin auch gegen die Kostenentscheidung vorgehen.

b) Es besteht die Möglichkeit, die Kosten in einem vereinfachten Verfahren nach § 105 ZPO geltend zu machen und Kostenfestsetzung auf dem Versäumnisurteil gegen Paul Scholl zu beantragen. Voraussetzung hierfür ist jedoch, dass bei Eingang des Kostenfestsetzungsantrags eine Ausfertigung des Versäumnisurteils noch nicht erteilt ist und keine Verzögerung der Ausfertigung eintritt, § 105 Abs. 1 S. 1 ZPO. Die Rechtsanwältin Annika Öldik müsste demnach einen Kostenfestsetzungsantrag rechtzeitig stellen. Sofern mit einer Säumnis des Paul Scholl bereits vor der Verhandlung zu rechnen war, könnte ein entsprechender Antrag in der Verhandlung dem Gericht übergeben werden.

c) aa) Insgesamt werden Norbert Flander 20000,00 € zugesprochen (durch das Landgericht Schwerin 5000,00 € und durch das Oberlandesgericht Rostock 15000,00 €). Weder Norbert Flander noch Paul Scholl haben vollumfänglich gewonnen, sodass eine Kostenquotelung erfolgen wird. Daher sind beide Kostenschuldner. Norbert Flander ist dabei in Höhe von 5000,00 € : 25000,00 €, also 20 % unterlegen. Die Kosten werden zu 20 % Norbert Flander und zu 80 % Paul Scholl auferlegt.

bb) Die Rechtsanwältin Annika Öldik wird Antrag auf Kostenausgleich nach § 106 ZPO stellen. Der Antrag ist an das Gericht des ersten Rechtszugs, also das Landgericht Schwerin, zu richten.

cc) Gegen einen Kostenfestsetzungsbeschluss kann mittels sofortiger Beschwerde vorgegangen werden, § 104 Abs. 3 S. 1 ZPO. Die Beschwerdeschrift kann sowohl beim Landgericht Schwerin (Entscheidungsgericht) als auch beim Oberlandesgericht Rostock (Beschwerdegericht) eingereicht werden, § 569 Abs. 1 S. 1 ZPO. Die Beschwerde ist jedoch nur zulässig, wenn der Wert des Beschwerdegegenstands 200,00 € übersteigt, § 567 Abs. 2 ZPO. Zurückgewiesen wurden Fahrtkosten in Höhe von 313,20 €. Hiervon sind 80 % (250,56 €) Paul Scholl aufzuerlegen. Daher liegt auch diese Voraussetzung für eine sofortige Beschwerde vor. Die Rechtsanwältin Annika Öldik wird die Notfrist von zwei Wochen nach § 569 Abs. 1 S. 1 ZPO für die Einlegung der Beschwerde beachten.

5. a) Der Rechtsanwalt Aldan O'Sullivan wird das Kostenfestsetzungsverfahren nach § 11 RVG gegen Fred Polt betreiben. Zuständig ist nach § 11 Abs. 1 S. 1 RVG das Gericht des ersten Rechtszugs, also das Arbeitsgericht Stralsund. Festsetzbar ist lediglich die gesetzliche Vergütung, die in einem gerichtlichen Verfahren entstanden ist, § 11 Abs. 1 RVG. Die vorgerichtlichen Kosten, wie hier die Geschäftsgebühr für das Aufforderungsschreiben, sind daher nicht festsetzbar. Diese Vergütungsforderung kann der Rechtsanwalt Aldan O'Sullivan nur durch eine Zahlungsklage oder ein gerichtliches Mahnverfahren verfolgen.

b) Der Einwand, den Fred Polt vorbringt, betrifft den Geschäftsbesorgungsvertrag an sich. Sofern die Voraussetzungen vorliegen, hat der Rechtsanwalt die Pflicht, seinen Mandanten auf die Möglichkeit der Inanspruchnahme von Prozesskostenhilfe hinzuweisen. Die Einwendung hat nicht im Gebührenrecht ihren Grund. Dieses wäre nur dann der Fall, wenn der Kostenansatz selbst, z. B. die Entstehung einer Einigungsgebühr, oder eine fehlerhafte Berechnung angefochten wird. Der Einwand führt daher nach § 11 Abs. 5 RVG dazu, dass die Festsetzung der Gebühren abgelehnt wird. Der Rechtsanwalt Aldan O'Sullivan muss daher diese im gerichtlichen Verfahren entstandene Vergütungsforderung mittels Gebührenklage oder gerichtlichem Mahnverfahren verfolgen. Für die Gebührenklage ist das Amtsgericht Greifswald (§ 23 GVG, § 12 ZPO) zuständig. Das gerichtliche Mahnverfahren ist beim Amtsgericht – Zentrales Mahngericht – Hamburg-Altona zu führen.

6. a) Der Kostenfestsetzungsantrag ist an das Gericht des ersten Rechtszugs zu richten, hier also das Landgericht Nürnberg-Fürth.

b) Die Rechtsanwältin Gisela Kümmerer wird beantragen, dass die Kosten mit fünf Prozentpunkten über dem Basiszins ab Antragstellung zu verzinsen sind, § 104 Abs. 1 S. 2 ZPO. Ohne diesen Antrag erfolgt keine Verzinsung. Außerdem wird die Rechtsanwältin Gisela Kümmerer beantragen, dass eine vollstreckbare Ausfertigung erteilt wird. Der Kostenfestsetzungsbeschluss ist ein Vollstreckungstitel (§ 794 Abs. 1 Nr. 2 ZPO). Zur Vollstreckung bedarf er nach § 795 a ZPO einer Vollstreckungsklausel, sofern der Kostenfestsetzungsbeschluss nicht im vereinfachten Verfahren nach § 105 ZPO ergangen ist. Mit dem Antrag auf vollstreckbare Ausfertigung wird daher bereits eine Vollstreckungsvoraussetzung veranlasst und so eine Zeitersparnis erreicht. Die Zustellung des Kostenfestsetzungsbeschlusses als weitere Vollstreckungsvoraussetzung erfolgt gem. § 104 Abs. 1 S. 3 ZPO von Amts wegen.

c) Die Hoffmann GmbH ist vorsteuerabzugsberechtigt. Dies bedeutet, dass sie die an die Rechtsanwältin Gisela Kümmerer gezahlte Umsatzsteuer vom Finanzamt erstattet erhält. Die Hoffmann GmbH kann daher gegenüber der Klinker KG die Umsatzsteuer nicht in Ansatz bringen.

d) Aberkannt werden Übernachtungskosten in Höhe von 120,00 €. Der Wert der Beschwerde liegt daher unter der Wertuntergrenze von 200,01 € nach § 567 Abs. 2 ZPO. Gegen den Kostenfestsetzungsbeschluss kann deswegen nicht mittels sofortiger Beschwerde vorgegangen werden. Es verbleibt jedoch die Möglichkeit, befristete Erinnerung gegen den Kostenfestsetzungsbeschluss nach § 11 Abs. 2 RPflG einzulegen. Hierfür ist ebenso wie bei der sofortigen Beschwerde eine Notfrist von zwei Wochen zu beachten. Der Rechtspfleger, der den Kostenfestsetzungsbeschluss erlassen hat, kann seiner eigenen Entscheidung abhelfen, also die geltend gemachten Übernachtungskosten festsetzen. Sofern er jedoch der Entscheidung nicht abhilft, legt er die Erinnerung zur Entscheidung dem Landgericht Nürnberg-Fürth als Instanzgericht vor. Die Entscheidung des Richters beim Instanzgericht ist unanfechtbar.

7. a) Die Vergütung von dem Rechtsanwalt Rudolf Kaminski ergibt sich nach §§ 49, 50 RVG. Weiterhin erhält er die Auslagen gem. Teil 7 VV RVG.

b) Der Rechtsanwalt Rudolf Kaminski muss darauf achten, dass bei der Abrechnung die Regelgebühren nach § 13 Abs. 1 RVG und die Prozesskostenhilfegebühren gem. §§ 49, 50 RVG direkt gegenübergestellt werden, sodass sich die Differenz-Wahlanwaltsgebühr ergibt. Diese muss der Rechtsanwalt gem. § 50 Abs. 2 RVG rechtzeitig zur Prozessakte mitteilen, um den Anspruch hierauf nicht zu verlieren.

c) Der Rechtsanwalt Rudolf Kaminski rechnet gegenüber dem Landgericht Dresden wie folgt ab:

Wahlanwaltsvergütung		1 228,68 €
Streitwert: 6 500,00 €, § 43 Abs. 1 GKG, § 4 ZPO		
1,3 Verfahrensgebühr, Nr. 3100 VV RVG	526,50 €	
1,2 Terminsgebühr, Nr. 3104 VV RVG	486,00 €	
Pauschale Post und Telekommunikation, Nr. 7002 VV RVG	20,00 €	
Zwischensumme	1 032,50 €	
19 % Umsatzsteuer, Nr. 7008 VV RVG	196,18 €	
Summe	1 228,68 €	
PKH-Vergütung		– 847,88 €
Streitwert: 6 500,00 €, § 43 Abs. 1 GKG, § 4 ZPO		
1,3 Verfahrensgebühr, Nr. 3100 VV RVG, § 49 RVG	360,10 €	
1,2 Terminsgebühr, Nr. 3104 VV RVG, § 49 RVG	332,40 €	
Pauschale Post und Telekommunikation, Nr. 7002 VV RVG	20,00 €	
Zwischensumme	712,50 €	
19 % Umsatzsteuer, Nr. 7008 VV RVG	135,38 €	
Summe	847,88 €	
Differenz-Wahlanwaltsvergütung		380,80 €

d) Die Abrechnung muss an das Landgericht Dresden geschickt werden.

e) Er erhält seine Gebühren und Auslagen, wenn das Gericht die Abrechnung geprüft hat. Dann zahlt die Landes- oder Bundeskasse den ihm zustehenden Betrag aus.

8. Ja, die Rechtsanwältin Nina Kuntze-Hein kann in diesem Fall binnen einer Frist von zwei Wochen Erinnerung gegen die Festsetzung der Vergütung einlegen (§ 11 Abs. 2 RPflG).

9. Da Matthias Barthel rechtskräftig zur Erstattung der Prozesskosten verurteilt wurde, ist die Rechtsanwältin Loreen Schneider berechtigt, ihre Regelvergütung gem. § 13 Abs. 1 RVG vom Gegner beizutreiben (§ 126 Abs. 1 ZPO), da die Kosten noch nicht durch die Staatskasse beglichen wurden. Die Kosten kann sie vom Gegner beitreiben, indem sie einen Kostenfestsetzungsbeschluss erwirkt.

d) Kosteneinziehung vorbereiten und kontrollieren (ReNo)

1. a) Stephanie Albers erklärt Günther Ries, dass die Gebühren des Notars stets nach Beendigung des Verfahrens oder des gebührenpflichtigen Geschäfts fällig werden. Bei einem Immobilienkaufvertrag ist die Gebühr für das Beurkundungsverfahren fällig, wenn der Vertrag unterzeichnet ist. Die Vollzugsgebühr wird mit Beendigung der Vollzugstätigkeit (z. B. Anforderung von Genehmigungen) fällig.
   b) Stephanie Albers erläutert Günther Ries, dass die Auslagen eines Notars sofort nach ihrer Entstehung fällig werden. Sie hat dies in § 10 GNotKG nachgelesen.

2. a) Die Notarin Dörte Seide wird Werner Rohlfink erklären, dass er ihre Kostenrechnung auch nach drei Jahren noch zu zahlen hat. Die Verjährung des Kostenanspruchs von Notarkosten tritt erst nach vier Jahren ein. Die Notarin Dörte Seide fordert Werner Rohlfink auf, dies im Zweifel in § 6 GNotKG nachzulesen.
   b) Die Verjährung beginnt mit Ablauf des Kalenderjahrs, in dem der Kostenanspruch fällig wird.
   c) Die Kosten der Notarin Dörte Seide verjähren auch in diesem Fall vier Jahre nach Beendigung des Verfahrens. Der Beginn/Lauf der Frist ist nicht von dem Zugang der Kostenrechnung abhängig.
   d) Die Notarin Dörte Seide wird Kerstin Sordel ggf. um eine weitere Mahnung bitten oder gleich eine vollstreckbare Ausfertigung der (eigenen) Kostenrechnung erstellen lassen.
   e) Die Notarin Dörte Seide kann sich eine vollstreckbare Ausfertigung ihrer (eigenen) Kostenrechnung erteilen, diese per Gerichtsvollzieher zustellen lassen und hat dann die Möglichkeit, aus dieser zu vollstrecken. Sie erhält auf diese Weise einen vollstreckbaren Titel (§ 724 ZPO).
   f) Kerstin Sordel hätte sich nach dem Versand der Kostenrechnung eine (angemessene) Wiedervorlage notieren sollen, um die Akte (automatisch) wieder vorgelegt zu bekommen, um den Geldeingang durch Kontrolle des Aktenkontos zu überprüfen. Dies hätte Kerstin Sordel an eine Auszubildende delegieren können. Sie hätte Werner Rohlfink bei korrekter Vorgehensweise bereits früher zur Zahlung auffordern können. Mithilfe der Wiedervorlage lässt sich verhindern, dass die Kosten verjähren, weil die Akte stets wiederkehrend kontrolliert wird.

d)/e) Gerichtskostenvorschüsse berechnen und Gerichtskostenrechnungen kontrollieren (Re, ReNo)

1. a) In diesem Verfahren sind folgende Kostenarten entstanden:
   - **vorgerichtliche Kosten:** Rechtsanwaltsvergütung für das außergerichtliche Vorgehen, Gebühr für Einwohnermeldeauskunft
   - **Prozesskosten:** außergerichtlich – Rechtsanwaltsvergütung für gerichtliches Mahnverfahren; Gerichtskosten: 0,5 Gebühr nach Nr. 1100 KV GKG

   b) Der Streitwert beträgt 2 995,00 €. Nach § 43 Abs. 1 GKG, § 4 ZPO sind Zinsen und Nebenforderungen nicht zu berücksichtigen.
   c) Die Gerichtsgebühren bestimmen sich gem. § 3 Abs. 1 GKG nach dem Streitwert und werden nach der Werttabelle (Anlage 2 zu § 34 GKG) berechnet. Für die Durchführung

des gerichtlichen Mahnverfahrens entsteht eine 0,5 Gerichtsgebühr nach Nr. 1100 KV GKG. Die Gerichtskosten berechnen sich daher wie folgt.
Streitwert: 2995,00 €, § 43 Abs. 1 GKG, § 4 ZPO

0,5 Gebühr, Nr. 1100 KV GKG	54,00 €

d) Endgültig trägt die Kosten für dieses Verfahren die Partei, die im Verfahren unterliegt, § 91 ZPO. Hierbei handelt es sich um den Erstschuldner nach § 29 GKG. Zunächst ist jedoch durch den Zweitschuldner nach § 22 Abs. 1 GKG i. V. m. § 12 Abs. 1 GKG ein Vorschuss auf die Gerichtskosten zu entrichten. Der Anspruch auf die Rechtsanwaltsvergütung wird durch den Geschäftsbesorgungsvertrag zwischen Rechtsanwalt und Mandant bestimmt. Auch hier kann nach § 9 RVG ein Vorschuss gefordert werden. Die Vergütung kann jedoch ebenfalls nach § 91 ZPO mittels KfB der Gegenseite auferlegt werden, wenn diese im Verfahren unterlegen ist.

e) Nach Einlegung des Einspruchs wird das Verfahren von Amts wegen an das für das streitige Verfahren zuständige Gericht abgegeben. Die allgemeine Verfahrensgebühr für das Klageverfahren in erster Instanz beträgt nach Nr. 1210 KV GKG 3,0 Gebühren. In Abzug gebracht werden dabei jedoch die bereits entrichteten Gebühren für das gerichtliche Mahnverfahren. Es ergibt sich daher folgende Berechnung:
Streitwert: 2995,00 €, § 43 Abs. 1 GKG, § 4 ZPO

3,0 Gebühren, Nr. 1210 KV GKG	324,00 €
abzgl. 0,5 Gebühr, Nr. 1100 KV GKG	54,00 €
noch zu zahlende Gerichtsgebühren	270,00 €

2. a) Nach § 41 Abs. 2 GKG wird der Streitwert für die Räumungsklage grundsätzlich durch den Jahresbetrag der zu leistenden Miete bestimmt und beträgt daher (800,00 € x 12 =) 9600,00 €. Nach § 39 Abs. 1 GKG wird die mit geltend gemachte Mietforderung über 800,00 € hinzuaddiert. Der Streitwert für das Verfahren beträgt demnach insgesamt 10400,00 €.

b) Nach Nr. 1210 KV GKG ermitteln sich die Gerichtsgebühren wie folgt:
Streitwert: 10400,00 €, §§ 41 Abs. 2, 39 GKG

3,0 Gebühren, Nr. 1210 KV GKG	801,00 €

c) Kostenschuldner (Zweitschuldner) für den Gerichtskostenvorschuss ist nach § 22 Abs. 1 GKG die Klägerin Helga Svendovski, die das Verfahren eingeleitet hat. Der Vorschuss für Zeugenauslagen ist nach § 17 Abs. 1 GKG durch die Partei zu leisten, die die Vernehmung dieses Zeugen bzw. dieser Zeugin veranlasst hat. Helga Svendovski müsste daher einen Zeugenauslagenvorschuss für den von ihr benannten Zeugen Gerold Kaiser und Hannes Ergunder einen Zeugenauslagenvorschuss für die von ihm benannte Zeugin Lore Nonno begleichen. Bei Beendigung des Verfahrens trägt die Kosten des Verfahrens als Erstschuldner die Partei, die im Prozess unterlegen ist (§ 91 ZPO i. V. m. § 29 GKG).

d) Nach Nr. 1211 Ziff. 3 KV GKG reduziert sich die Gerichtsgebühr von 3,0 auf lediglich eine 1,0 Gebühr. Die Gerichtsgebühren ermitteln sich daher letztlich wie folgt:
Streitwert: 10400,00 €, §§ 41 Abs. 2, 39 GKG

1,0 Gebühren, Nr. 1211 KV GKG	267,00 €

e) Für die Zeugenvernehmung sind nach JVEG folgende Auslagen entstanden:
Gerold Kaiser

Fahrtkostenersatz, § 5 Abs. 2 Ziff. 1 JVEG, 0,25 € x 2 x 56 km	28,00 €
Entschädigung für Nachteile bei der Haushaltsführung, § 21 JVEG 3,5 Stunden x 14,00 €	49,00 €
	77,00 €

Lore Nonno

Fahrtkostenersatz, § 5 Abs. 2 Ziff. 1 JVEG, 0,25 € x 2 x 25 km	12,50 €
Entschädigung für Verdienstausfall, § 22 JVEG, 3 Std. x 16,50 €	49,50 €
	62,00 €

3. a) Nach § 39 GKG sind mehrere in einer Klage geltend gemachte Ansprüche zu addieren. Nach § 43 Abs. 1 GKG, § 4 ZPO bleiben die ebenfalls geforderten Zinsen unberücksichtigt. Der Gerichtskostenvorschuss beträgt daher:
Streitwert: 8 300,00 €, §§ 43 Abs. 1, 39 GKG, § 4 ZPO
3,0 Gebühren, Nr. 1210 KV GKG 666,00 €

b) Die Zahlung kann beispielsweise geleistet werden durch Verwendung einer elektronischen Kostenmarke, Gerichtskostenfreistempler, Lastschrift, Beifügen eines Verrechnungsschecks, Zahlung mit EC-Karte, Barzahlung, ePayment oder mittels Überweisung.

c) Nach § 12 Abs. 1 GKG soll die Klage erst nach Leistung des Gerichtskostenvorschusses zugestellt werden. In der Praxis wird die Klage erst dann zugestellt, wenn die Zahlung erfolgt ist, um sicherzustellen, dass keine Gebühren offen bleiben.

d) Da Bettina Schuster den Prozess gewonnen hat, trägt Ludwig Sörensen endgültig die entstandenen Prozesskosten. Er ist nach § 29 GKG Erstschuldner. Allerdings haftet Bettina Schuster nach wie vor für die Begleichung der Gerichtskosten, § 22 Abs. 1 GKG. Sie erhält daher die Gerichtsgebühren nicht von der Staatskasse zurück, sondern muss diese in einem Kostenfestsetzungsantrag geltend machen. Bettina Schuster trägt damit das Kostenrisiko dieses Prozesses. Sofern die in einem Kostenfestsetzungsbeschluss titulierten Prozesskosten nicht bei Ludwig Sörensen beigetrieben werden können, trägt sie die Kosten des Verfahrens. Dies gilt sowohl für die Gerichtskosten als auch die Rechtsanwaltsvergütung.

e) Für die Akteneinsicht entstehen folgende Gerichtskosten:
Aktenversendungspauschale, Nr. 9003 KV GKG 12,00 €

4. a) Der Gerichtskostenvorschuss beträgt:
Streitwert: 4 500,00 €, § 43 Abs. 1 GKG, § 4 ZPO
3,0 Gebühren, Nr. 1210 KV GKG 438,00 €

b) Nach § 47 Abs. 1 GKG bestimmt sich der Streitwert nach den Anträgen des Rechtsmittelführers. Für das Berufungsverfahren entsteht eine allgemeine Verfahrensgebühr des Berufungsgerichts nach Nr. 1220 KV GKG in Höhe von 4,0 Gebühren. Die zu leistenden Gerichtskostenvorschüsse betragen daher:

aa) *Streitwert: 1 500,00 €, § 47 Abs. 1 GKG (Höhe der Klageabweisung)*
4,0 Gebühren, Nr. 1220 KV GKG 284,00 €

bb) *Streitwert: 3 000,00 €, § 47 Abs. 1 GKG (Höhe der Verurteilung)*
4,0 Gebühren, Nr. 1220 KV GKG 432,00 €

c) Wenn beide Parteien in Berufung gehen, unterscheidet sich der Streitwert des Berufungsverfahrens nicht von dem der ersten Instanz. Die Gerichtsgebühren betragen daher:
Streitwert: 4 500,00 €, § 47 Abs. 1 GKG
4,0 Gebühren, Nr. 1220 KV GKG 584,00 €
(Nach § 36 GKG sind die Handlungen grundsätzlich nach den einzelnen Teilen eines Streitgegenstands zu berechnen (Abs. 1), jedoch höchstens nach dem Gesamtbetrag der Wertteile (Abs. 2).)

5. a) Der Verfahrenswert ermittelt sich nach dem FamGKG. Für den Scheidungsantrag bestimmt sich der Verfahrenswert nach den Einkommens- und Vermögensverhältnissen der Eheleute. Die Einkommensverhältnisse sind nach § 43 Abs. 2 FamGKG durch den dreifachen Nettobetrag der Einkünfte beider Ehepartner zu ermitteln. Der Verfahrenswert beträgt daher:

Netto-Einkommen Ulrike Gracher 2150,00 € x 3 =	6450,00 €
Netto-Einkommen Anton Gracher 1980,00 € x 3 =	5940,00 €
	12390,00 €

Im Scheidungsverfahren wird im Regelfall von Amts wegen auch ohne Antrag der Parteien der Versorgungsausgleich mit entschieden (§ 137 Abs. 2 S. 2 FamFG). Daher ist der Streitwert des Versorgungsausgleichsverfahrens hinzuzuaddieren. Der Verfahrenswert beträgt nach § 50 Abs. 1 FamGKG 10% der Ehesache je Anrecht. Hier bestehen drei Anrechte (gesetzliche Rentenansprüche der Ehepartner + Betriebsrente), sodass sich der Verfahrenswert wie folgt ermittelt:

10% von 12390,00 € x 3 Anrechte	3717,00 €
Dies ergibt einen Gesamtverfahrenswert von	16107,00 €

b) Die Gerichtsgebühren betragen:
Streitwert: 16107,00 €, §§ 43 Abs. 2, 50 Abs. 1 FamGKG
2,0 Gebühren, Nr. 1110 KV FamGKG — 638,00 €

c) Über den Trennungsunterhalt wird ebenfalls im Scheidungsverfahren entschieden, sodass sich der Verfahrenswert für dieses Verfahren erhöht. Der Verfahrenswert für den Trennungsunterhalt bestimmt sich nach § 51 Abs. 1 FamGKG und beträgt 12 x 350,00 €, also 4200,00 €. Dadurch erhöht sich der Gesamtverfahrenswert auf 20307,00 €.
Die Gerichtsgebühren betragen nunmehr:
Streitwert: 20307,00 €, §§ 43 Abs. 2, 50 Abs. 1, 51 Abs. 1 FamGKG
2,0 Gebühren, Nr. 1110 KV FamGKG — 690,00 €

6. Nach § 12 a ArbGG bestimmt in arbeitsrechtlichen Verfahren die Besonderheit, dass die Kostentragungspflicht der unterlegenen Partei in erster Instanz lediglich die Gerichtskosten betrifft. Die Parteikosten und die Rechtsanwaltsvergütung trägt jede Partei selbst, auch diejenige, die obsiegt hat. Petra Meran erhält daher 100 % der verauslagten Gerichtskosten von der Gegenseite, muss die entstandene Rechtsanwaltsvergütung für Rechtsanwältin Dr. Ilse Rundberg selbst tragen.

7. a) Für die Beantragung eines PfÜB entstehen Gerichtskosten des Vollstreckungsgerichts. Dieses sind Festgebühren, die sich nicht nach dem Streitwert richten. Der Gerichtskostenvorschuss beträgt:
Gebühr, Nr. 2111 KV GKG — 20,00 €

b) Weitere Vollstreckungskosten könnten bei einer Forderungspfändung entstehen:
- für den Rechtsanwalt Frank Scheuger, richtet sich nach RVG
- für den Gerichtsvollzieher (Zustellung des PfÜB, Vorpfändung), richtet sich nach GvKostG

8. a) Zweitschuldner ist nach § 22 Abs. 1 GKG Juliette Maes als Klägerin. Sie muss daher gem. § 12 Abs. 1 GKG einen Gerichtskostenvorschuss entrichten. Dieser beträgt:
Streitwert: 8350,00 €, § 43 Abs. 1 GKG, § 4 ZPO
3,0 Gebühren, Nr. 1210 KV GKG — 666,00 €

b) Erstschuldner ist Liam Peeters, gegen den das Anerkenntnisurteil ergeht. Da das Anerkenntnis erst im zweiten Termin erfolgt, handelt es sich auf jeden Fall um kein sofortiges Anerkenntnis i. S. v. § 93 ZPO. Nach Nr. 1211 Ziff. 2 KV GKG reduziert sich bei einem Anerkenntnisurteil die Gerichtsgebühr auf 1,0:
Streitwert: 8350,00 €, § 43 Abs. 1 GKG, § 4 ZPO
1,0 Gebühren, Nr. 1211 Ziff. 2 KV GKG — 222,00 €

c) Zweitschuldnerin Juliette Maes hat demnach eine Überzahlung von 440,00 € geleistet, die sie von der Staatskasse zurückerstattet erhält. Die ebenfalls geleisteten 222,00 € muss sie in einem Kostenfestsetzungsverfahren geltend machen.

9. **a)** Die Zeugenauslagen werden als Vorschuss nach § 17 Abs. 1 GKG Elise Lambert auferlegt, die das Beweismittel benannt hat. Da Noah Dupont als Unterlegener in diesem Verfahren Erstschuldner ist, hat er die Kosten für die Zeugin zu tragen. Elise Lambert haftet jedoch weiterhin für die Begleichung, d. h., sie kann diese Kosten lediglich per KfB gegenüber Noah Dupont geltend machen.

b) Der Rechtsanwalt Robin Aebischer kann für seine Mandantin Erinnerung nach § 66 Abs. 1 GKG gegen den fehlerhaften Kostenansatz einlegen. Sofern das Landgericht Freiburg daraufhin den Kostenansatz nicht korrigiert, sondern die Erinnerung zurückweist, kann hiergegen Beschwerde gem. § 66 Abs. 2 GKG eingelegt werden. Voraussetzung hierfür ist, dass der Beschwerdewert 200,00 € übersteigt oder das Landgericht Freiburg die Beschwerde zulässt. Da die Zeugenauslagen in Höhe von 222,00 € bestritten werden (356,00 € – 134,00 €), ist der Beschwerdewert erreicht.

10. Das Grundbuchamt Lübeck erhebt auf der Grundlage des GNotKG die Gebühren für die Eintragung der Sicherungshypothek. Der Wert der Hypothek wird durch den Nennbetrag der Forderung bestimmt, § 53 Abs. 1 GNotKG, und beträgt 62350,00 €. Heranzuziehen ist die Werttabelle nach § 34 Abs. 1 GNotKG, Anlage 2, Tabelle B. Die Gebühr beträgt demnach:

Wert: 62350,00 €, § 53 Abs. 1 GNotKG

1,0 Gebühr, Nr. 14121 KV GNotKG	192,00 €

11. Mira Lautner muss gem. Nr. 12101 KV GNotKG Gerichtskosten in Höhe von 100,00 € für die Eröffnung der drei letztwilligen Verfügungen von Todes wegen zahlen.

12. **a)** Im Verfahren zur Erteilung eines Erbscheins ist gem. § 40 Abs. 1 GNotKG der Wert des Nachlasses zum Zeitpunkt des Erbfalls maßgebend, sofern alle Miterben diesen beantragen, somit 350000,00 €.

b) Nach Nr. 12210 KV GNotKG entsteht im Verfahren über den Antrag auf Erteilung eines Erbscheins eine 1,0 Gebühr. Somit ergeben sich zu zahlende Gerichtskosten in Höhe von 685,00 € (Tabelle B).

13. Nach der Nr. 13200 KV GNotKG fallen Gerichtskosten in Höhe von 100,00 € an, die das Ehepaar an die Landeskasse zahlen muss.

Prüfungsbereich 5: Wirtschafts- und Sozialkunde

Allgemeine wirtschaftliche und gesellschaftliche Zusammenhänge der Berufs- und Arbeitswelt darstellen und beurteilen (Re, ReNo)

1. a) Die in Art. 20 Abs. 2 S. 2 GG festgelegte Gewaltenteilung ist ein Grundprinzip eines demokratischen Rechtsstaats, das die Verteilung der Staatsgewalt auf mehrere Staatsorgane festlegt. Die staatliche Gewalt ist demzufolge in mehrere Gewalten aufgeteilt: Die legislative (gesetzgebende), die exekutive (vollziehende) und die judikative (Recht sprechende) Gewalt, die sich gegenseitig kontrollieren sollen. Ziel der Gewaltenteilung ist es, die Konzentration und den Missbrauch politischer Macht zu verhindern.

b) Zu der Legislative gehört der Bundestag, zu der Exekutive die Polizei und zu der Judikative gehören die Gerichte.

2. a) Nein, Anwälte unterliegen gem. § 43 a Abs. 2 BRAO und § 2 BORA der Verschwiegenheitspflicht. Diese Pflicht bezieht sich auch auf alle Angestellten und freien Mitarbeiter der Kanzlei (§ 2 Abs. 4 BORA).

b) Nein, die Verschwiegenheitspflicht gilt gegenüber jedermann, also auch gegenüber Ehepartnern, Freunden oder sonstigen privaten Bekannten.

c) Nein, auch Notare und ihre Mitarbeiter unterliegen gem. § 18 BNotO der Verschwiegenheit.

3. a) Anwälte unterliegen gem. § 43 a Abs. 2 BRAO und § 2 BORA der Verschwiegenheitspflicht. Daraus resultierend haben sie im Zivilprozess gem. §§ 383 Abs. 1 Nr. 6, 385 Abs. 2 ZPO ein Zeugnisverweigerungsrecht. Dieses entfällt auch nicht mit dem Tod des Mandanten (oder dem Mandatsende).

b) Das Recht von der Verschwiegenheit zu entbinden ist ein höchst persönliches Recht und geht nicht auf die Erben über. Sie können der Rechtsanwältin Marta Alcerrera Huerta somit nicht erlauben auszusagen und sie dadurch von der Verschwiegenheit entbinden.

c) Neben dem Zeugnisverweigerungsrecht im Zivilprozess gem. §§ 383 Abs. 1 Nr. 6, 385 Abs. 2 ZPO gibt es ein entsprechendes Recht im Strafprozessrecht nach §§ 53 Abs. 1 Nr. 3, 53 a StPO, im Verwaltungsrecht nach § 98 VwGO i. V. m. § 383 Abs. 1 Nr. 6 ZPO, im Arbeitsrecht gem. §§ 46 Abs. 2, 80 Abs. 2 ArbGG i. V. m. § 383 Abs. 1 Nr. 6 ZPO und im Steuerrecht gem. § 84 Abs. 1 FGO, § 102 Abs. 1 Nr. 3 b AO.

4. Nein. Zur Durchsetzung eigener Honoraransprüche ist die Rechtsanwältin Milena Kaczmarek von ihrer Verschwiegenheitspflicht gem. § 2 Abs. 3 lit. b BORA befreit, soweit dies für die Durchsetzung der Ansprüche erforderlich ist.

5. a) Nein, sind sie nicht. Zur Rechtspflege gehören Patentanwälte, Rechtsanwälte, Steuerberater, Notare, die Gerichte, die Staatsanwaltschaft, Gerichtsvollzieher und die Justizverwaltung.

b) Rechtsanwälte müssen erfolgreich ein rechtswissenschaftliches Studium (Abschluss 1. Juristisches Staatsexamen) absolvieren sowie den juristischen Vorbereitungsdienst (Referendariat), der mit dem 2. Staatsexamen abschließt. Sie erhalten so die Befähigung zum Richteramt gem. §§ 5 ff. DRiG (Deutsches Richtergesetz). Um als Rechtsanwältin zu arbeiten, muss Cara Uphoff sich zudem bei der zuständigen Rechtsanwaltskammer zulassen und eine entsprechende Berufshaftpflichtversicherung abschließen. Nach § 51 BRAO (Bundesrechtsanwaltsordnung) muss während der Dauer der Zulassung ununterbrochen eine Berufshaftpflichtversicherung unterhalten werden, die eine Mindestversicherungssumme in Höhe von 250 000,00 € für jeden Versicherungsfall sowie eine vierfache Deckung für das gesamte Jahr aufweist.

c) Notare müssen erfolgreich ein rechtswissenschaftliches Studium (Abschluss 1. Juristisches Staatsexamen) absolvieren sowie den juristischen Vorbereitungsdienst (Referendariat), der mit dem 2. Staatsexamen abschließt. Sie erhalten so die Befähigung zum Richteramt gem. §§ 5 ff. DRiG (Deutsches Richtergesetz), die gem. § 5 S. 1 BNotO Voraussetzung für eine Tätigkeit als Notar ist. In manchen Bundesländern sind Notare ausschließlich als solche tätig, in anderen können sie gleichzeitig auch den Beruf eines Rechtsanwalts ausüben (sog. Anwaltsnotare, vgl. § 3 Abs. 2 BNotO). Um als Notarin zu arbeiten, muss Cara Uphoff einen dreijährigen Anwärterdienst als Notarassessorin ausüben. Danach erfolgt dann die Einsetzung zur Notarin durch die Landesjustizbehörde des jeweiligen Bundeslands. Möchte sie als Anwaltsnotarin tätig sein, gelten für sie die besonderen Voraussetzung gem. § 6 BNotO wie z. B., dass sie mindestens fünf Jahre als Rechtsanwältin tätig gewesen sein und die notarielle Fachprüfung gem. § 7 a BNotO bestanden haben muss. In jedem Fall müssen Notare eine Berufshaftpflichtversicherung gem. § 19 a BNotO abschließen.

6. a) Gemäß § 6 Abs. 1 BORA darf ein Rechtsanwalt über seine Dienstleistung und seine Person informieren, soweit die Angaben sachlich unterrichten und berufsbezogen sind. § 43 b BRAO verlangt zudem eine sachliche Unterrichtung in Form und Inhalt. Plakatwerbung ist demnach zwar grundsätzlich zulässig, jedoch darf diese nicht zu reißerisch und unseriös sein. Insbesondere Schockwerbung, wie es hier der Fall ist, ist als nicht mit dem anwaltlichen Berufsrecht vereinbare Werbung anzusehen.

b) Das Ansprechen auf öffentlichen Straßen und Gebäuden ist berufsrechtlich verboten. Gemäß § 43 b BRAO ist zudem die Einzelfallmandatswerbung verboten.

c) Bei der Bezeichnung „Rechtsanwälte und Notare“ müssen auf dem Briefkopf mindestens zwei Rechtsanwälte und zwei Notare namentlich aufgeführt werden, damit die Bezeichnung zu Recht geführt werden darf. Die Bezeichnung „... und Partner“ darf nur von Gesellschaften nach § 11 PartGG geführt werden.

7. a) Gemäß § 43 c Abs. 1 S. 3 BRAO ist es unzulässig, mehr als drei Fachanwaltsbezeichnungen zu führen.

b) Nein, dies verstößt gegen § 7 BORA und §§ 3, 5 UWG, da die Gefahr besteht, dass Mandanten annehmen, dass die Ausbildung zur Fachanwaltschaft insgesamt erfolgreich absolviert wurde.

8. Gemäß § 5 TMG müssen folgende Informationen unter dem Link „Kontakt“ oder „Impressum“ enthalten sein:

- vollständiger Name und Anschrift der Kanzlei
- Berufsbezeichnung (Rechtsanwalt, Notar, Steuerberater)
- Rechtsform und Vertretungsberechtigter
- Angaben, die eine schnelle Kontaktaufnahme ermöglichen (Telefonnummer, E-Mail-Adresse)

- Angabe der zuständigen Rechtsanwaltskammer mit vollständigen Kontaktdaten
- Hinweis auf berufsrechtliche Regelungen (BRAO, BORA)
- Umsatzsteuer-Identifikationsnummer (soweit vorhanden)

9. a) Die „Nachfrage“ ist die Bereitschaft zum Kauf bestimmter Güter, also in Geld ausgedrückte Bedürfnisse. Bedürfnisse entstehen aus dem Gefühl eines Mangels und dem gleichzeitigen Wunsch, diesen zu beseitigen. Werden diese Bedürfnisse in ausreichendem Maße geäußert, so entsteht der Bedarf für ein bestimmtes Gut oder eine Dienstleistung, die das Bedürfnis befriedigen kann. Bedarf ist also das mit Kaufkraft, also Geld, abgedeckte Verlangen nach Gütern oder Dienstleistungen zur Befriedigung der Bedürfnisse. Nachfrage ist dann der Teil des Bedarfs, der am Markt durch eine Kaufentscheidung wirksam wird, also die Güter oder Dienstleistungen, die tatsächlich gekauft werden.

b) Beispiele:
- Es wird ein neues Gesetz erlassen, das Anpassungen in den AGB zahlreicher Unternehmen erfordert, sodass diese sich verstärkt an Rechtsanwaltskanzleien wenden.
- Die Rechtsprechung fällt ein neues wegweisendes Urteil, das dazu führt, dass viele Menschen in vergleichbaren Situationen ebenfalls ihre Rechte einklagen möchten und daher anwaltliche Vertretung suchen.

10. Würde Luzie Mertens nach dem Maximalprinzip vorgehen, so würde sie in Erfahrung bringen, welches die beste Maschine für 300,00 € ist. Nach dem Minimalprinzip würde Luzie Mertens vorgehen, wenn sie die günstigste Kaffeemaschine kauft und den Rest des Gelds spart. Nach dem Optimalprinzip würde sie vergleichen, welche Kaffeemaschine das beste Preis-Leistungs-Verhältnis bietet, also weder die teuerste noch die günstigste Maschine nehmen. Nach dem ökologischen Prinzip würde sie Faktoren der Nachhaltigkeit in ihre Überlegungen mit einbeziehen, also beispielsweise welche Maschine wenig Strom verbraucht oder wenig Abfall produziert.

11. a) Rechtsanwälte und Steuerberater können eine Sozietät gründen. In einer Sozietät üben die Angehörigen eines oder mehrerer freien Berufe (also Rechts- und Patentanwälte, Steuerberater, Wirtschaftsprüfer etc.) ihren Beruf gemeinsam aus. Rechtlich handelt es sich dabei um eine GbR gem. §§ 705 ff. BGB. Der Vorteil ist, dass es für die Gründung keinerlei Formalien bedarf wie etwa den Abschluss eines Gesellschaftervertrags oder der Eintragung in ein Register. Der Nachteil ist, dass alle Gesellschafter für alle Verbindlichkeiten der GbR (und somit auch für alle Pflichtverletzungen eines Kollegen) voll haften. Eine andere Möglichkeit ist die Gründung einer Partnerschaft. Gemäß § 1 Abs. 1 PartGG ist die Partnerschaft eine Gesellschaft, in der sich Angehörige Freier Berufe zur Ausübung ihrer Berufe zusammenschließen. Der Vorteil ist, dass die Gesellschafter gem. § 8 Abs. 2 PartGG nicht für die Pflichtverletzung eines Kollegen mit ihrem Privatvermögen haften, wenn dieser allein mit einer Angelegenheit betraut war. Darüber hinaus ist es nur dieser Gesellschaftsform gestattet die Bezeichnung „und Partner“ zu führen (§ 2 Abs. 1 PartGG). Der Nachteil ist, dass für die Gründung ein schriftlicher Gesellschaftervertrag und eine Eintragung ins Partnerschaftsregister erforderlich sind (§§ 3, 4 PartGG).

b) Nein, die Bezeichnung darf nur geführt werden, wenn mindestens zwei Vertreter der genannten Berufsgruppen in der Kanzlei tätig sind. Da hier nur eine Steuerberaterin tätig sein wird, ist die Bezeichnung im Plural irreführend.

12. a) Gemäß § 11 Abs. 1 S. 2 BBiG muss der Berufsausbildungsvertrag folgende Mindestangaben enthalten:
- Art, sachliche und zeitliche Gliederung sowie Ziel der Berufsausbildung, insbesondere die Berufstätigkeit, für die ausgebildet werden soll
- Beginn und Dauer der Berufsausbildung
- Ausbildungsmaßnahmen außerhalb der Ausbildungsstätte
- Dauer der regelmäßigen täglichen Ausbildungszeit
- Dauer der Probezeit
- Zahlung und Höhe der Vergütung
- Dauer des Urlaubs
- Voraussetzungen, unter denen der Berufsausbildungsvertrag gekündigt werden kann
- ein in allgemeiner Form gehaltener Hinweis auf die Tarifverträge, Betriebs- oder Dienstvereinbarungen, die auf das Berufsausbildungsverhältnis anzuwenden sind

b) Da Necdal Karahan noch minderjährig ist, richtet sich sein Urlaubsanspruch nach § 19 Abs. 2 Nr. 3 JArbSchG. Ihm stehen somit mindestens 25 Werktage zu, also bei einer Fünftagewoche 21 Arbeitstage (25 Werktage Urlaub/6 Werktage pro Woche × 5 Arbeitstage je Woche = 20,83 = 21 Arbeitstage Urlaub). Der Urlaubsanspruch von Eurydice Weller richtet sich nach § 3 BUrlG und beträgt mindestens 24 Werktage, also 20 Arbeitstage bei einer Fünftagewoche.

13. a) Ein Arbeitsvertrag wird zwischen dem Arbeitgeber und dem Arbeitnehmer geschlossen. Die Regelungen gelten nur im Verhältnis zwischen diesen beiden Parteien.

b) Ein Tarifvertrag wird zwischen einem Arbeitgeber(verband) und einer Gewerkschaft geschlossen. Auf Arbeitgeberseite können neben Arbeitgeberverbänden auch einzelne Arbeitgeber Tarifverträge abschließen (sog. Haustarifverträge). Auf der Arbeitnehmerseite steht gem. § 2 Abs. 1 TVG das Recht zum Abschluss eines Tarifvertrags hingegen ausschließlich den Gewerkschaften zu. Der Tarifvertrag gilt grundsätzlich nur für die Tarifvertragsparteien, also auch nur für gewerkschaftlich organisierte Arbeitnehmer. In der Praxis ist es jedoch üblich, dass Arbeitgeber die Regelungen des Tarifvertrags auf alle Beschäftigte anwenden. In diesen Fällen wird die Anwendbarkeit jedoch durch Individualabsprachen im Arbeitsvertrag zwischen Arbeitgeber und dem jeweiligen Arbeitnehmer vereinbart und kann unabhängig von der Geltung des Tarifvertrags wieder geändert werden.

c) Eine Betriebsvereinbarung wird zwischen Arbeitgeber und Betriebsrat geschlossen. Die Betriebsvereinbarung wird automatisch zum Bestandteil der einzelnen Arbeitsverträge der im Betrieb tätigen Arbeitnehmer und gilt somit auch für diese, ohne dass dies ausdrücklich vereinbart werden müsste.

14. a) Streiks sind nur dann zulässig, wenn sie von einer Gewerkschaft getragen werden. Nicht gewerkschaftlich organisierte Streiks sind als sog. wilde Streiks verboten. Rechtsanwaltsfachangestellte bzw. Rechtsanwalts- und Notarfachangestellte sind in der Regel nicht in Gewerkschaften organisiert und können daher nicht streiken. Die Streikmaßnahme muss zudem die Herbeiführung einer tarifvertraglichen Regelung zum Ziel haben. Da Rechtsanwälte und Notare in der Regel nicht in Arbeitgeberverbänden organisiert sind, gibt es im Rechtsbereich kaum Tarifverträge, die ausgehandelt werden könnten.

b) Nein, Richter sind Beamte. Beamte dürfen nach den von der Rechtsprechung entwickelten Grundsätzen aufgrund des besonderen Beamtenverhältnisses nicht streiken (vgl. Art. 33 Abs. 5 GG).

15. **a)** Damit ein Streik durchgeführt werden kann, müssen sich mindestens 75 % der betroffenen Gewerkschaftsmitglieder für einen Streik aussprechen. Erst dann kann die Gewerkschaft zum Streik aufrufen.

b) In der Bundesrepublik Deutschland wurde der Generalstreik (Streik aller Arbeitnehmer eines Lands oder einer Region, der die gesamte Wirtschaft lahmlegt) von der Rechtsprechung als rechtswidrig eingestuft. Ebenfalls unzulässig ist der politische Streik (Streik gegen oder für politische Ziele) und der wilde Streik (Streik ohne Unterstützung einer Gewerkschaft).

Sachwortverzeichnis